江西师范大学马克思主义学院
中国社会转型研究省级协同创新中心
组编

十年之路

江西师范大学政治学学科建设总结

张艳国 主编
尤琳 刘小钧 副主编

中国社会科学出版社

图书在版编目（CIP）数据

十年之路：江西师范大学政治学学科建设总结 / 张艳国主编. —北京：中国社会科学出版社，2023.9
ISBN 978 – 7 – 5227 – 2561 – 1

Ⅰ.①十… Ⅱ.①张… Ⅲ.①政治学—文集 Ⅳ.①D0 – 53

中国国家版本馆 CIP 数据核字（2023）第 165981 号

出 版 人	赵剑英
责任编辑	彭 丽　李 沫
特约编辑	单 钊
责任校对	刘 健
责任印制	王 超

出　　版	中国社会科学出版社
社　　址	北京鼓楼西大街甲 158 号
邮　　编	100720
网　　址	http://www.csspw.cn
发 行 部	010 – 84083685
门 市 部	010 – 84029450
经　　销	新华书店及其他书店
印　　刷	北京明恒达印务有限公司
装　　订	廊坊市广阳区广增装订厂
版　　次	2023 年 9 月第 1 版
印　　次	2023 年 9 月第 1 次印刷
开　　本	710×1000　1/16
印　　张	23.5
插　　页	2
字　　数	369 千字
定　　价	119.00 元

凡购买中国社会科学出版社图书，如有质量问题请与本社营销中心联系调换
电话：010 – 84083683
版权所有　侵权必究

目 录

序言一　以高质量成果构建中国政治学知识体系 …………………（1）
序言二　"西湖经验"值得认真总结和大力推广………………………（1）
前言　不图建设首功，但求未来可期 ………………………………（1）

一　专题研究

唯物史观：中国共产党迎风飘扬的理论旗帜 ……………张艳国（3）
大数据融入智慧社区建设：时代价值与
　　现实路径 …………………………………张艳国　朱士涛（17）
扎实推动共同富裕：背景要素、核心要义与
　　实践要求 ……………………………………尤　琳　罗志强（35）
准确理解马克思、恩格斯关于"共产主义信仰"的
　　论述 …………………………王玲玲　何　江　谭高顺（53）
马克思主义经典作家关于共产党执政的理论
　　溯源 ………………………………………淦家辉　胡静丽（70）
数字技术赋能全过程人民民主的作用机理与实践路径
　　——基于人民网"领导留言板"的案例分析……王江伟　杨　浩（78）
构建社会主义和谐社会与人的全面发展 …………赖华林　付　乐（93）
政党引领的协作生产：社区公共服务优化的内在机理
　　——基于 S 市 LH 区"民生微实事"的实证分析………黄徐强（102）

二　专家特邀

江西师范大学政治学硕士学位论文分析
　　——基于知网数据的解读 …………………………郭康松（119）
从百年党史看中国共产党的文化领导力 ………………陈麟辉（136）

略论党内法规与国家法律衔接机制的完善 …………… 胡盛仪（154）

三 社区治理与服务创新研讨论文

城市社区治理和服务创新的"西湖
　　经验" …… 张艳国　陈文江　唐　鸣　唐忠新　韩瑞波　刘小钧（173）
城市社区治理创新的时代价值、实践展开与经验推广
　　——以南昌"西湖经验"为例………………………… 张艳国（181）
按照治理转型的内在要求创新社区工作者队伍建设
　　——以南昌市西湖区南站街道为例 ………… 张艳国　陈　敏（200）
中国城乡社区协商治理：要素嵌入、运行机理与实践成效
　　——以南昌市西湖区"幸福微实事"为例 …… 尤　琳　罗志强（223）
从社区到小区：城市社区治理单元的重构
　　——基于南昌市西湖区"治理精细到小区"的观察 … 王小军（243）
转向日常生活的社区治理：基于南昌市西湖区社区
　　治理调查分析 …………………………………… 平欲晓　程激清（260）
"全过程民主"的实践形态：结构要素与生成机制
　　——基于西湖区"幸福微实事"治理创新的分析……… 王江伟（271）
新时代社区健康治理的行动逻辑与策略选择
　　——基于南昌西湖区全国健康促进区建设的
　　"四同"实践 ………………………………………… 冯小林（282）
从维权到治理：业主委员会如何做好小区"当家人" …… 刘小峰（301）
社区情感治理：理念、价值和路径
　　——以南昌西湖区为例 ……………………… 马园园　冯小林（322）
城市社区分类治理的实践与创新
　　——以南昌市西湖区为例 ………………………………… 朱士涛（331）
坚持按学术规律办事，把政治学省重点学科建设得更加精彩
　　——江西师范大学省重点学科政治学硕士学位授权点建设
　　十周年暨学术研讨会综述 ………………… 肖　春　朱士涛（343）

附录　江西师范大学政治学硕士点历年省级校级优秀硕士论文 …（350）

后　记 …………………………………………………………………（352）

序言一

以高质量成果构建中国政治学知识体系

张树华*

（2022年12月17日上午）

尊敬的艳国校长、尊敬的江西政治学界各位同人：

大家早上好！

非常高兴在云端和大家见面，由于时间和疫情的原因，我不能到现场和大家见面，感到非常遗憾。我一直怀念、回想前几年在一个美丽的夏天到访江西师大的情景。当时，艳国校长接待我们，我们在一起开了一个富有成果的学术研讨会。后来，艳国校长还寄来了会议文集和学术专著，那次会议的成果还是很丰厚的。

在今天江西师范大学省重点学科政治学硕士点建设十周年之际，我代表中国政治学会、中国社会科学院政治学研究所，向会议的成功召开表示热烈祝贺，向从事政治学科建设的各位同人致以诚挚的敬意，预祝江西师范大学政治学硕士点建设取得更大的成绩。

我发言的主题是"以高质量成果构建中国政治学知识体系"。党的二十大报告指出："实践没有止境，理论创新没有止境。"[①] 要继续推进理论创新，就要坚持中国特色社会主义思想的世界观、方法论。在党的二十大报告中，习近平总书记提出了六个坚持，即坚持人民至上、坚持自信

---

* 作者简介：张树华，中国政治学会常务副会长，中国社会科学院政治学研究所所长、《政治学研究》主编、研究员、博士生导师、博士后合作导师。

① 习近平：《高举中国特色社会主义伟大旗帜　为全面建设社会主义现代化国家而团结奋斗——在中国共产党第二十次全国代表大会上的报告》，人民出版社2022年版，第18页。

自立、坚持守正创新、坚持问题导向、坚持系统观念、坚持胸怀天下。这是指导新时代政治学学科建设和中国政治学话语体系创新的根本遵循。

当今世界正经历百年未有之大变局，国际力量进一步分化重组，各种政治思潮风起云涌，政治局势跌宕起伏，世界进入了大动荡、大变革、大调整时期。新时代的中国政治学，我们既要把握好世界政治演变的总体特征和基本逻辑，又要准确地找到自身的时代定位和发展方向，紧跟时代脚步，呼应人民期待，在动荡变革的世界中实现思想突破和学术超越。我提出新时代的中国政治学应自立自强，通过自身高质量发展，加快构建起中国特色政治学知识体系和教学研究体系，切实增强在国际学术界的话语权和影响力。

《中庸》说："人道敏政，地道敏树。"[①] 政治是人类社会中最复杂、最富魅力的现象。政治学是顶天立地之学，是研究和传授治国安邦的学问，是经世致用之学，是当代中国哲学社会科学的重要组成部分。新时代中国政治学应该有大发展。

一、时不我待，加快构建中国特色政治学。新时代的中国政治学要以中国特色、中国风格、中国气派为方向，要紧紧把握时代性、民族性、科学性、创造性，将中国政治思想、中国政治观念、中国政治实践、中国政治智慧、中国政治理念融会贯通。我们要紧跟时代的步伐，紧扣时代的脉搏，回应人民的呼声和社会的期待，努力推进政治学创新性发展。

二、自立自强，加快构建中国特色政治学知识体系，实现对西式话语的突破与超越。习近平总书记指出："我们的哲学社会科学有没有中国特色，归根到底要看有没有主体性、原创性。跟在别人后面亦步亦趋，不仅难以形成中国特色哲学社会科学，而且解决不了我国的实际问题。"[②]

三、总结提炼中华优秀传统文化的精华，汲取传统治国安邦的政治智慧。中华民族在漫长的历史长河中，创造了独树一帜的灿烂文化，积累了丰厚的治国理政经验，这些是我们取之不尽用之不竭的智慧宝库。

---

① 陈晓芬、徐儒宗译注：《论语·大学·中庸》，中华书局2015年版，第324页。
② 《习近平谈治国理政》第2卷，外文出版社2017年版，第341—342页。

因此，习近平总书记指出要"把马克思主义基本原理同中国具体实际相结合、同中华优秀传统文化相结合"。①

四、珍惜和开拓当代中国政治学知识宝库，凝练思想，升华理论，提升学术。一百多年来，中国共产党领导中国人民进行了救亡图存的政治运动，在古老的中华大地上开启了轰轰烈烈的革命行动和政治探索。江西是红色之乡，中国共产党在这里开启了独特的政治创造，积累了丰厚的治国理政经验，这些都是当代中国政治学研究的宝藏。

五、以高质量成果构建中国特色、中国风格、中国气派的政治学。"察势者明，趋势者智。"中国政治学应密切关注国内外发展最前沿和新趋势，勇于挺立时代潮头、把握时代脉搏、发时代先声。我们要树立团队意识，发挥集体协作优势。江西政治学界要团结起来，变指头为拳头，善于把规模优势转化为研究和学术优势，积极组织科研攻关，发挥高端智库群的作用，推出更多更好的集成性、原创性成果，要加强话语体系建设，要把我国发展优势和综合实力转化为话语优势。多搞"集成"和"总装"，多搞"自主创新"和"综合创新"。

同志们！"大鹏一日同风起，扶摇直上九万里。"新时代中国政治学恰逢其时，方兴未艾。我们政治学人应立足中国、放眼世界，自信、自主、自为、自强，以敢于超越的勇气，书写中国发展与人类命运共同体这篇大文章。坚持守正创新，融贯古今，沟通中外，向世界展示中国特色、中国风格、中国气派的政治学！

与大家共勉，谢谢大家！

---

① 习近平：《高举中国特色社会主义伟大旗帜　为全面建设社会主义现代化国家而团结奋斗——在中国共产党第二十次全国代表大会上的报告》，人民出版社2022年版，第17页。

序言二

"西湖经验"值得认真总结和大力推广

王杰秀[*]

中央高度重视社区治理在国家治理中的基础性作用，鼓励和支持基层政府对社区治理和服务进行探索与创新。习近平总书记指出："社区工作是一门学问，要积极探索创新，通过多种形式延伸管理链条，提高服务水平。"从2019年被民政部确认为全国第四批社区治理和服务创新实验区以来，南昌市西湖区在社区治理与服务创新实践方面取得诸多显著成效，形成了值得推广、易于学习的"西湖经验"，主要体现在以下几个方面。

第一，推进社区治理，必须始终坚持和完善党的领导。党的领导是中国特色社会主义制度的根本特征，也是中国社区治理的最大优势。社区是一个小型社会，是人们生产生活的基本空间，社区治理是一个综合性、基层性、兜底性的工作。党和政府的各项工作是否真正得到贯彻落实，关键看在社区治理过程中是否得到有效落实，是否走好社区治理最后一公里。社区治理与服务创新不能单靠某一个部门或某几个部门，某一个方面或某几个方面，而需要在基层党委领导协调下，建立多方参与的社区治理共同体，形成共建共治共享的基本格局。西湖区社区治理经验鲜明地体现了党委的综合统筹作用。如西湖区部分社区成立业委会过程十分曲折，最后由街道党组织介入，发挥组织协调作用，业委会成立难的问题才得到圆满解决，这一点对于社区治理健康发展至关重要。当

---

[*] 作者简介：王杰秀，民政部政策研究中心主任。

然，在不断优化区域性大党建格局工作中，如何将驻社区单位融入社区治理中，实现社区共建共治共享，这是打通社区治理痛点的关键。

第二，推进社区治理，必须始终坚持以满足居民美好生活需要为核心。"基础不牢，地动山摇。"从国家治理和社会治理的角度来看，满足群众对美好生活的需要是一项基础性、关键性工作。从居民需求的角度看，社区是居民生活共同体，让每位居民生活在社区中有获得感、幸福感，把社区建成居民的幸福家园，这是社区治理的最终目的和价值遵循。实现社区治理的目标，需要做到治理有据、生活方便、环境优美、充分参与等。大量的研究和实践都表明，凡是居民的参与权、知情权、决策权落实情况较好的地方，其社区居民的幸福感、获得感、认同感会更高。西湖区在这些方面有一些好的做法和实践创新，比如"参与式预算"项目就是一个有益探索。再比如，西湖区以社区物业自治的形式深化和拓展了基层群众自治实践，提高了社区治理效能，使社区治理有一套科学的办法和机制。总之，西湖区在社区治理过程中坚持以居民美好生活需要为导向，尊重社区居民切身需求，体现了以居民为中心谋划整个社区治理的思路和推进路径。

第三，推进社区治理，必须始终坚持改革创新的思路和方式。西湖区在社区治理与服务创新过程中善于思考，勇于探索新方法、新策略、新机制，尤其这几个方法值得学习：一是分类施策。西湖区把社区分成单位型小区、老街坊小区、保障型小区、安置型小区、商品房小区等类型，很好处理了社区差异化问题。二是分层治理。小区是一个按产权形成的共同体，社区则具有浓厚行政规划色彩，两者有很多治理层次。根据两者层次差异性，进行分层治理，顺应了治理的精细与精准的内在要求。西湖区积极探索从社区治理向小区治理转变，推动治理重心下移，实现从社区治理层级向小区治理层级延伸。三是坚持共建共治共享，吸纳多元社会主体参与社区治理。西湖区积极引领多方参与社区治理过程，形成了社区居民参与机制、社会组织融入机制、政府部门的统筹机制，体现综合治理优势。

通过对社区治理和服务创新的长期探索，西湖区取得不少成绩，积累了丰富经验，形成了切实可行的制度机制，这为进一步提升西湖区社区治理水平奠定了良好的基础。当然，还要看到，仍有一些问题等待我们去探索、去研究、去解决。针对当前社区治理与服务创新过程中存在的问题，要从以下四个方面不断完善补齐社区治理短板，提升社区现代治理能力。

一是进一步完善社区治理的体制机制。建设高水平社区，需要调动一切资源和力量，这就要有一个科学的体制机制，使各类社区治理主体科学高效地参与到社区治理中来。这种体制应该解决一个关键的问题，既保证社区治理的稳定有序，也保证社区治理的活力和可持续。

二是进一步聚焦社区治理的重点难点。当前社区治理还有一些重点难点需要拓展，比如社区治理中"一老一小"问题。社区失智老年人日间照料问题十分迫切，这个问题靠家庭是难以得到解决的。又如，社区民主协商怎样避免形式主义等问题。在社区治理中，解决了重点难点问题，就抓住了社区治理本质，就牵住了解决社区问题的"牛鼻子"。

三是进一步推进自治、法治、德治的融合。如何推进"三治"融合，社区居民公约是一个很重要的切入点，是将"三治"融为一体的重要黏合剂。因此，要重点研究如何制定真正体现居民精神和要求的社区居民公约，并让其成为社区居民行为基本遵循，使其在社区治理中发挥规范作用。

四是进一步加强科技支撑。当今社会已经进入信息化、智能化时代，社区治理和服务创新离不开新技术的大力支持。深圳、上海等地将信息技术充分应用到社区治理实践中，彰显了我国社区治理优势，值得其他地方借鉴学习。

前　言

不图建设首功，但求未来可期

——在江西师范大学省重点学科政治学硕士学位
授权点建设十周年暨学术研讨会上的讲话

张艳国*

（2022年12月17日上午）

各位专家学者，各位同事，同志们、同学们：

大家上午好！

首先，请允许我作为江西师范大学政治学硕士点学科带头人，向拨冗莅临本次会议的各位专家学者，表示最热忱的欢迎！对长期以来一直关心和支持江西师范大学政治学硕士点建设的各位好朋友，致以最诚挚的谢意！

十年征程，十年奋进，十年收获。从2012年秋季首批招收政治学硕士研究生开始，到今年秋季，江西师大政治学一级学科硕士点建设经历了整整十年；如果从学校在2009年秋季重点立项建设、申报获批算起，则有13年之久！俗话说，"万事开头难"。当时，政法学院（2015年分设为马克思主义学院、政法学院）提出建设政治学一级学科硕士点，并朝着一级学科博士点建设目标前进，一面促进学科发展，补齐学校学科布局的短板、填补江西省政治学学科建设的空白点；一面呼应政治文明建设的社会需要，满足地方经济社会发展的人才需求。政法学院的这个要

---

* 作者简介：张艳国，江西师范大学省重点建设学科政治学首席专家、江西师范大学中国社会转型研究省级协同创新中心首席专家、教授、博士生导师、博士后合作导师。

求和建议,得到了学校高度重视和支持,经过科学论证,纳入次年(2010)学校制定的"十二五学科发展规划"之中,被列为八个重点建设学科之一。学院一面整合队伍,明确学科发展方向,聚焦学科特色;一面制定发展规划,把建设步骤、措施、路线图、时间表与发展目标、学科内涵有机整合起来,在获批一级学科硕士点的同时,获批省重点建设学科。在这里,我要特别感谢退下来的老领导、老同志,如教育厅原副厅长洪三国教授,江西师范大学原党委书记、校长傅修延教授,江西师范大学研究生院原常务副院长、学科办公室原主任陈抚良教授等,还有今天参加研讨会的老教授、老导师,如王玲玲、吴仁平老师,调离学校的骨干教师聂平平教授、胡宜教授等。正是方方面面的大力支持、同情共感,才使我们得以克服起步阶段的重重困难,才使我们走在江西省政治学学科建设的首位,也使我们今天从源头上看,当时有了一个良好的开端。这真是应了中国的一句古话:"良好的开端是成功的一半。"我还要感谢十多年来与我一道前行、一道坚守,相互鼓励、相互欣赏、相互支持的同事们,正是他们与我"同声相应,同气相求"①,我们才能一起团结奋斗,使政治学学科建设从无到有,不断充实学科内涵,提升学科发展高度,不断刷新学科面貌。学校马克思主义理论学科群建设发展,与政治学一级学科取得进步,成为其重要支撑是密不可分的。推进学校政治学学科建设发展,是我当时担任副校长分管学科与研究生工作的一项内容,责无旁贷,义不容辞;担任学科建设负责人、带头人,则是学院领导班子以及同事们对我的信任和鞭策,这是我始料不及、一直感到诚惶诚恐的!

此时此刻,我不禁想起了1347年前,少年英姿的王勃在距离此地10公里的滕王阁写下的不朽名篇《滕王阁序》,他说:"十旬休暇,胜友如云;千里逢迎,高朋满座。"② 遥想当日文化盛宴,穿越千年,让人心驰神往。千年文脉,气象浩浩,历久弥新,泽被后世。今天,我们在江西

---

① 王弼、韩康伯注,孔颖达疏,于天宝点校:《宋本周易注疏》,中华书局 2018 年版,第 26 页。

② 王勃:《滕王阁序》,(清)吴调侯、吴楚材编《古文观止》上,华夏出版社 1998 年版,第 343 页。

师范大学政治学硕士点建设十周年之际,还特别有幸请到国内高校和研究机构的相关专家和学者,更是"情随事迁,感慨系之矣"①。让我们以线上线下相结合的方式相聚在一起,克服疫情给我们带来的困难和不便,切磋学术、总结经验、展望未来、继续前进,以一种现代学术会议的崭新方式,呼应和致敬千年前那场光耀后世的文化盛会吧!

今天,我们召开学术研讨会,就是要以学术创新促进学科建设、以队伍凝聚推动学科进步、以研究产出凝练学科特色、以人才培养凸显学科贡献为目标,立足于政治学前沿理论与现实问题,对政治学学科发展方向、重点研究领域、研究生教育、社会服务等问题进行深度探讨。我们希望通过这次小规模、高层次的学术会议,借助各位知名专家的智慧和指导,对江西师范大学政治学硕士点建设十年来的工作进行回顾和总结,继续办好政治学硕士点,使之成为人才培养、科学研究、社会服务和学术交流的重要平台,开启江西师范大学政治学硕士点建设下一个充满期待、续写辉煌、接续发展的十年。

借此机会,我向大家报告政治学硕士点建设的主要情况。总的来看,十年来,江西师范大学政治学硕士点经历了一个从无到有、由硕士点重点建设单位提升为省级重点学科的发展过程。政治学学科是江西师范大学文科优势学科、马克思主义理论学科群的重要支撑学科。在2003年中共党史、科学社会主义二级学科获批硕士点基础上,经过整合发展,政治学学科于2010年获批一级学科硕士点,2011年获批江西省重点学科,2012年正式招收首批政治学硕士研究生,完成13名招生计划。2021年,本学科在《中国研究生教育及学科专业评价报告》中被评为三星级学科,排名35位。

十年来,我们建设了一个坚实的学科发展平台。依托政治学硕士学位授权点,我们相继建设了江西省廉政文化研究中心、江西新时代文明实践研究中心、江西省2011年协同创新社会发展与治理研究中心等省部级平台,并以这些科研平台为载体,进一步凝练研究方向,合理配置师资力量,深化开展政治学相关领域研究。在专业设置上,目前政治学硕

---

① 王羲之:《兰亭集序》,(清)吴调侯、吴楚材编《古文观止》上,华夏出版社1998年版,第320页。

士点共设有政治学理论、中外政治制度、国际政治、中共党史、国际关系、中国特色社会主义六个研究和招生方向。其中，政治学理论研究方向突出社区建设与城乡基层治理研究、中共党史研究方向突出红色文化与红色基因传承研究、中国特色社会主义研究方向突出党的创新理论发展研究，学科的研究领域不断深化，研究力量不断强化，研究特色不断擦亮。在这些研究方向上，我们既尊重学科属性及其发展规律，又兼顾地方师范大学的师资力量和人才培养面向，更明确重点、抓住关键。

十年来，我们关注学术前沿问题，产出了一批具有代表性的高层次研究成果。我们获批国家社科基金项目20余项，其中，国家社科基金重大项目1项，重点项目3项，多项结题成果获得"优秀""良好"等次；各类省部级项目50余项；在以《中国社会科学》《新华文摘》《中国社会科学文摘》为代表的各类重要学术期刊上发表100余篇有质量、高水平论文；在人民出版社、中国社会科学出版社等国家级出版社出版学术专著20余部；撰写18篇调研报告获省部级以上领导肯定性批示，并被国家民政部、江西省人民政府采纳；获得省部级优秀社会科学成果一、二等奖10余项。这些成果获得了好的学术评价、产生了积极的学术影响。

十年来，我们形成了一支由学科带头人领衔、老中青相结合的人才队伍。本学科师资队伍现有专职人员18人，其中，高级职称教师12人，博士学位教师15人。人才队伍的学缘、学历、学位、年龄、专业结构合理。学位点负责人张艳国教授现为二级教授、博导、博士后合作导师，江西师范大学省级协同创新中国社会转型研究中心首任主任、首席专家，国家社会科学基金重大项目首席专家，国家"万人计划"全国哲学社会科学领军人才（国家高层次人才特殊支持计划），中共中央宣传部文化名家暨"四个一批"人才，国务院津贴专家。在团队中，周利生教授为国家"万人计划"全国哲学社会科学领军人才（国家高层次人才特殊支持计划）、中共中央宣传部文化名家暨"四个一批"人才，还有江西省"新世纪百千万人才工程"人选、江西省高校中青年学科带头人、江西省"金牌研究生导师"、江西省中青年骨干教师等。

十年来，我们聚焦人才培养，培养了一批高质量有用人才。截至今年，我们共招收了154名政治学硕士研究生，已有120人顺利毕业。在这些毕业生里,共有20人到各级党政部门工作,32人到各级高校工作,15人到各地中学工作,10余人到各级企事业单位工作,2篇硕士论文获得省级优秀硕士论文、3篇硕士论文获得校级优秀硕士论文荣誉,一名学生获得全国"挑战杯"大赛金奖。他们朝气蓬勃,富有活力,作为一股新鲜力量,正在社会各个领域贡献自己的青春和智慧。值得一提的是,在这些毕业生里,共有13名优秀毕业生被名校录取为博士研究生。在今年毕业的13位学生里,也有三位同学考取国内高校的博士研究生,其中两位被"双一流"高校录取。我经常说:"培养一个人才,振兴一个家庭,造福一方社会。"① 这是指导我们办学育人的基本理念,它被有力有效地贯彻在过去十年的办学过程中。看着一拨又一拨孩子健康成长成才,在各个领域发挥作用,体现他们的担当,我们感到莫大安慰和由衷喜悦。

十年来,我们围绕学生成长,不断完善研究生学术培养方案。一是实施"青年马克思主义者理论研究创新工程",打造由"青马读书会""青马论坛""青马课题""青马学刊"构成的"青马"育人品牌。切实加强在读研究生参加科学研究、教学实践、社会实践和专门技术训练的管理,保证和提高在读研究生培养质量。2021年共获批省级"青马课题"6项,组织"青马论坛"10期,主办"青马读书会"12期,推出《青马学刊》7期。二是鼓励研究生外出参加学术活动和比赛活动。我们严格执行学校制定的《江西师范大学关于研究生参加学术活动的规定》,把外出参加学术交流活动作为研究生培养的重要环节。学生们积极参加江西师范大学马克思主义学院习近平新时代中国特色社会主义思想宣讲团、红色文化宣讲团等社会实践,广泛参与由社会发展与治理协同创新中心等学术平台发起组织的各种社会调研活动,取得较好成果。例如,2021年政治学研究生赵亚茹等同学的《整合党的基层阵地资源 巩固党在农村的执政基础》荣获第十七届"挑战杯"江西省大学生课外学术科技作品竞赛一等奖。三是突出研究生教育特色亮点。我们立足江西红色文化教育优势,运用地方红色资源,创设思政课堂实践教学基地认知党史,创作红色主题艺术作品感悟党史,创新"红色走读"体验党史,让学生由

---

① 张艳国:《家长委员会在高校人才培养中的地位和作用》,《中国大学教学》2016年第11期。

学习者、旁观者变为体验者、施教者。2021年，由导师带领研究生前往瑞金组织开展"红色走读"研学活动，在列宁小学旧址进行现场教学，实地参观"红井"，在群众路线广场重温入党誓词，在纪念塔前寄哀思等一系列活动，其目的就是探寻红色足迹，感悟无数革命先辈用鲜血和生命铸就的伟大苏区精神。我们不断优化研究生培养方案，不断受到学生欢迎和专家好评。

十年来，我们注重发挥服务社会的智囊作用。我们形成了一支以社会建设和社区治理为研究方向的稳定团队，出色地完成了从中央部委到地方基层的多项委托工作，得到服务对象的充分肯定和高度尊重。我们的社会服务有两个特点：一是服务层次高。团队负责人最早主持论证了武汉百步亭社区模式，参与论证"美丽厦门，共同缔造"的厦门模式。团队中有的成员曾任民政部"全国基层政权和社区建设专家委员会"专家委员，有的成员被江西省民政厅聘为社会治理专家顾问，有的成员被南昌市聘为社区治理专家顾问。从2014年以来，团队连续多年受民政部委托，开展相关课题研究，服务民政部研究决策需要，相继完成"社区现代治理体系和治理能力现代化的政策建议"等10余项科研委托任务，研究成果均得到民政部充分肯定。目前，团队正在开展民政部委托"2022年社会治理动态监测平台及深度观察点网络建设"项目研究。二是研究成果层次高。在服务社会治理实践过程中，团队成员积极进行理论思考和学术探索，形成了一批高质量研究成果，取得了较好的社会反响。团队研究成果《我国社区治理的困境与出路》被《新华文摘》全文转载后，受到民政部主要领导肯定性批示，并由民政部基层政权与社区建设司研究落实。研究团队撰写的《农村基层治理能力现代化的构成要件及其实现路径》《大数据融入智慧社区建设：时代价值与现实路径》等10多篇高水平论文被《新华文摘》《中国社会科学文摘》等权威期刊全文转载，研究成果受到业界同行认可和积极评价。

回顾十年来的发展历程，我们固然要看到学校政治学学科建设在科研创新能力、研究生培养和队伍建设上取得的一些成绩和进步，珍惜各方面为我们发展倾注的友谊和提供的帮助，攒足干劲谋发展，聚精会神搞建设；同时，我们还要找准坐标系、找对参照系，对标对表新时代政治学学科建设的新任务、新目标和新要求，补短板，强弱项，不断与先进缩短差距，积极担负学科建设、育人育才的庄严任务，在学科建设、人才培养和社会服务上争创一流业绩。

朋友们！我们的政治学硕士点建设第一个十年已经成为过去时，再多的成绩、再多的荣誉都已经变成我们继续前进的基础和条件。"不畏浮云遮望眼"①，登高接力启新程。下一个十年已经悄然向我们走来，新的压力、新的期望正在来临。我们只有在总结成绩的基础上，以恭谦之心、谦卑态度敬畏学术、热爱学生，才能充分把握下一个十年发展机遇，开辟未来、大展宏图，书写学科建设、人才培养的新时代壮丽篇章！

——展望未来，我们要注重学术研究的导向性。学科建设包含多维度评价指标，我们要多向发力，尤其是要注重学术研究对学科建设的支撑作用，这是我们安身立命的根本。为此，我们要注重学术研究的前沿性，营造良好的学术氛围，鼓励师生对标高层次学术刊物，多出精品，多发代表性成果。同时，鼓励老师们继续瞄准国家级课题申报。国家级课题是展开学术研究的重要平台和条件，为学科建设提供支撑成果和资金支持，是重要的学术资源。我们要继续鼓励老师，尤其是青年教师积极申请国家级课题。我相信，在既有研究基础上，只要我们持续发力，不懈怠，不折腾，未来的发展一定是可期可待的。

——展望未来，我们要继续加强人才队伍建设的基础性。人才培养是办学从教的重要社会功能，是教育承担的重要责任和光荣使命。老师只有播下火种，才能照亮社会的未来。育人育才，首先要重视学生培养。培养高素质、高质量的学生是彰显教育综合实力的最好体现，也是重要的教育评价标准。当老师要像我的导师章开沅先生所教导的那样，"像老母鸡带着小鸡扒食一样"②，着眼于学生成长成才的需求导向，既要关心他们的学习生活，帮助他们解决实际困难；也要对他们提出严格要求，在思想、学术和人生的方向上引导其健康成长。其次是帮助青年教师成长。这些年轻教师是学科点建设的未来和希望，我们要善待他们、厚待他们、优待他们。只有他们成长起来，学术团队才会稳定，学术研究创

---

① 王安石：《登飞来峰》，《临川先生文集》，中华书局1959年版，第373页。
② 章开沅：《章开沅文集》第8卷，华中师范大学出版社2015年版，第15页。

新才会永续。因此，我们这些老先生不要担心花了时间和精力，做了无效劳动，其实这是强基固本的善事、好事、美事。我倡议，老专家要在学术研究领域和发展方向上多同青年学者交流，多做点辅助工作、引路工作，帮助他们进步，守护他们成长，乐见他们成名成家。只有这样，我们的学术学科共同体才会越来越强大，而强大的学术学科共同体也会反哺每位成员，如同生活在水里的鱼一样，无穷的水域才会为渺小的个体提供无限宽广的发展空间。

——展望未来，我们要继续加强学术交流的深入性。深化学术交流，借鉴有益经验，不断壮大自己，这是办学治学的重要经验。我们不能闭门造车搞学科建设，我们不能关起门来搞学术研究；否则，就会一潭死水，丧失生机活力。从学术发展的规律性经验来看，我们必须学会，并且要不断向兄弟单位学习，诚恳谦卑地向名家大家请教，畅通学术交流的渠道，保持包容的心灵，秉持开放的态度，兼包并蓄，综合创新。只有了解最新学术信息，知晓前沿理论成果，掌握研究最新动向，我们的研究才能讲得出"北京话"[①]，才能在权威刊物上发表论文，研究成果才能产生社会影响力。能不能讲"北京话"，会不会讲"北京话"，讲多讲少"北京话"，这是衡量一名学者是否进入学术主流、学术水平高下的重要标准和尺度。因此，不论是在教师队伍建设上，还是在学生培养上，我们都要继续鼓励师生们"走出去"，敢闯学术高原，勇攀学术高峰，树立学术高度，仰望学术高点，不断激发学术创新创造的活力动力。

——展望未来，我们要继续增强投入学科建设情怀的饱满性。人是理性的动物，更是情感的动物。很多时候，饱满的情绪、充沛的情怀会产生精神变物质的强大力量。不可否认，学术活动是一项高度的文化自觉工作，需要科学精神和理性态度；但在很多时候，学者做出学术创新的业绩来，往往需要学术情怀和学术使命充当内在的驱动力。因此，在学术研究和育人育才中，人们常常用"情怀真不真"来检验研究者和教育者。一般说来，人们只有心怀明灯高塔，才能做到笃行不怠，行稳致

---

① 北京话指学术界通用的俗语，在北京的大报大刊高端出版社发表、出版有思想内涵、有学术高度的论著。

远。这些年，我接触过许多研究生和青年学者，那些有学术情怀、有学术追求、有学术梦想的人，三五年就能看出变化，他们很快能够跟上进步的节奏、创新的节拍，具有一股子创新创造的激情活力；反过来，那些欠缺者的进步就不是那么明显了，有的甚至是原地踏步，或者是不进则退。我常常说："心中别有欢喜事，向上应无快活人。"这既是讲给学生听的，也是不断策励我自己的。我认为，既然从事了这份职业，选择了这个行当，我们就应该养成同这份职业相适应的心理机制和精神状态，明确"为什么出发？从哪里出发？将要走到哪里？"的问题。只有这样，自己才不会觉得当研究者、教育者是件苦差事，而是时常感到乐在其中，享受奋斗过程的快乐和产生成果的乐趣。

——展望未来，我们要提高遵循学科发展、学术创新、育人育才规律的自觉性。任何事物的发展都表现为一个过程，这个过程之中都有支配其发展的规律性。人们只能认识事物发展的规律、掌握事物发展的规律、运用事物发展的规律，而不能企图颠覆规律、改变规律，更不能漠视规律、忽视规律。人们尊重规律就会变得聪明、变得睿智；反之，就会愚蠢起来，办错事甚至是坏事，贻误甚至是败坏事业发展。在学科建设、学术研究和人才培养事业上，规律的作用也是如此。尊重学科发展规律者强，顺应学科发展规律者胜；逆学科发展规律而动辄折腾，"折腾穷，穷折腾"，就会产生"人心乱了，队伍散了，学科垮了"的恶果[①]。因此，有关尊重规律的大道理还是要经常讲，常讲常新，形成一种文化自觉和文化环境，形成一种思维方式和行为习惯，从而积累创新发展的强大合力，避免走弯路，避免遭受挫折。学科建设如同种树，砍树容易种树难；大树底下好乘凉，有树遮风挡雨，无树旱死庄稼。在学科建设、学术研究和人才培养中，有很多规律是人们在长期实践中形成的共识，是经验的理论总结，这是必须遵守的法器。譬如，尊重学科发展、学术研究和人才培养的历史，吸取经验，而不是违背历史、藐视前人，更不能抹杀前人的劳动和成果，坚决反对和抵制"下山摘桃子"的不道德行为。学科建设、学术研究和人才培养重在积累，一代一代人投入其中、

---

① 2022年10月8日（周六）上午8点30分，在马克思主义理论博士研究生学位论文答辩中，一位老教授与笔者交流时有此感慨，情真意切。

乐在其中，添砖加瓦、浇水施肥，"静待花开"，而不能折腾它，更不能借助行政的力量支配它，坚决维护学科建设、学术研究和人才培养的应有尊严、独立性和健康的学术生态，坚决抵制和反对"权力大者学问大"式的"假教授""水博导""假学者""伪专家"①。学科建设、学术研究和人才培养是很专业的事情，专业的事情要靠专业人士来做。尊重人才，凝聚人才才能推动事业发展，而不能像盖房子、组合家具那样，随意大拆大建、违背学科发展规律，胡乱作为，经常造成学科团队聚散离合，破坏队伍稳定安定；而是要按照学者的专业兴趣、学科爱好、性格意愿自愿组合成学科、教育团队，坚决抵制和反对靠权力谋取学术资源、建立"私家卫队"式的学术不端甚至是学术腐败。学科建设、学术研究和人才培养要遵循专业行业规范，遵守从业规矩。古人说，"没有规矩，不成方圆"。规范是从业的基本要求，靠规矩和规范形成学术共识，约束人们的行为。破坏规范和规矩者，就会遭致行业的拒斥和惩罚。我们要坚决抵制和反对规矩、规则和规范的破坏者，无论是谁，无论他官位有多高、权力有多大，我们都要有维护学术文化的坚定性和坚韧性，敢于并勇于反对"人不要脸天下无敌"式的学术下三滥，就像赶过街老鼠一样，"鸣鼓而攻之"②。我衷心希望经过十多年发展、锻炼的我们这支学科、教育团队，其学术自觉、教育自觉能够越来越成熟，善于认识规律，能够把握规律，科学驾驭规律，把学科发展得更好，把教育锤炼得更精，把队伍磨炼得更优更强，取得更多好成绩大成果！

这次会议之后，我就要"交班"了，不再担任政治学学位点负责人，这项工作将由下一代来接棒，通过严肃的学术程序把他们推到台前来谋发展。因此，我的这篇报告，与其说是对学校政治学学科建设发展的总结和反思，倒不如说，是我对十多年来我主持这项工作的一份检讨和剖析。古人说："知我者谓我心忧，不知我者谓我何求。"③ 希望我的

---

① 参见周有光《为何出不了大师？》，马国川编著《看教育》，广东人民出版社 2019 年版，第 8 页。"大学有两种假教授：一种是'真的假教授'，交一笔钱，大学给你一个客座教授之类的聘书，这是'真的假教授'；还有一种是'假的真教授'，一个系升格为学院，来了一个院长、两个副院长，他们一定是教授，其实不学无术，是'假的真教授'。"

② 张艳国：《〈论语〉智慧赏析》，人民出版社 2020 年版，第 206 页。

③ 王秀梅译注：《诗经》上册，中华书局 2015 年版，第 134 页。

这番话对于后来者能够知所敬畏和自省、有所启发和帮助;"行百里者,半九十"①,我希望未来的发展不辜负前人的拼搏和努力,一代更比一代强!

最后,祝愿江西师范大学政治学学科建设在各位专家学者的指导下、在所有师生的共同努力下扎实推进、蓬勃发展;祝愿各位专家学者、同事们、同学们身体健康、工作顺利、学习进步、家庭和睦、生活幸福,在新的一年里取得更大成绩!

谢谢大家!

---

① 刘向著,缪文远等译注:《战国策·秦策五·谓秦王》,中华书局2018年版,第210页。

一

专题研究

唯物史观:中国共产党迎风飘扬的理论旗帜

张艳国*

[摘 要] 道路决定命运，旗帜引领方向。道路与旗帜，说到底是政党与理论问题。一个国家、一个民族实行什么样的社会制度，走在什么样的社会发展道路上，决定该国家该民族的生存样式和未来命运。而社会发展道路、社会制度选择，绝不是凭空而来的，它源于人们主要是政党的理论设计，这也就是人们常说的，举什么旗，就走什么路；旗帜的指向，就是人们实践深化的方向。中国共产党是在近代中国社会苦难深重中产生的有初心有使命的政党，她坚持马克思列宁主义，将马克思主义普遍真理与中国实际、与中华优秀传统文化紧密结合起来，与时俱进，不断创新，开拓奋进。一百年来，中国共产党领导全国各族人民在革命、建设和改革开放中，续写了天翻地覆、改天换地、浴火重生的东方奇迹。一百年来，中国共产党确立并坚持了自己的唯物史观精神旗帜。一百年来，唯物史观不仅成为中国共产党的看家本事，而且成为克难奋进迎风飘扬的理论旗帜，它是中国共产党不朽的旗帜、走向胜利的旗帜、开辟未来的旗帜。

[关键词] 唯物史观；中国共产党；马克思主义；中国特色社会主义

---

* 作者简介：张艳国，江西师范大学省重点建设学科政治学首席专家、江西师范大学中国社会转型研究省级协同创新中心首席专家、教授、博士生导师、博士后合作导师。

[基金项目] 国家社会科学基金重大研究专项重大招标项目"习近平关于历史科学重要论述理论内涵和重大意义研究"（LSYZD21001）；全国红色基因传承研究中心2022年重点课题"习近平总书记关于党的历史重要论述研究"（22ZXHYZ01）；国家社会科学基金重点项目"新时代文化创新的内在逻辑和实践路径研究"（18AKS011）。

道路决定命运，旗帜引领方向。近代以来人类社会的历史变革表明，一个国家、一个民族实行什么样的社会制度，走在什么样的社会发展道路上，决定该国家该民族的生存样式和未来命运。而社会发展道路、社会制度选择，绝不是凭空而来的，它源于人们主要是政党的理论设计，这也就是人们常说的，举什么旗，就走什么路；旗帜的指向，就是人们实践深化的方向。在历史观、世界观和方法论问题上，是坚持唯物史观还是唯心史观，抑或是其他什么史观，这是衡量一个政党是否坚持科学的历史观、正确的社会观和科学方法的重要分水岭。

道路与旗帜，说到底是政党与理论问题。在近代以后的中国，领导我们事业的核心力量是中国共产党，指导我们思想的理论基础是马克思列宁主义。中国共产党是在近代中国社会苦难深重中产生的有初心有使命的政党，她坚持马克思列宁主义，将马克思主义普遍真理与中国实际、与中华优秀传统文化紧密结合起来，与时俱进，不断创新，开拓奋进。一百年来，中国共产党领导全国各族人民在革命、建设和改革开放中，续写了天翻地覆、改天换地、浴火重生的东方奇迹①。

实践成果的取得，来源于理论上的清醒，来自理论上的成熟。"指导思想是一个政党的精神旗帜"②，而指导思想的内核，从根本性上讲，是政党所据以认识历史、指导社会实践的理论。一百年来，中国共产党确立并坚持了自己的精神旗帜。一百年来，迎风飘扬的唯物史观理论旗帜，成为中国共产党不朽的旗帜、走向胜利的旗帜、开辟未来的旗帜。

一 唯物史观是中国共产党人坚定的理论选择

唯物史观，如果把它放在它产生的时代，即"放在一百七十多年前，放在唯心主义历史观处于主导地位的历史背景下，放在神学决定论、天命论、英雄决定论、思想决定论的历史背景下考察，就可以理解它的价

---

① 耿步健：《唯物史观：中国共产党百年辉煌的哲学奥秘》，《社会科学家》2021年第1期。

② 习近平：《论中国共产党历史》，中央文献出版社2021年版，第122页。

值,理解为什么把发现这些原理称为历史观的伟大变革,因为它把几千年处于统治地位的历史观倒转过来了。这些发现,在人类历史观上都是言前人之未言、之不能言的石破惊天、振聋发聩的伟大理论"①。如果将唯物史观放在一百年前的中国,它无论是在思想界,还是在社会实践领域,对中国人所产生的影响,也是空前激烈的,甚至可以说是划时代的。说"唯物史观改变了中国",从历史的观点来看,这一点也不过分。

列宁曾经说过,在分析任何一个社会和历史问题时,"马克思主义理论的绝对要求",就是要把将该问题严格地限定于产生该问题的社会历史时代②。将唯物史观放置进先进中国人视野,并在中国传播,得到中国人认可和接受的历史环境中,这与其说是中国共产党人选择了唯物史观,还不如说是历史选择了唯物史观,更确切更具体地说,是黑云压城、苦难深重、国运低迷的中国近代史选择了唯物史观。这是中国共产党人选择唯物史观的历史条件和时代条件③。

辛亥革命结束了统治中国两千多年的专制帝制,推翻了腐朽无能的清朝,赶跑了皇帝,实行了民主共和,民主主义革命取得了暂时的胜利。暂时的胜利曾经带给人们喜悦,给予人们前进的希望。但是,在革命与复辟、民主与专制、"新的"与"旧的"激烈较量和斗争中,辛亥革命最终失败,国运继续下行,迄于"五四"时期,跌落至"谷底"④。这一切,都引起继续前进的先进中国人的深刻反思和进一步探索,如同青年陈独秀所言:"不塞不流,不止不行","惟属望于新鲜活泼之青年,有以自觉而奋斗耳!"⑤ 民主主义革命失败了,老的奋斗方式失灵了,唯有寄希望于新的更有活力的思想理论。其时,通过近邻日本、俄国传入的马克思主义唯物史观学说,无疑是黑暗中国长夜里的一缕耀眼的光焰,吸引人们的注意力。

---

① 陈先达:《学点哲学》,人民日报出版社2017年版,第41页。
② 《列宁选集》第2卷,人民出版社2012年版,第375页。
③ 冯天瑜:《唯物史观在中国的早期传播及其遭遇》,《中国社会科学》2008年第1期。
④ 刘大年:《中国近代史研究中的几个问题》,载刘大年《中国近代史诸问题》,人民出版社1965年版,第68—69页。
⑤ 陈独秀:《敬告青年》(1915),载陈独秀《独秀文存》,安徽人民出版社1987年版,第79、3页。

恩格斯指出，理论在一个国家满足实践需要的程度，取决于实践需要理论的程度①。任何理论是否科学、是否正确、能否有效地解决实际问题，都要通过它在实践中的具体运用来检验。唯物史观具有实效威力高于同时代其他理论的自身内在优势，这是中国共产党人选择唯物史观的客观条件。如同马克思从历史的眼光出发分析"理论的解放对德国也有特殊的实践意义"一样②，唯物史观在中国广泛传播并被中国共产党写在自己的光辉党旗上，它所起的作用也是具有深远的历史意义和深刻的现实意义的。

在"五四"时期，盼望比辛亥革命更深刻、更广泛、更彻底的社会革命，一举结束北洋军阀的反动统治，给中国以出路，这是当时社会的心理基础，这是当时一切探索中国社会前进道路的人们的共识。中国社会蕴藏的深刻变革，如同久旱的良田，祈盼着甘霖。因此，那时思想活跃，思潮一浪高过一浪。马克思主义在中国传播的同时，巴枯宁主义、蒲鲁东主义、托尔斯泰泛劳动主义、克鲁泡特金进化论以及工团主义、新村主义等形形色色的无政府主义、社会主义思想令人眼花缭乱，但是，相比于我们的邻国俄国爆发举世震惊的十月革命，并取得成功，其间马克思主义理论显示的巨大威力，给人们极大的智慧启迪和革命启发。因此，如早期共产主义者李大钊所言，在北京高校，大学里追慕唯物史观，成为一种时髦；施存统说，当时学界新思潮风靡，终于对共产主义新思想产生了共鸣，这是当时具有初步共产主义觉悟的革命者所共有的心路历程③。以唯物史观为基石的马克思主义，能够解决俄国问题，就一定能够解决中国问题。因为唯物史观自身内蕴的进步性、革命性和彻底性，彰显了它自身所具有的理论优势。这如同恩格斯在《卡尔·马克思》一文中所揭示的，唯物史观"这种新的历史观，对于社会主义的观点有极其重要的意义。它证明了：过去的全部历史都是在阶级对抗和阶级斗争中发展的；统治阶级和被统治阶级，剥削阶级和被剥削阶级是一直存在的；人类的大多数总是注定要从事艰苦的劳动和过着悲惨的生活"，但

---

① 《马克思恩格斯选集》第 1 卷，人民出版社 2012 年版，第 10 页。
② 参见《马克思恩格斯选集》第 1 卷，人民出版社 2012 年版，第 10 页。
③ 参见张艳国：《李大钊、瞿秋白对俄国道路的认识》，《中国社会科学》2016 年第 10 期。

是，人类社会经过资本主义的发展，"联合起来的无产阶级"可以通过阶级斗争去战胜它、改变它，使社会发展"能够保证每个人的一切合理的需要日益得到满足的程度"①。理论的优势一旦被人们所掌握，就能变成惊天动地的磅礴力量。

一百年前，中国共产党人对唯物史观的选择和坚守，从一大批早期革命者身上得到了印证和答案。他们既是将唯物史观作为进步史观、革命史观来看待的，也是当作革命号角、革命理论和革命方法来对待的。他们洋溢着无产阶级的革命激情和执着，充满着对真理的追求和热爱，这是中国共产党人最终选择并坚定唯物史观的主观条件。

在同时代的革命者中，李大钊撰写《唯物史观在现代史学上的价值》《唯物史观在现代社会学上的价值》，从过去到现在的历史视角、从历史到社会的当代视角，论述了唯物史观的科学性、革命性和深刻性，尤其能给人以理论选择、理论坚守的自信心和自觉力。他说："我们要晓得一切过去的历史，都是靠我们本身具有的人力创造出来的，不是那个伟人圣人给我们创造的，亦不是上帝赐予我们。将来的历史，亦还是如此。现在已是我们世界的平民的时代了，我们应该自觉我们的势力，赶快联合起来，应我们生活上的需要，创造一种世界的平民的新历史。"② 因此，中国共产党自其诞生起，就将唯物史观标识在自己的党旗上，从党的一大的"决议"（1921.07）到二大的"宣言"（1922.07），都运用了唯物史观的理论与方法分析中国革命问题，革命者提出"一切生产手段收归社会共有"的根本目的、"由继续不停的阶级争斗，酿成总解决的社会革命，实行取消阶级，建筑共同生产共同消费的共产主义社会"的根本原则和"只有实行阶级斗争和社会革命"的唯一方法③。从建党时期开始，唯物史观就是武装党的思想和整齐党的意志的理论原则和根本方法。此后，唯物史观一直是中国共产党具有标志意义的理论旗帜，也是中国共产党百年历程不断走向胜利的旗帜。

---

① 《马克思恩格斯选集》第3卷，人民出版社1972年版，第42页。
② 《李大钊文集》下，人民出版社1984年版，第365页。
③ 蔡和森：《中国劳动运动应取的方针》（1922.05.01），《蔡和森文集》，人民出版社1980年版，第81、83、81—82页。

二 唯物史观是中国共产党人的看家本事

当我们在回望中国共产党百年历程,展望中国共产党继续前进的时候,总会很自然地讨论中国共产党的革命经验、执政经验、建设经验和发展经验。在中国共产党百年历程中,她一直都很重视总结自己的实践经验和历史经验。中国共产党在总结经验中不断实现理论自觉和实践自觉,不断为之开辟前进的广阔道路。毛泽东同志在科学总结党在新民主主义革命时期的经验时指出,统一战线、武装斗争和党的建设,是中国共产党的三大法宝①;邓小平同志在精辟分析中国共产党领导革命、建设和改革开放的经验时指出,无论是革命还是建设,都不能照抄照搬别国经验、别国模式,只能是把马克思主义的普遍真理同我国的具体实际结合起来,走自己的路,建设有中国特色的社会主义②。"三大法宝"也好,"基本结论"也好,"根本经验"也罢,说到底,这些经验,就是中国共产党的"硬功夫"和取得成功的"不二法门",它是中国共产党人特别擅长的本领和攻坚克难的力量源泉。如果深入理论层面,透过经验本身,从本质上讲,它是唯物史观与方法成功运用的智慧结晶。因此,从理论自觉和理论自信的高度说,唯物史观是中国共产党革命、建设、改革开放和中国特色社会主义的"看家本事"。何谓看家本事?就是指特别擅长并可以让人安身立命的技能③;唯物史观何以"看家"?这是由马克思主义哲学品质具有的真理性、彻底性、批判性和革命性以及理论方法具有的辩证性、科学性、通透性和深远性所决定的,归根到底,"理论只要说服人,就能掌握群众;而理论只要彻底,就能说服人。所谓彻底,就是抓住事物的根本"④。从中国共产党的"看家本事"角度看待唯物史观,这如同习近平总书记所论述的,不断书写改革开放历史新篇章,我们就必须站在马克思主义哲学的高度,努力掌握马克思主义唯物史观的"看

---

① 《毛泽东选集》第 2 卷,人民出版社 1991 年版,第 613 页。
② 《邓小平文选》第 3 卷,人民出版社 1993 年版,第 2—3 页。
③ 参见陈麟辉《共产党人的看家本领:〈实践论〉〈矛盾论〉及其当代价值》,上海人民出版社 2019 年版,第 3 页。
④ 《马克思恩格斯选集》第 1 卷,人民出版社 2012 年版,第 9—10 页。

家本领","提高战略思维能力、综合决策能力、驾驭全局能力"①。

一百年来,中国共产党与唯物史观结成难解难分的"世纪情缘",唯物史观为中国共产党提供理论指导和方法论运用,一方面来自中国共产党阶级性和革命性所具有的理论自觉和理论自信,它懂得如何运用唯物史观解决中国问题,形成中国方案,彰显中国力量;另一方面来自唯物史观的科学性和彻底性,它是无产阶级更是共产党人的世界观、历史观和方法论,只有它才能为世界无产阶级和人类社会提供"彻底解放"的道路和方法②。

一百年来,中国共产党带领中国人民走向世界、走向现代化的这艘巨轮,行稳致远,势头正旺,源自中国共产党人十分珍视、自觉运用唯物史观理论与方法,找准了马克思主义中国化的问题意识和改造社会的实践门径。将马克思主义与五千年中国文化有机结合起来③,将马克思主义与中国特色社会主义实践有机结合起来,凸显马克思主义真理的力量和价值,突出中华文明源远流长的底色、亮色和特色,不断开拓深化实践的道路,不断拓宽中国走向未来、实现中华民族伟大复兴的道路。

一百年来,中国共产党所坚持的思想路线、政治路线和建党原则,"凝结着辩证唯物主义和历史唯物主义的世界观、方法论",它集中体现为中国共产党一百年来所笃信笃行的"解放思想、实事求是"八个大字④,由此解决了中国共产党在新民主主义革命、社会主义建设和改革开放各个历史时期的重点难点问题,既不走"全盘西化"的邪路,也不走"僵化封闭"的老路,走在创新发展的新路上,从而使党和国家的事业得以开拓前进。

中国共产党将唯物史观理论、原理、原则和方法与中国革命、建设

---

① 习近平:《在纪念朱德同志诞辰130周年座谈会上的讲话》,人民出版社2016年版,第13页。

② 参见王维平、陈雅《唯物史观的三重逻辑与建党百年中国道路的探索》,《思想教育研究》2021年第1期。

③ 参见张晓松、朱基钗《习近平考察朱熹园谈文化自信:没有中华五千年文明,哪有我们今天的成功道路》,新华社,"新华视点" https://baijiahao.baidu.com/s?id=1694992058102825906&wfr=spider&for=pc,2021年3月23日。

④ 习近平:《论中国共产党历史》,中央文献出版社2021年版,第99页。

和改革开放的具体实践紧密结合起来，既形成了党在各个历史时期、实践时段的理论总结、话语表达和话语体系，而又与时俱进、深刻有力地推进了马克思主义中国化，也将唯物史观跨越时空地带入理论发展的新境界新高度，从而牢牢地站立在理论创新的时代制高点上①。这主要体现在唯物史观的几个理论视域和维度上。

一是根据唯物史观，党在领导中国革命、建设和改革开放的道路选择上，明确了自己所处的历史方位、历史阶段和历史环境。一百年来，中国共产党在革命、建设和改革开放的各个重要历史阶段上，十分注重目标和起点、理想与现实的关系，深刻分析党在具体历史阶段的方位、环境，将革命的战略和策略有机结合起来，坚持从具体的历史环境出发，遵循"一切都取决于它所处的历史环境"原则②；坚持一切从实际出发，具体问题具体分析；将历史发展过程与具体历史阶段、普遍性与特殊性、偶然性与必然性、主要矛盾与次要矛盾、矛盾的主要方面与次要方面等有机结合起来，揭示并遵循蕴藏其中的客观规律。因此，党创造性地提出了在新民主主义革命时期的总路线和总目标、在社会主义过渡时期的总路线和总任务、在社会主义初级阶段的基本路线和工作重心、推进中国特色社会主义新时代的总体布局和战略布局，选择了从农村包围城市，最后夺取全国胜利的中国革命道路、走自己的路，建设有中国特色的社会主义③。

二是根据唯物史观，一百年来，党在领导中国革命、建设和改革开放的长过程中，密切联系中国国情和具体实际，遵循在社会生产方式中生产关系一定要适应生产力状况、上层建筑一定要适应经济基础状况的普遍规律，深刻分析并科学揭示了中国近代社会的性质和革命目标、中华人民共和国成立以后中国社会的性质和发展目标、改革开放新时期以来中国社会主要矛盾的存在形式及其变化特征和中国特色社会主义的发展目标，提出要依照社会性质的变化确定不同的工作重点、政策、策略

---

① 参见包大为、王甄玺《唯物史观从一般到具体：中国共产党的世纪理论征程》，《理论月刊》2021年第1期。

② 《马克思恩格斯全集》第25卷，人民出版社2001年版，第478页。

③ 《邓小平文选》第3卷，人民出版社1993年版，第3页。邓小平重点指出，"这就是我们总结长期历史经验得出的基本结论"。

和方式方法,"政策和策略是党的生命"①,不能胡子眉毛一把抓;提出"革命是解放生产力,改革也是解放生产力","社会主义的本质,是解放生产力,发展生产力,消灭剥削,消除两极分化,最终达到共同富裕"②。

三是根据唯物史观,一百年来,党在领导中国革命、建设和改革开放的长过程中,始终关注并围绕人民群众这个最根本的社会主体开展一切工作,注重在实际工作中组织群众、发动群众、依靠群众、尊重群众的首创精神,以人民群众的根本利益作为党制定政策的出发点和落脚点,将群众的长远利益与眼前利益结合起来,将群众的根本利益与现实利益结合起来,将群众的物质利益与精神需求结合起来,确立"全心全意为人民服务"的立党宗旨,明确"人民,只有人民,才是创造世界历史的动力"的历史动力观③,树立"人民至上,生命至上"的社会价值观和社会发展观,提出并践行"一切为了群众,一切依靠群众,从群众中来,到群众中去"的群众路线和工作方法,把党的全部工作和党员领导干部置于群众监督之下,"始终相信人民、依靠人民,总是把人民拥护不拥护、人民赞成不赞成、人民高兴不高兴、人民答应不答应,作为制定方针政策和作出决断的出发点和归宿"④。充分认识到党的事业归根到底"是人民群众的事业",才能"永远保持建党时中国共产党人的奋斗精神,永远保持对人民的赤子之心。一切向前走,都不能忘记走过的路;走得再远,走到再辉煌的未来,也不能忘记走过的过去,不能忘记为什么出发"⑤。一切为了群众,始终为了群众,发展为了群众,发展成果为群众共享,坚持"以人民为中心",这既是共产党人的初心使命,也是共产党人的高贵灵魂。

此外,关于社会阶级斗争形式及其方法、社会矛盾存在形式及其解决方法,社会意识、社会意识形态、文化传承创新与精神文明建设等,一百年来,中国共产党都坚持运用唯物史观理论和方法解决实际问题,都有创新发展成果。这些成果既成为马克思主义中国化创新理论知识体

---

① 《毛泽东选集》第 4 卷,人民出版社 1991 年版,第 1298 页。
② 《邓小平文选》第 3 卷,人民出版社 1993 年版,第 370、373 页。
③ 《毛泽东选集》第 3 卷,人民出版社 1991 年版,第 1031 页。
④ 《胡锦涛文选》第 2 卷,人民出版社 2016 年版,第 209 页。
⑤ 习近平:《论中国共产党历史》,中央文献出版社 2021 年版,第 121 页。

系中的重要内容,更在理论上、实践上体现了思想活力。因此,中国共产党所特有的唯物史观"看家本事",是中国共产党人的宝贵财富,不仅值得珍视,而且需要传承光大,将唯物史观理论与方法同时代发展结合起来,与世界潮流结合起来,与人民群众的智慧结合起来,使之成为共产党人常用常新的"硬功夫"和"好本事"。始终坚持用唯物史观理论与方法来认识历史、观察现实、深化实践,我们就能汲取历史的智慧,增强驾驭实践的能力,"进一步把握历史发展规律和大势,始终掌握党和国家事业发展的历史主动"①。

三 唯物史观是中国共产党人开辟未来的精神旗帜

中国共产党经历一百年艰苦卓绝的不懈奋斗,带领全国各族人民从近代的苦难岁月中走出,开拓了一条"站起来,富起来,强起来"的中国道路,创造了举世公认的复兴辉煌。百年大党,风华正茂;奋进历史,弥足珍贵。风华正茂意味着发展的态势与活力,具有美好的前途;弥足珍贵意味着内涵深刻的经验值得总结、值得汲取、值得传承,应予光大。人类文明发展的经验表明,善于总结历史并珍视经验的民族,是有前途的民族;同样的道理,一个不忘历史,从历史中走来并牢记历史启示的政党,是有力量、有智慧、有未来的政党。

我们以唯物史观与中国共产党的"世纪情缘"为视点,进行历史总结,是为了揭示深蕴其中的历史必然、历史智慧和历史道理,是为了丰富我们的历史认识和历史知识,是为了继续高举唯物史观的精神旗帜,面向未来,增强信心,在中国共产党的带领下,踏平坎坷、披荆斩棘、乘风破浪,续写新的历史华章。

我们以建党一百周年为时间节点和新的起点,昂首阔步进入新时代,大步流星踏上新征程,振奋精神奋战"十四五",满怀豪情追赶 2035 年和 2050 年奋斗目标,还需要补足"精神上的钙",像过去走过的一百年艰苦岁月那样,高扬唯物史观的精神旗帜,不断从胜利走向新的胜利。

---

① 习近平:《在党史学习教育动员大会上的讲话》,人民出版社 2021 年版,第 13 页。

因为,"唯物史观,为人们提供了认识自然、认识人类社会的科学思想武器"①,因此,"要坚持用唯物史观来认识历史,坚持实事求是的思想路线","总结历史经验、把握历史规律,增强开拓前进的勇气和力量"②。

运用过去一百年唯物史观给予中国共产党人精神滋养的历史经验和智慧启示,面向踏进建设中国特色社会主义现代化强国的新实践新探索,继续高举唯物史观这面开辟未来的精神旗帜,立足社会主义初级阶段的基本国情和实际,牢牢掌握新时代社会主要矛盾和矛盾的主要方面③,主动驾驭中国共产党执政规律、中国特色社会主义建设规律和人类社会发展规律,有机融合"五位一体"总体布局和"四个全面"战略布局,在筑梦圆梦的伟大实践中不断推进唯物史观创新发展的新视野、新境界、新高度。我认为,可以从以下几个维度予以瞻望和分析。

一是要继续坚持运用唯物史观的理论智慧,站稳守牢我国在新时代建设中国特色社会主义现代化强国的历史方位。我们正处于还将长期处于社会主义初级阶段,人口规模大,因庞大的人口规模给发展和治理带来的复杂性、多变性,这是我国建设现代化强国的基本国情,也是我国继续发展,延续中国道路所处的历史方位④。将世界上最大国家的现代化、将世界上最具有后发优势的现代化与发展不平衡、不充分联系起来,与千家万户、与每个人的现代化联系起来,实现共建共享、共同富裕,将社会全面进步与人的全面发展结合起来,充分彰显"人民中心"观,以人民的需求、期盼作为制定政策的最大公约数和执政理念⑤。

二是要继续坚持运用唯物史观的理论智慧,实现物质文明和精神文明协调发展。世界现代化的历史经验表明,现代化不仅仅体现在物质层面,更要在精神层面落实落细。现代化是一个"以现代工业、科学和技

---

① 习近平:《学习马克思主义基本理论是共产党人的必修课》,《求是》2019年第22期。
② 习近平:《在党史学习教育动员大会上的讲话》,人民出版社2021年版,第4页。
③ 参见郇雷《唯物史观视野下的新时代中国特色社会主义》,《理论视野》2019年第1期。
④ 参见张星星《改革开放以来党的基本路线与马克思主义唯物史观的科学统一》,《党的文献》2018年第6期。
⑤ 参见邓朴、祝小宁《唯物史观与马克思主义执政理念的演进》,《马克思主义与现实》2011年第1期。

术革命为推动力,实现传统的农业社会向现代工业社会的大转变,使工业主义渗透到经济、政治、文化、思想各个领域并引起社会组织与社会行为深刻变革的过程"①,从根本性上讲,它牵涉社会物质文明与精神文明两大关键性问题。因此,"两个文明"协调发展,才是赢得先发国家"比较优势"的现代化。实现中华民族伟大复兴的中国梦,物质财富极大丰富,精神财富也极大丰富,才是中华民族在世界民族之林真正强大的标志。

三是要继续坚持运用唯物史观的理论智慧,紧紧守牢创新在现代化建设全局中的核心地位。世界现代化发展的历史带给人类文明最突出的经验和价值是:创新不仅体现在科学技术领域,而且是一种思维、一种工作方法、一种生活方式;创新,是一个国家、一个民族进步的不竭动力,是一个政党永葆青春的力量源泉。中国要在"世界百年未有之大变局"中挺立潮头,要在开放发展的"两个大局"中赢得先机,就必须比历史上任何时候、比任何国家都更加重视创新,把创新作为中华民族进步发展的生活方式来锻造,以此极大"赢得与资本主义相比较的优势"②,从而获得更多的创新发展"软实力""巧实力""锐实力""盾实力"。

四是要继续坚持运用唯物史观的理论智慧,正确认识我们的生存空间和生活环境,做到人与自然和谐共生。世界现代化的突出教训是:现代化既是人类社会的建设者,又是人类幸福的破坏者。四百年的现代化历程,一方面造就了世界范围的工业化进程,创造了前所未有的物质财富;但是,另一方面在不太长的历史阶段内,就造成了难以想象的资源浪费、环境破坏和人与物的巨大矛盾。中国特色的社会主义现代化,绝不能走先发国家"先发展,后治理"的老路,而要开辟绿色发展、生态优先、人与自然和谐相处的现代化新路好路。

五是要继续坚持运用唯物史观的理论智慧,明确自己的前进方向和价值追求,走和平发展道路。近代以来先发国家的现代化,经历过"修昔底德陷阱",现代化必强,强国必霸,争霸必战,给人类带来了深重灾

---

① 罗荣渠:《现代化新论——世界与中国的现代化进程》(增订本)"序言",商务印书馆2017年版,第5页。

② 《邓小平文选》第3卷,人民出版社1993年版,第373页。

难;这种现代化是一部充满殖民征服、资源掠夺、金融控制的血腥历史,也是一部写满霸权扩张和战争不休的历史。中华民族实现伟大复兴中国梦,建设中国特色的现代化强国,是以人民为中心的现代化,是实现人的全面发展、社会全面进步的现代化,是对内造福国人、对外维护和平的现代化。"中国的发展需要世界和平,同时中国的发展也将维护世界和平",因此,"中国不争霸或寻求在国际事务中居主导地位"①。这样一种现代化,走的是独立自主的和平发展道路,是为了推动构建人类命运共同体,增强世界人民的民生福祉。这是一种全新的现代化模式,也是中国人对世界现代化运动的全新贡献。

马克思主义经典作家曾经依据唯物史观在《共产党宣言》中对无产阶级及其政党的前途予以科学揭示,"每一历史时代主要的经济方式和交换方式以及必然由此产生的社会结构,是该时代政治的和精神的历史所赖以确立的基础,并且只有从这一基础出发,这一历史才能得到说明;因此人类的全部历史(从土地公有的原始氏族社会解体以来)都是阶级斗争的历史,即剥削阶级和被剥削阶级之间、统治阶级和被压迫阶级之间斗争的历史;这个阶级斗争的历史包括有一系列发展阶段,现在已经达到这样一个阶段,即被剥削被压迫的阶级(无产阶级),如果不同时使整个社会一劳永逸地摆脱一切剥削、压迫以及阶级差别和阶级斗争,就不能使自己从进行剥削和统治的那个阶级(资产阶级)的奴役下解放出来"②;"代替那存在着阶级和阶级对立的资产阶级旧社会的,将是这样一个联合体,在那里,每个人的自由发展是一切人的自由发展的条件","无产者在这个革命中失去的只是锁链。他们获得的将是整个世界"③。一百年来,这些科学论断一直激励着中国共产党人一代又一代矢志奋斗,许多人还为此献出了宝贵的生命,我们才开创了中华民族走向伟大复兴的辉煌历史;以此为新的起点,中国共产党人继续高举迎风飘扬的唯物史观大旗,可以预见,中国走向未来、融入世界、建成现代化强国的伟

---

① 参见郑必坚《论中国和平崛起发展新道路》,中共中央党校出版社2005年版,第141页。

② 《马克思恩格斯选集》第1卷,人民出版社2012年版,第385页。

③ 《马克思恩格斯选集》第1卷,人民出版社2012年版,第422、435页。

大实践一定会赢得世界的极大赞誉！因为，我们是有理想信念、有志气骨气、有科学理论武装的新时代中国人。

（本文于 2021 年 7 月分成两部分，分别以题为《始终坚持和高扬唯物史观理论旗帜》和《坚持唯物史观　不断走向胜利》，发表于《中国社会科学报》2021 年 7 月 1 日第 A2 版和 2021 年 7 月 12 日第 A4 版，发表时有文字删节。《始终坚持和高扬唯物史观理论旗帜》被中国世界史研究网、中国社会科学网 2021 年 7 月 1 日全文转载，中工网 2021 年 7 月 2 日全文转载；《坚持唯物史观　不断走向胜利》被马克思主义研究网 2021 年 10 月 22 日、中国社会科学网 2021 年 7 月 12 日、中工网 2021 年 7 月 12 日全文转载）

大数据融入智慧社区建设：
时代价值与现实路径

张艳国　朱士涛[*]

[摘　要] 随着物联网、云计算、移动互联网、人工智能、区块链等信息技术的迅猛发展，以数字化以及大数据处理为标志的新技术在人们的日常生活中得到广泛应用，一个改变人们生活方式和习惯思维的大数据时代正在来临。大数据时代也将赋予社区建设和治理新的内容：走进智慧社区，运用大数据处理技术提升社区治理效能、提升社区建设品质，为社区居民的信息化生活带来多样化的新元素。把大数据融入智慧社区建设，有利于实现社区善治目标，是未来社区发展的必然趋势和时代要求。应全方位探讨大数据平台运行的主要环节与具体应用，为打造居民宜居、满意、温馨、幸福的社区，实现新时代社区居民对美好生活的向往奠定坚实的基础。要在智慧社区建设中把握大数据治理的关键要素，充分发挥智慧社区的治理效能。

[关键词] 大数据；智慧社区；社区建设；社区治理

社区是人们聚居在一定地域范围所组成的安定祥和、管理有序、守

---

[*] 作者简介：张艳国，江西师范大学省重点建设学科政治学首席专家、江西师范大学中国社会转型研究省级协同创新中心首席专家、教授、博士生导师、博士后合作导师；朱士涛，江西师范大学马克思主义学院2019级中国近现代史基本问题专业博士研究生、江西科技师范大学马克思主义学院讲师。

[基金项目] 民政部社会治理动态监测平台及深度观测点网络建设项目（2020—×××）；中宣部文化名家暨"四个一批"人才工程支持项目（2020—118）。

望相助的社会生活共同体。它是人们生活的基本单位，是社区居民接触最多的场域空间。营造一个安全、便捷、舒适、温馨的社区环境，努力把社区建设成和谐有序、绿色文明、创新包容、共建共享的幸福家园，是居民安居乐业、开创美好生活的保障，也是实现国家治理体系和治理能力现代化的基础。

中华人民共和国成立以来，我国城乡基层社会治理体制基本上经历了从街居制、单位制到社区制的变迁。自社区初建开始，从国家顶层设计到具体展开，从学术研究到基层实践，都体现出对社区建设与治理的重视。特别是21世纪以来，随着社区建设的深入探索和全面推进，各地涌现出一系列社区治理标杆和典型案例。当然，在新时代，面对人民群众对美好生活的新向往，社区建设和治理也面临一系列新情况、新问题和新要求，这不仅体现在社区治理的制度架构、组织安排等硬件方面，而且也体现在信息处理、技术融入、质量反馈等软件方面。近年来，随着物联网、云计算、移动互联网、人工智能、区块链等信息技术的迅猛发展，以数字化以及大数据处理为标志的新技术在人们的日常生活中得到广泛应用，人们生活更时尚、更便捷、更高效，一个改变人们生活方式和思维习惯的大数据时代正在来临。大数据时代也将赋予社区建设和治理新的内容：走进智慧社区，运用大数据处理技术提升社区治理效能和社区建设品质，为社区居民的信息化生活带来多样化的新元素。因此，顺应时代发展要求，及时掌握新技术，更新思想观念，克服传统路径依赖，在社区治理中树立数据思维，广泛运用大数据技术，建立社区大数据平台，既是智慧社区建设的必然要求和发展趋势，也是解决当下社区治理难题的关键。

一　大数据融入智慧社区建设是一种客观趋势

纵观人类社会科技发展历程，大数据同那些永载史册、改变人类生存发展方式的历次重大科技革命一样，也必将给人类带来空前的社会变革，给人们的生产方式、生活方式、思维方式、交往方式打上深深的时代印记。大数据早已不是科学家口中的抽象名词，也不是专业期刊中的抽象概念，而是广泛应用到经济发展、公共安全、社会服务、政府治理各个方面的新技术、新思维和新方法。从国家顶层设计和宏观运行方面看，2014年我国首次将"大数据"一词写进政府工作报告，要求运用大数据提高行政效率；2015年国务院正式印发《促进大数据发展行动纲要》，将大数据发展上升为国家行动；2019年党的十九届四中全会审议通过的《中共中央关于坚持和完善中国特色社会主义制度推进国家治理体系和治理能力现代化若干重大问题的决定》指出，"必须加强和创新社会治理，完善党委领导、政府负责、民主协商、社会协同、公众参与、法治保障、科技支撑的社会治理体系，建设人人有责、人人尽责、人人享有的社会治理共同体，确保人民安居乐业、社会安定有序，建设更高水平的平安中国"，这里的"科技支撑"就包括适应社会信息化发展趋势，将大数据广泛深入地运用到社会治理当中。当人类社会进入大数据时代，社会治理现代化也就具有清晰有序的治理模式、动态调适的规则体系、精准高效的治理机制、包容共享的治理格局等多维目标。[①] 把大数据融入智慧社区建设，有利于实现社区善治目标，是未来社区发展的必然趋势和时代要求。

（一）大数据具有精确性、准确性特征，有助于提升社区治理效能

大数据条件下智慧社区治理精准化是智慧社区建设的典型特征和发展趋势，它可以有效解决当下社区治理信息不对称、资源不匹配等问题。随着我国由传统的计划经济体制向社会主义市场经济体制的深入推进，社会转型加速发展，公民变成了原子化个体，其中既有单位人向社会人的转变，又有因公民职业、年龄、受教育程度等个体差异而导致的利益分歧和冲突。而当下的社区治理中仍然存在着社区服务"一刀切"的现象，政府资源投入、整合与利用同民众千差万别的个体需求信息不对称，社区服务产品在时间上存在滞后性、在种类上存在单一性、在满足居民需求上存在表层化等问题。社区治理资源被动接受或盲目供给不但无法体现治理效果，还会造成资源浪费。社区治理精准化主要强调主体利益多样性，通过数据分析进行人群识别、需

---

① 王振兴等：《大数据背景下社会治理现代化：解读、困境与路径》，《电子政务》2019年第4期。

求识别和方式识别，由粗放性向精确性、由主观判断向客观判断转变。大数据使"人民"的政治修辞具体化为差异性的利益诉求，可以提高社会服务的精准度。① 这样，社区治理精准化的内涵就充实了：社区治理主体能够准确研判，哪里有居民需要，就把高质量的服务送到哪里。这就实现了社会治理从传统的"大水漫灌"到大数据条件下的"感知灌溉"的巨大飞跃。

大数据在社区治理中的开发应用，可以全面系统地掌握社区居民差异化的需求，进而制定精准的治理措施与服务内容。一方面，大数据在社区治理资源投放方面大有可为。如通过对社区低收入家庭信息的搜集与家庭消费状况的分析，可以实现分类施策，精准帮扶。科学的数据分析增加了对低收入群体鉴定的真实性、直观性、科学性，把国家与社会帮扶资源送到真正的需求者手中。另一方面，大数据在社区精准服务方面舞台广阔。如社区医疗服务站可以为每位社区居民建立一份电子医疗信息档案，通过健康电子穿戴等设备随时搜集居民的健康数据，根据社区居民的年龄、职业、生活习惯和健康状况差异化推送相应的医疗保健信息，利用大数据为社区居民的健康保驾护航。又如，社区管理者可以通过门禁进出数据，对高于警戒线以上的独居高龄老人进行上门探访，让社区特殊居民得到更多的关心和照顾。所以，利用大数据技术不仅可以深入解码各类宏观数据，还可以对用户的细微行为特征进行数据挖掘和分析，甚至可利用自然语言解密软件进行情绪分析，实现对民众需求的精确把握，从而合理配置公共服务资源，主动推送个性化、人性化的公共服务产品。②

（二）大数据具有相关性等特征，有助于增强社区治理的预判性、前瞻性

现代社会本质上是一个风险社会。在经济社会快速发展的同时，政治、经济、社会与生态系统的脆弱性也充分暴露出来，特别是现代化危险具有普遍性和不确定性，现代化风险施加有害作用的路径具有飘忽不

---

① 张海波：《大数据驱动社会治理》，《经济社会体制比较》2017年第3期。
② 谭海波、孟庆国：《政府3.0：大数据时代的政府治理创新》，《学术研究》2018年第12期。

定和不可捉摸性。① 在现实生活中，现代交通中断、新型病毒肆虐、网络设施故障等问题都有未知性、风险性、不可控性等特征，给社会的正常运转和人们的日常生活带来前所未有的危害，也增加了人们对未来社会的恐惧感。如社区电力突然中断会影响广大社区居民的基本生活，甚至威胁到特殊群体的生命安全。面对现代社会存在的这些风险，社区治理措施的有效性与前瞻性显得越发重要。为了解决现代化引发的一系列社会问题，无论是政府部门还是社会组织都在积极探寻制度、科技等手段来解决风险和危机，以增强对未来生活的可控性和安全感。大数据的有效应用，为解决这些新生的社会问题提供了便捷通道。

大数据作为具有划时代意义的技术革命，其令人赞叹、使人着迷的魅力是运用科学的精确方法帮助人们发现未知、果断决策。大数据处理之所以能够对未来状况做出科学预测，就是利用了事物之间的相关性原理进行分析处理。在小数据世界中，相关关系也是有用的，但在大数据背景下，我们可以比以前更容易、更快捷、更清楚地分析事物的内在联系，从而掌握捕捉现在、预测未来的关键。② 在现代社会治理中，预测是大数据的核心与专长。以数据分析的结果取代人的经验进行决策，可以预测事物的发展动态，识别潜在危险，把社区治理的危机和矛盾化解在萌芽状态，最大限度地保障社区居民的生命财产安全。通过社区大数据平台对居民健康数据的分析，可以提前告知特定居民存在的健康隐患，特别是像心肌梗塞、冠心病等具有发病快、救治时间短特性的心脑血管疾病，可以提早预防以赢得挽救生命的宝贵时间，从而构筑起维护家庭幸福平安的坚实屏障。在社区安全方面，对社区居民实行人脸数据采集和识别，通过监控设备对进出社区的人群进行实时动态监测，预判异常人员与异常行为可能存在的潜在风险，提前制定相应措施，做到防患于未然，让大数据为社区居民健康、安全、幸福保驾护航。

---

① [德] 乌尔里希·贝克：《风险社会：新的现代性之路》，张文杰、何博闻译，译林出版社 2018 年版，第 15 页。

② [英] 维克托·迈尔－舍恩伯格、肯尼思·库克耶：《大数据时代——生活、工作与思维的大变革》，盛杨燕、周涛译，浙江人民出版社 2013 年版，第 71 页。

（三）大数据具有即时性、有效性特征，有助于提升主体的洞察力、决策力和实践能力

实现社区治理现代化，需要构建顶层设计与社区治理主体的良性互动关系。目前，我国社会经济发展在地区之间、城乡之间还存在不均衡现象，不同地区之间、同一地区不同社区之间管理者在知识储备、社区发展理念、现代信息技术处理能力等方面都存在一定的差异。即便是在经济比较发达的地区，大部分社区管理者对大数据仍然说不清、道不明，感觉用不着，或者有了也不会用，习惯于凭借原有的工作机制、原有的工作习惯处理社区日常问题，而不善于利用大数据进行分析和决策。社区建设在走向现代化的过程中，社区管理者扮演着多重角色，他们既是社区发展的促进要素，又是社区发展的引领者，但如果弄不好则可能反过来成为社区发展的阻碍者。因为大数据时代是一个"人人有终端、物物可传感、处处可上网、时时在连接"的信息时代，大数据带来的不仅仅是一场技术革命，而且是一场认知革命。面对这场技术与认知革命，智慧社区建设必须顺应时代潮流发展，引领社区建设与治理的时代潮流。其中，社区治理主体必须提高信息化水平和追赶时代的能力，特别是要不断强化数据思维、科学思维和系统思维。

对于我国实施大数据国家行动计划来说，大数据人才储备极其重要。正如习近平总书记所强调的，善于获取数据、分析数据、运用数据，是领导干部做好工作的基本功。[1] 这也是智慧社区建设的基本要求，是社区治理成功与否的关键条件。为了响应大数据国家行动计划，高等院校都在积极行动，筹建大数据、人工智能专业。根据教育部公布的数据，2018年新增备案专业数量最多的是数据科学与大数据技术，共有196所高校增开该专业，机器人工程专业紧随其后。[2] 经过几年的发展，我国高校终将形成涉及数学、统计和计算机等多个学科的完整的专业课程体系，进一步满足社会对复合型人才的需求。随着大数据人才的快速增长，社区治理队伍也会新陈代谢。一方面，原有治理主体的知识体系通过再教

---

[1] 《审时度势精心谋划超前布局力争主动实施国家大数据战略加快建设数字中国》，《光明日报》2017年12月10日第1版。

[2] 刘博超：《本科专业调整折射高教发展方向》，《光明日报》2019年4月13日第6版。

育被迅速更新；另一方面，懂数据、会观察、善决策的新人快速融入社区治理之中，为社区治理不断注入新鲜血液。通过对社区治理主体进行新的治理知识"扫盲"，有利于其数据知识储备的增加与大数据意识的提高，其洞察力、决策力和数据处理能力也必然随之上升，社区治理手段将更加科学化，治理方式将更加专业化。

（四）大数据具有系统性、多维性特征，有助于实现社区治理主体多元化，创新社区治理模式

社区治理是国家治理的基础，社区治理现代化是国家治理现代化的前提，智慧社区建设是社区治理现代化的重要体现。社区治理形成共治共享格局，呈现多元参与合力，解决了社区治理动能、势能向效能转变的渠道问题。一般来说，行政主管部门、社区居民、社会组织等都是社区多元治理的主体，但是在实际运行中，社区居民自我管理、自我服务、自我教育、自我监督的自治状况与社会组织参与社区治理的现状仍不尽如人意，政府主管部门仍然扮演着社区治理主导者的角色，而居委会把绝大部分精力花费在应对检查、制作台账、完成上级下达的任务之中，成为政府的"手"和"脚"，自主性不足。多元参与动力不足，共治要素缺位，现存的"大政府、小社会"治理格局是根本成因。社区治理主体单一，致使社区治理效能低下，社区服务自身供给不足，社区居民无法对其生活空间形成较强的文化认同感，这就大大降低了居民的安全感、获得感与归属感。

实现社区治理主体多元化，为社区治理注入不竭的力量，迫切需要激活社会公众参与社区公共事务的热情。在现代社会，政府、社会组织和社区居民时时刻刻都在产生数据，一举一动都会留下数据。由大数据产生的来源可知，依靠数据决策不是由任何单一主体完成的，数据分析的对象是整个社会的痕迹，数据治理可以很好地引领多元主体合作共治。物业与社区居民的聊天记录，政府部门通过微博、微信存储的办公数据，商家的销售数据信息等都是社区大数据的重要组成部分。

我们既是大数据的生产者，又是大数据的使用者。大数据具有巨大的数据选择空间，可以多维度、多视角地进行数据分析，将碎片化的信息汇聚成系统、综合、动态、可视化的信息。通过对居民相关数据的分析，可以客观、及时地了解居民的需求，当居民或其他治理主体的诉求能够得到及时回应时，他们就会更加积极地投身到社区治理中来，使各治理主体之间形成良性互动。社区治理模式也会随着大数据技术的普及而发生新改变，在政府主导模式、市场主导模式、社会自治模式和专家参与模式之外，① 产生数据治理的新型社区治理模式。其最大优势在于，利用大数据技术打破一方垄断的单一机制，形成国家公权力主导下社会力量、市场力量与社区居民的共治、共建、共享。

二 智慧社区建设须掌握数据平台运行的具体环节

社区是基层治理的基本单元，是党和政府服务群众、联系群众的"最后一公里"，智慧社区建设的成效关系到人民群众最核心、最根本的利益。社区大数据平台建设既是智慧社区建设的核心，又是大数据开发应用的具体表现形式，更是实现社区善治的重要技术手段，还是大数据在社区治理中取得绩效的集中展示。社区大数据平台主要由数据的搜集、储存、分析、应用等四个模块组成。社区通过大数据平台对信息进行搜集和处理，使大数据科学地应用到决策和服务之中，实现"用数据来说话、用数据来管理、用数据来决策、用数据来创新"的新型治理范式。把大数据技术融入社区治理，实现社区治理精准化、参与多元化、措施联动化、决策科学化的目标，需要全方位地探讨智慧社区建设中存在的问题以及社区大数据平台运行的主要环节与具体应用，为打造居民宜居、满意、温馨、幸福的社区，实现新时代社区居民对美好生活的向往奠定坚实的基础。

（一）数据搜集是基础

在大数据时代，数据成为全社会最核心的资产，是取之不尽的宝藏。可以说，谁拥有数据资源，谁能用活数据资源，谁就能实现未来的发展。正如田溯宁在《大数据时代》的"序"中所指出的那样，"数据正成

---

① 葛天任、李强：《我国城市社区治理创新的四种模式》，《西北师大学报》（社会科学版）2016 年第 6 期。

巨大的经济资产，成为21世纪的矿产与石油，将带来全新的创业方向、商业模式和投资机会"①。在人们的日常生活中，数据无处不在，人们时刻被数据包围。互联网网站、政务系统、零售系统、办公系统、自动化生产系统、监控摄像头、传感器等，每时每刻都在产生数据。②大数据在表现形式上可简单分为语言文字数据、语音会话数据、图像视频数据、数字文本数据以及其他数据。社区大数据平台建设与有效运行，首先是要精准搜集社区及其居民的基本信息数据，建立社区基础数据库。

基础数据库对于大数据平台建设，犹如建立高楼大厦的基础材料，必须扎实、真实、准确、有效、清晰、具体。为此，必须做到以下几点：首先，数据搜集作为大数据平台建设的基础工程，需要政府根据本地实际状况进行协调规划，制定相关政府预算，为数据库建设提供坚实的制度与物质保障。其次，没有精准的基础数据，就无法制定科学措施。在数据库建设过程中，基础数据搜集要精准。社区人口总数、外来人口数量、楼栋年龄、楼栋维修记录、家庭人口、公共设施设备、社会组织等信息的采集都要求精准，数据准确才能保证治理优良。再次，数据搜集要精细分类，分类要科学合理、易于操作。没有精细化的数据分类，就没有精准化治理；没有便利操作的分类，也就没有良好的治理绩效。在社区治理中，特别是像居民的人口管理，常住人口、流动人口、健康状况、年龄结构、性别结构、从业状况、社会亲缘关系、婚姻关系、籍贯、族别、政治面貌、宗教信仰、饮食习惯、受教育程度、兴趣爱好等，都是需要掌握的信息。在大数据时代，我们除了要有基本的人口信息外，还要区分婴儿、儿童、老年人、残疾人、流动人口、贫困人口等类别信息。对数据进行分类编号，提升基础数据精细化水平，才能有针对性地对相关群体进行数据分析，为有效治理提供可靠依据。最后，要及时更新所搜集的数据，提高社区治理的时效性。像传感器、监控摄像头或互联网系统等，都要即时传入社区大数据系统。社区商城、社区志愿者数

---

① ［英］维克托·迈尔－舍恩伯格、肯尼思·库克耶：《大数据时代——生活、工作与思维的大变革》，盛杨燕、周涛译，浙江人民出版社2013年版，第2页。
② 林子雨：《大数据技术原理与应用：概念、存储、处理、分析与应用》，人民邮电出版社2017年版，第15页。

量、人口年龄、社区服务设施变动、社区常住人口、房屋对外租赁等信息，要根据不同项目分类制定不同数据类型的更新时间要求，最大限度地做到信息及时更新，减少社区治理与服务的滞后性、失真性和无效性。

（二）数据共享是关键

从古至今，我们并不缺少治理数据，特别是随着现代信息技术的迅速普及，各类数据以惊人的速度产生出来。毫无疑问，大数据在核心领域的渗透速度是有目共睹的，但未被使用的信息比例却高达99.4%。① 产生这种结果的最主要原因是我国传统的管理模式和组织架构给跨部门、跨层级、跨区域的数据共享带来了实际困难，这是大数据治理面临的最大挑战。② 这就导致有价值的数据无法被搜集，形成了一种有数据但没有大数据的状况。大数据的基本特征，不仅是数据量大，而且是数据类型多。数据量与数据类型建立在所有关联数据的互联互通上，如果没有信息接口的互联，就无法打通数据治理的"任督二脉"，也就无法保持一个筋骨活络的健康肌体，更无法保证治理决策的最优化。为了发挥社区大数据平台的最大功效，实现设施联通、网络畅通、平台贯通、数据融通，健全互通共享机制，实现数据资源最大化、有效化、便捷化，需要重点注意以下几点。

首先，科学制定社区大数据平台建设标准。社区大数据平台建设标准，主要包括社区元数据规范、社区数据库分类及代码规范、社区资源服务接口规范、社区访问控制服务接口规范、社区数据采集规范等。要确保智慧社区大数据与政府政务大数据之间能够有效对接，社区大数据平台建设标准与政府以及其他社会组织保持一致。这样，数据之间才能做到无缝对接、有效对接，数据流动也才能畅通无阻，从而克服"信息孤岛"的负面影响。

其次，社区大数据平台建设要做好社区内部的信息流通架构规划。社区大数据平台建设要有效贯通基层治理纵向的政务管理网络、社区自治网络和居民信息网络，横向连接社区自治组织、公益企业和楼宇信息

---

① 张丹眉、周福亮：《智慧社区管理》，重庆大学出版社2019年版，第155页。
② 翟云：《中国大数据治理模式创新及其发展路径研究》，《电子政务》2018年第8期。

网络,以政府社区网络信息服务中心为核心,以网格管理分中心为轴线,以社区各网格终端点为载体,建构纵横交错、多维联合、立体延伸的网络数据大系统,①为大数据高效运行铺设畅通无阻的信息高速公路。

最后,政府部门要根据大数据发展要求制定数据共享的制度规范。相关部门要重点制定大数据交换共享的接入规范、管理规范和使用规则,实现各部门、各社区、各社会组织的信息系统数据统一接入与安全使用,为社区发展、政策制定、流程优化奠定坚实的数据分析基础,真正实现"让数据多跑路,使群众少跑腿"的目标。

(三) 数据服务是目的

当前建设智慧社区的目标,不仅是将社区建设成为滕尼斯所讲的情感依赖、信任互通的感知性关系共同体,而且是将社区培育成为功能完善、生活便捷、人人相亲、文化深厚的实体性生活共同体。② 社区大数据平台作为智慧社区建设的重要内容,既是社区信息的发布中心,也是社区内外的对接中心,又是居民需求的反馈中心,③ 还是社区治理过程中的决策中心。所以,无论是从国家宏观战略规划上,还是从基层社会组织建设等方面,都要积极建设大数据平台。其原因在于,大数据平台能够有效地服务于国家发展的长远需要,服务于社区治理的实际需求。社区大数据平台建设能够为社区治理与公共服务提供强有力的支撑,主要包含教育、文化、社会保障、养老助残、家政服务、安全、商务等方面。为了更好地发挥大数据在社区治理中的服务功能,建成环境优美、服务精良、生活安心、人民满意的新型社区,实现智慧社区建设目标,实际工作中还有很多事情要做,不能回避,更不能耽误。

首先,在智慧社区建设中要做好数据分析工作,为服务居民打下坚实基础。数据分析就是利用大数据平台对现有存储数据进行技术处理,

---

① 许峰、李志强:《大数据驱动下社区治理模式变革与路径建构》,《理论探讨》2019 年第 4 期。

② 许峰、李志强:《大数据驱动下社区治理模式变革与路径建构》,《理论探讨》2019 年第 4 期。

③ 张艳国、朱士涛:《互联网+社区服务:智慧社区服务新趋势》,《江汉论坛》2017 年第 11 期。

对数据分析结果进行可视化呈现，帮助人们掌握数据、理解数据、分享数据，运用数据资料及其分析结果处理相关事务，这是大数据平台运行发挥服务功能的必然程序。如人们在出行前经常会查询在线地图，地图APP会以颜色差异展示交通状况，这种可视化的交通状况就是大数据分析的结果，能给人们的出行带来极大便利。

其次，要不断强化智慧社区工作队伍建设。不论社区大数据平台建设得多么漂亮，如果不能高效运行并得到使用，它就成为用来摆设的花瓶。建设、利用大数据平台，不仅要进行日常水、电、气等设备的报修服务，进行订餐、医院挂号等预约服务，进行手机、电话、电视的缴费服务，而且还要利用数据相关性等特征，有针对性地服务社区建设和治理。如果不懂得数据分析，不善于对数据结果进行利用，就很难对社区居民的需求数据做出科学判断。例如，无法为居民安排维护人际关系所需的聚会；无法适应个性化的阅读习惯，为居民推荐并提供最新的、受欢迎的相关书籍等。所以，引入大数据建设智慧社区、完善社区治理的关键在于：社区工作者既要成为具有前瞻性服务意识、科技化服务能力的人，又要成为善于运用社区大数据平台分析数据、利用数据的专业人才。智慧社区治理的起点是数据，终点是社区的每位居民，最终目的是充分发挥数据处理、数字化服务功能，实现社区居民生活品质的全面提升。

（四）数据安全是前提

大数据时代是信息时代，是数字时代，也是公民、政府和社会组织面临信息安全威胁最大的时代。每个人越来越像生活在玻璃罩内的透明人，网页浏览、购物习惯、健康穿戴设备都会被后台看得一清二楚，电子导航、名胜景区拍摄打卡、社交媒体的定位都会留下难以掩饰的网络足迹。互联网与电子设备的广泛使用，使我们每时每刻都面临着黑客攻击的风险，很容易造成电子设备瘫痪，个人信息被盗取。据此，很多人对现代信息技术与大数据的开发利用存有疑虑或是防范心理，有的人甚至干脆予以反对。当然，这种极端的情绪和态度是不必要的，只要加强安全措施，做到数据安全、网络安全就够了。根据大数据的自身特点建设社区大数据平台，必须最大限度地提高数据信息、数据运行和数据分析结果的安全系数和安全性能，将安全性放在大数据平台建设的优先位置，并通盘考虑。从实际经验来看，没有数据安全，就没有大数据平台建设的长足发展。

为此，我们提出几点建议：首先，大数据融入智慧社区治理，一定要提高数据安全意识。数据没有安全保障，社区大数据平台建设就无从谈起。规划者或政策实施者要把数据安全放在关键位置，强调树立数据安全意识的重要性。在社区大数据平台建设过程中，要采取更多的安全措施。其次，要不断强化数据保护技术的研发，用先进技术防范数据遭受攻击、泄露等状况，不断提高大数据技术在安全风险感知、分析、识别、判断等方面的能力，使高新科技应用成为保障大数据应用安全的利器，拉起社区居民信息安全网。再次，建立健全数据保护的法律法规，对掌握数据信息的组织、单位和个人实行有力、有效的监督。保护大数据安全，特别是保护社区居民个人隐私，要根据新时代的新情况新特点，不断强化公民信息保护力度，细化数据的法律保护类别，加强对数据搜集、数据权属确认、数据标准设置等环节的标准制定与立法工作，加强对侵犯数据信息行为的打击，加快制定和实施社会信息保护法，使社会信息保护法成为一部有威慑力的法律。最后，强化对居民数据安全法律法规的宣传力度，使全民了解社会信息保护法，人人遵守并捍卫社会信息保护法，用法律保障提高居民的数据信息安全意识，并防范不法分子对社会信息安全的肆意破坏。

三 智慧社区建设要把握大数据治理的原则要求

大数据时代的到来，意味着全民都要生活在数字化、信息化社会之中。人们只有积极地拥抱大数据、利用大数据，才能充分享受大数据运行带来的生活便利和生活乐趣；同时，借助大数据平台，促进社会更加健康有序地运转，促使社区居民生活更加智能、和谐、便捷、幸福。大数据在智慧社区建设中得到广泛应用所显示的光明前景表明，大数据融入智慧社区建设，是智慧社区治理发展的必经之路、幸福之路。但是，在走向胜利彼岸的过程中，我们对困难要有充分的估计和准备，要树立信心，迎难而上。无论是党政部门还是社区管理者，也无论是社区研究者还是社区治理的参与者，都要未雨绸缪，遵循科学规律，自觉适应高科技对社区建设与治理的支撑性变革，使大数据在智慧社区建设中持续发挥其应有的积极作用，因时而进，因事而新，因地制宜，因人而异，充分发挥智慧社区的治理效能。

（一）大数据助推智慧社区建设，政府要发挥主导作用

生活在信息社会，人们对大数据已不感到陌生，而且在生活的方方面面逐渐尝到大数据技术的甜头。人们适应大数据生活，喜欢数字技术，这为大数据进入社区建设与治理提供了宽松的社会环境，也为政府主导智慧社区建设、推广大数据平台提供了深厚的民意基础。但是，在近几年的实践中，客观上存在的一些问题值得注意：一是要防止政府在社区大数据治理过程中出现角色消失的现象。社区建设与治理固然要坚持居民自治方向，但是也要兼顾党委领导、政府负责的要求，杜绝政府在社区大数据治理过程中成为"甩手掌柜"，或者只是充当多元参与、社会协同的"二传手"。二是要防止政府职能部门在社区大数据治理过程中出现一阵风式的盲目建设现象。建设要论证先行、规划先行、质量要求先行，要有问题意识和目标导向，要经过社区居民议事会、听证会程序充分吸收居民的意见和建议。政府部门要充分调研，走群众路线，做到心中有数，按照实事求是的原则办事，先规划、再设计，用质量标准衡量建设项目，使社区大数据建设方案落地见效。社区大数据建设要符合本地经济发展状况，除了必要的技术支持外，线下治理与硬件服务措施也要相互配合，做到线上线下相得益彰。三是要防止政府职能部门在社区大数据平台建设上出现摇摆不定、朝令夕改的现象。在智慧社区建设中，有效融入大数据是时代发展的方向，政府职能部门要有"咬定青山不放松"的定力，按照务实、创新、高效、持久、坚定的工作思路推进智慧社区的数字化、信息化建设，特别是提供稳定的政策保障。

当然也要看到，社区大数据平台建设作为一种新的时代化的技术应用，还必须保持制度创新和政策驱动的一致性、一贯性和互动性，鼓励和支持企业、社会组织和个人进行创新应用研究，建立相应的容错纠错机制，为智慧社区大数据发展创造良好的制度和创新环境。

（二）大数据助推智慧社区建设，国家要提供坚强的法律保障

法律规范是社会平稳有效运行的基础，是社会发展稳定的基石，也是人类社会走向文明的重要标志。大数据对现代社会是革命性的变革，因而其作用是广泛而深刻的。它不仅对人们的生产生活产生了重大影响，也对现有的法律制度产生了"破窗性挑战"和"创造性破坏"效应。① 客观上看，我国现行的法律规范与大数据发展状况是存在矛盾的：一是在立法体系中与大数据相关且位阶比较高的法律存在缺位现象。在我国现行的与大数据相关的立法体系中，正式的法律只有《电子签名法》《电子商务法》，更多的则是部门规章、地方性法规和企业自身制定的标准与行为规范，而后者的法律效力低，适用范围有限，实施起来难以达到预期效果。二是有关大数据的法律规范在内容上不完善。关于大数据，我国现行的《中华人民共和国刑法》《中华人民共和国民法典》主要涉及对公民个人信息进行保护，而在个人数据保护、数据义务主体责任、数据的传输机制、数据资源权益保护等方面还存在很多空白地带和盲点。三是我国关于大数据法律规范的制定与大数据发展速度在时间上还存在不相适应性，要么错位，要么滞后，总是显得不相匹配。我国的每部法律从草案提出到具体公布都要经过一定的周期，而大数据的发展则是一日千里，快慢之间使两者在发展速度上形成了较大的落差。

为了给大数据融入智慧社区建设提供良好的法律环境，促进社区大数据平台建设平稳有效推进，在法律规范方面，我们认为可以采取如下措施：首先，鉴于大数据涉及群体多、范围广，在国家安全与社会有序运转中占有重要位置，既要有完善的行政法规、部门规章和行业规范，又要适当提升大数据总规范的法律位阶，提高大数据法律体系的权威性，确保大数据法律体系成为大数据平台建设的坚强后盾。其次，要加快建立和完善大数据安全法律法规体系的进程，针对国内数据的所有权、自由流动、出境限制以及个人隐私等问题制定相应的法律法规，明确国家重点领域内共享数据和非共享数据清单，对大数据的应用和处理进行规

---

① 马长山：《智能互联网时代的法律变革》，《法学研究》2018 年第 4 期。

范,切实保护大数据安全。① 再次,大数据正以排山倒海之势进入社会各方面,对于大数据的利用、大数据与其他行业的关系、大数据与法人或自然人之间的权利义务关系等,都需要及时制定相应的行为规范。如果存在法律空白,就会出现社会行为"出轨"或"越轨"的恶果;法律体系与技术体系不能形成有效互动、协调配合,就会形成不利于社区大数据平台建设健康持续发展的局面。最后,放眼世界,在大数据安全保护等法律体系建设方面,西方国家走在世界前列,为其他国家制定大数据法律提供了有益借鉴。② 我们既要根据本国实际,制定适应我国发展要求的社区大数据法律规范,又要学习先进,借鉴国外在大数据立法上的经验教训,加快发展。

(三)大数据助推智慧社区建设,全社会都要防止技术迷失的陷阱,坚守以人为本原则

大数据伴随着信息技术的进步打开了人类进入信息社会的大门,标志着人类社会进入信息文明发展新阶段。大数据既成为促进智慧社区建设的重要法宝,也是实现国家治理体系和治理能力现代化的重要依靠。当然,由于它尚处在初始发展阶段,因此在具体实践中也难免会产生一系列新的值得重视的问题。一是大数据融入智慧社区成为治理工具,容易产生工具理性与价值理性的冲突。如果人们过分依赖数字技术和大数据处理,就会产生对技术理性的依赖甚至是迷信,进而淡化甚至忽视技术手段的价值指向——围绕人,服务人,关切人。因此,必须始终牢记,人是第一位的,技术是第二位的,技术的最终归属是人本身,是为了实现每个人的全面发展和解放。③ 二是随着信息文明的发展,社会的现代化、信息化是一个在大数据基础上实现公共信息对称化的过程,这就要求在公共领域尽可能消除信息的不对称性。④ 大数据技术主要依靠居民网

---

① 陈潭、庞凯:《大数据战略实施的支撑系统与保障体系》,《治理现代化研究》2019 年第 4 期。
② 连玉明:《中国大数据发展报告 No.3》,社会科学文献出版社 2019 年版,第 133 页。
③ 高奇琦:《智能革命与国家治理现代化初探》,《中国社会科学》2020 年第 7 期。
④ 何继新、何海清:《"智能+"场景下社区公共服务虚拟集聚创新研究》,《湖北民族大学学报》(哲学社会科学版)2020 年第 4 期。

络活动或网络痕迹搜集数据，并即时分析相关数据，根据分析结果提供精准服务。但是，在贫困社区、偏远社区、"空心化"社区、边疆民族社区，存在社区、居民群体、社区社会组织的信息盲区与空白，这就加剧了其在数字化、信息化进程中的弱势，甚至形成了"数字鸿沟"。因此，要进一步关注老、少、边、穷地区，在更广泛的层面上推进大数据融入智慧社区建设。三是在"技术至上"倾向的影响下，一些人会产生对大数据技术的路径依赖，进而缺少对技术伦理、社会价值的深度关注。当人们把效率推向首位时，就会忽略技术应用的价值合法性问题。因此，在建设大数据平台之初，在运用大数据技术的时候，一定要防止急功近利、见利忘义，在价值取向上失之偏颇甚至迷失自我，要坚持人文精神与科学精神协同互撑、共生和谐，增进人类福祉。

科技进步是社会进步的重要条件，大数据、物联网、人工智能、区块链等新技术不可避免地参与到社区建设和社区治理中来。为了防止重技术、轻人文的价值迷失所产生的不利影响，我们应该明确并坚守几条原则：一是要在智慧社区建设及其大数据处理中，明确坚持以人为本的原则底线。智慧社区建设只是社区治理技术手段的升级，不是对城乡基层自治制度的否定。它的核心问题没有变，还是围绕着"一切为了居民，为了一切居民，为了居民的一切"这一根本的工作原则，社区建设与治理的各项工作都要始终围绕社区居民的根本利益和服务意愿展开，使他们乐心乐意、乐居乐治。[1] 二是在现代科技与社区治理相结合的过程中，坚持以人为本，突出人文关怀，以居民生活水平和生活质量的提高为目标，防止新技术利用走入歧途，造成对人的伤害。[2] 三是将大数据融入社区治理，要坚持公平正义原则，重视落后社区、社区弱势群体，对它们倾注更多精力、投入更多资源、付出更多关心，甚至从兼顾公平出发给予更多的政策倾斜，在现代化建设新征程上不让有的社区、有的家庭、有的居民错失进入信息社会智慧社区的难得机会，使每个社区、每个家庭和每位居民充分共享改

---

[1] 张艳国、刘小钧：《十八大以来我国社区治理的新常态》，《社会主义研究》2015年第5期。

[2] 张勇、何艳玲：《城市社区治理技术的空间嵌入》，《领导科学》2017年第36期。

革发展和现代化建设的成果,充分彰显运用大数据技术构建"善感知、会喘气、有温度"的新型智慧社区所具有的中国特色、中国形象和中国精神。

(原载《江汉论坛》2021年第11期,《新华文摘》2022年第4期全文转载,《中国社会科学文摘》2022年第2期全文转载)

扎实推动共同富裕：背景要素、核心要义与实践要求

尤 琳 罗志强*

[摘 要] 扎实推动共同富裕孕育于深刻的现实背景，是回应"人民所盼"新期待、化解"社会所忧"新矛盾、启航"国家所愿"新征程、顺应"世界所向"新时势的需要。扎实推动共同富裕具有丰富的理论意蕴，全民有份指明了扎实推动共同富裕的方向标、全面发展呈现了扎实推动共同富裕的任务书、全程渐进揭示了扎实推动共同富裕的时间表、全局统筹阐明了扎实推动共同富裕的方法论。从实践要求看，扎实推动共同富裕要以高水平党建为引领，确保全民有份的方向标；以高品质生活为目标，落实全面发展的任务书；以高标准设计为前提，遵循全程渐进的时间表；以高质量发展为主题，运用全局统筹的方法论。

[关键词] 共同富裕；中国式现代化；高质量发展

一 问题提出与文献综述

党的十八大以来，以习近平同志为核心的党中央围绕共同富裕问题

---

* 作者简介：尤琳，江西师范大学马克思主义学院教授、博士生导师；罗志强，江西师范大学马克思主义学院2020级马克思主义理论专业博士研究生、中共江西省委党校公共管理学教研部副教授。

[基金项目] 江西省社会科学"十四五"基金重点项目"共建共治共享的社会治理制度生成逻辑与实现路径研究"（22ZZ01）；江西省社会科学"十四五"基金项目"治理现代化视域下农民农村共同富裕的实现机制研究"（22KS22）；江西省研究生创新基金资助立项项目"新时代基层社区治理共同体建设研究"（YC2021 – B071）。

发表了一系列重要论述、做出了一系列战略部署。在党的十九届五中全会上，习近平总书记强调"必须把促进全体人民共同富裕摆在更加重要的位置"。2021年8月17日，在中央财经委员会第十次会议上他做出判断，"现在，已经到了扎实推动共同富裕的历史阶段"。党的十九届六中全会通过的《中共中央关于党的百年奋斗重大成就和历史经验的决议》进一步指出要"全面深化改革开放，促进共同富裕"。之后，习近平总书记在2021年12月8日召开的中央经济工作会议上又围绕"正确认识和把握我国发展重大理论和实践问题"做了重要讲话，把"正确认识和把握实现共同富裕的战略目标和实践途径"放在第一个问题的高度来对待。在此基础上，党的二十大报告进一步阐明了中国式现代化与共同富裕的内在关系，指出"中国式现代化是全体人民共同富裕的现代化"，实现全体人民共同富裕是中国式现代化的本质要求，而且，"人的全面发展、全体人民共同富裕取得更为明显的实质性进展"是2035年我国发展的总体目标的重要内容。[1] 这充分反映了实现全体人民共同富裕已成为时代的声音，也成为中国共产党的重要使命。

当前，学界主要围绕三个方面对扎实推动共同富裕话题展开了热议和研究，形成了不少具有较高理论价值与现实意义的研究成果。其一，从认识论角度探讨了扎实推动共同富裕的深刻内涵。共同富裕是一个庞大的理论命题，学界从经济学、政治经济学、社会学、伦理学等不同学科视角对其内涵进行了探讨，既有共识也有争论，总体上聚焦"不是什么"和"是什么"的双重向度展开。有学者认为，学界有必要从学术上就准确把握共同富裕内涵中的"是"与"不是"加以厘清。[2] 有学者认为"共同富裕是一个相对概念而不是绝对概念"[3]，不是传统意义上的"均富""共富"思想，而是消除两极分化、消灭剥削、真正实现人的解放的科学论断。[4] 有学者进一步指出，共同富裕是"普惠性"与"差异性"的统一、是"全面性"与"重点性"的统一、是"稳定性"与"发

---

[1] 习近平：《高举中国特色社会主义伟大旗帜　为全面建设社会主义现代化国家而团结奋斗——在中国共产党第二十次全国代表大会上的报告》，人民出版社2022年版，第24页。
[2] 李培林：《准确把握共同富裕的是与不是》，《探索与争鸣》2021年第11期。
[3] 卫兴华：《论社会主义共同富裕》，《经济纵横》2013年第1期。
[4] 侯惠勤：《论"共同富裕"》，《思想理论教育导刊》2012年第1期。

展性"的统一,是"民族性"与"世界性"的统一。① 还有学者提出,共同富裕"具体内涵可以从政治、经济和社会三个层面加以把握"②,因为"共同富裕不仅是经济问题,也是社会问题,还是政治问题,需从政策、实践、难题、对策等四个层面进行系统研究"③。

其二,从方法论角度剖析了扎实推动共同富裕的重要关系。共同富裕作为一项复杂的系统工程,要运用科学思维和方法剖析其内在机理和逻辑关系。有学者从原则维度指出,促进共同富裕需要坚持先富带动后富、适度差距、消除两极分化、共建共享、效率与公平有机统一。④ 有学者从指标体系维度建构了共同富裕的测算系数,强调"富裕"和"共同"两方面的有机统一。⑤ 有学者从伦理关系维度提出,实现共同富裕的价值目标,要正确处理好—己富裕与他人富裕的关系、个人富裕和集体富裕的关系、不同性质和形式的集体富裕与集体富裕的关系,从而建立起良好的人我富裕关系、己群富裕关系、群群共富关系。⑥ 还有学者提出,"扎实推动共同富裕需要处理好物质共同富裕和其他方面共同富裕、国内和国际、初次分配和再分配三次分配、先富和共富、公平和效率的关系"⑦。此外,还有学者认为要注意协调好宏观与微观的关系、发展与共享的关系、政府与市场的关系、共建和共富的关系、目标与工具的关系。⑧

其三,从实践论角度提出了扎实推动共同富裕的具体路径。实现共同富裕是一个错综复杂的辩证发展过程,解决这个难题不是靠一条路径一个办法就能奏效的。有学者认为,必须从多维视角着手,按照"五位

---

① 唐鑫:《正确理解共同富裕理论内涵的四维审视》,《社会主义研究》2022 年第 2 期。
② 刘培林、钱滔、黄先海、董雪兵:《共同富裕的内涵、实现路径与测度方法》,《管理世界》2021 年第 8 期。
③ 李海舰、杜爽:《共同富裕问题:政策、实践、难题、对策》,《经济与管理》2022 年第 3 期。
④ 张来明、李建伟:《促进共同富裕的内涵、战略目标与政策措施》,《改革》2021 年第 9 期。
⑤ 杨宜勇、王明姬:《共同富裕:演进历程、阶段目标与评价体系》,《江海学刊》2021 年第 5 期。
⑥ 王泽应:《共同富裕的伦理内涵及实现路径》,《齐鲁学刊》2015 年第 2 期。
⑦ 张峰:《扎实推动共同富裕的政治经济学分析》,《求索》2022 年第 2 期。
⑧ 万海远:《新发展阶段推进共同富裕的若干理论问题》,《东南学术》2022 年第 1 期。

一体"总体布局要求,统筹推进共同富裕。[①] 有学者提出了提升共同富裕的两条重要途径,一条是坚持"国民共进",做强做优做大公有制经济;另一条是确立以民生建设为导向的发展模式,使政府的投入和政策向普惠型转变。[②] 有学者抓住制度这个关键,提出"制度和政策创新是实现共同富裕的根本途径"[③],扎实推动共同富裕必须加强制度的系统集成创新[④],"充分发挥制度、政策在调节贫富差距方面的重要作用"[⑤]。有学者聚焦分配这个手段,提出"有效市场主导的初次分配、有为政府主导的再分配和有爱社会主导的第三次分配"的"三轮驱动"路径。[⑥] 有学者凝练出共同富裕的实现机制,划分为总体实现机制与具体实现机制。[⑦] 还有学者提出"加强党的领导"[⑧]"高质量推进城乡融合发展"[⑨]"实现基本公共服务均等化"[⑩] 等一系列举措。

由以上论述可知,扎实推动共同富裕已经从理论问题向实践问题进行拓展,从表层问题向深层问题得以延伸。既有研究在不少问题上形成了共识,在部分问题上还存在争鸣,这为进一步研究共同富裕话题提供了扎实基础和有益借鉴。但扎实推动共同富裕尚属新发展阶段的新课题,还有一系列问题值得深入探讨,需要进行更加系统化的研究。

---

① 徐紫嫣、夏杰长:《共同富裕思想的演进脉络和实践指引》,《学习与探索》2022 年第 3 期。

② 程恩富、刘伟:《社会主义共同富裕的理论解读与实践剖析》,《马克思主义研究》2012 年第 6 期。

③ 邓水兰:《制度和政策创新是实现共同富裕的根本途径》,《求实》2002 年第 3 期。

④ 张占斌:《以制度系统集成创新扎实推动共同富裕》,《马克思主义与现实》2022 年第 2 期。

⑤ 严文波、祝黄河:《社会主义共同富裕的理论阐释与实现机制》,《江西财经大学学报》2014 年第 4 期。

⑥ 唐任伍、李楚翘:《共同富裕的实现逻辑:基于市场、政府与社会"三轮驱动"的考察》,《新疆师范大学学报》(哲学社会科学版)2022 年第 1 期。

⑦ 薛宝贵:《共同富裕的理论依据、溢出效应及实现机制研究》,《科学社会主义》2020 年第 6 期。

⑧ 逢锦聚:《中国共产党带领人民为共同富裕百年奋斗的理论与实践》,《经济学动态》2021 年第 5 期。

⑨ 肖华堂等:《农民农村共同富裕:现实困境与推动路径》,《财经科学》2022 年第 3 期。

⑩ 李实:《共同富裕的目标和实现路径选择》,《经济研究》2021 年第 11 期。

二 扎实推动共同富裕的背景要素

扎实推动共同富裕既是话语上的新表述，又是实践中的新要求。这一课题孕育于深刻的现实背景，是回应"人民所盼"新期待的需要、是化解"社会所忧"新矛盾的需要、是启航"国家所愿"新征程的需要、是顺应"世界所向"新时势的需要，这"四个需要"也揭示了扎实推动共同富裕的出场逻辑。

（一）回应"人民所盼"新期待的需要

共同富裕蕴含着深厚的本体论根基，是千百年来全人类的共同追求，也是中国人民的共同期盼。自古以来，中国不少仁人志士就对共同富裕理论和实践进行了艰辛探索，涌现出"治国之道，必先富民""不患寡而患不均""等贵贱，均贫富""有田同耕，有饭同食，有衣同穿，有钱同使，无处不均匀，无处不温饱"等思想和口号。但由于历史的局限性，这些思想和口号有些异化为剥削压迫的外衣，有些缺乏落地生根的土壤，因而没有实质性解决共同富裕难题。中国共产党自诞生以来，把促进全体人民共同富裕作为践行初心和使命的着力点，带领人民千方百计消除贫困、改善民生，历史性地解决了绝对贫困问题，人民生活水平和生活质量发生了翻天覆地的变化。经过持续奋斗，中国于2020年底如期完成了新时代脱贫攻坚目标，完成了消除绝对贫困的艰巨任务，创造了人类减贫史上的奇迹，实现了中国人民的千年梦想、百年夙愿。目前，中华大地上全面建成了小康社会，中国人民生活实现了从温饱不足到总体小康再到全面小康的历史性跨越，为扎实推动共同富裕打下了坚实基础。以发展的眼光来看，追求美好生活是永恒的主题，是永远的进行时。站在新的起点，人民群众对美好生活的向往更加强烈，期盼从小康生活走向富裕生活，从小康社会迈入共同富裕社会。对此，习近平总书记庄严回应"人民对美好生活的向往，就是我们的奋斗目标！"他在发表的2022年新年贺词中鲜明指出："民之所忧，我必念之；民之所盼，我必行之。"[①] 这就要求我们必须把促进全

---

① 《国家主席习近平发表二〇二二年新年贺词》，《人民日报》2022年1月1日第1版。

体人民共同富裕摆在更加重要的位置，着力保障和改善民生，让广大人民群众拥有更加充实的获得感、更有保障的幸福感、更可持续的安全感。

（二）化解"社会所忧"新矛盾的需要

党的十九大报告作出了"我国社会主要矛盾已经转化为人民日益增长的美好生活需要和不平衡不充分的发展之间的矛盾"这一重大论断。社会主要矛盾的变化关系全局、影响深远，我们要以新矛盾为依据来谋划与推进党和国家工作。国家统计局编制的《中国统计年鉴2021》系统收录了全国和各省、自治区、直辖市2020年经济、社会各方面的统计数据，充分反映了我国社会主要矛盾的特征。以"人民生活"篇目中2020年数据为例，从城乡差距来看，我国城镇居民人均可支配收入为43833.8元，农村居民为17131.5元，城镇居民人均消费支出为27007.4元，农村居民为13713.4元；从区域差距来看，全国居民按东、中、西部及东北地区分组的人均可支配收入中，东部地区为41239.7元，中部地区为27152.4元，西部地区为25416.0元，东北地区为28266.2元；从群体差距来看，全国居民按收入五等份分组的人均可支配收入中，2020年20%低收入组家庭人均可支配收入为7868.8元，20%中间收入组家庭人均可支配收入为26248.9元，20%高收入组家庭人均可支配收入为80293.8元。这些数据的比值，从不同侧面证明我国当前发展不平衡不充分问题仍然突出，这在很大程度上成为社会经济发展的忧虑所在。对此，习近平总书记深刻指出："适应我国社会主要矛盾的变化，更好满足人民日益增长的美好生活需要，必须把促进全体人民共同富裕作为为人民谋幸福的着力点，不断夯实党长期执政基础。"[①] 在全面建成小康社会的目标实现后，适时提出扎实推动共同富裕的战略目标，既有助于统筹理解生产力和生产关系、经济基础和上层建筑的辩证关系，也有利于带动实现更加平衡、更加协调、更加包容的发展状态，从而更好地解决新时代社会主要矛盾。

---

① 习近平：《扎实推动共同富裕》（2021年8月17日），《习近平著作选读》（第二卷），人民出版社2023年版，第500页。

（三）启航"国家所愿"新征程的需要

一代人有一代人的长征，一代人有一代人的使命。中国共产党为了实现中华民族伟大复兴，团结带领中国人民开辟了伟大道路、创造了伟大事业、取得了伟大成就，中华民族迎来了从站起来、富起来到强起来的伟大飞跃。当前，我国实现了第一个百年奋斗目标，这意味着建成社会主义现代化强国有了良好基础，也标志着我们在实现共同富裕的道路上迈出了坚实的一大步。"解决不平衡不充分问题、实现共同富裕已成为我国从发展中大国转变为现代化强国过程中的重要议题。"[1] 放眼世界，中国式现代化既有各国现代化的共同特征，更有基于自己国情的中国特色。中国式现代化"是人口规模巨大的现代化，是全体人民共同富裕的现代化，是物质文明和精神文明相协调的现代化，是人与自然和谐共生的现代化，是走和平发展道路的现代化"[2]。这段论述充分诠释了中国式现代化所具有的独特性和所彰显的超越性，也直接指出了全体人民共同富裕是中国式现代化区别于西方式现代化的鲜明特征。比较来看，西方资本主义国家主要通过殖民掠夺和海外扩张积累大量原始资本，逐步建立了以霸权主义和殖民主义为主要特征、以资本增值为主要逻辑、以资本主义为制度模式的现代化体系，这一现代化体系带有奴役性、霸权性和掠夺性特征。尽管资本主义积累了大量资本和财富，但社会上的财富主要集中在少数人的手中，这加大了贫富差距。显然，中国式现代化打破了对西方的"路径依赖"，超越了"个人至上""资本至上"的西方式现代化逻辑，开创了人类现代化发展的新道路。从一定程度而言，"共同富裕不仅是中国特色社会主义现代化建设的重要目标，而且是中国作为后发大国建成现代化强国唯一可能的实践方式，是承载着中华民族伟大复兴的中国梦的现代化道路选择的内在要求"[3]。在全面建设社会主义现代化国家新征程中，扎实推动共同富裕必须出场，"共同富裕"和"中国式现代化"必须同向而行、互相促进。

---

[1] 张建华、孙熠譞：《从全面小康到共同富裕》，《学习与实践》2022 年第 2 期。
[2] 《党的二十大报告辅导读本》，人民出版社 2022 年版，第 24 页。
[3] 何显明：《共同富裕：中国式现代化道路的本质规定》，《浙江学刊》2022 年第 2 期。

（四）顺应"世界所向"新时势的需要

共同富裕是全人类梦想，也是世界性难题。当前，全球财富不平衡、收入不平等问题突出。同时，治理赤字、信任赤字、发展赤字、和平赤字不断扩大，成为困扰全球世界各国、各地区、各民族间的大难题，人们对"世界怎么了？我们怎么办？"的追问从未如此强烈。近代以来，中国在世界民族之林的角色和姿态经历了"世界失我"到"世界有我"再到"世界向我"的转变。发展到今天，我国无论是财富总量还是治理成效都取得了举世瞩目的成就。这得益于我们不断自我革命，自觉遵循科学社会主义的理论逻辑和实践逻辑，做到合规律性与合目的性相统一，并保持改革开放的决心不变、力度不减，坚持在解放生产力、发展生产力的同时，坚定走共同富裕道路。中国正前所未有地靠近世界舞台中心，进入了不可逆转的民族复兴进程。然而，我们也要清醒认识到，就人类发展指数和幸福指数等重要指标的现实进展来看，我国仅仅处于世界中等水平。这与我国国家制度和国家治理体系的显著优势，尤其是与"坚持以人民为中心的发展思想，不断保障和改善民生、增进人民福祉，走共同富裕道路的显著优势"① 还不完全匹配。实现中华民族伟大复兴的中国梦，最基本的内涵包括国家富强、民族振兴、人民幸福，三者缺一不可。这就要求我国在不断提升综合国力的同时，必须坚决防止两极分化，把扎实推动共同富裕作为一个"中心课题"，克服和解决现代化道路上的一些突出问题，特别是收入分配差距过大问题，实现社会和谐安定，为全人类的共同富裕梦想贡献中国智慧、提供中国方案、彰显中国力量。

三　扎实推动共同富裕的核心要义

扎实推动共同富裕的核心要义不仅要从特定生产力和生产关系的角度阐释，更要结合中国的具体国情与发展实际来理解。全民有份、全面

---

① 《中共中央关于坚持和完善中国特色社会主义制度　推进国家治理体系和治理能力现代化若干重大问题的决定》，《人民日报》2019年11月6日第1版。

发展、全程渐进、全局统筹道明了扎实推动共同富裕的方向标、任务书、时间表和方法论，为理解扎实推动共同富裕提供了初步框架。

（一）全民有份指明了扎实推动共同富裕的方向标

"坚持共同富裕是马克思主义发展思想中十分重要的内容。"① 马克思主义经典作家在描绘未来社会理想图景时，没有直接使用"共同富裕"这一概念，但他们的思想中蕴含着共同富裕的价值旨趣，还从主体性向度彰显了全民有份的方向标。比如，他们生动地描绘了未来理想社会的图景，即"生产将以所有的人富裕为目的"②，让"所有人共同享受大家创造出来的福利"③，"以便使所有劳动者过最美好的、最幸福的生活"④。中国共产党人继承和发展了共同富裕思想，并将这一思想不断付诸实践。"共同富裕"概念发端于1953年12月毛泽东主持起草的《中共中央关于发展农业生产合作社的决议》，该文件体现了"使农民能够逐步完全摆脱贫困的状况而取得共同富裕和普遍繁荣的生活"的美好愿望。此后，毛泽东在不同场合论述了共同富裕问题，还强调我们实行的制度和计划能实现"大家都有份"的"共同的富"和"共同的强"。改革开放以后，邓小平同志对共同富裕进行了比较系统的思考并提出了不少富有创见的思想，他强调"社会主义不是少数人富起来、大多数人穷，不是那个样子"⑤。他提出的社会主义本质论、先富带动后富论都指向了全社会共同富裕的目标。江泽民、胡锦涛也要求朝着全体人民共同富裕方向稳步前进。党的十八大以来，习近平总书记反复强调了"全民有份"的共同富裕思想，他明确指出"我们追求的富裕是全体人民共同富裕"⑥。可见，全民有份的共同富裕是中国共产党始终坚持的方向标。新时代扎实推动共同富裕不仅不能转向，还需进一步攻坚克难，擦亮全体人民的底色。

---

① 荣开明：《中国式现代化新道路几个基本问题的思考》，《江西师范大学学报》（哲学社会科学版）2021年第4期。

② 《马克思恩格斯选集》第2卷，人民出版社2012年版，第787页。

③ 《马克思恩格斯选集》第1卷，人民出版社2012年版，第308页。

④ 《列宁选集》第3卷，人民出版社2012年版，第546页。

⑤ 《邓小平文选》第3卷，人民出版社1993年版，第364页。

⑥ 中共中央文献研究室编：《习近平关于社会主义社会建设论述摘编》，中央文献出版社2017年版，第35页。

一方面，共同富裕指向共享主体的普遍性，强调全体人民各得其所。这意味着在共同富裕的征程中要注重实现全体人民的机会公平和结果公正，保证"社会各个群体相互间的互惠互利、普遍受益，而不是指少数人富裕，更不是指建立在多数人利益受损之上的少数人富裕"①。另一方面，共同富裕强调共建主体的普遍性，激发全体人民各尽所能。"幸福生活都是奋斗出来的，共同富裕要靠勤劳智慧来创造。"② 实现共同富裕的根本途径是共同奋斗，要激发全体社会成员的主体性，给更多人创造致富机会，形成人人参与、人人尽力、人人享有的发展环境。

（二）全面发展呈现了扎实推动共同富裕的任务书

改革开放以来，中国生产力水平得到极大提升，生产关系得到很大调整，但直到现在，中国仍处于社会主义初级阶段，仍是世界上最大的发展中国家。受制于基本国情，不少人容易将共同富裕等同于物质富裕，把促进共同富裕简单地视为拥有更多的经济财富、占有更多的物质产品、获得更多的物质享受。这种理解过于狭隘，不能真实反映出共同富裕的目标任务。邓小平早就指出："经济建设这一手我们搞得相当有成绩，形势喜人，这是我们国家的成功。但风气如果坏下去，经济搞成功又有什么意义？"③ 我们既要家家"仓廪实、衣食足"，也要人人"知礼节、明荣辱"。因此，共同富裕不是经济发展带来物质富裕状态的单一呈现，而是包括更多方面、更高层次文明形态的完整集合。习近平总书记指出，"促进共同富裕与促进人的全面发展是高度统一的"④，我们说的共同富裕是"人民群众物质生活和精神生活都富裕"⑤。新时代的共同富裕是一个综合性范畴，其叙事逻辑具有鲜明的时代特征和中国特色，内含着全面富裕的迫切要求。"所谓'全面'，不单纯是物质上的富裕，更包括精神

---

① 吴忠民：《论"共同富裕社会"的主要依据及内涵》，《马克思主义研究》2021年第6期。
② 习近平：《扎实推动共同富裕》（2021年8月17日），《习近平著作选读》（第二卷），人民出版社2023年版，第501页。
③ 《邓小平文选》第3卷，人民出版社1993年版，第154页。
④ 习近平：《扎实推动共同富裕》（2021年8月17日），《习近平著作选读》（第二卷），人民出版社2023年版，第505页。
⑤ 习近平：《扎实推动共同富裕》（2021年8月17日），《习近平著作选读》（第二卷），人民出版社2023年版，第501页。

上的富裕,是指经济、政治、文化、社会和生态文明建设的全方位进步。"① 正如《中共中央 国务院关于支持浙江高质量发展建设共同富裕示范区的意见》中指出的那样:"全体人民通过辛勤劳动和相互帮助,普遍达到生活富裕富足、精神自信自强、环境宜居宜业、社会和谐和睦、公共服务普及普惠,实现人的全面发展和社会全面进步,共享改革发展成果和幸福美好生活。"② 还要指出的是,全面发展的共同富裕包含两个向度:一方面,实现人的全面发展必须依托社会全面进步,只有经济、政治、文化、社会和生态文明协调发展进步了,人的认识世界和改造世界的能力才能全面提升;另一方面,只有人的全面发展得以逐步实现,才能更好推动经济、政治、文化、社会和生态文明全面发展进步。

(三) 全程渐进揭示了扎实推动共同富裕的时间表

"共同富裕是一个长远目标,需要一个过程,不可能一蹴而就,对其长期性、艰巨性、复杂性要有充分估计,办好这件事,等不得,也急不得。"③ 扎实推动共同富裕是一个在动态中向前发展的过程,要深入研究每个阶段的目标和任务,考虑可行性和可操作性,然后细分为若干历史阶段接续推进。我们党对共同富裕及其目标的认识是逐步深化的,对其战略部署也是循序渐进的。党的十九大首次将共同富裕从中国特色社会主义的重要原则外化为具体奋斗目标,并把实现共同富裕的时间表纳入"两个阶段"的战略安排之中,即从 2020 年到 2035 年基本实现现代化之时,"全体人民共同富裕迈出坚实步伐";从 2035 年到 21 世纪中叶社会主义现代化强国实现之时,"全体人民共同富裕基本实现"。随着经济社会不断发展,党的十九届五中全会进一步谋划了实现共同富裕目标的时间表,提出到 2035 年"人民生活更加美好,人的全面发展、全体人民共同富裕取得更为明显的实质性进展"的目标。2021 年 8 月 17 日,习近平总书记在中央财经委员会第十次会议上又做了新的部署,明确了推动共

---

① 魏后凯:《从全面小康迈向共同富裕的战略选择》,《经济社会体制比较》2020 年第 6 期。
② 《中共中央 国务院关于支持浙江高质量发展建设共同富裕示范区的意见》,《中华人民共和国国务院公报》2021 年第 18 期。
③ 习近平:《扎实推动共同富裕》(2021 年 8 月 17 日),《习近平著作选读》(第二卷),人民出版社 2023 年版,第 502 页。

同富裕的阶段性时间表，第一阶段"到'十四五'末，全体人民共同富裕迈出坚实步伐，居民收入和实际消费水平差距逐步缩小"；第二阶段"到2035年，全体人民共同富裕取得更为明显的实质性进展，基本公共服务实现均等化"；第三阶段"到本世纪中叶，全体人民共同富裕基本实现，居民收入和实际消费水平差距缩小到合理区间"。这些过程生动反映了共同富裕具有"全程渐进"的特征，既要有步骤也要有重点，按照既定规划设计稳步推进。

（四）全局统筹阐明了扎实推动共同富裕的方法论

习近平总书记强调，"全体人民共同富裕是一个总体概念，是对全社会而言的，不要分成城市一块、农村一块，或者东部、中部、西部地区各一块，各提各的指标，要从全局上来看"[①]。这充分说明了扎实推动共同富裕的整体性和系统性，深刻体现了我们党对实践发展规律的认识和把握，具有重要的认识论和方法论意义，为扎实推动新时代共同富裕提供了行动指南。然而，我们也要承认，14亿多中国人民不可能同时富裕，中国所有地区不可能同步富裕，不同人群、不同地区一定是差别有序的共同富裕。这种差别不仅体现在时间上有先有后，而且体现在程度上有高有低。就现实情况而言，我国城乡区域发展和收入分配差距较大，如果不能按照全国一盘棋来有序推进共同富裕，势必很难改善不平衡不充分的现状，甚至会使这种趋势进一步恶化。作为一项复杂庞大的系统工程，我们不仅不能缺失对共同富裕的总体性把握，还要把握总体中的阶段性、全面性、辩证性，要强化整体性、系统性、协同性思维和方法，既从大局着眼和布局，又从局部和重点领域着力，统筹处理好几对重大关系，比如长期目标与短期任务的关系、顶层设计与基层探索的关系、量的增长与质的提升的关系、先富与后富的关系、公平与效率的关系。只有厘清"全局"与"局部"、"全面"与"重点"之间的辩证关系，做到"两点论"与"重点论"的有机统一，才能通过系统集成实现协同推进共同富裕。

[①] 习近平：《扎实推动共同富裕》（2021年8月17日），《习近平著作选读》（第二卷），人民出版社2023年版，第506页。

四 扎实推动共同富裕的实践要求

扎实推动共同富裕除了要适应时代发展阶段成为新目标,更要满足人民美好生活需要落实到新实践。共同富裕路子应当怎么走?要正确认识和把握实现共同富裕的战略目标和实践途径。具体而言,要以高水平党建为引领,确保全民有份的方向标;以高品质生活为目标,落实全面发展的任务书;以高标准设计为前提,遵循全程渐进的时间表;以高质量发展为主题,运用全局统筹的方法论。

(一) 以高水平党建为引领,确保全民有份的方向标

办好中国的事情关键在党,"能否实现共同富裕,既是对党的执政能力的新考验,也是判断世界各国治理能力和制度优势的重要标准"[①]。中国共产党团结带领全国各族人民创造了世所罕见的经济快速发展奇迹和社会长期稳定奇迹,充分展示了我们党具有无比坚强的领导力、组织力、执行力。新时代扎实推动共同富裕只有在中国共产党的坚强领导下才能顺利实现,这就需要深入推进新时代党的建设新的伟大工程,落实新时代党的建设总要求,以高水平党建为引领,确保全民有份的方向标。

首先,坚持思想引领。实现共同富裕是党和政府的重大责任。扎实推动共同富裕是中国共产党坚持全心全意为人民服务根本宗旨的重要体现,彰显着百年大党对初心使命的执着追求。我们党要继续坚持以人民为中心的发展思想,牢牢站稳人民立场,"在实践中凸显内外动力的互动"[②],以永不懈怠的精神状态和一往无前的奋斗姿态,走好新时代扎实推动共同富裕之路。其次,坚持作风引领。我们党要不断推进作风建设,以伟大自我革命引领伟大社会革命,不断增强自我净化、自我完善、自我革新、自我提高能力,不惧风雨、不怕磨难、不畏艰险,依靠过硬的作风在推进共同富裕中发现问题、纠正偏差、推动创新,自觉主动解决

---

① 刘培林等:《共同富裕的内涵、实现路径与测度方法》,《管理世界》2021 年第 8 期。
② 王建国、唐辉:《新时代中国共产党自我革命的内外动力及其互动——学习〈习近平谈治国理政〉第三卷》,《社会主义研究》2021 年第 1 期。

地区差距、城乡差距、收入差距等最棘手的问题，实打实地一件事一件事办好，"让人民群众真真切切感受到共同富裕不仅仅是一个口号，而是看得见、摸得着、真实可感的事实"①。最后，坚持方法引领。扎实推动共同富裕呼唤全体人民理想信念、价值理念、道德观念的全面提升。我们党要强化社会主义核心价值观引领，加强促进共同富裕舆论引导，主动澄清各种模糊认识，既做实事也说实话，既压实责任也容错纠错，为促进共同富裕营造良好舆论环境。

（二）以高品质生活为目标，落实全面发展的任务书

"高品质生活"是一种追求各方面相协调的高层次、全方位、多功能的新生活方式，具有鲜明的目标导向和时代特征。"建设高品质生活是满足人民对美好生活向往的奋斗目标在中国特色社会主义新时代的具体化，是我们在新发展阶段为之奋斗的重要使命。"② 高品质生活看似是一个抽象概念和理想状态，把握不好容易沦为一个口号。但它确实是随着经济社会发展而应达到的目标，是由一系列具体目标要求构成的战略设想，更是涵盖人民群众实际生活方方面面的行动纲领。现阶段，人民群众的需求层次发生了从低层次到高层次的迭代、需求领域发生了从单方面到多方面的拓展、需求功能发生了从实用价值到符号价值的位移。要结合这些新变化去促进高品质生活目标的实现。

首先，必须准确把握高品质生活的多方面需求。需求既是一个决定性要素，也是一个被决定的要素。高品质生活作为美好生活的具体化，不仅包含着人民群众对物质文化生活的更高需求，而且包含着对民主、法治、公平、环境等方面的更高需求。我们要树立战略眼光，强化问题导向，顺应人民群众对高品质生活的需求，着力解决好人民群众急难愁盼问题，不断适应人的全面发展和全体人民共同富裕的进程。其次，必须合理构建高品质生活的多层次指标。高品质生活的指标是随着经济社会发展而动态变化的，需要不断跟踪和及时修正。学界对高品质生活的

---

① 习近平：《把握新发展阶段，贯彻新发展理念，构建新发展格局》（2021年1月11日），《习近平著作选读》（第二卷），人民出版社2023年版，第407页。

② 张来明：《以高品质生活建设牵引高质量发展》，《经济日报》2022年4月17日第1版。

评价指标体系进行了有益探索，但至今并未取得一致意见。有学者构建了包括经济生活、政治生活、文化生活、社会生活、生态文明生活在内的"五位一体"评价指标体系。① 有学者认为高品质生活评价指标体系由获得感、幸福感和安全感三个目标层组成。无论如何，前提是要把握综合性与代表性相结合、科学性和可行性相结合、统一性与独立性相结合、整体性与差异性相结合原则。最后，必须逐步探索高品质生活的多样化路径。我国要从发展实际出发，从新发展理念、供给侧结构性改革、国内国际双循环、制度建设层面等入手，积极探索创造高品质生活的行动路径。② 同时，创造高品质生活需要形成相应的高质量公共服务体系，应促进基本公共服务资源向基层延伸、向农村覆盖、向边远地区和生活困难群众倾斜，增强广大人民群众尤其是弱势群体在幼有所育、学有所教、劳有所得、病有所医、老有所养、住有所居、弱有所扶中的均衡性和可及性。

（三）以高标准设计为前提，遵循全程渐进的时间表

扎实推动共同富裕是中国特色社会主义建设的长远目标和宏大愿景，要加强顶层设计，研究制定促进共同富裕行动纲要，把握好示范区建设和整体性推进的时度效，按照时间表分阶段一步一步推进，推动共同富裕从宏观到微观落地、从局部到整体拓展，实现稳和进良性互动、动态平衡。

一是坚持目标导向。扎实推动共同富裕迫切需要厘清长远目标和短期目标的具体指向及其关系，"我们不宜只关注刻画共同富裕的理论形态，而是要始终把发展性、共享性和可持续性作为国家治理的根本目标，通过体制机制和政策体系创新，不断推进共同富裕大业"③。二是坚持问题导向。要以发现问题、分析问题、解决问题为着力点和突破口，找准扎实推动共同富裕的重点、难点与堵点问题，花大力气解决共同富裕最

---

① 边燕燕：《城市高品质生活评价指标体系构建与实证分析》，《重庆理工大学学报》（社会科学版）2020年第8期。
② 杜玉华：《创造高品质生活的理论意涵、现实依据及行动路径》，《马克思主义理论学科研究》2021年第6期。
③ 郁建兴、任杰：《共同富裕的理论内涵与政策议程》，《政治学研究》2021年第3期。

艰巨最繁重的任务，进一步巩固拓展脱贫攻坚成果，全面推进乡村振兴，补齐农民农村富裕短板。三是坚持过程导向。要明确每个阶段的工作节奏、工作力度和工作任务，强调从重点领域和关键环节着手，有效破解困扰共同富裕的障碍，积小胜为大胜。此外，要抓好浙江共同富裕示范区建设，以此带动各地灵活探索有效路径，不断形成可复制可推广的经验。四是坚持结果导向。共同富裕不仅是一个过程，也是一种状态。达致这一状态要统筹需要和可能，不要好高骛远，不能吊高胃口，更不能做兑现不了的承诺，要坚决防止落入"福利主义"养懒汉的陷阱。

（四）以高质量发展为主题，运用全局统筹的方法论

《中共中央关于党的百年奋斗重大成就和历史经验的决议》强调要"立足新发展阶段、贯彻新发展理念、构建新发展格局、推动高质量发展，全面深化改革开放，促进共同富裕"[①]。高质量发展是"十四五"乃至更长时期我国经济社会发展的主题，是实现共同富裕的必然路径。

第一，正确认识理念逻辑下的高质量发展。理念是行动的先导。新发展理念是高质量发展的指挥棒，高质量发展就是要契合创新成为第一动力、协调成为内生特点、绿色成为普遍形态、开放成为必由之路、共享成为根本目的。我们要科学把握新发展理念与扎实推动共同富裕的内在关联，全面、完整、准确贯彻新发展理念，实现更高质量、更有效率、更加公平、更可持续、更为安全的发展。第二，全力推动制度逻辑下的高质量发展。中国特色社会主义制度具有巨大优越性，能为高质量发展提供制度保障和政策支持。我们要切实发挥好中国特色社会主义制度的优势，坚决破除扎实推动共同富裕的阻碍和束缚，把制度优势转化为实实在在的治理效能。必须坚持和完善社会主义基本经济制度，"大力发挥公有制经济在促进共同富裕中的重要作用，同时要促进非公有制经济健康发展、非公有制经济人士健康成长"[②]。必须加快完善社会主义市场经济体制，克服发展中的中梗阻问题，推动发展更平衡、更协调、更包容。

---

① 《中国共产党第十九届中央委员会第六次全体会议公报》，人民出版社2021年版，第16页。
② 习近平：《扎实推动共同富裕》（2021年8月17日），《习近平著作选读》（第二卷），人民出版社2023年版，第502页。

必须完善养老和医疗保障体系、兜底救助体系、住房供应和保障体系。第三，合理安排动力逻辑下的高质量发展。要发挥分配调节作用，构建初次分配、再分配、三次分配协调配套的基础性制度安排，打造"政党有力、市场有效、政府有为、社会有爱、人民有福"的共同富裕共同体。要持续优化营商环境，调动市场主体积极性，促进各类资本规范健康发展，为经济社会高质量发展提供强劲动能。要允许一部分人先富起来，树立正面典型，形成保护合法致富、提倡先富带动后富的良好氛围。

五　结论与讨论

经过一代又一代中国共产党人的艰苦努力，扎实推动共同富裕已经具备了坚实基础和良好条件。我们要始终把满足人民对美好生活的新期待作为发展的出发点和落脚点，进一步做出详细规划和战略部署，在实现现代化过程中不断地、逐步地解决好共同富裕这个重大问题。事实证明，我们党能够团结带领人民消除困扰中华民族几千年的绝对贫困问题，也必将在新阶段新征程上带领全体人民继续朝着共同富裕目标稳步前进！在坚定自信的同时，也要保持理性，扎实推动共同富裕因其长期性、艰巨性、复杂性而成为世界性难题，我们要有十足的耐心和定力。未来的探索和实践必须以客观实际为根据，以尊重规律为前提，防止陷入认识论、方法论和实践论误区。为进一步更好地推进共同富裕，至少还有以下几个问题值得进一步研究和讨论。

其一，要拓展研究如何在中国式现代化中把扎实推动共同富裕的制度优势转化为治理效能。目前的研究成果更多采用论证式的方式说明在中国式现代化中扎实推动共同富裕的制度优势，而欠缺实证式通过例证的方式挖掘在中国式现代化中扎实推动共同富裕的治理效能。尤其是对比西方福利国家，在中国仍处于"赶超者"身份的境遇下，不能仅仅聚焦于从学理上阐明社会主义与资本主义两种制度在共同富裕道路的差异性，更要从理论与实践相结合的角度系统阐释作为主体性的中国在扎实推动共同富裕中的独特性和超越性。

其二，要关注共同富裕评价指标体系的建构。有学者提出"以发展性、共享性、可持续性作为共同富裕指数模型的三大评价维度"①，有学者支持"人民性、共享性、发展性和安全性的指标构建维度"②，还有学者倾向"生产力指标、发展机会指标、收入差距指标、发展保障指标和人民福利指标"③。这些学者提出的指标从不同维度评价了共同富裕的实现程度，都具有一定合理性。但是，我们也要警惕"各提各的指标"，需要在坚持共同富裕总体概念下构建全国基本适用的指标体系。

其三，要精准研判在大变局及风险社会下实现共同富裕的有效途径。实现共同富裕面临着复杂的国内国际环境，各种不稳定性不确定性因素频繁出现。应对非凡困难必须有非凡之策。要坚持系统观念，从全局和战略高度出发，准确识变、科学应变、主动求变，下好先手棋，打好主动仗，做好随时应对各种风险挑战的准备。

总之，我们要充分认清我国的特殊国情和历史方位，兼顾需要和可能，在此基础上明确共同富裕的要点，锁定共同富裕的重点，打通共同富裕的堵点，按照阶段性安排扎实推动共同富裕。

---

① 陈丽君等：《共同富裕指数模型的构建》，《治理研究》2021年第4期。
② 蒋永穆、豆小磊：《扎实推动共同富裕指标体系构建：理论逻辑与初步设计》，《东南学术》2022年第1期。
③ 胡鞍钢、周绍杰：《2035中国：迈向共同富裕》，《北京工业大学学报》（社会科学版）2022年第1期。

准确理解马克思、恩格斯关于"共产主义信仰"的论述

王玲玲　何　江　谭高顺[*]

[摘　要] 由于信仰的多元化，在马克思主义信仰和共产主义信仰的问题上，理论界和学术界一直都有"回避说""否认说""放弃说"的观点。新时代重温并准确解读马克思、恩格斯在《共产党宣言》《德意志意识形态》《哥达纲领批判》《流亡者文献》《英国工人阶级状况》等经典著作中对共产主义"信仰"或"理想"的论述，对于回应和驳斥那些误解或刻意歪曲马克思、恩格斯关于"共产主义信仰"思想的奇谈怪论，具有重要的理论意义和实践意义。同时，也有助于我们在新时代准确理解科学社会主义的内涵，明辨错误思潮的危害性，坚定"四个自信"，坚持走中国特色社会主义道路。

[关键词] 共产主义信仰；马克思主义；中国共产党；中国特色社会主义

一　新形势下强调"共产主义信仰"的必要性

共产主义是迄今为止人类对未来理想社会最美好的构想，代表了社

---

[*] 作者简介：王玲玲，江西师范大学马克思主义学院教授、博士生导师；何江，安顺学院马克思主义学院副教授；谭高顺，曲靖师范学院讲师。

会发展的必然趋势。近百年来对马克思主义指导思想的坚守，形成了中国共产党独有的共产主义信仰①。对共产主义的信仰是中国共产党人的政治灵魂和精神支柱，是中国共产党人砥砺前行、取得胜利的力量源泉和永葆生机的不竭动力，也是中国共产党人的最高理想和安身立命之本。正是在共产主义信仰的感召下，中国共产党从1921年成立之初的50多人，发展到今天的9000多万名党员，充分显示了共产主义信仰强大的吸引力和凝聚力。而中华民族秉持着对实现共产主义理想的坚定信仰，在中国共产党的领导下，在马克思主义的指导下，通过革命、建设和改革，坚持走中国特色社会主义道路，改变了近代中国积贫积弱的形象，实现了中国人民从"站起来""富起来"到"强起来"的飞跃，以世界第二大经济体的国际形象向"强起来"迈进。可是，为什么在已经取得了如此巨大成就的今天，我们还要讲共产主义信仰，还要强调准确理解马克思、恩格斯关于共产主义信仰的思想？这是因为从我们面临的世情国情党情来看，当代共产主义信仰正遭遇到前所未有的挑战。这一挑战直接影响到我们能否坚守马克思主义，能否坚持中国特色社会主义道路和中国特色社会主义制度的方向性问题。

首先，对于社会主义中国的迅速崛起，西方世界意识到，无论是通过武力征服还是经济封锁，都不能改变当今中国的社会主义性质。于是，他们企图通过发动意识形态战，达到让社会主义中国改旗易帜的目的。苏联解体东欧剧变让一些人看到了巨大的希望，他们欢呼雀跃地宣称，历史正终结于共产主义理想的失败，终结于以西方自由民主为标志的"人类意识形态发展的终点"②。为了让在共产主义理想指引下的社会主义事业从地球上彻底消亡，后冷战时期的西方世界将社会主义中国作为其进行意识形态侵蚀的首要目标和主要对象。一方面，他们通过杜撰大量"野史"，以戏谑调侃的方式混淆视听，试图贬低甚至否定中华民族5000多年的文明史和文化史以及抹黑近代以来中国共产党领导中国人民进行

---

① 共产主义是唯物史观揭示的社会发展的必然趋势和理想归宿，是马克思主义者矢志不渝的最高信仰和最终奋斗目标。本文所涉及的"共产主义信仰"即马克思主义信仰，在概念的使用上，二者是通用的。

② ［美］弗兰西斯·福山：《历史的终结及最后之人》，黄盛强、许铭原译，中国社会科学出版社2003年版，"代序"第1页。

的新民主主义革命和社会主义建设,以期动摇我们的理论自信、文化自信和民族自信。另一方面,利用当代中国多种经济成分、多样生活方式、多个利益主体、多元价值观对国人信仰的影响,大肆宣传"多元文化论""普世价值观""文化趋同论""历史虚无论"等西方社会的核心价值观,妄图将反马克思主义、反共产主义的资产阶级意识形态渗透到中国社会的各个角落、各个层面。以"普世价值"之名,行反共产主义之实,以期动摇我们的"四个自信"。面对西方反华势力的进攻,准确理解马克思、恩格斯对共产主义信仰的论述,可以让人们看清西方反华势力的真实目的,即通过否定共产主义信仰,否定马克思主义,最终否定中国特色社会主义。

其次,当前正是我国由"大"向"强"发展的重要跃升期,是中华民族面临千年复兴的关键时期。在这一时期,"我国社会主要矛盾的变化,没有改变我们对我国社会主义所处历史阶段的判断,我国仍处于并将长期处于社会主义初级阶段的基本国情没有变,我国是世界最大发展中国家的国际地位没有变"①。在这两个"没有变"的国情下,有人企图利用我国经济社会由发展不平衡不充分的主要矛盾带来的社会问题,通过歪曲马克思、恩格斯关于共产主义信仰的思想,抹黑并否定中国特色社会主义的道路和制度。为此,准确理解马克思、恩格斯关于共产主义信仰的思想,对于在全社会重塑崇高理想,增强"四个自信",坚定不移地走中国特色社会主义的道路,有着非同寻常的意义。

最后,贪污腐败、拜金主义、享乐主义等腐朽意识对中国共产党内部一些党员和领导干部的影响,使中国共产党依然面临着"四大考验",依然存在着"四种危险",依然要解决"四风"问题②。其中,腐败问题依然是最大威胁之一。市场经济衍生出来的利益多元化、思想多元化、价值观多元化,加上与之相伴而来的物质诱惑对党员干部自律防线的冲击,使得共产主义信仰面临着被淡化的危险。"红旗到底能打多久?"的

---

① 习近平:《决胜全面建成小康社会 夺取新时代中国特色社会主义伟大胜利——在中国共产党第十九次全国代表大会上的报告》,人民出版社2017年版,第12页。
② "四大考验"即执政的考验、改革开放的考验、市场经济的考验、外部环境的考验;"四种危险"即精神懈怠的危险、能力不足的危险、脱离群众的危险、消极腐败的危险;"四风"即形式主义、官僚主义、享乐主义和奢靡之风。

疑问也在困惑着党内一些意志薄弱者，共产主义事业正在受到来自共产党内部的挑战。面对"四大考验"和"四种危险"，如何使广大党员干部在错综复杂的环境中，经受住权、钱、色的诱惑，保持无产阶级先锋队的纯真本质，是新时期坚定共产主义信仰十分紧迫的任务。在上述世情国情党情的大背景下，在如何表述"共产主义信仰"以及马克思、恩格斯如何论述共产主义信仰的问题上，学界出现了"回避说"、"否认说"和"放弃说"的声音。其中有些是出于善意的学术讨论，也有些是罔顾事实甚至居心叵测的恶意歪曲。但无论是哪种性质，这些杂音都产生了非常恶劣的影响。意识形态领域出现的这些现象，说明如何坚定共产主义信仰已成为当前急需面对和解决的重要问题。也因此，党的十八大以来，习近平总书记反复强调坚守共产主义信仰的必要性、重要性和紧迫性。习近平总书记多次强调："宣传思想工作就是要巩固马克思主义在意识形态领域的指导地位，巩固全党全国人民团结奋斗的共同思想基础。党员、干部要坚定马克思主义、共产主义信仰。"① "我们要把理想信念教育作为思想建设的战略任务，保持全党在理想追求上的政治定力，自觉做共产主义远大理想和中国特色社会主义共同理想的坚定信仰者、忠实实践者。"② 为了回应歪曲马克思、恩格斯关于共产主义信仰思想的奇谈怪论，坚守共产主义的崇高信仰，坚持走中国特色社会主义道路，我们有必要重温马克思和恩格斯的经典文本，准确理解马克思、恩格斯关于共产主义信仰的思想。

二 对马克思、恩格斯关于"共产主义信仰"论述的几种错误观点的批驳

在解读马克思、恩格斯关于共产主义"理想""信仰"的思想时，"回避说"、"否认说"和"放弃说"等错误观点，或是从概念界定的视角主张回避马克思主义"信仰"，或是基于反对共产主义的视角，从根本上直接否认马克思、恩格斯是共产主义的信仰者。虽然三者动机不尽相

---

① 《习近平谈治国理政》第 1 卷，外文出版社 2018 年版，第 153 页。
② 《习近平谈治国理政》第 2 卷，外文出版社 2017 年版，第 35 页。

同，但最终的结果却是殊途同归，客观上起到了降低甚至否认马克思主义信仰和共产主义信仰之地位的作用。

（一）"回避说"之误

"回避说"认为，"信仰"和"信念"有着本质的不同：信仰，通常是指宗教信仰；信念，通常是指科学信念。因此，对马克思主义和科学社会主义应该提"信念"，不宜提"信仰"①。无疑，"回避说"的初衷是为了避免将马克思主义信仰和共产主义信仰宗教化、迷信化，但用"信念"取代"信仰"，却在客观上背离了这一初衷。从表面上看，用"信念"取代"信仰"似乎只是概念的置换，但如果深入分析，就会发现这一置换非但不能达到避嫌的目的，反而因为对"信仰"和"信念"的界定太过绝对和片面，而使其缺乏科学性和说服力。原因有以下三点。

第一，对"信仰"和"信念"存在概念界定上的不严谨性。"信仰"与"信念"的区别主要表现为：在概念上，"信仰"的外延大于"信念"，它涵盖了"信念"的全部内容；内涵深于"信念"，比"信念"更深刻。"信仰"不仅是认识论意义上的坚信不疑，更是一种世界观、人生观、价值观的体现，是最高价值的核心信念。在词意上，"信念"体现为认识论意义上的观念和心理学意义上的意念，具有相对性、易变性和多样性；而"信仰"是基于价值意义上的坚信不疑和毕生为之奋斗的终极目标，具有不易改变的稳定性和唯一性。在词性上，"信念"更倾向于认识论范畴，"信仰"则更侧重于价值论范畴。"信念"只是认识主体深信不疑的一种观念，而"信仰"则是在"信念"基础上对认识对象的最高敬仰和崇拜，是信仰者的终身追求和最高行为准则。"信念"是一个中性词，是一种观念或意识，有科学和非科学、崇高和非崇高之分，其概念本身并不必然具备褒贬性质；而"信仰"则直接表达了"崇高"的意思，带有鲜明的褒义性质和非常确定的价值向度和导引特性②。

---

① 参见龚育之《理性思考和实践检验是科学信念的基础》，《光明日报》2000年10月26日第6版。

② 关于"信仰"和"信念"之区别的观点可参见王玲玲、康凤云《解读"信仰"——由不宜提"马克思主义信仰"引发的思考》，《江汉论坛》2015年第4期。

第二，将"信仰"完全等同于宗教信仰，模糊了共产主义信仰和宗教信仰的本质区别。关于宗教的本质，恩格斯在《反杜林论》中指出："一切宗教都不过是支配着人们日常生活的外部力量在人们头脑中的幻想的反映，在这种反映中，人间的力量采取了超人间的力量的形式。"① 关于共产主义的本质，马克思在《1844年经济学哲学手稿》中指出："共产主义是对私有财产即人的自我异化的积极的扬弃，因而是通过人并且为了人而对人的本质的真正占有；因此，它是人向自身、也就是向社会的即合乎人性的人的复归，这种复归是完全的复归，是自觉实现并在以往发展的全部财富的范围内实现的复归。"② 马克思、恩格斯关于宗教的本质是非人性的幻想，而共产主义的本质是人性的复归之思想，说明共产主义信仰和宗教信仰是性质完全不同的两种信仰。二者存在着以下诸多的差异：其一，共产主义信仰具有现实性特征，是建立于现实之上的对未来社会的美好愿景；宗教信仰具有的是非现实性特征，要求人们迷信非现实的、超自然的神灵。其二，共产主义信仰具有社会性特征，其理想的实现内在地要求全世界无产者联合起来，并建立一个自由人的联合体；宗教信仰则强调每一个信徒对神灵的迷信和皈依，是脱离社会性的个体行为，信徒们只对神负责，无须对社会负责，甚至无须对自己负责。其三，共产主义信仰肯定现实社会和物质世界的客观存在；宗教信仰则全盘否定现实社会和物质世界的客观存在。其四，共产主义信仰是基于一定经济基础、文明发展和科学认知基础上的理性产物；宗教信仰则是盲目崇拜超自然神灵的非理性产物。其五，共产主义信仰的研究对象是如何建立一个比剥削制度和阶级社会更文明更先进更美好的新型社会制度；宗教信仰的研究对象则是如何树立虚幻之神的权威地位。其六，共产主义信仰的理想目标是通过共产主义运动，消灭阶级，消灭剥削和压迫，让人类劳苦大众获得实实在在的解放和幸福，这是可以感知、能够实现的物质社会；宗教信仰的理想目标则是如何通过对神灵的迷信，进入"天堂"或"极乐世界"，而这个"天堂"和"极乐世界"是人类无法触及甚至不可感知的，是人们永远都无法进入的幽幻领域。其七，

---

① 《马克思恩格斯文集》第9卷，人民出版社2009年版，第333页。
② 《马克思恩格斯文集》第1卷，人民出版社2009年版，第185页。

共产主义信仰是无产阶级解放全人类的一种历史使命；宗教信仰则是缓解自我心理亚健康疾痛的"精神鸦片"。其八，无产阶级实现理想目标的路径和方式是阶级斗争或社会革命等现实的共产主义运动；宗教信仰实现理想目标的路径和方式则是向神认罪，求神宽恕和自我赎罪。简言之，共产主义信仰是现实的、理性的、实在的、革命的、科学的，宗教信仰是非现实的、盲目的、虚幻的、反革命的、反科学的。

综上所述，用"马克思主义信念"的表述来取代"马克思主义信仰"的"回避说"，不但难以避嫌，反而会在现实中降低马克思主义的指导地位，甚至有放弃共产主义信仰的危险。

（二）"否认说"之谬

"否认说"通过对马克思、恩格斯只言片语的望文生义或断章取义，认为马克思、恩格斯反对将共产主义视为理想或信仰。其依据是马克思、恩格斯的如下几句表述，对于这些相关表述，若能通读全文，并将其放到当时特定的时代背景下，就不难发现"否认说"的"司马昭之心"了。

首先，马克思、恩格斯在《德意志意识形态》中指出："共产主义对我们来说不是应当确立的状况，不是现实应当与之相适应的理想，我们所称为共产主义的是那种消灭现存状况的现实的运动。"① 这段话是"否认说"立论的依据之一。但事实上，我们从这段话中根本无法得出马克思、恩格斯否认共产主义理想或信仰的结论。其一，内涵上，马克思、恩格斯并没有否定共产主义是理想。《德意志意识形态》中所说的共产主义"不是现实应当与之相适应的理想"，这一表述不是抽象意义上的，而是有时间和性质限定的。它强调的是，共产主义运动不是空想社会主义者头脑中想象的"应当如何"的应然"状况"，而是现实中必须付出牺牲的艰辛革命运动。由于"现实"是，在无产阶级与资产阶级你死我活的斗争过程中，资产阶级绝不可能自动退出历史舞台。这就决定了共产主义运动只有通过流血牺牲的暴力革命，才有可能使无产阶级从资产阶级的残酷剥削和压迫中解放出来，以获得全面自由的发展。这样一种为了实现共产主义的革命过程，绝不可能是空想社会主义者头脑中一厢情愿、

---

① 《马克思恩格斯文集》第 1 卷，人民出版社 2009 年版，第 539 页。

想当然的浪漫幻想，而只能是一场"现实的革命运动"。因此，无论是共产主义运动还是共产主义社会都不是空想共产主义乌托邦式的理想，而是具有"现实运动"特点的无产阶级的革命理想。其二，逻辑上，这不是一个全称判断，它是有时间限定的。这里否定的只是共产主义不是"现实"应当与之相适应的理想，并没有否定共产主义是"未来"应当与之相适应的理想。显然，从逻辑上根本无法从共产主义"不是现实应当与之相适应的理想"推导出共产主义不是无产阶级的理想，所以不足以信仰的结论。

其次，马克思在《法兰西内战》中说："工人阶级不是要实现什么理想，而只是要解放那些由旧的正在崩溃的资产阶级社会本身孕育着的新社会因素。"[①]《法兰西内战》是马克思为人类历史上第一次出现的无产阶级政权——巴黎公社而写的，是科学共产主义的经典著作之一。在此，马克思不仅没有否认共产主义理想，反而用巴黎公社的经验说明无产阶级只有通过暴力革命推翻资产阶级的统治，才能建设一个没有剥削和压迫的共产主义理想社会。马克思在这里说的是"工人阶级不是要实现什么理想"，并不是"工人阶级不要实现共产主义理想"。显然，"工人阶级不是要实现什么理想"是有具体所指的，这里的"理想"并不是指共产主义理想。如果认真完整地通读《法兰西内战》，就可以很清楚地知道，马克思的这句话是针对当时第一国际内部以公社失败为由，否定暴力革命，主张改良主义的机会主义者所谓的"理想"而言。当年，巴黎公社3万人被杀，7万人被投入监狱或被流放，这些都是高喊民主人权的资产阶级对无产阶级疯狂镇压和血腥屠杀的铁证。对此，恩格斯指出，拉雪兹神父墓地的"公社战士墙""作为无声的雄辩见证，说明一旦无产阶级敢于起来捍卫自己的权利，统治阶级的疯狂暴戾能达到何种程度"[②]。马克思当年就是因为清醒地看到了资产阶级所谓"人权"的虚伪性，才特别强调共产主义的理想绝不是机会主义者乌托邦式的理想。无产阶级必须抛掉一切不切实际的改良主义的虚幻"理想"，通过暴力革命"解放那些在旧的正在崩溃的资产阶级社会里孕育着的新社会因素"。这里所说

---

① 《马克思恩格斯文集》第3卷，人民出版社2009年版，第159页。
② 《马克思恩格斯文集》第3卷，人民出版社2009年版，第107页。

的"新社会因素",正是消灭了压迫和剥削现象的共产主义理想社会的新因素。从马克思的完整论证中,丝毫看不到他对共产主义理想的否定。

再次,恩格斯在《流亡者文献》①中说:"在我们的时代唯一能替神帮点忙的事情,就是把无神论宣布为强制性的信条……"②"否认说"将此解读为恩格斯反对将无神论作为信仰,并凭此断言恩格斯通过反对用信仰指称无神论,来否认共产主义信仰,这是对恩格斯本意的刻意歪曲。恩格斯这里讲的"信条"的确是指信仰③,但并不是反对所有无神论的信仰,他反对的是19世纪中叶脱离了国际的布朗基主义④于所谓"战斗的无神论者"简单幼稚的观点。布朗基主义者为了证明自己"在无神论方面比所有的人都激进",主张"用法令来取消神"。他们对待宗教简单粗暴、无情斗争的态度,很容易直接导致"左倾"盲动的错误,使无产阶级革命和社会主义运动遭遇挫折。正是在此背景下,恩格斯批评布朗基主义者和巴枯宁主义者一样,"都想成为走得最远、最极端的派别的代表者"⑤。尤其是布朗基主义者试图通过一纸慷慨激昂的法令,强行取缔有神论。其极端的"无神论信者"所具有的唯我独尊、排斥异己之特点,与基督教信仰有异曲同工之处。更重要的是这样一种粗暴幼稚的空想冒险之举,不仅不可能达到消灭有神论的目的,相反,是助纣为虐,客观上有助于俾斯麦政府的民族压迫。因为当时"在反对天主教的借口下,俾斯麦政府在普鲁士统治下的波兰地区加强民族压迫,同时煽起宗教狂热使一部分工人脱离阶级斗争"。正是在这个意义上,恩格斯一针见血地指出:"迫害是巩固不良信念的最好手段!有一点是毫无疑义的:在我们

---

① 《流亡者文献》是恩格斯于1874年5月中旬至1875年4月写成的,共由五篇文章组成。恩格斯在这组文章里介绍了波兰、法国和俄国流亡者对其革命斗争所持的观点,并通过对这些国家革命运动的介绍和分析,阐述了无产阶级斗争的战略和策略,乐观地预言了欧洲革命的前景,鼓励德国工人阶级把自己的斗争与世界革命运动紧密联系起来。

② 《马克思恩格斯文集》第3卷,人民出版社2009年版,第362页。

③ 在2009年《马克思恩格斯文集》出版之前的《马克思恩格斯全集》和《马克思恩格斯选集》中,都将此处的"信条"翻译为"信仰的象征"。但在《马克思恩格斯文集》中,将旧版本中此处"信仰的象征"翻译成"信条",意思是"信仰的条令"。

④ 19世纪中叶,以法国布朗基为代表的工人运动中革命冒险主义的思潮主张依靠少数革命家的密谋活动推翻资产阶级的统治,建立精英专政,一步进入共产主义。巴黎公社的失败宣告了布朗基主义的破产。

⑤ 《马克思恩格斯文集》第3卷,人民出版社2009年版,第361页。

的时代唯一能替神帮点忙的事情，就是把无神论宣布为强制性的信条……"①

最后，"否认说"还断章取义了恩格斯的另一段话："在这里'革命'本身成了某种像童贞马利亚之类的东西，理论成了信仰，参加运动成了祭祀。"并据此强调，恩格斯不仅否认革命及其理论可以成为信仰，甚至说基于信仰的革命运动犹如"祭祀"活动，"是在泛泛空话的九霄云外进行的"②。事实上，这段话是恩格斯对俄国流亡者和以社会主义革命家自诩的俄国折中主义者，"胸怀壮志但却一事无成"之空想言行的批驳③。当时，以"唯物主义者和革命的社会主义者"自居的巴枯宁，高喊抽象的人性、自由、平等、博爱的口号，追求绝对的个人自由，反对建立无产阶级政党，反对进行无产阶级革命和专政。在此唯心史观指导下的革命不仅必将流于空想，而且势必会导致革命"流产"，让无数革命者付出生命，其对国际共产主义运动的危害是巨大的。国际工人联合会（也称"第一国际"④）正是因为非常清醒地认识到了巴枯宁主义的这一危害，所以第一国际才会在1872年的"海牙代表大会作出决议，赶走了巴枯宁主义者……"对此，流亡到英国的巴枯宁主义者和巴枯宁主义的调和者因为反对第一国际的这一决议，便"千方百计地劝导所有社会主义者保持和睦，或者至少避免任何公开的纠纷"⑤。这些俄国的流亡者怀揣所谓的"革命壮志"，除了到处发表"幼稚的、枯燥的、矛盾的、翻来覆去喋喋不休的议论"⑥之外，就是以"团结"之名，主张第一国际应该"让巴枯宁主义者为所欲为，并把国际手脚捆绑起来听凭他们的秘密

---

① 《马克思恩格斯文集》第3卷，人民出版社2009年版，第362页。
② 《马克思恩格斯文集》第3卷，人民出版社2009年版，第373页。
③ 《马克思恩格斯文集》第3卷，人民出版社2009年版，第375页。
④ 恩格斯这里提及的"国际"，指的是建立于1864年的国际工人联合会。马克思是创始人和领袖。由于会名太长，当时简称为"国际"。第二国际成立后，始称"第一国际"。第一国际的目的是：联合全世界的无产阶级为反对压迫者而斗争。1876年正式宣布解散。由于巴枯宁混入国际后，反对建立工人阶级的政党，一直企图把国际变成实行无政府主义的工具。马克思批判了巴枯宁的主张，指出其在理论上是错误的，在实践上是反动的。后来在海牙代表大会上，国际决定开除巴枯宁。
⑤ 《马克思恩格斯文集》第3卷，人民出版社2009年版，第367页。
⑥ 《马克思恩格斯文集》第3卷，人民出版社2009年版，第373页。

阴谋去处置"①。正是针对俄国流亡者这些对国际共运危害极大的思想认识，恩格斯一针见血地揭露道："诸如此类自作聪明的议论"，"整个看起来和经院哲学家关于童贞马利亚的研究似有异曲同工之妙……而一切活动都不是在平庸的尘世展开的，而是在泛泛空话的九霄云外进行的"②。以此来说明巴枯宁主义及其调和者嘈杂的言论，犹如基督信仰一样是不切实际的、虚无的空想而已。整部《流亡者文献》通过对小资产阶级流亡者言行的剖析，批驳了他们在政治上折中主义的无原则性，以及思想空虚、目光短浅、爱走极端的盲目幼稚性。从而捍卫了无产阶级革命的原则，坚持了国际共产主义运动的正确方向。

（三）"放弃说"之错

"放弃说"通过对马克思、恩格斯相关论述断章取义地恶意歪曲，到处宣扬马克思、恩格斯放弃了共产主义信仰的谬论。其依据是马克思和恩格斯如下的两段表述，对于这些被"放弃说"视为强有力依据的表述，如果我们能够客观、公正、全面、准确地去理解其内涵，就不难发现"放弃说"恶意歪曲的真实意图就是要我们彻底放弃马克思主义和共产主义。

首先，马克思在纪念第一国际成立七周年庆祝大会上说："国际从未提出任何特殊的信条教义。"③ "放弃说"据此武断地认为马克思反对"国际"提共产主义信仰。他们无视在此话后面马克思更为重要的一段话："国际建立以前的所有各种组织，都是统治阶级中的激进分子为工人阶级建立的一些社团，而国际则是工人们为自己建立起来的。"④ 结合当时的历史背景，马克思所说的国际没有提出"特殊的信条教义"，重点是在"特殊"，而不是泛指"信条教义"或"信仰"。这是针对当时资产阶级激进分子为工人建立社团时，都是带着自己的信条教义来利用工人阶级而言的。只有第一国际这个为了完成在全世界实现共产主义伟大使命

---

① 《马克思恩格斯文集》第3卷，人民出版社2009年版，第367页。
② 《马克思恩格斯文集》第3卷，人民出版社2009年版，第373、367页。
③ 《马克思恩格斯文集》第3卷，人民出版社2009年版，第618页。
④ 《马克思恩格斯文集》第3卷，人民出版社2009年版，第618页。

的工人阶级自己的组织，因其是彻底的无产阶级性质，因此它是不带有任何一己"特殊"私利的信仰条令的，也不会提出任何"特殊"的信条教义来利用工人阶级为一己私利服务。显然，如果联系前后文和时代背景，不难发现，马克思既没有反对"国际"提共产主义信仰，更没有反对共产主义信仰。

其次，"放弃说"关于恩格斯用"93个字"宣布放弃共产主义理论和信仰的依据是恩格斯说过的一段话："共产主义不是一种单纯的工人阶级的党派性学说，而是一种最终目的在于把连同资本家在内的整个社会从现存关系的狭小范围中解放出来的理论。这在抽象的意义上是正确的，然而在实践中在大多数情况下是无益的，甚至是有害的。"① 对于恩格斯的这段话，"放弃说"狂言："一切马克思主义的信奉者，实践者和研究者，都不可轻视或忽略这93个字，没读过或没读懂这93个字，就没有弄通马克思主义……如果在这以前你读过许多篇马克思和恩格斯的著作，读过《共产党宣言》、《法兰西内战》和《哥达纲领批判》这些名篇，你就更要记牢这93个字，因为这93个字把这三大名篇否定了，把关于无产阶级革命和无产阶级专政的理论否定了，把整个共产主义理论体系否定了。"② 若能完整地通读原著，此论通过断章取义的方式以达到反马克思主义之目的的叵测居心便昭然若揭了。

恩格斯的"93个字"分别出现于《英国工人阶级状况》美国版附录、英国版序言以及德文第二版序言中。其要表达的思想逻辑包含了以下内容：其一，强调《英国工人阶级状况》虽然写于40多年前，但其中所阐述的基本观点始终没有变。恩格斯说："这本书无论在优点方面或缺点方面都带有作者青年时代的痕迹……但是当我重读这本青年时期的著作时，发现它毫无使我羞愧的地方。"其二，尽管这本书的基本思想始终没有变，但并不意味着这本书的所有观点都和40多年后是一样的。由于

---

① 《马克思恩格斯文集》第1卷，人民出版社2009年版，第370页。（说明：此处所引是人民出版社2009年最新出版的《马克思恩格斯文集》第1卷中的一段话，有97个字；"放弃说"所说的"93"个字，引用的是人民出版社1965年出版的《马克思恩格斯全集》第21卷第297页的一段话。）

② 靳辉明：《驳关于"恩格斯宣布放弃共产主义理论"谬说》，《光明日报》2011年8月29日第11版。

"1844年还没有现代的国际社会主义",所以,"本书在哲学、经济学和政治方面的总的理论观点,和我现在的观点决不是完全一致的"①。恩格斯的原话为"不是完全一致的",而不是"完全不一致的"。意思是,这本书的基本思想始终没有发生根本改变,但其中的个别观点因为时代的变迁而和现在有不完全一致的地方。但绝不是完全不同,更不是根本不同。恩格斯努力表达的意思只有一个:他为《英国工人阶级状况》在几十年后的各种版本写序言,是力图将书中"若干不十分清楚的地方表述得更明确些"②。其三,这本书中的某些观点包含了"青年时代"难以避免的"缺点"。例如,书中"很强调这样一个论点:共产主义不是一种单纯的工人阶级的党派性学说,而是一种最终目的在于把连同资本家在内的整个社会从现存关系的狭小范围中解放出来的理论"。现在看来,这个观点"在抽象的意义上是正确的,然而在实践中在大多数情况下是无益的,甚至是有害的"。这段话的意思是,当年写作这本书时认为,共产主义运动所说的解放全人类并不仅仅是指解放工人阶级,而是解放"连同资本家在内"的所有人。之所以强调全人类的解放包括资本家,是希望资本家也加入到解放全人类的社会革命中来。但40多年来的社会实践说明当时的这一观点,虽然在抽象意义上或者说在理论上是对的,但在实践中却是无益"甚至是有害的"。因为资产阶级存在的前提和基础就是对无产阶级的剥削和压迫,所以,压迫无产阶级的资本家不仅根本就没有解放自己的需要,而且坚决反对工人阶级的自我解放。鉴于此,想要联合资本家和工人阶级一道进行消灭资产阶级的社会革命,不仅不现实,反而会导致工人运动的失败。因此,恩格斯在这段话的后面特别强调:"只要有产阶级……全力反对工人阶级的自我解放,工人阶级就应当单独地准备和实现社会革命。"③综上所述,"93个字"是恩格斯基于对共产主义的执着信仰,而对自己1845年不成熟观点的自我修正,而不是对共产主义信仰的彻底否定。

事实上,从恩格斯诸多的相关论述中,我们可以真切地感受到恩格

---

① 《马克思恩格斯文集》第1卷,人民出版社2009年版,第365、370页。
② 《马克思恩格斯文集》第1卷,人民出版社2009年版,第365页。
③ 《马克思恩格斯文集》第1卷,人民出版社2009年版,第370页

斯对共产主义信仰一以贯之的无比执着。恩格斯在《美国工人运动》① 中特别指出："'共产党人'——这是我们当时采用的、而且在现在也决不想放弃的名称。"② 在分析为什么将《共产党宣言》表述为"共产主义宣言"，而不是"社会主义宣言"时，更是特别强调："我们一刻也不怀疑究竟应该在这两个名称中间选定哪一个名称。而且后来我们也根本没有想到要把这个名称抛弃。"③

三 坚持"共产主义信仰"有助于发展中国特色社会主义

通过对"回避说"、"否认说"和"放弃说"的剖析与批驳，可以有效地帮助我们从以下方面准确理解马克思、恩格斯关于"共产主义理想""共产主义信仰""共产主义运动"的思想。

首先，通过对"回避说"关于"信仰"和"信念"之区别的分析，厘清了共产主义信仰和宗教信仰的本质差异，为共产主义信仰提供了充分的有说服力的学理依据。通过甄别共产主义信仰和宗教信仰的本质差异，可以帮助我们认识到，共产主义学说是无产阶级获得彻底解放的理论体系，是人类社会发展至今最具进步性和革命性的科学理论。共产主义信仰不是像宗教信仰所表现出来的不可捉摸、玄奥难懂和虚无缥缈，共产主义学说也不是脱离实际难以触及的高深理论，而是对资本主义必然灭亡，共产主义必然胜利之社会发展必然规律的科学研判。这是经过了 100 多年来的无产阶级革命实践检验了的科学真理。共产主义是人类社会文明发展到一定高度的科学信仰，是无产阶级革命的强大精神支柱和行动指南。

其次，通过对"否认说"望文生义解读马克思、恩格斯话语进行剖

---

① 《美国工人运动》是恩格斯为他的《英国工人阶级状况》一书的美国版写的序言，"随后恩格斯将这篇序言译成德文，以《美国工人运动》为题发表在 1887 年 6 月 10 日和 17 日《社会民主党人报》；序言的德文和英文单行本于 7 月在纽约出版"。此注释见《马克思恩格斯文集》第 4 卷，人民出版社 2009 年版，第 608 页。

② 《马克思恩格斯文集》第 4 卷，人民出版社 2009 年版，第 324 页。

③ 《马克思恩格斯文集》第 2 卷，人民出版社 2009 年版，第 21 页。

析和驳斥，充分说明马克思、恩格斯从来没有否认过共产主义理想和共产主义信仰。在 19 世纪下半叶，面对空想社会主义者对"理想"的滥用，面对神学家对"信仰"的偏执解读，即使是在马克思、恩格斯生活的年代，太多打着共产主义旗号的所谓"革命家"，将"共产主义"概念作为一种流行术语到处滥用的时候，即使在空想家将"理想"视为自己的专利，神学家将"信仰"视为自己独有的时候，尽管马克思、恩格斯用词谨慎，也仍然从未拒斥过使用共产主义"理想"或"信仰"的概念。相反，为了使科学共产主义的理想、信仰与空想社会主义的"理想"和宗教救世主义的"信仰"划清界限，马克思、恩格斯在对抽象的"信仰"和"理想"进行批判的基础上，对共产主义的理想和信仰给予了热情讴歌与科学阐析。不仅"认为唯物主义者和共产主义者也有自己的理想和信仰"[①]，而且在《哥达纲领批判》中，马克思更是明确指出："资产阶级的'信仰自由'不过是容忍各种各样的宗教信仰自由而已，工人党则力求把信仰从宗教的妖术中解放出来。"[②] 可见，马克思、恩格斯从未将信仰视为空想家或宗教信徒的专利，他们只是强调要确立科学共产主义的信仰。不仅如此，马克思、恩格斯还通过分析资本主义的发展，总结工人运动的经验，批判蒲鲁东的小资产阶级社会主义、布朗基的革命冒险主义、拉萨尔的机会主义以及巴枯宁的无政府社会主义等空想的社会主义、共产主义思潮，创立了科学共产主义理论，强调了实现共产主义理想是无产阶级为之奋斗终生的崇高信仰。

最后，通过对"放弃说"断章取义手段的解析和批判，我们发现，认为马克思、恩格斯放弃了共产主义信仰，反对共产主义运动，是居心叵测地恶意歪曲。事实上，将共产主义运动视为现实的、伟大的革命运动，是马克思、恩格斯一贯的主张。在马克思、恩格斯那里，共产主义是与包括资本主义在内的所有旧社会根本对立的新思想、新制度，是通过世界命运共同体的社会化方式，化解资本逻辑内在弊端和矛盾，实现人性复归，让世界无产阶级获得彻底解放的新型革命运动。为此，他们

---

① 刘建军：《从马克思到邓小平：关于共产主义信仰的基本提法和观点》，《中国人民大学学报》1994 年第 6 期。

② 《马克思恩格斯文集》第 3 卷，人民出版社 2009 年版，第 448 页。

在多部经典文献中强调了共产主义运动的现实性、阶级性、革命性、必要性和伟大意义。早在《1844年经济学哲学手稿》中,马克思就特别指出了共产主义运动的现实性和曲折性。他说:"要扬弃私有财产的思想,有思想上的共产主义就完全够了。而要扬弃现实的私有财产,则必须有现实的共产主义行动。历史将会带来这种共产主义行动,而我们在思想中已经认识到的那正在进行自我扬弃的运动,在现实中将经历一个极其艰难而漫长的过程。"① 后来《共产党宣言》再版时,恩格斯更是在1888年英文版序言中明确了共产主义运动的阶级性。他说:"在1847年,社会主义是资产阶级的运动,而共产主义则是工人阶级的运动。当时,社会主义,至少在大陆上,是'上流社会的',而共产主义却恰恰相反。既然我们自始就认定'工人阶级的解放应当是工人阶级自己的事情',那么,在这两个名称中间我们应当选择哪一个,就是毫无疑义的了。而且后来我们也从没有想到要把这个名称抛弃。"② 可见,无论是从历史事实还是从马克思、恩格斯的经典文献中,都无法得出马克思、恩格斯放弃共产主义信仰,反对共产主义运动的结论。相反,我们可以从马克思、恩格斯多部经典文献中,强烈感受到他们一以贯之地对共产主义运动的高度评价,对共产主义理想坚定不移的信仰,以及为实现共产主义理想而进行革命的理论指导。

就现实意义而言,准确理解马克思、恩格斯关于共产主义信仰的思想,有助于中国特色社会主义建设事业健康顺利地发展。理想信念是人们的政治信仰在奋斗目标上的具体体现,它不仅是意识形态领域的问题,更是一个要付诸行动的实践领域的问题。鉴于此,中国特色社会主义信念既包括意识层面对共产主义理想的坚定信仰,也包括现实层面脚踏实地地为建设中国特色社会主义事业贡献力量。中国共产党的最高理想是实现共产主义,共产主义的最终目标是实现人的全面而自由的发展。中国共产党正在进行的中国特色社会主义伟大事业的共同理想,是把我国建设成为富强民主文明和谐美丽的社会主义现代化国家。"富强民主文明和谐美丽"正是人的全面自由发展的具体体现和现实载体。显然,建设

---

① 《马克思恩格斯文集》第1卷,人民出版社2009年版,第231—232页。
② 《马克思恩格斯文集》第2卷,人民出版社2009年版,第13—14页。

中国特色社会主义的所有努力，都是为了最终实现共产主义的最高理想。而马克思、恩格斯创立的共产主义学说，因其"揭示了人类社会发展的一般规律和资本主义社会发展的特殊规律，包含着科学的世界观和方法论"①，使之成为中国特色社会主义建设事业的行动指南。面临西方敌对势力亡我之心不死的世情，面临主要矛盾发生变化改革进入攻坚期的复杂国情以及"四个危险""四种考验"依然存在的党情，保证共同理想如期实现比以往任何时候都更有赖于我们对中国特色社会主义信念的坚持。而中国特色社会主义信念的核心内涵就是坚定共产主义信仰，坚持马克思主义指导，将共产主义的远大理想和中国特色社会主义的共同理想结合起来，坚定不移地坚持中国特色社会主义的制度，走中国特色社会主义的道路。显然，对共产主义信仰的坚定守护，充分体现于对中国特色社会主义信念的自信和践行。我们只有秉持共产主义信仰，坚守中国特色社会主义信念，才有可能应对各种严峻挑战，抵御来自各个方面的重大风险，克服各个层面的重大阻力，解决社会主义建设事业中遭遇的各种问题，实现中华民族的伟大复兴。中国特色社会主义信念蕴含着21世纪中华民族的发展趋势和发展规律，它既是共产主义信仰在现实社会的具体体现和逐步展开，又指向社会发展的未来趋势。我们有理由相信，为了在全世界最终实现共产主义的愿景，通过坚定共产主义信仰，践行中国特色社会主义共同理想，我们可以为21世纪的国际共产主义运动贡献中国模式、中国方案和中国智慧。面对那些企图通过恶意歪曲马克思、恩格斯的有关论述，为中国共产党"改变性质"制造舆论，为中国人民放弃共产主义信仰和马克思主义指导制造舆论，为社会主义中国"改旗易帜"制造舆论，从而否定马克思主义，瓦解我们坚持中国特色社会主义、实现共产主义理想的图谋，我们要有足够的警惕，并应坚决抵制。

（原载《马克思主义研究》2019年第3期，中国社会科学网2019年10月12日全文转载）

---

① 刘晨晔、王晓翔：《论对待马克思思想的科学态度》，《江西师范大学学报》（哲学社会科学版）2018年第1期。

马克思主义经典作家关于共产党执政的理论溯源

淦家辉　胡静丽[*]

[摘　要]　马克思主义经典作家的相关著述,蕴含着丰富的共产党执政理论。马克思主义创始人马克思、恩格斯不仅揭示了政党的本质,无产阶级政党的性质、宗旨和奋斗方向,更从党与国家、党与政权、党与人民的关系等方面,科学地揭示共产党如何执政,如何巩固其执政地位等一般性规律。列宁在领导苏共夺取政权和巩固政权的过程中,创造性地发展了马克思、恩格斯有关共产党执政的理论,把对共产党执政规律的把握推进到了一个新高度。马克思主义经典作家有关共产党执政的理论,对新时代中国共产党提升执政水平、巩固执政地位,具有重要的启示。

[关键词]　马克思主义经典作家；共产党执政；理论溯源

2022年10月,习近平总书记在党的二十大报告中精辟指出:"马克思主义是我们立党立国、兴党兴国的根本指导思想。实践告诉我们,中国共产党为什么能,中国特色社会主义为什么好,归根到底是马克思主义行,是中国化时代化的马克思主义行。"① 中国共产党的执政经验反复证明,政治上的坚定和行动上的自觉源于理论上的清醒。"我们党作为马

---

[*] 作者简介：淦家辉,江西师范大学政法学院副教授、硕士生导师；胡静丽,江西工业职业技术学院马克思主义学院讲师。

① 《党的二十大报告辅导读本》,人民出版社2022年版,第15页。

克思主义执政党,不但要有强大的真理力量,而且要有强大的人格力量。真理力量集中体现为我们党的正确理论,人格力量集中体现为我们党的优良作风。"①

在中国共产党的执政水平和执政环境不断发生变化的新时代,在党全面推进从严治党的大背景下,回溯马克思主义经典作家有关共产党执政的相关理论,不仅有利于把马克思主义经典作家有关共产党执政的理论与中国共产党执政的实践结合起来,不断推进党的理论创新,同时还有利于提高党的执政水平和能力,推动党更好地从自发执政向自觉执政转变,不断巩固党的执政地位。

马克思主义经典作家的相关著述中,蕴含着丰富的共产党执政的科学论断。马克思主义经典作家关于共产党执政的精辟论述,不仅是新时代党探索执政规律,总结执政经验的重要理论依据,也是新时代党不断增进执政自觉性和科学性的思想指南。

一 马克思、恩格斯关于共产党执政的理论

马克思、恩格斯不仅创立了科学社会主义,阐明了社会主义必然取代资本主义的客观规律,而且找到了实现这种社会变革的力量——无产阶级及其政党即共产党。马克思、恩格斯在为第一个无产阶级政党——共产主义者同盟,拟定纲领《共产党宣言》时,系统地阐述了无产阶级政党的性质、理论基础和纲领策略、原则。马克思、恩格斯指出,工人阶级是推翻资本主义,实现共产主义的现实力量,共产党是工人阶级政党,担负着组织无产阶级和劳动人民实现共产主义的历史责任。马克思、恩格斯有关共产党执政的理论,归纳起来主要如下。

第一,揭示了政党的本质。1891年恩格斯在马克思《法兰西内战》一书的导言中,不但分析和揭示了资产阶级国家的本质,而且分析和揭示了资本主义国家政党制度的实质,他指出:"正是在美国,同在任何其他国家中相比,'政治家们'都构成国民中一个更为特殊的更加富有权势

---

① 中共中央宣传部编:《习近平总书记系列重要讲话读本》,学习出版社、人民出版社2014年版,第160页。

的部分。在这个国家里,轮流执政的两大政党中每一个政党,又是由这样一些人操纵的,这些人把政治变成一种生意,拿联邦国会和各州议会的议席来投机牟利,或是以替本党鼓动为生,在本党胜利后取得职位作为报酬。"① 马克思和恩格斯站在辩证唯物主义的立场上,从阶级分析和利益分析的角度,科学地揭示了政党的阶级本质,即政党是为阶级服务的工具。

第二,确立了无产阶级政党的性质、宗旨和奋斗方向。马克思在《国际工人协会共同章程》中高度概括地说明了建立无产阶级政党的必要性和重要性,指出:"无产阶级在反对有产阶级联合力量的斗争中,只有把自身组织成为与有产阶级建立的一切旧政党不同的、相对立的政党,才能作为一个阶级来行动。""为保证社会革命获得胜利和实现革命的最高目标——消灭阶级,无产阶级这样组织成为政党是必要的。"② 马克思、恩格斯在《共产党宣言》中阐明共产党的性质和历史使命时指出,共产党是工人阶级的政党,是整个工人阶级利益的代表。共产党是为工人阶级的共同利益斗争的,是"最坚决的、始终推动运动前进的部分"。马克思、恩格斯的这些论述为无产阶级政党的建立和发展确立了明确的指导原则和方向。

第三,从党与国家、党与政权、党与人民的关系等方面,科学地揭示共产党如何执政,如何巩固其执政地位等一般性规律。关于党与国家的关系,马克思、恩格斯认为,"过去一切阶级在争得统治之后,总是使整个社会服从于它们发财致富的条件,企图以此来巩固它们已经获得的生活地位。无产者只有消灭自己的现存的占有方式,从而消灭全部现存的占用方式,才能取得社会生产力"③。关于党与政权,恩格斯在《〈法兰西内战〉导言》中明确指出,无产阶级在打碎旧的国家机器,建立无产阶级专政后,要防止国家机关工作人员去"追求升官发财","防止国家和国家机关由社会公仆变为社会主人"。④ 为此,必须加强共产党的领

---

① 《马克思恩格斯选集》第3卷,人民出版社2012年版,第54页。
② 《马克思恩格斯选集》第2卷,人民出版社1995年版,第611页。
③ 《马克思恩格斯选集》第1卷,人民出版社2012年版,第411页。
④ 《马克思恩格斯选集》第3卷,人民出版社2012年版,第55页。

导方式、执政手段和执政能力建设。在党与人民群众的关系上，他们认为："在无产阶级和资产阶级的斗争所经历的各个发展阶段上，共产党人始终代表整个运动的利益。"① 从这里不难看出，共产党与人民群众的关系是：共产党代表人民群众的根本利益，紧密联系广大人民群众。

第四，阐明了无产阶级政党建设的一系列基本原则和要求。怎样建立无产阶级政党，马克思、恩格斯从思想上、政治上、组织上和作风上都做出了明确的论述。在谈到吸收非无产阶级出身的人入党的问题时指出，这些人参加无产阶级政党必须对无产阶级运动有益处，"要求他们不要把资产阶级、小资产阶级等等的偏见的任何残余带进来，而要无条件地掌握无产阶级世界观"。② 在作风上，马克思、恩格斯提出要把理论和实践结合起来。他们说："我们的理论不是教条，而是对包含着一连串互相衔接的阶段的发展过程的阐明。"③

第五，总结了巴黎公社的革命经验，对未来共产党执政进行了初步的探讨。他们在总结巴黎公社革命经验时指出：首先，工人阶级不能简单地全盘继承现成的国家机器，并运用它来达到自己的目的。即工人阶级执政时，必须推翻资产阶级的统治，但不能继承资产阶级国家机器，而是要建立真正属于工人自己的国家政权。其次，公社是工人阶级执掌政权的形式。马克思指出，巴黎公社的意义，还在于工人阶级组织了自己的政府，以此代替了剥削阶级的国家机器形式。"公社的真正秘密就在于：它实质上是工人阶级的政府，是生产者阶级同占有者阶级斗争的产物，是终于发现的可以使劳动在经济上获得解放的政治形式。"④ 最后，公社提供了防止公仆变为社会主人的经验。马克思指出："工人阶级为了不致失去刚刚争得的统治，一方面应当铲除全部旧的、一直被利用来反对它的压迫机器，另一方面当以宣布它自己所有的代表和官吏毫无例外地可以随时撤换，来保证自己有可能防范他们。"⑤

第六，马克思、恩格斯的政党学说在指导无产阶级政党建设的实践

---

① 《马克思恩格斯选集》第1卷，人民出版社2012年版，第413页。
② 《马克思恩格斯全集》第25卷，人民出版社2001年版，第362页。
③ 《马克思恩格斯选集》第4卷，人民出版社2012年版，第586页。
④ 《马克思恩格斯选集》第3卷，人民出版社2012年版，第102页。
⑤ 《马克思恩格斯全集》第22卷，人民出版社1965年版，第227页。

中，不断得以丰富和发展。马克思主义这种理论与实践相结合，与时俱进的革命风格和理论品质，要求共产党人必须坚持马克思主义建党理论的基本原则，同时必须随着时代的发展和客观情况的变化，善于总结实践的新经验，在实践中不断丰富和发展马克思主义建党学说。在马克思、恩格斯发表《共产党宣言》的时候，共产主义还被欧洲一些旧势力视为一种神话和"幽灵"。经过马克思、恩格斯半个世纪的奋斗，科学社会主义不仅已成为国际共产主义运动中占统治地位的指导思想，以科学社会主义为理论指导的政党已成为推动国际社会发展的强大力量。恩格斯于1893年在第二国际苏黎世代表大会上的演讲中欣慰地指出："自从马克思和我加入运动，在'德法年鉴'上发表头几篇社会主义文章以来，已经整整五十年过去了。从那时起，社会主义从一些小的宗派发展成了一个使整个官方世界发抖的强大政党。"① 马克思主义的政党学说，正是在指导欧洲各国工人阶级的斗争中，不断发展和完善的。

二 列宁关于共产党执政的理论

共产党在领导人民夺取政权建立起社会主义国家制度以后，就顺势成为社会主义国家的执政党。按照马克思主义国家学说，社会主义国家是人民当家做主的国家，是一种新型的国家形态。列宁领导俄国共产党执掌国家政权后，在党的建设和具体执政实践中，就共产党该如何执政掌权，特别是如何加强执政党建设，提出了很多重要思想和原则。这主要如下。

第一，在执政党的根本任务方面，列宁提出执政党必须把经济建设放在首位，提高劳动生产率，从经济上战胜资本主义。列宁指出："没有建筑在现代科学最新成果基础上的大资本主义技术，没有一个使千百万人在产品的生产和分配中最严格遵守统一标准的有计划的国家组织，社会主义就无从设想。"②

第二，在执政党的建设方面，列宁提出了许多加强执政党建设的重

---

① 《马克思恩格斯全集》第22卷，人民出版社1965年版，第479页。
② 《列宁全集》第34卷，人民出版社2017年版，第279页。

要思想和原则。这主要有：首先，执政党必须坚持在国家和社会政治生活中的执政地位和领导作用，但需要明确划分党和国家机关的职能，充分发挥党和国家机关两个方面的积极性。列宁指出："必须十分明确地划分党（及其中央）和苏维埃政权的职责；提高苏维埃工作人员和苏维埃机关的责任心和独立负责精神，党的任务是对所有国家机关的工作进行的总的领导，不是像目前那样进行过分频繁的、不正常的、往往都是琐碎的干预。"① 其次，执政党要努力提高党员质量，清除不合格党员，纯洁党的队伍。列宁指出："徒有其名的党员，就是白给，我们也不要。世界上只有我们这样的执政党，即革命工人阶级的党，才不追求党员的数量的增加，而注意党员质量的提高和清洗'混进党里来的人'。"② 最后，执政党要健全党内监督机制，增强党的稳固性。列宁在党的建设上非常关注的一个问题，是如何加强对党的领导机关特别是党中央内部的监督机制，正确处理党的领导人与党的领导集体，特别是党的领袖与全党的关系，在保持党的领导核心的团结和稳定的同时，加强对党的高级领导和干部的有效监督。

第三，在执政党与国家政权关系方面，列宁提出党政要合理分开。共产党在领导人民夺取政权建立起社会主义国家制度以后，就成为社会主义国家的执政党。列宁在俄国苏维埃政权建立初期，曾设想把苏维埃建成巴黎公社式的无产阶级专政，即由全体人民直接参与国家管理。但是在实践中，列宁感到由于俄国文化教育落后，不可能实现劳动人民对国家政权的直接管理。"苏维埃虽然按党纲规定是通过劳动者来实行管理的机关，而实际上却是通过无产阶级先进阶层来为劳动者实行管理而不是通过劳动群众来实行管理的机关。"③ 这也就是说，由党代表人民来管理国家，实行间接民主。但是列宁在世时还是很注意划分党政职能的。1919年苏共八大通过的《关于组织问题》的决议明确规定了"党和苏维埃的相互关系"，指出："任何时候都不能把党组织的职能同国家机关即苏维埃的职能混淆起来。这种混淆，特别是在军事方面，将会带来极其

---

① 《列宁全集》第43卷，人民出版社2017年版，第68页。
② 《列宁全集》第37卷，人民出版社2017年版，第217页。
③ 《列宁选集》第3卷，人民出版社2012年版，第770页。

严重的后果。党组织要通过苏维埃机关,在苏维埃宪法范围内贯彻自己的决定。党竭力领导苏维埃的活动但不能代替他们。"①

第四,在执政党与群众关系方面,列宁提出要始终保持党同群众的密切联系,代表群众的根本利益。列宁把共产党称为工人阶级的先锋队,把密切联系群众作为实现党的先锋队作用的前提条件,作为无产阶级政党不断取得社会主义革命和建设胜利的力量源泉。没有人民群众的支持,无产阶级政党不可能领导革命并取得胜利,胜利后也不可能巩固和持久。列宁提出:"我们需要的是新型的党,另一种性质的党。我们需要的是能够经常同群众保持真正的联系的党,善于领导这些群众的党。"② 十月革命胜利后,列宁最担心的是党和国家机关工作中出现的官僚主义会使党脱离群众。他说:"对于一个人数不多的共产党来说,对于一个作为工人阶级的先锋队来领导一个大国在暂时没有得到较先进国家的直接援助的情况下向社会主义过渡的共产党来说,最严重最可怕的危险之一,就是脱离群众。"③ 保持党同群众的密切联系,执政党就必须坚决反对党和国家机关中的官僚主义。列宁指出:"党目前也许会陷入十分危险的境地,即变得骄傲自大起来。这是十分愚蠢、可耻和可笑的。大家知道,一些政党有了骄傲自大的可能,这往往就是失败和衰弱的前奏。……我希望我们决不要使我们的党落到骄傲自大的地步。"④

三 结语

马克思主义经典作家站在各自所处的时代最前沿,总结当时欧洲各国政党革命和政党建设的经验,对共产党人夺取政权后该如何执政做出了一系列的精辟论述,让人印象深刻。特别是列宁,他不仅领导苏共取得了十月革命的伟大胜利,使苏共上升为执政党,而且还领导苏共开展了一系列旨在巩固其执政地位的活动,深化了马克思、恩格斯对政党执

---

① 《苏联共产党决议汇编》第 1 分册,人民出版社 1964 年版,第 571 页。
② 《列宁全集》第 39 卷,人民出版社 2017 年版,第 228 页。
③ 《列宁全集》第 42 卷,人民出版社 1987 年版,第 372 页。
④ 《列宁全集》第 38 卷,人民出版社 2017 年版,第 361—362 页。

政的理论认识,把对共产党执政规律的把握推进到了一个新高度。无论是马克思、恩格斯,还是列宁,这些马克思主义经典作家都强调共产党是人民群众利益的忠实代表者,始终坚持一切以人民为中心。作为用马克思主义理论武装起来的中国共产党,始终保持与群众的密切联系,在发展中保障和改善民生,不仅是中国共产党获得执政地位的前提条件,也是中国共产党维护和巩固其执政地位的最终条件。对此,习近平总书记在党的二十大报告中精辟指出:"江山就是人民,人民就是江山。中国共产党领导人民打江山、守江山,守的是人民的心。治国有常,利民为本。为民造福是立党为公、执政为民的本质要求。"①

新时代,站在百年历史新起点的中国共产党,要全面建设社会主义现代化国家,进而实现中华民族伟大复兴的中国梦,必须始终和人民站在一起,充分发挥亿万中国人民的创造伟力。与此同时,"我们党作为世界上最大的马克思主义执政党,要始终赢得人民拥护、巩固长期执政地位,必须时刻保持解决大党独有难题的清醒和坚定"。② 对此,习近平总书记反复告诫全党,"如果管党不力、治党不严,人民群众反映强烈的党内突出问题得不到解决,那我们党迟早会失去执政资格,不可不避免被历史淘汰。这绝不是危言耸听"。③ 始终坚持和做到立党为公,执政为民,紧紧团结和依靠全国各族人民,我们党就一定能无往而不胜。

---

① 《党的二十大报告辅导读本》,人民出版社2022年版,第41—42页。
② 《党的二十大报告辅导读本》,人民出版社2022年版,第57页。
③ 中共中央宣传部编:《习近平总书记系列重要讲话读本》,学习出版社、人民出版社2014年版,第157页。

数字技术赋能全过程人民民主的作用机理与实践路径

——基于人民网"领导留言板"的案例分析

王江伟 杨 浩*

[摘 要] 数字技术与全过程人民民主之间具有高度耦合性。一方面，具备跨部门、跨层级、跨领域等特点的数字技术可以为全链条、全方位、全覆盖民主的实现提供新路径。另一方面，全过程人民民主中所蕴含的人民至上性又能弥合数字技术所带来的挑战，确保数字技术始终朝着服务人民的方向发展。作为数字技术赋能全过程人民民主的生动范例，人民网"领导留言板"始终将满足人民需要作为运行宗旨，依托问题发起、政务反馈、过程追踪和评价申诉四大运行机制，彰显出数字技术赋能全过程人民民主的强大效能。对人民网"领导留言板"案例分析表明，数字技术通过对流程、主体和领域的赋能，精准对接全链条、全方位和全覆盖的人民民主，使全过程人民民主有效运转起来，形成数字技术赋能全过程人民民主的作用机理。为更好释放数字技术赋能的成效，实现全过程人民民主的长效发展，需继续坚持党的统一领导，贯彻以人民为中心的民主理念，推动民主过程的制度化，进一步拓展数字赋能渠道。

[关键词] 数字技术；赋能；全过程人民民主；人民网"领导留言板"

---

* 作者简介：王江伟，江西师范大学马克思主义学院副教授、硕士生导师；杨浩，厦门大学马克思主义学院2022级马克思主义理论专业硕士研究生。

一 文献回顾与问题提出

2019年，习近平总书记在上海考察基层治理时开创性地提出了"全过程人民民主"的重要论述，将"全过程人民民主"视为新时代人民民主的重要实现形式。党的十九届六中全会将"全过程人民民主"写入了历史决议，强调积极发展全过程人民民主，健全全面、广泛、有机衔接的人民当家作主制度体系①。党的二十大进一步强调指出："全过程人民民主是社会主义民主政治的本质属性，是最广泛、最真实、最管用的民主。"如何更好地发展全过程人民民主，是当下极其重要的研究论题。

民主的实现不仅是一个理念问题，同时也是一个技术问题，需要一系列与基本制度相配套的细化规范和执行规则，才能使民主机制有效地运转起来。当前，以数字技术为代表的新一轮技术革命极大地拓展了人民参与政治的地理边界，使跨时空和跨领域的普遍联系成为可能，为全过程人民民主的实现提供了一种新的实践路径。在此背景下，如何借助数字技术实现有效赋能，使全过程人民民主有效运转起来，成为推动全过程人民民主发展的重要议题。

从现有文献来看，直接针对数字技术赋能全过程人民民主的研究并不多，主要集中于理论阐述和实践探索两个层面。理论阐述层面的研究主要探讨了数字技术赋能下全过程人民民主的广阔前景，如高奇琦和杜欢从国家治理现代化的视角阐述了数字技术的发展可以为全过程民主提供广阔的发展前景和坚实的技术支撑②。实践探索层面的研究既探讨了数字技术赋能全过程人民民主的可能路径，也分析了急需重视和解决的问题。宋菁菁和王金红以数字人大建设为案例，对数字技术赋能全过程人民民主进行了实践路径上的探讨③。伋杏濛和宋菁菁将数字

---

① 《中共中央关于党的百年奋斗重大成就和历史经验的决议》，人民出版社2021年版。
② 高奇琦、杜欢：《智能文明与全过程民主的发展：国家治理现代化的新命题》，《社会科学》2020年第5期。
③ 宋菁菁、王金红：《数字人大建设何以促进全过程人民民主发展：创新路径与前景展望》，《学术研究》2022年第2期。

技术与人的关系问题、实践创新的激励问题、数字技术的安全问题和数字技术的平等问题视为数字技术赋能全过程人民民主过程中的关键问题①。

尽管目前学界中直接探讨数字技术赋能全过程人民民主的研究不多，但是围绕数字技术在民主领域应用的研究较多，为我们深入理解和剖析数字技术赋能全过程人民民主提供了重要基础。其中与本文联系较为紧密的主要有以下三个方面的研究：一是关于数字技术助力民主发展何以可能。数字技术先天所具备的便捷性、直观性、去中心化等特征与民主理念之间有着天然的契合，可以为民主的发展提供重要机遇。张爱军和张媛指出数字技术与协商民主实践在价值理念、公共领域、运行机制、主体理性等方面深度契合，在化解社会矛盾、整合民主资源等方面发挥了重要作用②。伍俊斌认为互联网的兴起改变了协商民主的公共空间、参与模式和控制结构，促成了数字技术与协商民主的相互契合③。二是关于数字技术对民主发展造成的挑战。学者们在肯定数字技术有利于推动民主发展的同时，也看到了数字技术带来的"数字鸿沟""信息孤岛"以及公众民主参与的失序和非理性化等问题，使民主的发展遭遇挑战。杜欢认为专家治国、知识鸿沟和技术统治等发展趋势都在消解协商民主的基础，给协商民主带来了相当多的挑战④。杨春林在分析西方民主困境的基础上提出西方政治领域数字技术的滥用导致了政治极化、民主价值和民主规则受到侵蚀、政治风险增加等问题，西方民主政治正面临重大挑战⑤。三是关于社会主义协商民主赋能数字技术的探讨。蔡栋指出社会主义协商民主集中体现了人民的整体利益，决定了技术的发展方向是服务于人民，推动了智能化技术的大众化和平民化，有利于破解西方民主框

---

① 伋杏濛、宋菁菁：《数字技术赋能全过程人民民主》，《中国社会科学报》2022年4月27日第7版。

② 张爱军、张媛：《网络协商民主的实践优势、困境及其化解》，《江淮论坛》2019年第4期。

③ 伍俊斌：《网络协商民主的契合、限度与路径分析》，《马克思主义研究》2015年第3期。

④ 杜欢：《人工智能时代的协商民主：优势、前景与问题》，《学习与探索》2017年第12期。

⑤ 杨春林：《大数据时代的西方民主困境》，《当代世界社会主义问题》2019年第3期。

架下的技术治理困境①。

综上,可以发现数字技术与全过程人民民主之间具有高度耦合性。一方面,具备跨部门、跨层级、跨领域等特点的数字技术可以为全链条、全方位、全覆盖民主的实现提供可能的新路径。另一方面,全过程人民民主中所蕴含的人民至上性又能弥合数字技术所带来的挑战,确保数字技术始终朝着服务人民的方向发展。已有研究探讨了数字技术应用于全过程人民民主领域的发展前景和理论基础,但缺乏从赋能视角探究数字技术促进全过程人民民主的作用机理和实现机制。基于此,本文尝试在已有研究的基础上,以人民网"领导留言板"为案例进行分析,探究数字技术赋能全过程人民民主的作用机理,回答数字技术何以能更好地赋能全过程人民民主。

二 人民网"领导留言板":数字技术赋能全过程人民民主的生动范例

人民网"领导留言板"是《人民日报》专门为中央部委和地方各级党委政府主要负责同志搭建的网上群众工作平台,由人民网负责运营,创办于2006年8月。党的十八大以来,"领导留言板"已促成300多万件群众意见建议、急难愁盼问题获得各地区各部门回复办理,大批建设性意见得到吸纳。中央一些部委通过"领导留言板"广泛开展意见征集、回应群众关切、完善政策措施,受到各界广泛好评。2021年底,"领导留言板"作为全过程人民民主的一项实践范例,被载入《中国的民主》白皮书。本文从目的、过程和结果三个维度来勾勒数字技术赋能全过程人民民主的实践过程。

(一)目的要素:人民网"领导留言板"的运行宗旨

在互联网时代,数字技术的快速发展使各种自媒体不断涌现,传统的问政方式受到巨大冲击。在网络安全和信息化工作座谈会上,

---

① 蔡栋:《社会主义协商民主对智能化治理技术的有效赋能——兼论西方民主框架下的技术治理困境》,《毛泽东邓小平理论研究》2020年第12期。

习近平总书记强调:"群众在哪儿,我们的领导干部就要到哪儿去,不然怎么联系群众呢?各级党政机关和领导干部要学会通过网络走群众路线,经常上网看看,潜潜水、聊聊天、发发声,了解群众所思所愿,收集好想法好建议,积极回应网民关切、解疑释惑。善于运用网络了解民意、开展工作,这是新形势下领导干部做好工作的基本功。"① 如何更好地把握时代脉搏、把握正确的舆论导向、走好网上群众路线是主流媒体和各级领导干部必须要回答的时代命题。人民网"领导留言板"正是基于此目标而设立的网上平台,致力于帮助人民群众解决实际问题,将满足人民群众需要作为其根本目标和运行宗旨。

(二)过程要素:人民网"领导留言板"的运行机制

人民网"领导留言板"的运行机制大致包括四个方面:一是问题发起机制;二是政务反馈机制;三是过程追踪机制;四是评价申诉机制。群众借助平台表达诉求,平台将群众所反映的问题全部公开并及时传递给各级领导干部,领导干部主动回应并帮助群众解决问题,这些回应引发群众的反响并形成评价,构筑起一个从发起到追踪再到反馈最后形成评价的完整闭环运作流程。

第一,问题发起机制。在登录人民网"领导留言板"平台后点击"留言",选择需要问政的对象之后即可进行问题发起。人民网"领导留言板"内容涵盖政务、就业、旅游、企业、"三农"、文娱、医疗、城建、环保、交通、治安、金融、教育等十五个领域,留言内容涉及感谢、建言、求助、投诉、咨询五种类别。不同领域和类别的区分便于群众快速和准确对其所反映的问题进行定位,在对应的类别和领域下将问题表述清楚即完成了问题发起的环节。这种便捷的问题发起机制让人民群众有了与领导干部直接对话的可能,跨越了反映问题需层层传递的传统藩篱,畅通了诉求表达的渠道。

第二,政务反馈机制。人民网"领导留言板"是国内唯一全国性领导干部留言板,为国内多位书记省长、部委以及数千位地市县级党政官员分别开通留言页面,供群众反映问题,搭建起了双向互动的政

---

① 习近平:《在网络安全和信息化工作座谈会上的讲话》,人民出版社2016年版,第7页。

务反馈渠道。平台在首页还开通了"回复率排行"功能，一进入留言板即可快速查看各地留言回复率的排名，无形中督促着各地领导干部提升回复效率，尽快处理群众反馈的问题。全面和制度化的政务反馈机制让政府工作更加透明，无论过程还是结果都毫无保留地向所有人公开，不仅顺应了政务公开的工作要求，也为保障人民权益开辟了新的途径。

第三，过程追踪机制。在平台端，群众可以在留言界面查询到上一年至今的全部留言，包括已回复的留言、办理中的留言和未回复的留言。其中，所有的留言都不显示留言者的真实姓名，只显示留言者用户名的第一个字和 ID 信息，充分保障了留言者的隐私安全。通过查询留言界面的信息，群众可以快速了解到反映的问题是否得到回复和办理。在各地方，建立有"领导留言板"的跟踪督办和通报反馈机制，定期对留言办理工作情况予以通报，并将留言办理工作情况纳入工作考评，确保人民群众的留言有人看、有人管、有人办。过程追踪机制是坚持以人民为中心的生动体现，将群众所反映的问题全部公开，并通过督办和通报机制确保事事有回音、件件有落实，在最大限度上消除群众疑惑，解决实际问题。

第四，评价申诉机制。群众在人民网"领导留言板"留言，获得领导干部回复后，能够在评价栏里对本次问政行为进行满意度评价，并在解决程度、办理态度、办理速度三个方面分别进行评分，该评分还能被浏览此条信息的其他网民看见。如果对于回复结果不满意，还可以进一步提出申诉。完善的评价申诉机制不仅表现出政府听政于民的态度以及对于民生问题的重视，也为满足人民对美好生活的向往提供了有力保障。

（三）结果要素：人民网"领导留言板"的运行效果

人民网"领导留言板"依托数字技术赋能，成功将技术优势与全过程人民民主的价值理念完美衔接，彰显了我国全过程人民民主的广泛性、真实性和有效性。

第一，数字技术促进人民群众广泛参与，彰显了全过程人民民主的广泛性。参与是民主的核心，是民主的本质。正如著名政治学家罗伯特·达尔所提出的:"所有成员必须拥有平等而有效的机会把他们的观点向其他人阐述。"① 人民群众广泛参与是我国全过程人民民主的重要特征,缺乏人民群众的参与,人民民主则无从谈起。人民网"领导留言板"的受众群体并不限于某一特定群体,其用户不受年龄、职业、学历等各方面限制,只要有想要反映的问题即可在平台上留言。在覆盖范围上,人民网"领导留言板"的群众留言办理工作已覆盖了 100% 的市州和 99.2% 的县区,超 1.2 万家各类网上群众工作办理单位入驻。完善健全的运行机制保障每个人都能参与国家治理并为国计民生贡献智慧,保证一个个留言反映的问题及时得到解决,生动诠释了我国全过程人民民主的鲜明优势。

第二,数字技术搭建上下沟通便捷渠道,彰显了全过程人民民主的真实性。作为干部群众沟通的便捷桥梁,人民网"领导留言板"上连党心、下接民心。党的十八大以来,人民网"领导留言板"上有 300 万件群众意见建议获得回复办理,涵盖百姓日常琐事、社会治理难事、国家发展大事。全国各地各级领导干部通过"领导留言板"与群众对话交流,充分发挥人民群众的主体作用,促进决策更加科学化民主化,始终保证人民当家作主的本质要求在国家和社会生活中实现过程与结果、程序与实体、形式与内容、间接与直接相统一。

第三,数字技术加速各类问题有效解决,彰显了全过程人民民主的有效性。习近平总书记指出:"民主不是装饰品,不是用来做摆设的,而是要用来解决人民需要解决的问题的。"② 保证人民当家作主不是一句口号,不是一句空话,必须落实到为人民群众解决各类急难问题上来。人民网"领导留言板"自创办以来,累计促成解决问题 200 万件。无论是涉及棚改、就业、教育等民生问题的情况反映,还是针对城市规划、干部作风、脱贫攻坚等提出建议,人民网"领导留言板"为人民群众发表意见和解决实际问题提供了畅通渠道。

---

① [美] 罗伯特·达尔:《论民主》,李柏光、林猛译,商务印书馆1999年版。
② 《习近平在中央人大工作会议上发表重要讲话强调 坚持和完善人民代表大会制度 不断发展全过程人民民主》,《人大建设》2021年第11期。

三 数字技术赋能全过程人民民主的作用机理

习近平总书记指出:"我国全过程人民民主实现了过程民主和成果民主、程序民主和实质民主、直接民主和间接民主、人民民主和国家意志相统一,是全链条、全方位、全覆盖的民主,是最广泛、最真实、最管用的社会主义民主。"① 全链条、全方位和全覆盖是全过程人民民主的鲜明优势和突出特点,数字技术通过对流程、主体和领域的赋能,使全过程人民民主有效运转起来,形成数字技术赋能全过程人民民主的作用机理。

(一) 流程闭环:数字技术赋能全链条的民主

从流程来看,全过程人民民主是一个完整的链条,包括民主选举、民主协商、民主决策、民主管理和民主监督五个环节,各个环节之间相互衔接、紧密相连,形成全链条的民主。正如习近平总书记所强调的:"人民是否享有民主权利,要看人民是否在选举时有投票的权利,也要看人民在日常政治生活中是否有持续参与的权利;要看人民有没有进行民主选举的权利,也要看人民有没有进行民主决策、民主管理、民主监督的权利。"② 全过程人民民主各个环节环环相扣、彼此贯通,是一个有机的整体。数字技术通过精准把握民意、广泛集中民智、聚焦民生问题、强化群众监督来赋能链条上的不同环节,构筑起一个流程闭环的全链条民主运作流程。

首先,数字技术有利于精准把握民意。民意的发现、识别、表达、回应是一个连续谱,是一个双向互动的过程③。在数字技术的加持下,识别和把握民意有了更便捷的方式,所有人都被置于同一个平面内进行沟

---

① 《习近平在中央人大工作会议上发表重要讲话强调 坚持和完善人民代表大会制度 不断发展全过程人民民主》,《人大建设》2021 年第 11 期。
② 中共中央文献研究室编:《十八大以来重要文献选编》(中),中央文献出版社 2016 年版,第 73 页。
③ 赵勇:《数字赋能全过程人民民主的路径分析》,《探索与争鸣》2022 年第 4 期。

通，极大缩短了领导干部和人民群众的距离。传统单一渠道的信息传输机制演变为多渠道的信息传输机制，形成了一个四通八达、纵横交错的沟通网络，不仅让政府可以在更大范围内搜集民意，也为广大群众的政治参与和诉求表达以及行使公民权利提供了合法的新平台，保证选出来的人符合人民群众的期待、保证协商的结果凝聚了"最大公约数"，而不仅仅是"少数服从多数"。

其次，数字技术有利于广泛集中民智。广泛凝聚力量，形成最大公约数，建立在平等和包容的基础之上，这是我国全过程人民民主的特有品格和显著成效①。数字技术为找到这个最大公约数提供了技术支撑，保障人民群众可以广泛参与到议程设定之中，为国计民生贡献智慧。依靠数字技术，群众打破了时空地域的限制，可以随时随地在数字平台对各种政策议题发表意见和建议；而各级领导干部也可以通过数字平台看到最基层的意见和建议，从而实现领导干部和人民群众自上而下与自下而上有机结合，使各项决策可以最大限度地集中民智，保证人民当家作主。

再次，数字技术能更好地聚焦民生问题。与西方建立在个人主义基础上的权力分立、国家与社会分离的制度逻辑不同，全过程人民民主以人民为中心的价值理念导向的是多元主体协同共治的制度逻辑②。数字技术通过赋能群众工作，将群众建议转化为治理效能，保障全体人民依法管理国家事务和社会事务、管理经济和文化事业，社会各方面有效参与国家政治生活。依靠数字技术，人民群众可以花费更少的时间和成本，获得更便捷的参与民主管理的渠道，使社会矛盾纠纷得到更有效的解决。

最后，数字技术有利于强化群众监督。数字技术同样也深刻影响了公众的全过程监督，促进公众在民主生活的各个环节，以不同的监督评价形式，就民主程序本身、政策施行效果等进行监督，从而形成监督的合力效应③。数字技术打破了中心化的信息传输体系，形成了一种扁平化

---

① 包心鉴：《论全过程人民民主的内在逻辑和时代价值》，《当代世界与社会主义》2022年第2期。

② 李小雨：《全过程人民民主在城市社区治理中的探索——以上海社区基金会为例》，《党政研究》2022年第3期。

③ 佟德志、张朝霞：《全过程监督：主体、客体与程序》，《广州大学学报》（社会科学版）2022年第3期。

的信息传输体系，这种去中心化的信息传播渠道为民主监督提供了公开透明的土壤，把保障人民利益贯穿在民主监督的全过程。信息公开透明是强化群众监督的关键，这种去中心化的信息传播渠道有助于使全社会都成为真正意义上的公共政策监督者，形成全民性监督态势，实现民主监督的优化升级。

（二）主体协同：数字技术赋能全方位的民主

从主体来看，全过程人民民主的主体既包括了人民主体，也包括了党和各级国家机关，是全方位的民主。全过程人民民主强调了参与的"全"，通过不同领域、不同层级、不同环节的制度设计保障了民主参与的有效性和真实性，实现了马克思主义民主理论中强调的"人民存在"[①]。在传统的政治参与活动中，由于信息传播载体的不充分，群众大多只能被动接收政府发布的信息，而缺乏与政府平等对话的平台。随着数字技术和互联网的兴起，数字技术给民众设置了一个"低门槛"且可以随时通向表达自我的大门，群众可以在网络上主动发表言论、提出见解，而不是被动地、单一地接收政府提供的政务信息和政务服务。

首先，数字技术为不同主体的沟通协商构建了便捷渠道。数字技术有助于缩短信息流通的中间环节，增强了信息传递的扩散性，逐渐形成了以扁平化为主要特征的沟通渠道，更好地推动了横向和纵向之间、上级和下级之间的沟通与协商。对治理主体而言，在数字技术的赋能下，治理主体可以清晰准确地获取民众诉求，对社会需求做出充分的回应。对人民群众而言，数字技术赋予了人民群众更多的自主权，构建起了传递需求的便捷渠道，为不同主体沟通协商开创了新路径。

其次，数字技术为多元主体的协同合作搭建了对话平台。经由数字技术，党、政府和人民群众实现了在同一个话语平台内同频共振。不同于以往单向度的信息传递，除了自上而下的政策传导外，自下而上的民众声音同样可以依靠数字技术快速地传达到上层，为相关政策的制定与调整提供重要依据。人民网"领导留言板"这个平台就是利用自身所独

[①] 李璎珞：《全过程人民民主论析：结构、流程与功能》，《云南社会科学》2022年第4期。

有的威信为政府与群众提供了一个公共话语空间，让人民群众与各省市县的地方领导在同一个平台上对话，双方互相倾听彼此的声音，极大地增强了人民参与民主政治的积极性和获得感，助力全过程人民民主实践的发展。

最后，数字技术为更广范围内形成共识提供了技术支撑。全过程人民民主涉及的参与主体众多，不同主体间在利益目标和诉求上存在着较大的差异。数字技术依靠其信息共享和数据流通的天然优势，加强了党、政府和人民群众之间的多层沟通。因此，面对不同主体的差异化需求，数字技术可以最大限度地整合有限资源，促进不同主体的合作，推动共同目标的实现。

（三）领域齐全：数字技术赋能全覆盖的民主

从领域来看，全过程人民民主涵盖了经济、政治、文化、社会、生态等不同领域，是全覆盖的民主。"民主虽然是一种政治生活，但决不可局限于单一的政治领域，采取单一的制度形式，这样一来民主就彻底工具化，失去了政治生活的本来意义。"[①] 在数字技术的加持下，人民民主所关注与应对的问题并不局限于某个单一领域，无论是经济发展、社会治理等国家发展的大事，还是人民群众急于解决的生活小事都可以纳入民主议事日程。

首先，数字技术使兼顾不同领域问题成为可能。我国通过全覆盖的民主实践内容，既因地制宜地纵向贯穿从中央到地方各层级，又涵盖在民主选举、政治协商、人大立法、参与式预算、基层自治和人民信访等政治领域，还广泛深入经济、文化、社会、生态、国际关系等多个横向领域[②]。数字化为不同领域议题的确定和决策提供了大数据基础，将碎片化、零散化的信息聚合起来，形成了一个系统有序的整体。以人民网"领导留言板"为例，在2021年"两会"期间设置了"我为'十四五规划'献一策"专栏，邀请网民积极建言，并选登具有代表性的留言进行

[①] 陈周旺：《全方位民主：中国特色社会主义民主的理论体系与制度选择》，《学术月刊》2020年第2期。

[②] 房亚明、古慧琳：《全过程人民民主：超大型国家韧性的形成机理》，《长白学刊》2022年第5期。

展示。平台选登的领域涵盖了农业现代化、基础设施建设、民主法治等与群众利益息息相关的领域，并将不同领域的信息有序整合起来，构建成一个有机整体，诠释出数字技术使兼顾不同领域问题成为可能。

其次，数字技术使直接参与国家治理和社会治理成为可能。在传统政治参与过程中，由于受时空、地位、知识等因素的影响，人民群众大多只能参与和自己利益相关的社会层面的事务，而缺乏直接参与国家治理和社会治理的渠道。而数字技术让人民群众摆脱时空等条件的限制，使直接参与国家治理和社会治理成为可能。比如，在"十四五"规划建议起草过程中，一位叫"云帆"的网民留下关于"互助性养老"的建言："在农村人口聚集区域，由政府财政投入建设公共食堂、公共宿舍……形成互助养老模式。"这条建议的有关内容被列入"十四五"规划建议，最终化为规划纲要的具体举措。在数字技术赋能下的全过程人民民主，使每个人都能通过各种途径直接参与国家治理和社会治理，让国家各项举措从设计到实施都能符合最广大人民的期待，维护最广大人民的利益。

四 数字技术赋能全过程人民民主的实践路径

习近平总书记在中央人大工作会议上对发展全过程人民民主作出重要指示："我们要继续推进全过程人民民主建设，把人民当家作主具体地、现实地体现到党治国理政的政策措施上来，具体地、现实地体现到党和国家机关各个方面各个层级工作上来，具体地、现实地体现到实现人民对美好生活向往的工作上来。"① 与西方民主不同，我国的全过程人民民主不是民意的简单聚合，而是在民主基础上的集中，体现人民的整体利益，推动数字技术与民主政治良性结合。

（一）根本保证：坚持党的统一领导

全过程人民民主，是中国共产党团结带领人民追求民主、发展民主、

---

① 《习近平在中央人大工作会议上发表重要讲话强调 坚持和完善人民代表大会制度 不断发展全过程人民民主》，《人大建设》2021年第11期。

实现民主的伟大创造，是党不断推进中国民主理论创新、制度创新、实践创新的经验结晶。中国共产党是人民民主的构建者、推动者和实践者，政党的发展及其能力对民主政治的发展具有决定性影响①。因此，中国共产党的领导，是中国发展全过程人民民主的根本保证。推动数字技术与全过程人民民主的良性互动，必须继续坚持中国共产党的领导核心地位，这是实现数字技术有效赋能全过程人民民主的根本保证。首先，各级党组织要率先开展数字技术与全过程人民民主融合发展的实践，把党的群众路线贯彻到实现数字技术赋能全过程人民民主的实践活动之中，防止数字技术与全过程人民民主相脱节，确保党和国家各项决策能够体现人民意志、回应人民期待。其次，积极支持人大、政府、政协、基层组织和社会组织依照法律法规开展数字技术赋能全过程人民民主的实践，鼓励数字技术条件下人民民主建设的创新发展，努力做好数字技术赋能全过程人民民主的领导工作。最后，要走好网络群众路线，保持党和人民群众的血肉联系。党员干部应积极转变与网民群众的沟通方式和话语体系，克服简单化、模式化思维，用平等的态度和群众喜闻乐见的方式，开诚布公地与群众理性协商，针对社会问题精准识别、科学施策，提升群众的政治认同和制度认同，打造"有事好商量"的能量场。

（二）民主理念：坚持以人民为中心

全过程人民民主的本质属性是人民性，体现在我国发展社会主义民主过程中，一直践行以人民为中心的思想②。数字技术赋能全过程人民民主提高了人民政治参与的效率，但效率只是全过程人民民主的工具目标，其价值目标仍然在于"以人民为中心"，在平等对话中达成共识，实现满足人民群众对美好生活的需求。因此，数字技术赋能全过程人民民主的重要前提就是要树立"以人民为中心"的价值目标，以"人民群众对美好生活的需求"为价值导向，实现"技术场域的人民在场"。其次，在"以人民为中心"价值目标的基础上叠加互联网思维，积极应用数字技

---

① 王江伟：《"全过程人民民主"的实践形态：结构要素与生成机制》，《求实》2021年第5期。

② 肖立辉：《全过程人民民主的理论逻辑与体系框架》，《人民论坛》2022年第1期。

术，拓宽人民群众政治参与的渠道，为人民群众提供精准服务，增强人民群众的幸福感和获得感。最后，要推动数字技术的大众化和平民化。由于数字鸿沟的客观存在，一些群众无法在短期内掌握数字技术设备的相关操作，因此，必须不断降低数字技术的应用门槛，使人民群众可以清晰呈现自我主张、实现有效互动。

（三）民主过程：推动民主的制度化

民主的制度化是全过程人民民主的基本要求，也是实现民意有效表达的必要保障。所谓制度化，就是要使各项工作在操作流程和方法上有章可循，在问题处理上有法可依，最终逐渐形成一个稳定体系的过程。从这个界定出发，推进数字技术赋能全过程人民民主的制度化建设，主要有两个方面：一是运作流程的有序化；二是问题处理的法制化。在有序化方面，要注重全过程人民民主的完整性，并不是只有民主选举这个单一的环节，而是民主选举、民主协商、民主决策、民主管理与民主监督的完整闭环链，是一个有机的系统。所以要通过构建完整的制度框架保证人民民主在各个环节中得到体现，将民意的实现贯穿于民主选举、民主协商、民主决策、民主管理与民主监督的全过程。在法制化方面，要注重解决数字技术领域立法迟滞的问题，从数字技术发展和应用的实际需求出发，结合我国民主政治建设的实践，构建具有中国特色的数字技术法律体系，为数字技术赋能全过程人民民主提供完善的法律保障。

（四）民主实践：拓宽数字赋能渠道

搭建数字技术赋能全过程人民民主全面交织的运作渠道谱系，是推动数字技术赋能全过程人民民主的关键。当前，数字技术赋能渠道存在着渠道广度有限和深度不够的现实问题。因此，要积极挖掘民主发展空间，拓宽数字赋能渠道，夯实数字技术赋能全过程人民民主的基础。首先，各级人大作为实现全过程人民民主的重要主体，其数字化水平和能力对实现全过程人民民主有重要作用。要积极推进人大数字技术平台建设和数字化流程转换，将数字技术和数据嵌入人大工作流程之中，把全过程人民民主落实在履职的各方面各环节之中。其次，人民政府作为全过程人民民主得以实现的执行机关，要围绕提供更高质量的政务服务和实现更高水平的社会治理等目标，探索数字赋能的新路径，回应群众的多元需求。最后，人民政协也是践行全过程人民民主的重要机构，要继续发挥其政治协商、参政议政和民主监督职能，围绕政策制定和一些重大事项征集民众的意见和建议，构建服务于全过程人民民主的数字化平台，形成线下协商和线上协商平台相结合的发展格局。

五　结论与讨论

近年来，不论是在中央高层政策文本还是地方政府的具体实践中，我们都可以看到，以数字技术赋能人民民主逐渐成为共识和趋势。人民网"领导留言板"作为数字技术赋能全过程人民民主的生动范例，描绘出数字技术赋能全过程人民民主的全息图景。人民网"领导留言板"案例通过问题发起、政务反馈、过程追踪和评价申诉四大机制，推动人民群众从被动参与走向主动参与，从形式参与走向实质参与，从线下参与走向线上线下相结合参与，极大地彰显全过程人民民主的全面性、真实性和有效性等独特优势。通过更进一步地考察人民网"领导留言板"案例，本文提炼出了数字技术赋能全过程人民民主的作用机理，包括数字技术赋能全链条的民主，构筑流程闭环的民主运作流程；数字技术赋能全方位的民主，搭建多元协同的沟通网络；数字技术赋能全领域的民主，保障人民群众对美好生活的需求三大方面。为了更好地推动数字技术赋能全过程人民民主，需要在党的统一领导下，继续推动民主过程、民主实践和民主理念的优化升级。

但值得注意的是，数字技术赋能全过程人民民主是一把双刃剑。一方面，数字技术提供了一套更加有效的问题反馈和解决机制，为人民群众在民主选举、民主协商、民主决策、民主管理和民主监督等环节的参与提供了便捷途径，使全过程人民民主可以有效运作起来。但另一方面，由于社会大众对数字技术的使用能力存在差异，如何尽可能弥合"数字鸿沟"，让所有群体都能享受到全过程人民民主数字化赋能的扩散效应和技术红利，则需要更多的思考和探索。

构建社会主义和谐社会与人的全面发展

赖华林 付 乐[*]

[摘 要] 人的全面发展既是构建和谐社会的目的，又是构建和谐社会的手段，这就是和谐社会与人的全面发展相互联系、相互促进的辩证关系。深刻理解和把握这两者的辩证关系，对社会主义和谐社会的构建与促进人的全面发展，有重要的理论意义和实践意义。构建社会主义和谐社会将使我国经济更加发展、民主更加健全、科技更加进步、文化更加繁荣、社会更加和谐、人民生活更加殷实。这是一个社会全面进步和人的全面发展互相促进的历史过程，我们必须抓住构建社会主义和谐社会这个大有作为的战略机遇期，努力提高人民的素质，着力促进人的全面发展。

[关键词] 社会主义；和谐社会；人的全面发展

构建社会主义和谐社会，是我们党全面贯彻落实科学发展观，从中国特色社会主义事业总体布局和全面建设小康社会全局出发提出的重大战略任务，反映了建设富强民主文明和谐的社会主义现代化国家的内在要求，体现了全党全国各族人民的共同愿望。胡锦涛同志在省部级主要领导干部提高构建社会主义和谐社会能力专题研讨班上强调指出，构建社会主义和谐社会"必须坚持以人为本，始终把最广大人民的根本利益，作为党和国家工作的根本出发点和落脚点，在经济发展的基础上，不断

---

[*] 作者简介：赖华林，江西师范大学马克思主义学院副教授、硕士生导师；付乐，江西广播电视大学副教授。

满足人民群众日益增长的物质文化需要，促进人的全面发展"。明确地把人的全面发展作为构建社会主义和谐社会的根本目标。构建社会主义和谐社会要求全面发展的人，同时又为人的全面发展创造了条件。人的全面发展既是构建和谐社会的目的，又是构建和谐社会的手段，这就是和谐社会与人的全面发展相互联系、相互促进的辩证关系。深刻理解和把握这两者的辩证关系，对社会主义和谐社会的构建与促进人的全面发展，有重要的理论意义和实践意义。

一 迎接挑战：充分认识人的全面发展对构建社会主义和谐社会的重要性和紧迫性

人的全面发展是社会发展的必然趋势。马克思主义认为，人是社会的主体，也是社会发展的动力。人既是社会物质财富的创造者，也是社会精神财富的创造者，是社会真正的主人。生产力和生产关系，经济基础和上层建筑，社会意识形态和国家政权等，都是围绕着以人为中心运动的。人的发展和社会的发展是一个相互结合、相互促进的历史过程。人越是全面发展，社会的物质文化财富就会创造得越多，社会就越进步，而物质文化条件越充分，又越能推进人的全面发展。所以，人的全面发展是历史发展和社会进步的客观趋势。在世界已步入知识经济轨道，科学技术已成为第一生产力的新形势下，人的全面发展更是时代的要求、现实的需要。

人的全面发展又是社会主义社会的本质要求。社会主义的本质，是解放生产力，发展生产力，消灭剥削，消除两极分化，最终达到共同富裕。从对社会主义的本质规定中我们可以看出，社会主义制度是以人为本的社会制度，社会主义社会发展的目的是为了人，社会主义社会发展的动力也是人。党的十七大报告指出："党的一切奋斗和工作都是为了造福人民，要始终把实现好、维护好、发展好最广大人民的根本利益作为党和国家一切工作的出发点和落脚点，尊重人民主体地位，发挥人民首创精神，保障人民各项权益，走共同富裕道路，促进人的全面发展，做到发展为了人民，发展依靠人民，发展成果由人民共享。"既把人的全面发展作为社会主义现代化的根本目标，又把人的全面发展作为社会主义现代化的前提条件，这是社会主义区别于其他形态社会的本质特征，也是社会主义优越性的集中表现。社会主义只有以实现人的全面发展为价值目标，才能真正超越资本主义。

构建社会主义和谐社会，对人的全面发展提出了新的更高的要求。胡锦涛同志说，"我们所要建设的社会主义和谐社会，应该是民主法治、公平正义、诚信友爱、充满活力、安定有序、人与自然和谐相处的社会"。他强调指出，构建社会主义和谐社会，同建设社会主义物质文明、政治文明、精神文明是有机统一的。要通过发展社会主义社会生产力来不断增强和谐社会建设的物质基础，通过发展社会主义民主政治来不断加强和谐社会建设的政治保障，通过发展社会主义先进文化来不断巩固和谐社会建设的精神支撑，同时，又通过和谐社会建设来为社会主义物质文明、政治文明、精神文明建设创造有利的社会条件。无论是发展生产力还是发展政治民主和先进文化以及建立安定有序、人与自然和谐相处的社会都需要人的努力才能实现，都要求有高素质的人才。

人是社会发展的承担者和推动者。人类历史与实践证明，人的素质高低，直接决定了人在经济和社会发展中的作用大小。科技进步，经济繁荣和社会进步，从根本上说取决于提高劳动者的素质。培养大批人才，努力提高全民族的思想道德和科学文化水平，这是实现我国现代化的根本大计。所以，在社会主义现代化建设和构建社会主义和谐社会中，促进人的全面发展更凸显出现实的重要性和紧迫性。当今世界风云变幻，经济全球化不断深入，科学技术发展迅猛，人力资源已成为最重要的战略资源，人才在综合国力竞争中越来越具有决定性意义。没有人的现代化就不可能实现社会的现代化，没有人的全面发展，就没有社会的全面进步。因此，不断提高全民族的素质，促进人的全面发展已成为经济发展和社会进步，成为构建社会主义和谐社会、实现全面建成小康社会目标的最为重要和十分紧迫的任务。

二 与时俱进：把对人的全面发展的认识提高到一个新的境界

人的全面发展是马克思主义的一个基本观点，从 1848 年马克思主义创立后的近半个世纪里，马克思、恩格斯在自己的著作中大量论及人的全面发展问题，提出了一系列极为重要的见解，主要如下。

——人的全面发展首先是指人的体力和智力能得到充分、自由的发展。马克思、恩格斯指出："我们把劳动力或劳动能力理解为人的身体即活的人体存在的，每当生产某种使用价值时就运用的体力和智力的总和。"因此，全面发展的人必须克服由于旧的社会分工造成的智力和体力的分离，避免"某种智力上与身体上的畸形化"，摆脱那种"极度地损害了神经系统，同时又压抑肌肉的多方面运动，侵吞身体和精神上一切自由活动"的劳动状况，使"社会成员能够自由和全面地发挥他们拥有的各方面的才能"。可见，"片面发展"首先是劳动过程中体力和智力的分离和对立，而"全面发展"则是指在劳动过程中实现体力和智力的充分运用和发展，实现体力和智力在充分发展基础上完整结合。

——人的全面发展是共产主义社会的基本特征。马克思、恩格斯认为，未来的理想社会，即共产主义社会，是以"每个人的全面而自由的发展为基本原则的社会形式"[1]，是"在保证社会劳动生产力极高度发展的同时又保证人类最全面的发展的这样一种经济形态"[2]。他们还说，共产主义社会是"个人的独创的和自由的发展不再是一句空话的唯一社会"[3]，"在那里，每个人的自由发展是一切人的自由发展的条件"[4]。

——人的全面发展和社会的发展是辩证的统一。马克思、恩格斯认为，"人的本质不是单个人所固有的抽象物，在其现实性上，它是一切社会关系的总和"[5]。这就说明人是社会的人，社会是人的社会，人的发展离不开社会的发展，社会的发展也离不开人的发展。他们在着重研究了劳动异化、人的异化、人的价值、人的发展的关系等问题，抨击了资本主义私有制条件的非人状况后，提出了"必须推翻那些使人成为受屈辱、被奴役、被遗弃和被蔑视的东西的一切关系""代替那存在着阶级和阶级对立的资产阶级旧社会的"，将是共产主义社会。"在共产主义社会里，

---

[1] 《马克思恩格斯全集》第 23 卷，人民出版社 1972 年版，第 649 页。
[2] 《马克思恩格斯全集》第 19 卷，人民出版社 1963 年版，第 130 页。
[3] 《马克思恩格斯全集》第 3 卷，人民出版社 1960 年版，第 516 页。
[4] 《马克思恩格斯选集》第 1 卷，人民出版社 2012 年版，第 422 页。
[5] 《马克思恩格斯选集》第 1 卷，人民出版社 2012 年版，第 135 页。

任何人都没有特定的活动范围,每个人都可以在任何部门发展。"

——人的全面发展的唯一方法是教育与生产劳动相结合。马克思、恩格斯指出:"生产劳动同智育和体育相结合,它不仅是提高社会生产的一种方法,而且是造就全面发展的人的惟一方法。"① 教育与生产劳动相互结合,是理论与实际相结合的必由之路,也是全面实现脑力劳动与体力劳动的内在有机联系的基本途径。

中国共产党人依据马克思主义的基本原理,紧密结合中国实际,发扬与时俱进的理论品格,对人的全面发展学说进行了发展与创新,把对人的全面发展的认识提高到了一个新的境界,从而为促进人的全面发展进一步奠定了理论基础,指明了实践方向。

首先,马克思、恩格斯早年提出的人的全面发展主要是体力和智力相结合,中国共产党人在实践中把促进人的全面发展深化为"促进人民素质的提高"。这就进一步明确了全面发展的主体是"人民",内容是提高"素质"。什么是人的素质呢?从毛泽东同志提出"学习好、身体好、工作好"的"三好",到邓小平同志提出"有理想、有道德、有文化、有纪律"的"四有",再到江泽民、胡锦涛同志提出的培养德、智、体、美全面发展的社会主义事业建设者和接班人,对人的素质作了全面的科学规定。人的全面发展就是人的思想道德素质、科学文化素质、身体素质和审美素质的全面提高和进步,从而把人的素质与人的全面发展内在联系起来。这一理论创新,不仅丰富了马克思主义关于人的全面发展学说,而且为实现人的全面发展指明了方向。

其次,马克思、恩格斯把人的全面发展主要作为共产主义的重要特征和理想目标,而中国共产党人在实践中把人的全面发展从共产主义延生到社会主义初级阶段,作为社会主义社会的本质要求。党的十六大报告指出:"党要承担起推动中国社会进步的历史责任,必须始终紧紧抓住发展这个执政兴国的第一要务,把坚持党的先进性和发挥社会主义制度的优越性,落实到发展生产力、发展先进文化、实现最广大人民的根本利益上来,推动社会全面进步,促进人的全面发展。紧紧把握住这一点,就从根本上把握了人民的愿望,把握了社会主义现代化的本质。"明确把

---

① 《马克思恩格斯全集》第44卷,人民出版社2001年版,第557页。

人的全面发展确定为建设社会主义新社会的本质要求和总体目标，是对科学社会主义理论的丰富和发展，更加深刻体现了社会主义制度的优越性，加重了推进人的全面发展在整个社会主义建设中的分量。

再次，马克思、恩格斯提出了人的发展和社会发展的辩证关系，但以往人们在理解这一关系时总是把人的发展包含于社会发展之中，以为社会发展了，每个人也就会自然而然地得到发展。因而在许多时候，自觉或不自觉地将发展简单归结为社会的经济、文化的发展，或者物质文明和精神文明的协调发展。其实，这并不是马克思主义发展观的全部，而只是马克思主义的社会发展观。中国共产党人在实践中认识到，建设中国特色社会主义既要着眼于人民现实的物质文化生活的需要，同时又要努力促进人的全面发展。推进人的发展同推进经济、文化的发展和改善人民物质、文化生活是互为前提和基础的，是相互结合、相互促进的。人的发展和社会发展之间，不是包含关系，不是主次关系，而是相对独立、相互并列的两个方面，是"互为前提和基础"的关系。人的发展既是社会发展的手段，更是社会发展的目的。没有社会的全面发展，就没有人的全面发展，同样，没有人的全面发展也没有社会的全面发展，这是对马克思主义唯物史观的新贡献。

最后，党在实践中丰富和发展了马克思主义关于人的全面发展是一个历史的、动态的过程的观点，把人的发展的理想目标和实现过程统一起来，充分认识到人的全面发展的实现是一个长期的永无止境的过程，是一个与社会生产力、经济文化、自然生态持续发展相互协调、逐步提高的历史过程，是一项复杂的社会系统工程，需要正确地把握人的全面发展与社会经济发展的关系，在发展物质文明和精神文明的基础上，坚持不懈地推进人的全面发展。

三　抓住机遇：在构建社会主义和谐社会的实践中，促进人的全面发展

构建社会主义和谐社会将使我国经济更加发展、民主更加健全、科技更加进步、文化更加繁荣、社会更加和谐、人民生活更加殷实。这是一个社会全面进步和人的全面发展互相促进的历史过程，我们必须抓住

构建社会主义和谐社会这个大有作为的战略机遇期，努力提高人民的素质，着力促进人的全面发展。

（一）要大力发展生产力，为人的全面发展创造更为坚实的物质基础

马克思、恩格斯早就指出："当人们还不能使自己的吃、喝、住、穿在质和量的方面得到充分供应的时候，人们就根本不能获得解放。""如果这个人的生活条件使他只能牺牲其他一切特性而单方面地发展某一种特性，如果生活条件只提供给他发展这一特性的材料和时间，那么这个人就不能超出单方面的、畸形的发展。"① 实践证明，当人们还没有使自己的吃穿住行在质和量的方面都得到基本满足时，人就根本不能获得全面发展，甚至连全面发展的目标和任务都很难提出。我们必须清醒地看到，尽管经过全党和全国人民的共同努力，我国已胜利实现了现代化建设"三步走"战略的前两步目标，经济、政治、文化等方面都有了很大的发展，人民生活总体上达到了小康水平，为人的全面发展打下了一定的基础。但是，从整体看，我国现在还是处于并将长期处于社会主义初级阶段，生产力水平还比较低；科技、教育还比较落后；城乡之间，地区之间的差距仍然很大，贫困人口还为数不少；民主法制建设和思想道德建设等方面还存在一些不容忽视的问题，这些都大大地制约了人的全面发展的进程。因此，要着力促进人的全面发展，首先要大力发展生产力，加快社会主义现代化建设步伐，促进国民经济又好又快发展，夯实社会进步和人的全面发展的物质基础。

（二）要大力发展教育事业，不断提高全民族的素质

马克思主义认为，教育是造就全面发展的人的重要途径，是发展科技和培养人才的基础。要在构建社会主义和谐社会的实践中努力促进人的全面发展，就必须坚定不移地实施党中央提出的科教兴国战略，切实把教育放在优先发展的地位。特别是对于一个有14亿多人口，农业人口仍占总人口近70%，文盲和半文盲还有相当比例，国民整体素质还不高的我国来说，优先发展教育更具有特殊重要的意义。实施科教兴国战略，

---

① 《马克思恩格斯全集》第3卷，人民出版社1960年版，第295—296页。

既是物质文明建设的客观要求，也是提高全民族科学文化素质，逐步实现人的全面发展目标的必由之路。因此，必须用更大的精力、更多的财力加快教育事业发展。要全面贯彻党的教育方针，坚持教育为社会主义现代化建设服务，为人民服务，与生产劳动和社会实践相结合，培养德、智、体、美全面发展的社会主义建设者和接班人。要全面推行素质教育，其实本质是为了实现人的全面发展。教育要面向现代化，面向未来，面向世界，才能与时俱进培养一代又一代适应社会主义现代化建设需要，为实现中华民族伟大复兴而作贡献的全面发展的人。

（三）要切实落实科学发展观，促进人与社会、自然的和谐发展

坚持以人为本，全面、协调、可持续发展的科学发展观揭示了经济社会发展的客观规律，反映了我们党对发展问题的新认识，是从21世纪新阶段党和国家事业发展全局出发提出的重大战略思想，也是构建社会主义和谐社会，促进人的全面发展的指导方针。

以人为本是科学发展观的核心，也是社会主义和谐社会的核心。它要求把人民的利益作为一切工作的出发点和落脚点，不断满足人们多方面需求和促进人的全面发展。这既包括满足人们对多种物质生活和精神生活的需要，又包括人们对劳动环境、生活环境质量与生态环境质量等生态需求；既包括不断提高全体人民的物质生活水平，又包括逐步提高生存与生活质量。从而使人、社会与自然保持协调关系和良性循环，使社会得到全面发展，达到人与自然和谐统一、生态与经济共同繁荣。

人是生存、发展于人与自然、人与社会的关系之中的。人的全面发展有赖于通过正确认识和改造自然与社会，促进人与自然、人与社会的协调和谐，使人们在优美的自然环境和社会环境中工作与生活，从而为自身全面发展提供更加广阔的空间和更加有利的条件。历史告诉我们，人类在发展过程中一直从自然界索取物质财富和发展条件，已经造成了严重的生态失衡，失衡的大自然正在无情地惩罚着人类社会，造成人类生存危机。面对我国人均资源短缺和生态环境恶化的状况，我们在构建社会主义和谐社会与促进人的全面发展的实践中，更要增强环保意识，强化全民生态文明观念，改善生态环境，提高资源利用率，促进人与自然的和谐，实现经济发展和人口、资源、环境相协调，推动整个社会走上生产发展、生活富裕、生态良好的文明发展道路，保证一代接一代地永续发展。

政党引领的协作生产：社区公共服务优化的内在机理

——基于S市LH区"民生微实事"的实证分析

黄徐强*

［摘　要］"政党引领的协作生产"，是分析优化社区公共服务内在机理的重要视角。详细追踪S市LH区"民生微实事"治理的实践创新图景发现，为了解决党政部门职责不清、供给碎片化、供需失衡和生产质量偏低等难题，需要多元主体协作生产社区公共服务。其中，中国共产党始终发挥引领作用。根据治理主体的性质差异，可以归纳出三种遵循不同内在机理的协作关系。它们分别是拓展供给职能和改进供给机制的党政协作，革新供给程序和生产供给价值的党政群协作，以及创新供给方式和提升供给能力的党政社协作。

［关键词］政党引领；协作生产；社区公共服务优化；内在机理

一　研究问题

党的十九届四中全会指出："坚持和完善共建共治共享的社会治

---

* 作者简介：黄徐强，江西师范大学马克思主义学院副教授、硕士生导师。

［项目基金］2016年度江西省社会科学规划青年博士基金项目"西方协商民主的实践、困境与前景研究"（16BJ13）；2019年度教育部人文社会科学研究青年基金项目"社区微治理的民主技术创新及其比较研究"（19YJC810005）；2019年度国家社会科学基金后期资助项目"协商治理的理论建构与实践创新研究"（19FZZB010）。

理制度，保持社会稳定、维护国家安全。推动社会治理和服务重心向基层下移，把更多资源下沉到基层，更好提供精准化、精细化服务。"① 供给质优量足的社区公共服务，既是共建共治共享的价值追求，也是维护社会稳定的关键举措，还是重心下移和资源下沉的必然要求，更是把社会治理的制度优势转化为治理效能的重要衡量指标。

1949年中华人民共和国成立以来，我国社区公共服务供给既取得了突出成绩，也存在许多难题。一方面，供给的数量稳步增长、内容日渐丰富和质量显著提升。② 另一方面，供给出现了总量不足、流程碎片化、偏离需求和结构性失衡等问题。③ 随着人民对美好生活的需要日益增长，优化公共服务供给成为党建引领社区治理创新的工作重心。

社区治理和服务创新已经在全国遍地开花，民政部累计甄选出114个"全国社区治理和服务创新实验区"。创新涉及基层党建、体制优化、组织重构和流程再造等方面，以基层党组织为核心的多元主体形成了复合协作网络，发挥的效能存在显著差异，如基层党组织始终主导着协作。那么，这些主体会生成哪些类型的协作？为优化社区公共服务，这些协作会遵循何种内在机理？结合典型案例探究这些问题，对完善社区治理体系具有重要意义。

二 文献回顾和分析视角

（一）现有研究的分析视角

社区公共服务优化的研究文献不胜枚举，主要是围绕合作生产、协作治理和党建引领展开，能归结为三类分析视角：第一，从政府垄断到合作生产。传统公共行政理论认为，公共服务由政府承担。然而，政府

---

① 《中共中央关于坚持和完善中国特色社会主义制度 推进国家治理体系和治理能力现代化若干重大问题的决定》，《人民日报》2019年11月6日第6版。

② 郭圣莉、张良：《改革开放40年中国城市社区治理的实践与创新机制》，上海人民出版社2018年版，第91—94页。

③ 曹海军、薛喆：《协作视角下基层公共服务供给侧改革的动态分析》，《理论探讨》2017年第5期。

"低效率甚至无效率"。① 20世纪六七十年代,奥斯特罗姆(Vincent Ostrom)等人认为应当根据公共服务的性质确定是由政府直接生产,还是发展公私合作生产。② 至八九十年代,新公共管理运动发轫。90年代中期至今,穆尔(Mark Moore)尝试论证合作生产可以创造政治合法性等公共价值。③ 合作生产公共服务已经成为共识。

第二,从行政管理到协作治理。在政治与行政二分的理论框架内,公民参与止步于选举,政治家拟定宏观公共政策,行政官僚制定服务清单,街头官僚提供服务。政府失灵使行政学家提议引入合同制的市场竞争机制,④ 提倡公民参与公共决策,⑤ 即倡导由政府、市场和社会协作供给公共服务。协作治理在中国具体表现为发展"三社联动"机制。⑥

第三,从加强党的组织建设到实现服务引领。中国共产党的领导地位,决定了基层党组织是优化社区公共服务的关键主体。有研究就提倡依托"复合式党建"和"区域化党建",建立健全"一核多元"的社区治理体系,从而夯实优化供给的组织基础。⑦ 还有人建议,引导党员为居民服务,探索建立"服务引领制",增强党组织的服务功能。⑧

现有研究既取得了丰硕成果,也需补充完善。首先,合作生产、协作治理和党建引领主要是回答了应当如何优化供给,并未详细说明三者为何能优化供给,优化的内在机理是什么。其次,协作治理强调政府、

---

① 王浦劬、[美]莱斯特·萨拉蒙:《政府向社会组织购买公共服务研究:中国与全球经验分析》,北京大学出版社2010年版,第4页。

② [美]迈克尔·麦金尼斯主编:《多中心体制与地方公共经济》,毛寿龙译,生活·读书·新知三联书店2000年版,第42—64页。

③ [美]马克·穆尔:《创造公共价值:政府战略管理》,伍满桂译,商务印书馆2016年版,第49页。

④ [美]E.S.萨瓦斯:《民营化与公私部门的伙伴关系》,周志忍译,中国人民大学出版社2002年版,第342页。

⑤ [美]约翰·托马斯:《公共决策中的公民参与》,孙柏瑛译,中国人民大学出版社2004年版,第2页。

⑥ 叶南客:《"三社联动"的内涵拓展、运行逻辑与推进策略》,《理论探索》2017年第5期。

⑦ 张平、隋永强:《一核多元:元治理视域下的中国城市社区治理主体结构》,《江苏行政学院学报》2015年第5期。

⑧ 刘伟:《从"嵌入吸纳制"到"服务引领制":中国共产党基层社会治理的体制转型与路径选择》,《行政论坛》2017年第5期。

市场和社会的协作，对政党如何引领协作论述不足。再次，强调党建引领的文献未阐明其他主体的作用。最后，尽管市场和社会参与了社区公共服务生产，但"协作"更契合实际情境。"协作（Collaboration）强调的是参与主体间存在强势主体主导的合作关系；合作（Cooperation）强调的是参与主体之间的平等关系。"①

（二）政党引领的协作生产分析视角

本文基于文献回顾和现实考察，试图从"政党引领的协作生产"视角剖析社区公共服务优化的内在机理。这一视角源自两方面的现实考察：一是社区治理主体的角色定位。党委、政府、居委会、社会组织和居民扮演的角色存在差异。"党委领导""政府负责""社会协同""公众参与"是对差异的形象说明。党和政府始终发挥主导作用，居委会、社会组织和居民协助完成政策执行、服务递送和偏好表达等工作。在此基础上，会生成多元主体协作生产的治理格局，即居委会、社会组织和居民协助党委政府优化社区公共服务。

二是社区公共服务供给的运作流程。自实施分税制以来，政府日渐青睐于运用项目制供给公共服务，"公共服务实质上正在变成以项目评估和项目管理为中心的治理体制"②。地方也以项目制为抓手，动员基层党组织统筹协调政府、居委会、社会组织和居民的治理行动，促成资源下沉和服务供给，引导社区发展协商民主征集居民需求，发展"三社联动"机制促成政社合作。③简言之，党政部门常常吸纳居民和社会力量协助生产服务。

本文基于以上论述从"政党引领的协作生产"视角，分析社区公共服务优化的内在机理。它借鉴了合作生产理论关于政府购买服务和创造公共价值的阐释，又认为协作生产更符合实际，因为优化社区公共服务

---

① 曹海军、霍伟桦：《城市治理理论的范式转换及其对中国的启示》，《中国行政管理》2013年第7期。

② 渠敬东等：《从总体支配到技术治理：基于中国30年改革经验的社会学分析》，《中国社会科学》2009年第6期。

③ 黄徐强、张勇杰：《技术治理驱动的社区协商：效果及其限度——以第一批"全国社区治理和服务创新实验区"为例》，《中国行政管理》2020年第8期。

存在主导和协助的角色差异；它综合了协作治理和党建引领的理论要素，尽管政府、社会和居民协作生产公共服务，但基层党组织的引领作用不可替代。

为优化公共服务，党委、政府、居委会、社会组织和居民会开展多种形式的协作。这些协作遵循的内在机理存在显著差异。如表1所示，根据主体性质的差异，可以将"政党引领的协作生产"视角化约为三个维度：一是党政协作，指党政部门及其派出机关（机构）开展协作。引导居民协商公共服务内容，吸纳社会组织承接服务，邀请第三方评估服务质量，都离不开党政协作。优化社区公共服务，要求党政部门拓展服务供给职能，改进服务供给机制，特别是厘清职责边界与协作流程，杜绝职能的混淆不清，避免出现碎片化的供给格局。①

表1　　　　　优化社区公共服务供给内在机理的分析视角

分析视角	分析维度	分析内容
政党引领的协作生产	党政协作	拓展供给职能，改进供给机制
	党政群协作	对接公共需求，生产公共价值
	党政社协作	创新生产方式，提升生产能力

二是党政群协作，指党政部门及其派出机关（机构）和居委会与居民开展协作。根据居民偏好制定公共政策，有助于供需对接，夯实党的执政基础。发现居民偏好，再生产党群密切联系等公共价值，不能仅凭领导干部的主观臆断决策，应当开展党政群协作，主动问需于民，引导居民自治。基层协商民主的广泛实践，是党政群协作的生动写照。②

三是党政社协作，指党政部门及其派出机关（机构）、居委会与社会组织开展协作。伴随经济社会的发展，居民的公共需求日渐多元复杂，促成供需匹配的难度有增无减。党政部门为优化社区公共服务，纷纷创新服务生产方式，提升社会组织的生产能力，引导社会力量参与社区治

---

① 孔娜娜：《社区公共服务碎片化的整体性治理》，《华中师范大学学报》（人文社会科学版）2014年第5期。

② 本书编写组：《基层协商民主典型案例选编》，人民出版社2015年版，第1—3页。

理。"三社联动"机制的发生与扩散,便是铁证。

在阐明分析视角的基础上,本文将通过考察 S 市 LH 区的"民生微实事",揭示社区公共服务优化的内在机理。将其作为考察对象主要是因为:首先,LH 区显著优化了社区公共服务,社区治理创新获得了高度认可。2013 年和 2014 年连续获评"中国社区十大创新成果",2014 年入选"全国社区治理和服务创新实验区"。其次,如果经济社会条件允许,可以推广 LH 区的经验探索。最后,开展个案研究,便于采用过程追踪法展示为何"政党引领的协作生产"能解释社区公共服务优化的内在机理。此外,本人曾协同民政部"全国社区治理和服务创新实验区"评估专家前往 LH 区调研,掌握了丰富的实证资料。

三 案例引入:S 市 LH 区"民生微实事"的实践图景

(一)"民生微实事"的形成背景与发展历程

S 市 LH 区成立于 1979 年 3 月,经济活力充沛,2019 年地区生产总值增至 2400 亿元。在 33.72 平方公里的城区,常住人口超过 100 万人。人口聚集会扩大公共服务需求,增加社区治理压力。推动社区治理创新,成为 LH 区党委政府的日常工作。LH 区于 2004 年开始探索"居站分社"的社区治理模式,2006 年试点社区公共服务外包,引导社会力量参与生产公共服务。创新提高了公共服务的受益面和供给的专业性,但未能解决供需失衡的顽疾,还使居委会、社区工作站和社区党委的职责边界模糊,服务职能缺位。

为优化公共服务,提高治理水平,LH 区党委政府于 2010 年着力推行社区自治,2011 年尝试以社区公益服务项目为载体激发居民自治。随后,出台了一系列规章制度,规范社会组织的建设与管理。2015 年以来,区党委鉴于基层党组织发生弱化,先后启动"质量党建"和"力量党建"工程。在此基础上,党组织实现了对社区楼栋和社会组织的全覆盖,成为公共服务供给体系创新的引领者,促成了"民生微实事"的制度定型。

概括地讲,"民生微实事"大致经历了三个发展阶段:首先是制度设计阶段(2009—2012 年)。改革策略有:一是健全政府向社会购买服务的制度。政府2009年起采用民办公助和财政补贴等举措，向社会组织转移服务职能。二是制定社区公益服务项目实施规则。2010年着手拟定规章制度，发布《关于全面推进社区自治的指导意见》和《关于鼓励社区居民委员会组织开展社区公益服务的意见》。三是引导居民筹建自治组织。截至2012年底，先后引导323个小区成立业委会，协助102个社区成立居民议事会。四是引鉴民主协商的操作程序。2012年率先在WH社区引入罗伯特议事规则，规范居民协商程序。

其次是制度推广阶段（2013—2015年）。创新包括：一是普及社区议事规则。2013年，民政局将罗伯特议事规则提炼为"LH十条"，向社区引介。二是设立民生项目专项基金。政府为每个社区设置10万元专项资金，向每个街道下拨100万元民生基金，新增1.6亿元"民生微实事"项目基金。三是党政社群共治社区。通过实施权力清单制度，LH区2014年划清了社区党委、社区工作站、居委会、业主委员会和社会组织的职责，2015年确立了社区党委领导的多元协同共治模式。

最后是制度优化阶段（2016年—至今）。方案有：一是细化治理运行程序。2016年初，区政府办公室和民政局分别发布《全面推广实施民生微实事工作方案》和《民生微实事工作操作指引》，说明了项目的申报流程、评议过程和实施期限等操作细节。二是引入专家评审制度。为增进居民评议的科学性，民政局和住建局2016年分别组建了服务类和工程类项目的评审专家库。其成员来自法务、传媒、教育、财务、社会治理、医疗卫生和物业管理等领域。三是分享民生项目征集权。LH区规定"民生微实事"应当源自项目库。2016年2月，民政局联合社会工作委员会（以下简称社工委）发布《民生微实事项目库》的首批清单，要求街道每年定期邀请居委会和社会组织参与项目库的更新。

"民生微实事"项目都是与居民利益相关的琐事，涵盖工程类和服务类的必选与自选项目。工程类必选项目包括老旧小区的设施改造和公共空间文体设施的建设，自选项目有社区安全和环境整治。服务类必选项目有举办集体生日会、中秋节和议事规则培训等，自选项目主要是帮助老弱病残和女性外来务工人员及其子女解决教育、就业、法律咨询和身心健康难题。

LH区逐年加大财政投入。2017年下拨9200万元总计实施了1187个项目，2018年启动的项目增至1300个，2019年安排了1.36亿元专项资金，2020年计划追加2000万元投入。根据调研掌握的资料，可以将"民生微实事"的制度构成和运作流程简化为图1和图2。

（二）"民生微实事"的制度构成与运作流程

创新社区治理体系，优化公共服务，需要为"民生微实事"治理配置相应的制度载体。在区一级，区委区政府设立了工作小组，重新设计了部门职责分工。如图1所示，领导机构为LH区民生工作领导小组，由区领导兼任正副组长，组织部、社保局、社工委、财政局和审计局等负责人担任成员。挂靠在组织部和民政局的专项小组，负责监督协调其他部门。民政局按章调整服务类项目库与评审专家库，社工委定期更新工程类民生项目库，宣传部联合区委（政府）办公室报道新闻，财政局按程序向街道、社区工作站和居委会拨款，安监、城管、环保和水务协助住建局筹备工程类项目评审专家库，采购中心组织第三方竞标工程类项目，国库中心负责经费的报销与核算，审计局核查经费支出。

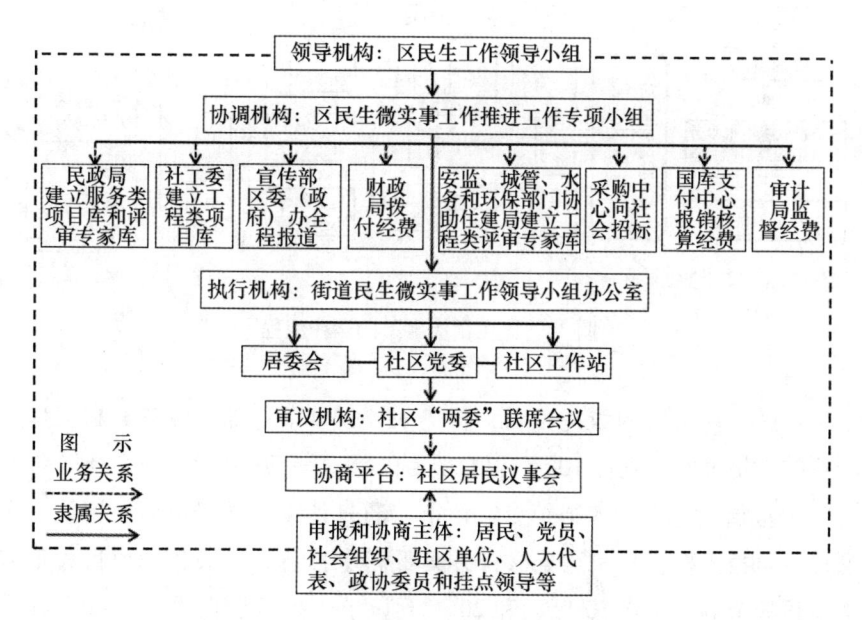

图1　LH区"民生微实事"的制度设计

在街道以下层级，区委区政府通过赋权加强制度建设。街道组建的领导小组办公室由同级党工委领导，职责是平衡社区审议通过的服务项目，按月向区专项小组汇报项目评议与实施进度。社区党委和居委会（以下简称社区"两委"）的职责是问需于民，丰富项目库，召开联席会议，组织居民协商，代表街道审定项目。居民、社区党员、社会组织和专业社工等主体的权利有向居委会反映社情民意，参与项目评议。这样，LH区构建起了由党组织引领的多元协作生产体系。

LH区还为这套体系设置了完整的运作流程。如图2所示，服务供给划分为项目申报、项目评议和项目执行。在申报阶段，多元主体根据《民生微实事项目库》向居委会申报项目。LH区党委政府设置了差异化的申报权限。工程类必选项目的申报主体包括区党政部门、居委会、社会组织和社区居民，工程类自选项目只能由居委会申报；服务类的自选与必选项目由社会组织、居委会与社区服务中心负责申报；社区工作站可以申请必选项目。

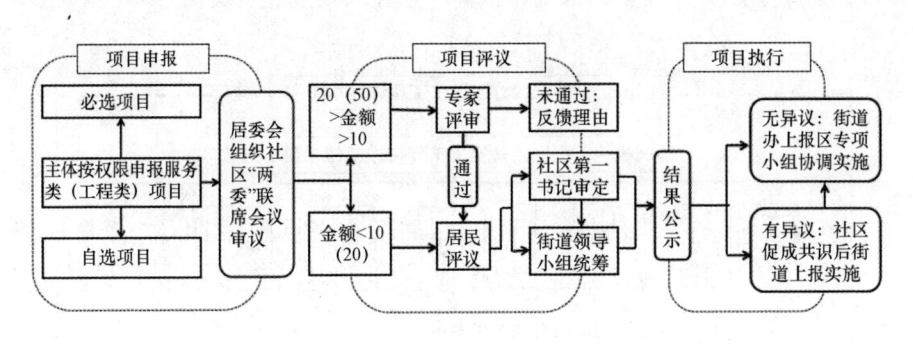

图2 "民生微实事"的运作流程

社区"两委"审议完项目，将进入评议环节。如果服务类和工程类项目的申报金额分别在10万—20万元和20万—50万元之间，社区"两委"上报街道，由后者组织专家评审。通过评审，项目由居民评议；未通过，申报方根据专家意见修订方案重新申报。如果服务类项目和工程类项目的金额分别在10万元和20万元以下，社区"两委"直接召开居民议事会，组织居民议事员逐条评议项目。社区第一书记负责审定和上报通过评议的项目。最后，街道"民生微实事"工作领导小组办公室根据社区的评议内容，酌情统筹项目的实施顺序与批复金额。

执行环节就是按章向社会购买服务，确保项目落地。根据规定，街道将统筹结果公示5个工作日，便启动项目实施程序。工程类项目由采购中心招标确定施工单位。施工方根据支付方的差异分别与街道和社区工作站签订协议，并在6个月内完成项目。服务类项目由申报者在1个月内实施。居委会和社会组织如果是申报者，可以直接与居委会、社区工作站或街道签订实施协议；社区工作站申报，则由它或街道招标确定承接单位。此外，街道和居委会还需组织居民、专家、党员干部、政协委员和人大代表监督评估项目的实施与质量。

"民生微实事"治理不仅需要多元主体有序协作，而且将居民和社会力量吸纳进了协作体系。按照主体的性质分类，既有组织部、民政局、社工委、街道、社区党委和社区工作站达成的党政协作，也有街道、社区"两委"与居民等主体形成的党政群协作，还有街道、社区"两委"、社区工作站和社会组织建立的党政社协作。那么，这三类协作分别遵循何种内在机理才能保障"民生微实事"的有效运转，继而实现社区公共服务优化的目标？

四　社区公共服务优化的内在机理

深入考察"民生微实事"的实践图景可以发现，LH区在优化社区公共服务供给时，通过发展党政协作拓展了党政部门的供给职能，改进了供给公共服务的运行机制；通过推进党政群协作促成了供给对接公共需求，再生产了党的执政基础等公共价值；通过完善党政社协作，创新了公共服务的生产方式，提升了社会组织的服务生产能力。

（一）党政协作：拓展供给职能和改进供给机制

从路径依赖看，"条块分割"体制会影响社区公共服务的供给。"条块分割"有助于明确承接行政命令的责任单位，但会分散基层治理权力，极易导致公共服务供给碎片化，不能满足基层治理的需要。基层公共事务具有系统性，会牵一发动全身。从全局出发通盘考虑社区公共服务的供给内容，是提高基层治理水平的题中应有之义。优化社区公共服务，必然要求改革行政体制。然而，基层党政部门自由裁量权有限，只能在尊重体制权威的条件下改革。拓展党政部门及其派出机关（机构）的服务职能，健全跨部门的协作体系最具可行性。

"民生微实事"治理也是通过拓展服务职能，改进党政协作。LH区采取的举措主要有：其一，在社区层级，指导社区工作站压缩行政职能、增进服务职能，强化社区党委的服务属性。2014年，实施社区行政事务准入制，缩减社区工作站的行政职能，制定社区工作站和社区党委的公共服务清单。其中，为社区工作站取消的考核评比、工作台账、盖章证明和行政任务分别为9项、47项、65项和80项，新增11项服务职能，为社区党委增设了6项服务职责。2015年，还明确了社区党委和社区工作站等主体的领导协作关系。

其二，在街道以上层级，扩充党政部门及其派出机关服务社区的职能。"民生微实事"的制度运转，需要党政部门通力协作，增进公共服务职能。如图1所示，几乎所有的党政部门都被赋予了相应的职责。区委（政府）办、宣传部、组织部、民政局、社工委、财政局、环保局、住建局、审计局、城管局、街道乃至水务部门均需按照分工，参与协作生产。

其三，自上而下成立三级协调性的工作小组。街道"民生微实事"工作领导小组办公室既要全程管理微实事项目的实施，还要协调社区的项目资金分配。区"民生微实事"工作推进工作专项小组既要敦促职能部门尽责，还要负责区委区政府与街道的工作对接。区民生工作领导小组统筹完善制度架构，动态监督和调整党政职能分工。

凭借这些举措，LH区既增强了党的引领作用，也改进了社区公共服务的协作机制。一方面，地方和基层党组织成为引领协作的战斗堡垒。它们分别是区党委、组织部、街道党工委和社区党委。党组织除了延续政治宣传功能，更是把工作重心扩展至服务民生需求。依靠各级党组织的疏导协调，LH区建立起了"纵向到底、横向到边"的协作生产体系。

另一方面，在拓展党政部门服务职能的基础上，进一步理顺了供给机制，即消除了部门隔阂，形成了党政融合、条块协同、运作有序的公共服务供给框架，明确了微实事项目的申报、评审、确立、招标、合同签订、过程管理以及绩效评价的责任主体，继而为协作生产公共服务搭建了完备的制度平台，提供了清晰的操作细则。

（二）党政群协作：对接公共需求和生产公共价值

仅仅依靠党政协作，很难保证社区公共服务质量。党政协作可能陷入政府大包大揽的窠臼，导致供给偏离需求。优化公共服务，关键是实现供需精准对接，根据合理的需求生产公共服务。这就要求街道、社区"两委"与居民开展党政群协作。发展协商民主，引领居民自治，深入推进党的群众路线，号召党员主动发现居民需求，使供需对接，就成为优化公共服务的题中应有之义。这个过程还生产了包括政治合法性在内的公共价值。

LH区采取了两类举措发展协商。其一，拓宽参与渠道，为自治搭建平台。2016年起，居民可以依托新浪微博、微信公众号和政府门户网站在线表达需求，报名参与线下的社区治理活动。在线下，促成党政群协作贯穿居民自治全程。在更新项目库时，居民可以利用公告栏和意见箱向社区"两委"和社区工作站提出需求清单。在评议项目时，组织议事员民主表决项目。此外，街道还负责引导居民监督和评估项目的生产质量。

其二，规范治理流程，为自治提供制度保障。"民生微实事"的制度架构明确了自治的操作流程。申报工程类必选项目时，居民按照模板填写申报书，说明项目的内容、实施时间、预算和预期效果。评议前，社区"两委"组织投票选出居民议事员。评议时，议事员按照"LH十条"民主协商。评议后，居民定期参与满意度测试，评选年度优秀项目。

推进党政群协作，促使供需对接，也是LH区党建的工作重点。具体举措有：其一，街道社区的党员干部向社区下沉，了解民需。HB街道党工委就要求街道干部、党代表和社区党委定期深入社区，汇聚群众关心的事务，鼓励居民参与项目的民主评议和质量评估。

其二，社区党员向基层党组织报到，为居民服务。如2015年推进"质量党建"时，YC社区积极开展"党员亮身份"活动，要求党员向社区党委报到。2018年开展"力量党建"时，YC社区党委通过划分党员责任区、设置党员示范岗和认领民生项目等形式，号召党员扎根社区问需于民，为群众排忧解难。同年，GY街道党工委还积极与驻区单位的党支部联合开展社区服务活动，如打扫老旧小区的公共空间、照顾独居老人。

　　LH 区在推动社区治理创新的基础上，深入开展党政群协作，引导居民通过制度化的渠道和规范化的流程，参与社区公共服务供给的全过程，就完成了政府大包大揽向群众按需点单、党委统筹协调、政府定制服务的转型，也就增进了居民表达需求偏好的精确度，提升了公共服务供给与需求对接的精准度，增加了公共服务生产的精细度。

　　发现并回应居民的合理需求会同步生产公共价值，如和谐融洽的党群关系、居民认可和社会信任等。号召社区党员认领服务项目，打通党群隔膜，能夯实党的执政基础；按需提供公共服务，能增进居民对基层政府的支持。在调研时，两位居民先后表示，"社区党委分年龄段有针对性地设计合理的活动，一般没人不支持的"。"街道提供的服务，特别是给我们房子住让我满意，我也蛮支持党和政府的政策。"（电话回访时间20200425）鼓励居民自治，特别是组织集体生日会等治理行动能激发社会合作，而"合作本身会带来信任"[①]。

（三）党政社协作：创新生产方式和提升生产能力

　　优化社区公共服务，还需党政社协作。许多公共服务专业性强，会超出党政部门直接生产的能力范围。将生产重任分担给社会组织，有助于解决服务质量偏低的难题。社会组织的生存也离不开物质支撑。能否获得外部财务支持，会决定社会组织的可持续发展。替政府分担职责，赢得政府支持，是社会组织获取生存资源的重要渠道。这就使党政部门与社会组织相互依赖，迫使 LH 区主动吸纳社会组织承接公共服务生产。此举不仅会增进党政社协作，而且改变了政府垄断服务供给的生产方式。社会组织能否胜任工作，也取决于自身能力。引导社会组织加强生产能力建设，继而成为党政社协作的工作要点。

　　LH 区主要采取了两类举措推进党政社协作，创新生产方式。其一，引导社会组织承接社区公共服务。LH 区早在 2006 年便试点将治安、环卫、文宣、计划生育和流动人口管理等公共服务外包给社会组织，2007

---

① ［美］罗伯特·帕特南：《使民主运转起来》，王列译，江西人民出版社 2001 年版，第 200 页。

年探索"社工+义工"的社区服务模式，2010年向社工购买的岗位数增至100个。2013年，LH区通过制定《政府购买社会服务目录和管理办法》等规章，健全了社会组织承接公共服务的程序。

其二，引领社会组织参与社区的共建共治共享。经过2016年的制度优化，社会组织被赋予申报和评议项目的权力。它们可以向街道和社区"两委"提议更新项目库的内容，申报服务类项目和工程类必选项目，参与项目评议，与社区"两委"和社区工作站等主体就微实事项目的申报、评议、确立和生产开展协作，而不仅仅是承接社区公共服务的生产。

生产能力会影响社会组织的服务质量，鞭策社会组织增强本领成为党政社协作的日常工作。LH区的举措有：其一，强化行政监管，引导社会组织加强能力建设。2015年和2016年，民政局发布了近十份文件督促社会组织提升能力，如《社会组织规范化建设指导意见》和《社会组织抽查监督办法（试行）》。根据文件，民政局下属的社会组织管理局每年委托第三方评估社会组织的能力档次。1A为最低档，5A是最高档。3A以上的社会组织优先获得项目承接资格，评估认定不合格者丧失承接资格。2017年起，民政局还每年组织两期培训班，敦促社会组织熟悉项目的申报和评议。这些举措促使社会组织纷纷提能增效。

其二，实现党组织全覆盖，引领社会组织扩充服务功能。2015年，区党委要求在社会组织发展党员，成立党支部。民政局和财政局2016年发文，规定单独或联合成立党支部的社会组织将获得5000元的经费支持。此后，LH区还成立了由民政局党组领导的社会组织党委。其职责是指导全区21个社会组织党支部推进以服务居民为主旨的党建工作。街道、社区"两委"和社会组织的外部协调关系，就演变为党组织的内部协作关系。党组织凭借内部协作，可以便捷地引导社会组织按照党建的工作要求服务社区。

五　结论与讨论

剖析LH区"民生微实事"治理的实践创新可以发现，优化社区公共服务，需要政党引领多元主体开展协作。在此基础上，会生成三种遵循不同机理的协作关系，即拓展供给职能和改进供给机制的党政协作，使供给对接公共需求和生产公共价值的党政群协作，和创新公共服务生产方式与提升社会组织生产能力的党政社协作。依托这些协作，LH区既强化了党委的引领作用，也解决了党政部门职责不清、供需失衡和服务质量偏低等难题。

观察"民生微实事"的制度构成与运作流程也能发现，发展"政党引领的协作生产"优化社区公共服务是一项系统工程，涉及不同治理层级、治理领域和治理环节的创新。在制度层面，它关乎完善党和国家的根本领导制度，优化根本的社会治理制度，健全基层群众自治制度，推进基层行政体制改革，要求衔接牵涉其中的制度体系，提高制度协作的治理效能。在操作层面，它涉及厘清公共权力职责边界的清单治理，发展规范资源下沉的项目治理，实施引导居民自治的协商治理，并要求将这些治理方式嵌入优化公共服务的相应环节。

还需要认识到，在不同领域革新制度体系和体制机制，在不同环节开展清单治理、项目治理和协商治理，都离不开党的领导和引领。优化社区公共服务需要统筹规划协作体系，如厘清党政部门的权责边界和协作流程，组织党员干部下沉社区征集民需，激励居民治理社区，引导社会组织递送服务，加强能力建设。只有中国共产党具备统筹规划的能力，它可以持续不断地将政治领导的优势和组织全覆盖的优势转化为服务人民的治理效能。

总之，优化社区公共服务应树立系统思维，坚持和完善与社区治理相关的根本制度、基本制度和重要制度，促成制度体系的有机互嵌，充分发挥党组织的引领作用，不能陷入"头疼医头，脚疼医脚"的误区。这也印证了中央关于"完善党委领导、政府负责、民主协商、社会协同、公众参与、法治保障、科技支撑的社会治理体系"的重要论述。[①]

（原载《社会主义研究》2021年第4期）

[①]《中共中央关于坚持和完善中国特色社会主义制度 推进国家治理体系和治理能力现代化若干重大问题的决定》，《人民日报》2019年11月6日第1版。

二
专家特邀

江西师范大学政治学硕士学位论文分析

——基于知网数据的解读

郭康松[*]

[摘 要] 借助知网数据库，检索到 2017—2022 年江西师范大学政治学硕士学位论文共 62 篇。通过与同校相关专业、某省重点院校政治学专业、某 211 部属院校政治学专业、某 985 院校政治学专业的硕博士论文的多层次、多维度比较，江西师范大学政治学硕士学位论文无论是在下载量，还是在引用率等重要指标，都具有显著的比较优势，体现了较强的学术水准。为社会培养高素质人才，这是高等院校的立足之本。因此，进一步提升江西师范大学政治学科建设能力，要在坚持和扩大既有优势的基础上，继续重视和提高硕士学位论文的质量水平，以高素质人才培养促进高水平学科建设。

[关键词] 江西师范大学；政治学；硕士学位论文

一 2017—2022 年江西师范大学政治学硕士学位论文数量分布

通过知网检索，截至 2022 年 12 月 12 日，能看到 2017—2022 年江西

---

[*] 作者简介：郭康松，《湖北大学学报》（哲学社会科学版）常务副主编、教授、博士生导师。

师范大学上传知网的政治学硕士学位论文共有 62 篇。从时间分布上看：2017 年 7 篇，2018 年 12 篇，2019 年 10 篇，2020 年 14 篇，2021 年 9 篇，2022 年 10 篇（见图 1）。图 1 中 2022 年数据为 14 篇，是知网系统的预估值，以显示发展趋势。从年度数量上看，笔者认为这样的数量分布是比较合理的。本文主要以这些论文为对象展开分析。

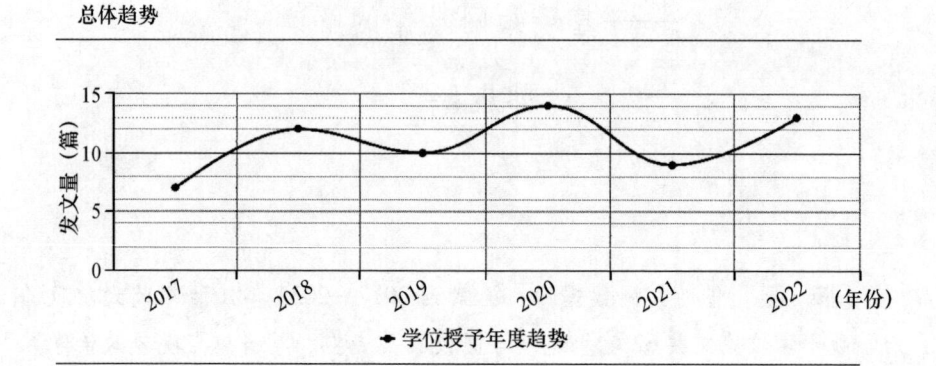

图 1　2017—2022 年知网收录江西师范大学政治学硕士学位论文数

二　江西师范大学政治学硕士学位论文选题特点

（一）紧扣时代脉搏，关注现实问题

紧扣时代脉搏，关注现实问题，这是江西师范大学政治学硕士学位论文的重要特点。在论文选题上，这 62 篇学位论文反映了鲜明的时代特色，涉及新时代主题 9 篇、习近平新时代中国特色社会主义思想 5 篇、习近平全面从严治党 1 篇、习近平重要论述 2 篇、全面从严治党 1 篇。同时，学位论文也关注社区治理、地方治理、基础社会治理、少数民族地区、党的基层组织、乡村公共卫生治理、大学生村官制度、法治化建设、志愿者等方面，充分体现学术研究的现实关怀（见图 2）。

（二）兼顾地域特色，放眼国际政治

在兼顾地域特色上，这 62 篇学位论文涉及中央苏区 3 篇、中央苏区

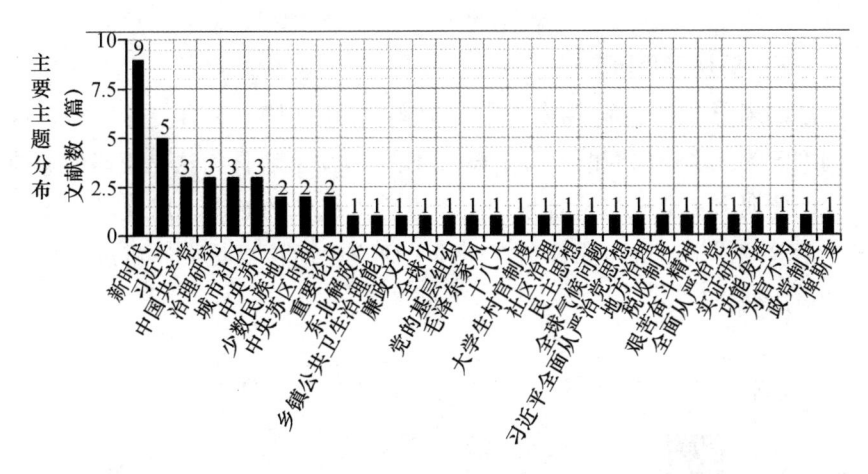

图2 2017—2022年江西师范大学政治学硕士学位论文主要主题分布

时期2篇、根据地1篇（见图2）。毫无疑问，这些选题立足江西的地域特色和地域优势，在研究上具有天然的便利性和优势。

在国际政治方面，这62篇学位论文部分选题涉及了"一带一路"、中美关系、印度共和国、印度洋战略、穆斯林群体、全球气候问题、古希腊人、俾斯麦等，反映出政治学硕士点在人才培养方面具有国际视野（见图3）。

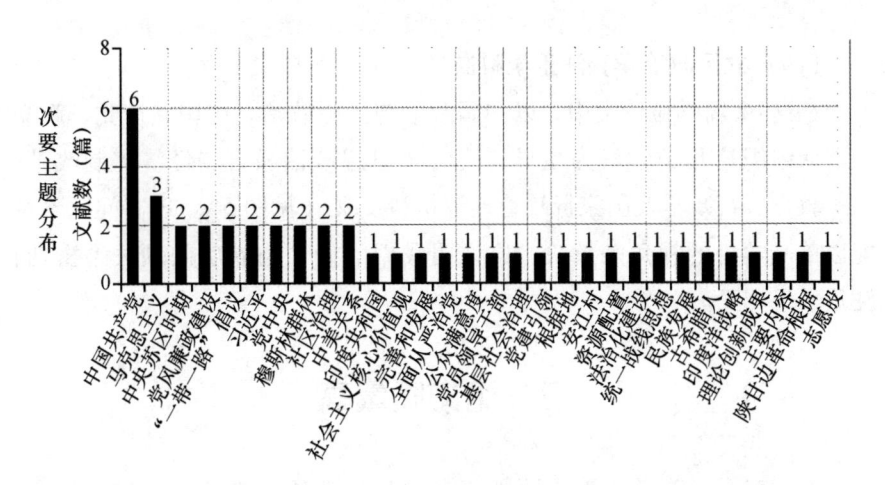

图3 2017—2022年江西师范大学政治学硕士学位论文次要主题分布

（三）重视应用研究

总的来看，在这 62 篇硕士学位论文中，应用类 59 篇，占 95%，被知网判定为纯理论研究的只有 3 篇（见图 4）。笔者认为这是正确的。纯理论问题研究和突破更适合理论上、思想上成熟的学者，以及具有丰厚理论素养的博士研究生来探讨，而硕士研究生应该更偏向于解决现实问题的应用研究。

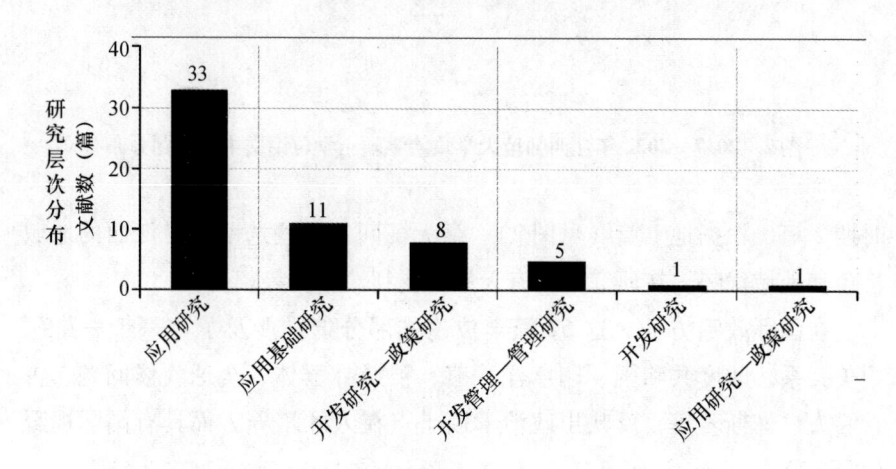

图 4　2017—2022 年江西师范大学政治学硕士学位论文研究层次分布

（四）立足政治学，注重学科交叉

在这 62 篇学位论文中，以中国政治与国际政治、中国共产党、政党及群众组织这几类学科为主导，同时与思想政治教育、经济体制改革、高等教育、行政学及国家行政管理等学科交叉（见图 5）。现实问题不可能以单一学科的视角来解决，这说明我们的论文与现实问题关系密切，注重学科交叉。

三　论文质量高

总的来看，笔者认为江西师范大学政治学硕士学位论文质量较高，具有较大的学术含量，这主要体现在以下三个方面。

江西师范大学政治学硕士学位论文分析 / 123

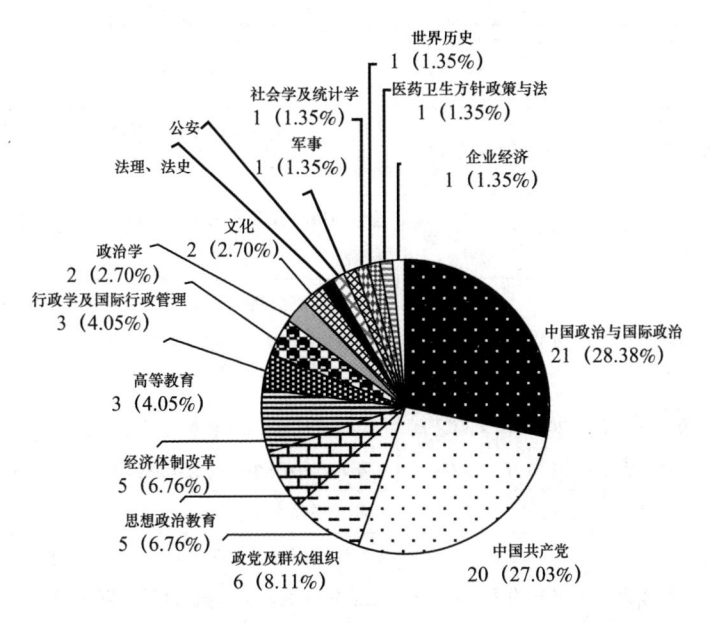

图5　2017—2022年江西师范大学政治学硕士学位论文学科分布

（一）论文被下载量较大

在这62篇学位论文中，最高的一篇论文（2019年）下载量达2295次，最低的一篇论文（2022年）下载量为20次；下载量达1000次以上的有8篇，500—999次的有10篇，300—499次的有13篇，100—299次的有24篇，100次以下的有7篇（见表1）。应该说，这是非常不错的下载量，表明这些论文的选题、论证和结论是有学术价值的。

表1　近五年江西师范大学政治学硕士学位论文被下载前20名

序号	学位授予单位	学位授予年度	作者	中文题名	下载量
1	江西师范大学	2019年	陈恩智	《中国特色社会主义政党制度优越性研究》	2295
2	江西师范大学	2019年	高璐	《习近平关于中华民族精神的重要论述研究》	1660
3	江西师范大学	2019年	王海涛	《农村基层党建推进社会治理创新——基于江西省地方典型案例的分析》	1623

续表

序号	学位授予单位	学位授予年度	作者	中文题名	下载量
4	江西师范大学	2018 年	范宏涛	《培育当代大学生中华优秀传统文化自信的研究》	1558
5	江西师范大学	2020 年	李佩	《中国特色社会主义文化自信的内在构成研究》	1274
6	江西师范大学	2019 年	吴艳	《乡村振兴战略背景下少数民族地区乡风文明建设研究——以贵州省黄平县重安镇安江村为例》	1209
7	江西师范大学	2018 年	赵绍新	《新时代中国共产党廉政文化建设研究》	1182
8	江西师范大学	2020 年	谭晓芸	《新时代中国共产党的作风建设研究》	1043
9	江西师范大学	2020 年	许欣	《习近平强军思想研究》	998
10	江西师范大学	2018 年	魏日盛	《农村基层党组织在全面脱贫攻坚中的功能发挥研究——以赣州市信丰县 Z 村为例》	981
11	江西师范大学	2019 年	彭洋慧	《新时代中印关系的发展与构建》	851
12	江西师范大学	2020 年	曾素勤	《乡村振兴战略背景下的新乡贤角色和作用研究》	849
13	江西师范大学	2017 年	穆雪梅	《先秦民本思想与古希腊民主思想比较研究》	822
14	江西师范大学	2017 年	阳建鹏	《十八大以来中美经贸关系对我国的影响与对策研究》	815
15	江西师范大学	2020 年	李佳桥	《地方治理视角下营商环境满意度实证研究——以温州市为例》	719
16	江西师范大学	2020 年	瞿乐雄	《井冈山革命根据地经济建设及其历史贡献研究》	637
17	江西师范大学	2020 年	赵灵飞	《中央苏区时期党的基层组织建设研究》	619
18	江西师范大学	2018 年	洪帅	《"一带一路"倡议下江西省对外开放研究》	565
19	江西师范大学	2018 年	陈波	《政治伦理视阈下的红色文化研究》	498
20	江西师范大学	2018 年	桂贤涛	《试论中美全球气候问题合作》	483

（二）论文被引用率较高

在这 62 篇学位论文中，被引用 1 次以上的有 38 篇。其中，被引用 17 次的有 2 篇，16 次的有 1 篇，9 次的有 1 篇，8 次的有 2 篇，6 次的有 1 篇，5 次的有 6 篇，4 次的有 2 篇，3 次的有 5 篇，2 次的有 4 篇，1 次的有 12 篇，共计 150 次（见表 2）。作为硕士学位论文而言，这样的引用率，说明文章符合学术规范、回应了社会关切论文质量是过关的。

表2　近五年江西师范大学政治学硕士学位论文被引用前 20 名

序号	学位授予单位	学位授予年度	作者	中文题名	被引（次）
1	江西师范大学	2019 年	王海涛	《农村基层党建推进社会治理创新——基于江西省地方典型案例的分析》	17
2	江西师范大学	2019 年	高璐	《习近平关于中华民族精神的重要论述研究》	17
3	江西师范大学	2019 年	吴艳	《乡村振兴战略背景下少数民族地区乡风文明建设研究——以贵州省黄平县重安镇安江村为例》	16
4	江西师范大学	2018 年	陈波	《政治伦理视阈下的红色文化研究》	9
5	江西师范大学	2020 年	曾素勤	《乡村振兴战略背景下的新乡贤角色和作用研究》	8
6	江西师范大学	2018 年	赵绍新	《新时代中国共产党廉政文化建设研究》	8
7	江西师范大学	2018 年	魏日盛	《农村基层党组织在全面脱贫攻坚中的功能发挥研究——以赣州市信丰县 Z 村为例》	6
8	江西师范大学	2020 年	瞿乐雄	《井冈山革命根据地经济建设及其历史贡献研究》	5
9	江西师范大学	2020 年	李佩	中国特色社会主义文化自信的内在构成研究	5
10	江西师范大学	2020 年	郭一飞	习仲勋与马克思主义中国化	5
11	江西师范大学	2020 年	李佳桥	地方治理视角下营商环境满意度实证研究——以温州市为例	5
12	江西师范大学	2019 年	陈恩智	中国特色社会主义政党制度优越性研究	5

续表

序号	学位授予单位	学位授予年度	作者	中文题名	被引（次）
13	江西师范大学	2018 年	李莉	乡镇干部"为官不为"现象治理研究——以江西省 H 市为例	5
14	江西师范大学	2019 年	洪志亮	中央苏区时期党内政治生活研究	4
15	江西师范大学	2018 年	何宇婷	长征时期党的作风建设研究	4
16	江西师范大学	2020 年	孔祥贺	新时代党的网络舆论引导机制研究	3
17	江西师范大学	2020 年	谭晓芸	新时代中国共产党的作风建设研究	3
18	江西师范大学	2019 年	彭洋慧	新时代中印关系的发展与构建	3
19	江西师范大学	2018 年	袁娟萍	毛泽东家风研究	3
20	江西师范大学	2018 年	赵婷	方志敏精神及其当代价值研究	3

（三）与其他院校相比，具有相对优势

将江西师范大学政治学专业硕士学位论文的被下载量、被引用率分别与江西师范大学某一相近专业、某省属重点高校政治学专业、某部属211 高校政治学专业、某 985 高校政治学专业的硕士学位论文，以及某985 高校政治学专业博士学位论文被下载量、被引用率情况进行对比，以便说明江西师范大学政治学专业学位论文的整体水平。

1. 与江西师范大学某一相近专业的 120 篇硕士学位论文相比较（2017—2022 年数据）

从被下载量角度对比，该专业学位论文中最高下载量只有 794 次，而政治学专业学位论文的最高下载量为 2295 次，且超过 1000 次的有 10 余篇（见表3）。

表3　江西师范大学政治学专业与相近专业学位论文被下载数量比较

政治学专业			同校某一相近专业		
序号	学位授予单位	学位授予年度	下载	序号	学位授予单位	学位授予年度	下载
1	江西师范大学	2019 年	2295	1	江西师范大学	2020 年	794
2	江西师范大学	2019 年	1660	2	江西师范大学	2020 年	670

续表

	政治学专业				同校某一相近专业		
序号	学位授予单位	学位授予年度	下载	序号	学位授予单位	学位授予年度	下载
3	江西师范大学	2019年	1623	3	江西师范大学	2020年	661
4	江西师范大学	2018年	1558	4	江西师范大学	2020年	650
5	江西师范大学	2020年	1274	5	江西师范大学	2020年	646
6	江西师范大学	2019年	1209	6	江西师范大学	2020年	596
7	江西师范大学	2018年	1182	7	江西师范大学	2020年	574
8	江西师范大学	2020年	1043	8	江西师范大学	2020年	544
9	江西师范大学	2020年	998	9	江西师范大学	2018年	540
10	江西师范大学	2018年	981	10	江西师范大学	2020年	539
11	江西师范大学	2019年	851	11	江西师范大学	2020年	526
12	江西师范大学	2020年	849	12	江西师范大学	2020年	504
13	江西师范大学	2017年	822				
14	江西师范大学	2017年	815				
15	江西师范大学	2020年	719				
16	江西师范大学	2020年	637				
17	江西师范大学	2020年	619				
18	江西师范大学	2018年	565				
19	江西师范大学	2018年	498				
20	江西师范大学	2018年	483				

从被引用率角度对比，该专业学位论文中最高引用为8次，而政治学专业学位论文被引用17次的有2篇；该专业120篇论文被引用1次以上的有53篇，被引用论文比为44.2%，平均被引用比为1.08；政治学62篇论文被引用1次以上的有38篇，被引用论文比为61.3%，平均被引用比为2.42。同时，某管理专业120篇被引用1次以上共53篇，被引用论文比为44.2%。其中，8次1篇，7次1篇，6次4篇，5次3篇，4次3篇，3次6篇，2次11篇，1次24篇，共130次，平均被引用比为1.08（见表4）。从这两个角度的对比，可看出政治学硕士学位论文的质量水平。

128　/　二　专家特邀

表4　江西师范大学政治学专业与相近专业学位论文被引用数量比较

	政治学专业				同校某一相近专业		
序号	学位授予单位	学位授予年度	被引	序号	学位授予单位	学位授予年度	被引
1	江西师范大学	2019年	17	1	江西师范大学	2020年	8
2	江西师范大学	2019年	17	2	江西师范大学	2020年	7
3	江西师范大学	2019年	16	3	江西师范大学	2020年	6
4	江西师范大学	2018年	9	4	江西师范大学	2020年	6
5	江西师范大学	2020年	8	5	江西师范大学	2020年	6
6	江西师范大学	2018年	8	6	江西师范大学	2020年	6
7	江西师范大学	2018年	6	7	江西师范大学	2020年	5
8	江西师范大学	2020年	5	8	江西师范大学	2020年	5
9	江西师范大学	2020年	5	9	江西师范大学	2020年	5
10	江西师范大学	2020年	5	10	江西师范大学	2020年	4
11	江西师范大学	2020年	5	11	江西师范大学	2020年	4
12	江西师范大学	2019年	5	12	江西师范大学	2018年	4
13	江西师范大学	2018年	5				
14	江西师范大学	2019年	4				
15	江西师范大学	2018年	4				
16	江西师范大学	2020年	3				
17	江西师范大学	2020年	3				
18	江西师范大学	2019年	3				
19	江西师范大学	2018年	3				
20	江西师范大学	2018年	3				

2. 与某省属重点高校政治学专业硕士论文相比较（2017—2022年数据）

从下载量上看，该校政治学专业硕士论文最高被下载量为1371次，江西师范大学政治学专业硕士论文最高被下载量为2295次，江西师范大学政治学论文的整体水平是比较优异的（见表5）。

表5　江西师范大学与某省属重点高校政治学专业学位论文被下载数量比较

	江西师范大学政治学专业				某省属重点高校政治学专业		
序号	学位授予单位	学位授予年度	下载量	序号	学位授予单位	学位授予年度	下载（次）
1	江西师范大学	2019年	2295	1	某省属重点高校	2021年	1371
2	江西师范大学	2019年	1660	2	某省属重点高校	2021年	1259
3	江西师范大学	2019年	1623	3	某省属重点高校	2021年	957
4	江西师范大学	2018年	1558	4	某省属重点高校	2021年	563
5	江西师范大学	2020年	1274	5	某省属重点高校	2021年	489
6	江西师范大学	2019年	1209	6	某省属重点高校	2017年	427
7	江西师范大学	2018年	1182	7	某省属重点高校	2021年	333
8	江西师范大学	2020年	1043	8	某省属重点高校	2017年	321
9	江西师范大学	2020年	998	9	某省属重点高校	2021年	298
10	江西师范大学	2018年	981	10	某省属重点高校	2017年	292
11	江西师范大学	2019年	851	11	某省属重点高校	2018年	243
12	江西师范大学	2020年	849	12	某省属重点高校	2018年	228
13	江西师范大学	2017年	822	13	某省属重点高校	2017年	228
14	江西师范大学	2017年	815	14	某省属重点高校	2017年	216
15	江西师范大学	2020年	719	15	某省属重点高校	2021年	212
16	江西师范大学	2020年	637	16	某省属重点高校	2019年	191
17	江西师范大学	2020年	619	17	某省属重点高校	2021年	174
18	江西师范大学	2018年	565	18	某省属重点高校	2017年	170
19	江西师范大学	2018年	498	19	某省属重点高校	2021年	146
20	江西师范大学	2018年	483				

从引用率上看，某省属重点高校政治学专业硕士学位论文，被引用最高的一篇只有5次，而江西师范大学政治学专业硕士论文最高被引用为17次，后者是前者的3倍多（见表6）。

表6 江西师范大学与某省属重点高校政治学专业学位论文被引用数量比较

江西师范大学政治学专业				某省属重点高校政治学专业			
序号	学位授予单位	学位授予年度	被引（次）	序号	学位授予单位	学位授予年度	被引（次）
1	江西师范大学	2019年	17	1	某省属重点高校	2017年	5
2	江西师范大学	2019年	17	2	某省属重点高校	2017年	5
3	江西师范大学	2019年	16	3	某省属重点高校	2021年	4
4	江西师范大学	2018年	9	4	某省属重点高校	2018年	3
5	江西师范大学	2020年	8	5	某省属重点高校	2017年	3
6	江西师范大学	2018年	8	6	某省属重点高校	2017年	2
7	江西师范大学	2018年	6	7	某省属重点高校	2021年	1
8	江西师范大学	2020年	5	8	某省属重点高校	2021年	1
9	江西师范大学	2020年	5	9	某省属重点高校	2021年	1
10	江西师范大学	2020年	5	10	某省属重点高校	2020年	1
11	江西师范大学	2020年	5	11	某省属重点高校	2019年	1
12	江西师范大学	2019年	5	12	某省属重点高校	2018年	1
13	江西师范大学	2018年	5	13	某省属重点高校	2018年	1
14	江西师范大学	2019年	4	14	某省属重点高校	2021年	0
15	江西师范大学	2018年	4	15	某省属重点高校	2020年	0
16	江西师范大学	2020年	3	16	某省属重点高校	2021年	0
17	江西师范大学	2020年	3				
18	江西师范大学	2019年	3				
19	江西师范大学	2018年	3				
20	江西师范大学	2018年	3				

3. 与某部属211高校政治学专业硕士论文相比较（2017—2022年数据）

从下载量上看，该校政治学专业硕士论文最高被下载量为1430次，江西师范大学政治学专业硕士论文最高被下载量为2295次（见表7）。

表7 江西师范大学与某部属211高校政治学专业学位论文被下载数量比较

江西师范大学政治学专业				某部属211高校政治学专业			
序号	学位授予单位	学位授予年度	下载（次）	序号	学位授予单位	学位授予年度	下载（次）
1	江西师范大学	2019年	2295	1	某部属211高校	2021年	1430
2	江西师范大学	2019年	1660	2	某部属211高校	2020年	810
3	江西师范大学	2019年	1623	3	某部属211高校	2021年	788
4	江西师范大学	2018年	1558	4	某部属211高校	2021年	484
5	江西师范大学	2020年	1274	5	某部属211高校	2021年	484
6	江西师范大学	2019年	1209	6	某部属211高校	2021年	440
7	江西师范大学	2018年	1182	7	某部属211高校	2021年	386
8	江西师范大学	2020年	1043	8	某部属211高校	2021年	382
9	江西师范大学	2020年	998	9	某部属211高校	2021年	255
10	江西师范大学	2018年	981	10	某部属211高校	2021年	248
11	江西师范大学	2019年	851	11	某部属211高校	2021年	245
12	江西师范大学	2020年	849	12	某部属211高校	2021年	244
13	江西师范大学	2017年	822				
14	江西师范大学	2017年	815				
15	江西师范大学	2020年	719				
16	江西师范大学	2020年	637				
17	江西师范大学	2020年	619				
18	江西师范大学	2018年	565				
19	江西师范大学	2018年	498				
20	江西师范大学	2018年	483				

从引用率上看，该部属211高校政治学专业硕士论文最高被引用率为2篇5次，江西师范大学政治学专业硕士论文最高被引用率为2篇17次（见表8）。

表8　　**江西师范大学与某省属重点高校政治学专业学位论文被引用数量比较**

序号	江西师范大学政治学专业			序号	某部属211高校政治学专业		
	学位授予单位	学位授予年度	被引（次）		学位授予单位	学位授予年度	被引（次）
1	江西师范大学	2019年	17	1	某部属211高校	2017年	5
2	江西师范大学	2019年	17	2	某部属211高校	2017年	5
3	江西师范大学	2019年	16	3	某部属211高校	2021年	4
4	江西师范大学	2018年	9	4	某部属211高校	2018年	3
5	江西师范大学	2020年	8	5	某部属211高校	2017年	3
6	江西师范大学	2018年	8	6	某部属211高校	2017年	2
7	江西师范大学	2018年	6	7	某部属211高校	2021年	1
8	江西师范大学	2020年	5	8	某部属211高校	2021年	1
9	江西师范大学	2020年	5	9	某部属211高校	2021年	1
10	江西师范大学	2020年	5	10	某部属211高校	2020年	1
11	江西师范大学	2020年	5	11	某部属211高校	2019年	1
12	江西师范大学	2019年	5	12	某部属211高校	2018年	1
13	江西师范大学	2018年	5	13	某部属211高校	2018年	1
14	江西师范大学	2019年	4	14	某部属211高校	2021年	
15	江西师范大学	2018年	4	15	某部属211高校	2020年	
16	江西师范大学	2020年	3	16	某部属211高校	2021年	
17	江西师范大学	2020年	3				
18	江西师范大学	2019年	3				
19	江西师范大学	2018年	3				
20	江西师范大学	2018年	3				

4. 与某985高校政治学专业4篇博士论文相比较（2017—2019年数据）

从数量上看，该校最高被下载量和最高被引用率分别为514次、4次，远远低于江西师范大学政治学专业硕士论文的数量（见表9）。

表9　　某985高校政治学专业博士学位论文下载与引用数量

序号	学历层次	学位授予年度	下载	被引
1	博士研究生	2017年	514	4
2	博士研究生	2017年	721	5
3	博士研究生	2019年	80	
4	博士研究生	2019年	85	

当然，被下载量和被引用率不是评价论文水平高低的绝对性标准，但不可否认它是一个很重要的标准。只有选题有价值、写作有思想、结论有新意，才会引起同行的重视，才会被研究者下载和引用。

四　进一步提升硕士学位论文质量的建议

硕士研究生阶段是高等教育中承上启下的重要环节，硕士论文质量是衡量学生学术能力的主要指标，也是评价学科建设水平的重要标准。在硕士研究生阶段，鼓励和指导学生锚定一个研究方向，围绕相关选题，进行学术训练，提升思维能力，拓展研究能力，由此迈向更高学术阶梯。因此，加强硕士学位论文的规范性和学术性，全面提升硕士研究生的学术能力和研究水平，是建设高水平硕士点的重要内容和发展目标。江西师范大学省重点学科政治学硕士点建设10年来，在着力增强学生学术能力，提升硕士学位论文质量上，取得了比较显著的成绩，同国内其他高校相关学科相比，具有显著的比较优势。为社会培养高素质人才，这是高等院校的立足之本。因此，进一步提升江西师范大学政治学科建设能力，要在坚持和扩大既有优势的基础上，继续重视和提高硕士学位论文的质量水平，以高素质人才培养促进高水平学科建设。

一是既要注重基本理论问题，又要关心现实问题。

笔者在前文曾指出，纯理论研究不太适宜硕士阶段的初学者，但这并不意味着我们可以不重视理论学习和研究；相反，我们要花足够的时间和精力学习理论知识，训练理论思维能力，提高运用理论思想的本领。事实上，整个高等教育阶段，我们必须高度重视对理论知识的系统学习和深刻掌握，一旦偏离对理论知识的学习和把握、运用，高等教育就失去了最重要的学术功能。对理论掌握的深度和广度,将直接决定相关研究的理论高度和学术力度。因此,我们在分析社会问题,探寻破解之道时,必须充分运用理论思维和分析工具,发挥思想理论的重要指引作用。只有站在理论的高度,熟练适用各种知识原理和分析工具,我们才能做出有学术深度和理论含量的优秀硕士学位论文。江西师范大学政治学硕士学位论文之所以有比较可观的下载率和引用率,最根本的原因在于其坚持理论指导下的深度研究。

二是既要讲好"北京话"[①],也要会讲"地方话"[②]。

张艳国校长在会议开幕式致辞里指出:"能不能讲'北京话',会不会讲'北京话',讲多讲少'北京话',这是衡量一名学者是否进入学术主流、学术水平高下的重要标准和尺度。"这是毫无疑问的。学术研究要立得住、站得稳、走得远,在学术界产生影响、赢得地位,必须对标学术主流,联系社会实际,关心国家发展大势,这是我们学界必须始终明确的顶层设计。同时,我们还必须明确,"北京话"是对"地方话"的集中和概括,不仅不否定"地方话",而且鼓励讲好"地方话",支持各地学者进行差异化探索,这样才能丰富中国哲学社会科学研究。从这个意义上说,讲好"地方话"就是讲好"北京话"。因此,我建议江西师范大学政治学硕士点的导师组,从会讲"地方话"和讲好"北京话"相结合的角度,指导学生写出更优秀的硕士论文。

三是既要立足自身实际,又要加强交流借鉴。

中国幅员辽阔,不同地域具有不同资源禀赋和发展实际,在经济发展、社会治理、文化习俗等方面不尽相同。这为我们寻找多样化研究样本,探索学术研究新路径,提供了无比丰富的宝贵资源。从全国范围看,江西无疑具有自身独特的资源禀赋,丰富的传统文化资源和厚重的红色文化资源,都是供江西政治学界同人们深入开发的宝藏。张树华研究员在会议开幕式致辞里说政治学是顶天立地之学。"顶天"强调政治学研究

---

① 北京话指学术界通用的俗语,在北京的大报大刊、高端出版社发表、出版有思想内涵、有学术高度的论著。

② 地方话指学术界开展的具有地域特点、地方特色的学术研究,以及形成的各类研究成果。

政治活动和政治现象的基本规律，具有整体性和普遍性特征；"立地"强调政治学关注社会治理的权力运作机制，具有微观性和特殊性的属性。这要求我们既要立足自身实际，利用本土资源，寻求差异化发展策略，又要将自己研究同国家政治发展实际联系起来，加强同其他学术研究对话交流。

四是既要关心政治学本身，又要注重科学交叉研究。

作为一门传统学科，政治学在发展过程中形成了众多分支科学，在研究领域和研究方法上，政治学同其他学科相互激荡、相互促进，形成了包括政治社会学、政治考古学、政治传播学、政治心理学、政治地理学、政治人类学、政治符号学、政治哲学等众多交叉学科。当前，政治学研究呈现出两大特点：一方面，继续延续传统的政治学宏大叙述方式，研究国家、阶级、民主、权力、政党、人民、群体等重要政治概念和现象，注重从国家制度安排、国家权力运作等宏观性、中心化的权力机制展开分析。另一方面，积极引入其他社会科学的研究工具、分析框架和理论体系，力图从多视角、多层面对政治现象和问题进行立体式分析，从而深化认知，启发思维，得出新的结论。从江西师范大学政治学硕士论文看，注重引入相关学科理论，进行多学科交叉研究，是该硕士点学生培养的一项显著优势，应该继续保持和加强。

从百年党史看中国共产党的文化领导力

陈麟辉[*]

[摘　要] 中国共产党领导是中国特色社会主义最本质的特征。在党的百年奋斗历程，中国共产党立足中华优秀传统文化，以马克思主义科学理论为指导，不忘本来、吸收外来、面向未来，始终坚持古为今用的守正创新力，牢牢掌握意识形态工作的领导权，不断缔造红色基因的文化创造力，着力增强培根铸魂的人格锻造力，大力倡导文明互鉴的跨文化领导力，彰显了党的强大文化领导力。

[关键词] 百年党史；优秀文化；红色基因；文化领导力

文化领导力作为一种文化层面的感召力和影响力，对党的领导活动具有导向、制约和引领作用。中国共产党领导中国人民经过百年的艰辛探索，不仅实现了从站起来、富起来到强起来的历史性飞跃，同时也锻造了自身强大的文化领导力。

一　中华优秀文化是中国共产党
　　文化领导力的厚重底蕴

中华民族创造了灿烂辉煌的文明成就，为人类做出了卓越贡献，中华文明绵延至今，成为世界诸多文明中唯一没有中断过的文明，中国共

---

[*] 作者简介：陈麟辉，上海市社会科学界联合会党组成员、二级巡视员、研究员、博士生导师。

产党是一个善于在吸收古今中外优秀文化的基础上不断进行文化创新的先进政党，中华优秀传统文化自然就构成了中国共产党文化领导力的深厚底蕴。

（一）中国共产党是中华文化的传承者

中华文化虽拥有辉煌的历史，但也经历了近代以来剧烈变革的阵痛。鸦片战争以来，西方列强凭借船坚炮利打开了中国大门，以"野蛮"和"文明"两种形式输出西方文化，对中华文化造成了巨大冲击，中华民族始终坚守住最深层的根基和最内在的精神，民族屈辱感所激发的对民族复兴的强烈诉求，内化为中华民族现代精神中的潜在气质，中国近代思想经历了从"师夷长技以制夷""中体西用"到"维新变法""民主共和"再到"民主与科学""马克思主义"的历史演进过程，最终各类政党大都退出历史舞台，中国共产党在社会变革和思想变迁中担负起了领导中国革命的历史重任，成为中华优秀传统文化的忠实传承者和弘扬者。

回望党的百年历史进程，中国共产党既坚守本根又与时俱进，对中华优秀传统文化进行创造性转化和创新性发展，创造性地将马克思主义基本原理同中国具体实际相结合，完成了中华民族有史以来最为广泛而深刻的社会变革，形成了涵盖中国优秀传统文化、革命文化、社会主义先进文化等主要内容的中国特色社会主义文化，让中国人民重拾和坚定了文化自信心，使具有五千多年文明史的中华民族焕发出强大的生机活力，迎来了中华民族伟大复兴的光明前景。

（二）中华优秀传统文化在高度文化自信中延续

文化自信是一个国家、一个民族发展中更基本、更深沉、更持久的力量。没有高度的文化自信，没有文化的繁荣兴盛，就不可能实现中华民族的伟大复兴。随着社会的进步、时代的发展，中华优秀传统文化作为软实力的作用体现得越来越明显。中国共产党历来重视优秀传统文化的传承和创新。毛泽东强调"古为今用"，善于用自己的话语讲好中国传统文化的寓言、典故也成为毛泽东思想的特色和亮点。党的十八以来，习近平总书记高度重视中国优秀传统文化，将中华优秀传统文化提升到崭新阶段，赋予它新的时代内涵，强调中华优秀传统文化是国家最深厚的文化软实力,是中国特色社会主义植根的沃土,是我们在世界文化激荡中站稳脚跟的根基,并将其作为治国理政的重要思想文化资源,转化为实现中华民族伟大复兴、构建"人类命运共同体"的强大精神力量,在守正创新中促进了社会主义文化繁荣发展,为社会主义现代化建设提供了强大的精神动力和智力支持,使中国文化在薪火相传中不断开拓创新,在与时代的结合中充分彰显出了跨越时空、永不褪色的旺盛生命力和融合力。中华文明延续着我们国家和民族的精神血脉,成为中华民族文化自信的根源。瞻望新征程,身处中华民族伟大复兴的战略全局和世界百年未有之大变局的历史关键时刻,面对复杂多元的世界文化,我们仍需进一步坚定文化自信、保持文化包容、坚持扬弃继承、推动转化创新,使中华民族优秀文化成为中国共产党文化领导力的灵魂根脉和深厚养分。

(三) 坚持古为今用的守正创新力

以科学的态度继承和弘扬中华优秀传统文化。"以古人之规矩,开自己之生面。"继承和弘扬中华优秀传统文化,既不能片面地讲厚古薄今,又不能片面地讲厚今薄古,而是要本着科学的态度,有鉴别地加以对待,有扬弃地予以继承,加强对中华优秀传统文化的阐发,深入挖掘中华优秀传统文化讲仁爱、重民本、守诚信、崇正义、尚和合、求大同的时代价值,汲取其中的思想精华和道德精髓,激活中华文化的生命力,努力用中华民族创造的一切精神财富来以文化人、以文育人。[1]

把中华优秀文化基因融入新时代文化建设中。坚持以马克思主义为指导,坚守中华文化立场,立足当代中国现实,结合新的时代条件传承和弘扬中华优秀传统文化,使中华民族最基本的文化基因与发展现实文化有机统一起来,紧密结合起来,不忘本来、吸收外来、面向未来,既继承优秀传统又弘扬时代精神,既发扬本国特色又学习外来文化。[2] 继承革命文化,发展社会主义先进文化,坚持走中国特色社会主义文化发展道路,推动社会主义精神文明和物质文明协调发展,在建设社会主义文

---

[1] 习近平:《论党的宣传思想工作》,中央文献出版社2020年版,第10页。
[2] 习近平:《论党的宣传思想工作》,中央文献出版社2020年版,第57页。

化强国的历史进程中不断铸就中华文化新辉煌,让中华文化展现出永久魅力和时代风采。

激发全民族文化创造活力打造传世精品。始终保持对中国文化价值和文化创造力的高度信心,坚持百花齐放、百家争鸣,持续推陈出新,不断实施高质量的重大文化工程,将中华民族优秀传统文化全面融入国民教育、文化创造、生产生活,激发全民族的文化创造活力,推动文化事业和文化产业发展,创作更多体现中华文化精髓、反映中国人审美追求、传播当代中国价值观念、符合世界进步潮流的优秀作品①,使之成为激励中国人民和中华民族不断前行的精神力量。

二 意识形态领导权是中国共产党文化领导力的核心问题

意识形态作为国家权力渗透和社会结构构建的重要存在,是党的一项极端重要的工作,是党的文化领导力的核心问题。能否做好意识形态工作,掌握意识形态领导权,事关党的前途命运,事关国家长治久安,事关民族凝聚力和向心力。中国共产党历来重视党的意识形态工作,始终坚持马克思主义在意识形态领域的指导地位,不断探索意识形态领导权建设与巩固的规律和方法,与时俱进推进马克思主义中国化的进程。

(一) 中国共产党历来重视意识形态领导权

中国共产党在成立之初便具备科学的理论武装和强大的思想引领。"在一个很长的时期内,即从1840年的鸦片战争到1919年的五四运动的前夜,共计七十多年中,中国人没有什么思想武器可以抗御帝国主义。"②1917年十月革命一声炮响,给中国送来了以实现全人类的根本解放为根本价值诉求的马克思主义。五四运动之后,马克思主义在国内广泛传播,造就了一批早期的马克思主义信仰者和传播者。1921年,在马克思列宁

---

① 《高擎民族精神火炬吹响时代前进号角 筑就中华民族伟大复兴时代文艺高峰》(2016年11月30日),《人民日报》2016年12月1日第1版。

② 《毛泽东选集》第4卷,人民出版社1991年版,第1513—1514页。

主义同中国工人运动相结合的进程中，中国共产党应运而生。马克思主义作为一种意识形态在中华儿女抗御帝国主义的艰辛探索中逐渐传播确立，为人类文明的发展指明了正确方向，"中国革命运动，从此就有了正确的理论基础"①。

新生的中国共产党以马克思主义意识形态作为其阶级意志的思想表达，用以指导中国革命实践。正如毛泽东同志所言，"自从中国人学会了马克思列宁主义之后，中国人在精神上就由被动转为主动"。新民主主义革命时期，中国共产党充分发挥马克思主义强大的思想引领作用，以满足人民的现实利益诉求为价值追求，带领中国人民开展土地革命，进行武装斗争，使党的意识形态随着中国革命实践不断扩大传播、深入民心，增进了广大群众对马克思主义的情感倾向和思想认同。马克思主义理论与中国革命实际相结合也初步释放出巨大能量，中国共产党在中国革命实践中完成了马克思主义中国化的第一次飞跃，形成了马克思主义中国化的第一个伟大理论成果——毛泽东思想，成为中国共产党强大领导力的理论武器，为党的意识形态领导权的确立提供了理论基础，引领着中国革命最终走向胜利。

中华人民共和国成立以后，为了巩固新生的人民政权，中国共产党高度重视意识形态整合，逐步确立了社会主义意识形态的主导地位，充分运用意识形态对社会经济发展的反作用，不断为社会主义经济的发展提供精神动力和智力支持。尤其在社会主义改造、建设和探索过程中，中国共产党大力倡导发展科学技术事业，团结全国知识分子和进步民主人士，清除党内少数官僚主义者和变质分子，培养了一大批马克思主义理论研究人员，组建了党的理论和思想宣传的专业队伍。在毛泽东思想的指导下，党的意识形态领导权不仅在现实基础上得到了广大人民群众的拥护与认同，而且为国家权力的构建和人民政权的巩固提供了可靠保障和现实根基。

改革开放新时期党的意识形态领导权发展主要以中国特色社会主义道路的不断探索与发展为主线，实现了党从理论到实践的伟大创造。以邓小平为主要代表的中国共产党人深刻认识到意识形态工作搞不好会造

---

① 《毛泽东选集》第 1 卷，人民出版社 1991 年版，第 188 页。

成使党翻船的危险，明确指出"在工作重心转到经济建设以后，全党要研究如何适应新的条件，加强党的思想工作，防止埋头经济工作、忽视思想工作的倾向"[①]，通过总结我国正反两方面经验教训和国际共产主义运动历史经验，中国共产党在领导改革开放和社会主义现代化建设的长期实践中，对社会主义建设规律的认识不断加深，形成了以邓小平理论、"三个代表"重要思想、科学发展观等为主要内容的中国特色社会主义理论体系，党的意识形态工作日益完善，不仅造就了中国的伟大转折与崛起，而且推动了党对社会主义意识形态工作领导权的不断巩固和社会主义精神文化事业的全面繁荣。

党的十八大以来，以习近平同志为核心的党中央深刻认识到意识形态工作的极端重要性，针对新形势下意识形态领域的复杂情况，果断做出加强党对意识形态工作领导的战略部署，全面加强党对文化事业、哲学社会科学、新闻媒体和互联网等领域意识形态工作的领导，并把马克思主义与中国特色社会主义现代化建设的伟大实践相结合进行创造性转化与创新性发展，从理论上系统回答了新时代坚持和发展什么样的中国特色社会主义、怎样坚持和发展中国特色社会主义这个重大时代课题，创立了马克思主义中国化的最新成果——习近平新时代中国特色社会主义思想，丰富了中国特色社会主义理论体系，开辟了马克思主义发展的新境界，进一步夯实了党的意识形态领导权的理论基础。

（二）切实守好新时代意识形态阵地

在机遇与挑战并存的历史新时代，我们既要把握社会主义意识形态发展的有利机遇，同时也应清醒认识意识形态领域斗争形势的严峻性，牢固坚守思想阵地，继续推进马克思主义的中国化、时代化和大众化，不断增强社会主义意识形态的感召力、凝聚力、引领力和影响力。

牢牢掌握党对意识形态工作的领导权。加强党对宣传思想工作的全面领导，旗帜鲜明坚持党管宣传、党管意识形态，加强阵地建设和管理，全面落实意识形态工作责任制，确保国家意识形态的绝对安全；坚持以人民为中心做好党的意识形态工作，引导社会舆论，加强正面宣传，弘

---

① 《邓小平文选》第3卷，人民出版社1993年版，第48页。

扬主旋律、壮大正能量，提升主流意识形态话语权和引领力，形成具有中国特色、中国风格、中国气派的理论体系和话语体系；顺应网络新媒体传播形势，不断创新意识形态工作方式方法，切实增强针对性和实效性，让意识形态工作为改革、发展和稳定明确思想引领、汇聚强大力量、凝聚广泛共识；高度重视苗头性、倾向性问题，掌握主动权，打好主动仗，积极开展舆论斗争，旗帜鲜明反对和抵制各种错误观点，毫不妥协守住思想舆论阵地。

巩固马克思主义在意识形态领域的指导地位。深化马克思主义理论研究和建设，加快构建中国特色哲学社会科学，加强中国特色新型智库建设；增强主流意识形态对多样化社会思潮的统领和整合能力，有效应对各种错误观点和思潮的挑战，牢牢掌握意识形态话语权；推进马克思主义中国化、时代化和大众化，提高马克思主义理论研究的创新力和解决现实问题的能力，增强马克思主义理论的普及力、说服力、影响力和凝聚力。

用习近平新时代中国特色社会主义思想武装全党。做好新时代意识形态工作，必须加强理论武装、筑牢思想根基，深刻把握习近平新时代中国特色社会主义思想的科学体系和思想精髓，从各个领域深入理解其基本内涵和基本要求，坚持集中教育和经常性教育相结合，抓好领导干部这个"关键少数"，用马克思主义中国化最新理论成果武装全党、教育人民、凝魂聚力，提高党员干部的理论素养和执政能力，切实增强干部群众的政治认同、思想认同、理论认同、情感认同，使全体人民在理想信念、价值理念、道德观念上紧紧团结在一起，真正汇聚起实现中国梦的磅礴力量，为夺取新时代中国特色社会主义新胜利提供强大的思想引领、舆论引导、理论支撑和精神动力。

三 革命精神是中国共产党文化领导力的红色基因

回顾百年峥嵘岁月，中国共产党的彻底革命精神、艰苦奋斗精神、牺牲奉献精神、实事求是精神、自力更生精神、团结协作精神、顾全大局精神、改革创新精神、廉洁自律精神与和平发展精神，积淀着中华民族最深层的精神追求，代表着中华民族独特的精神标识，它犹如一条红线，贯穿于党的全部历史进程中，动员和感召中国人民谱写了一曲曲嘹亮凯歌，铸就了一座座不朽丰碑。

（一）百年中共党史是铸就崇高革命精神的文明史

新民主主义革命时期，半殖民地半封建社会中蕴藏着强大的革命力量，中国共产党在马克思主义与工人运动的结合中孕育而生，一种开天辟地、敢为人先的首创精神，便在中国工人阶级的先锋队、中华民族的先锋队中生长扎根。这种建党精神，不同于其他政党的精神气质，成为中国革命精神之源。以此为逻辑和历史起点，中国共产党将自身建设成为"用科学理论和革命精神武装起来的"政党，在领导中国人民救亡图存的革命道路上，孕育产生了与之一脉相承的八一精神、井冈山精神、苏区精神、长征精神、延安精神、抗战精神、沂蒙精神、红岩精神、西柏坡精神等，这些革命精神转化为激励无数革命志士义无反顾、奋勇向前的强大精神动力，引领着革命志士以坚决彻底的革命精神前仆后继，最终取得了新民主主义革命的胜利。

社会主义革命和建设时期，凭借着强大的生命力、凝聚力、信仰力和领导力，中国共产党冲破重重阻力，克服种种困难，领导中国人民自力更生、奋发图强、艰苦奋斗，在领导社会主义革命和社会主义建设的艰辛探索过程中，根据我国的特殊国情丰富和发展了中国革命精神的内容，积蓄形成了抗美援朝精神、好八连精神、大庆精神、大寨精神、红旗渠精神、雷锋精神、焦裕禄精神、"两弹一星"精神等革命精神，这些革命精神为社会主义革命和社会主义建设探索时期取得独创性理论成果与重大成就提供了强大的精神力量和坚实的精神保障，凝聚起了加速推进中国社会主义建设的磅礴力量，促使中国从一个落后的农业国发展成为一个具有相对独立、完整工业体系的国家，为中国特色社会主义的开创提供了物质基础、宝贵经验和精神启示。

改革开放和社会主义现代化建设时期，中国共产党恢复了解放思想、实事求是的马克思主义思想路线，不断加深对社会主义本质、党的建设、社会主义发展等一系列重大问题的认识，成功开创、坚持和发展了中国特色社会主义，形成了中国特色社会主义理论体系。中国革命精神在改革开放和社会主义现代化建设过程中也得到继承和发展，形成了以特区精神、创业精神、孔繁森精神、女排精神、载人航天精神、北京奥运精神、世博精神、抗震救灾精神、抗击"非典"精神等为主要内容的革命精神，为中国特色社会主义的开创和发展提供了强大的精神力量和坚实的精神保障。

中国共产党在领导全国人民进行革命、建设、改革实践中积淀而成的这些伟大革命精神，虽然在各个历史发展阶段具有不同的表现形式，但每一种精神正是中国共产党对理想信念最为形象生动的话语表达，每一种精神都承载着一段具有非凡意义的红色历史，构成了一代又一代共产党人不懈奋斗、艰辛探索的独特精神谱系，都是中华民族自强不息民族品格的集中展示，支撑着中国革命道路前进的步伐。在一个个鲜明生动的革命精神感召下，越来越多的人成为中国共产党理想信念的追随者，革命精神也成为中国共产党文化领导力的精神标识。

（二）革命精神是中共治国理政的重要力量源泉

人无精神则不立，国无精神则不强。精神是一个民族赖以长久生存的灵魂，唯有精神上达到一定的高度，这个民族才能在历史的洪流中屹立不倒、奋勇前进。从中国共产党诞生成为"开天辟地的大事变"，到中华人民共和国成立开辟了"历史新纪元"；从改革开放成为"决定当代中国命运的关键一招"，到中国特色社会主义进入新时代党和国家事业取得历史性成就、发生历史性变革，中华民族之所以实现从站起来、富起来到强起来的伟大飞跃，都可以从历史中找寻胜利的源头，汲取丰富的智慧、经验、精神和力量。

中国共产党是用科学理论和革命精神武装起来的政党。中国共产党能够在成立后始终成为中流砥柱、民族脊梁、时代先锋，就在于其拥有强大的精神力量，形成了以文化人的文化领导力。中国共产党在领导中国人民进行革命、建设和改革的各个历史阶段培育出来的革命精神，无论是为争取民族独立、人民解放而坚守信仰、敢于牺牲的斗争精神，还是为摆脱贫困、实现温饱而自力更生、奋发图强的奋斗精神，抑或是为实现国家富强、人民富裕而与时俱进、锐意进取的改革创新精神，都是在特定的历史时期中所形成的精神品格，是中华民族精神的丰富滋养，是党和国家宝贵的精神财富，是最好的"营养剂"和"清醒剂"。

革命精神与党的历程同行，走得越远，初心和使命的呼唤就越是强烈，文化的感召力就越是强劲。如今，历经百年的发展和滋养，革命文化和革命精神作为中国共产党人红色基因和精神族谱的重要组成部分，凝结着中国共产党的价值理念和精神追求，呈现着中国共产党人的鲜亮底色，已经深深融入中华民族的血脉和灵魂，成为中国共产党治国理政的重要力量源泉，成为鼓舞和激励中国人民不断攻坚克难、从胜利走向胜利的强大精神动力。

党的十八大以来，中国共产党人站在新的历史起点上，顺应时代发展趋势，在把握我国社会主要矛盾新变化的基础上续力拓展了中国特色社会主义。在领导中国特色社会主义现代化国家的建设实践中，习近平总书记始终注重从历史中汲取治国理政的智慧和力量，他的"红色足迹"从河北西柏坡、山东临沂、福建古田，到上海兴业路、陕西延安、贵州遵义、江西于都……，遍及大江南北，他坚持宽广深邃的大历史观，端起历史规律的望远镜把握大局大势，带领全党不断深化对共产党执政规律、社会主义建设规律、人类社会发展规律的认识，多次在重大党史事件和重要党史人物的纪念会议，以及考察革命纪念地的重要活动和其他许多重要场合，论述强调革命精神的重要性，把中国共产党革命精神的弘扬和发展深入贯彻到中国伟大斗争、伟大工程、伟大事业、伟大梦想中，赋予了革命精神新的时代内涵和历史使命。在新时代，革命精神是历史的产物、历史的印记，更是新时代党的理想信念的重要推动力量；革命精神不仅没有远去，而且离我们越来越近。党的十九大报告指出要"不断增强党的政治领导力、思想引领力、群众组织力、社会号召力"[1]，这"四力"当中，无一不蕴含着党的精神引领力。党的精神引领力越深入人心，越能够实现和彰显强大而有效的文化领导力。

（三）在薪火相传中释放革命精神的时代光芒

习近平总书记指出："一个民族最深沉的精神追求，一定要在其薪火

---

[1] 《习近平谈治国理政》第3卷，外文出版社2020年版，第13页。

相传的民族精神中来进行基因测序。"① 进入新时代，我们要铭记光辉历史、传承红色基因、传播红色文化，始终保持革命精神的蓬勃生机，在新的历史起点上把革命先辈开创的伟大事业不断推向前进，让红色基因代代传承，把红色文化发扬光大，让革命精神释放出新的时代光芒，不断增强党的感召力和领导力。

立足于党的百年历史新起点和世界百年未有之大变局，将弘扬革命精神提升到关系党的事业发展的战略高度。作为革命者的共产党人就要永葆革命精神和政治本色，主动承担起肩上的历史使命和时代责任，结合我国社会发展的阶段性特征，从历史和现实、理论和实践、国内和国际等多个角度对革命精神的弘扬与发展问题进行思考，深刻认识革命精神的战略地位，坚持自我革命与社会革命相结合，自觉将传承红色基因、传播红色文化统筹于中华民族伟大复兴的战略全局，贯穿于中国特色社会主义现代化建设的伟大实践中，在创新党的科学理论的基础上缔造出红色基因的文化创造力，在实现社会主义现代化强国的实践中丰富和发展革命精神的时代内涵。

在全党广泛开展中共党史学习教育和革命精神教育，充分发挥党的历史以史鉴今、资政育人的作用，让更多的人学史明理、学史增信、学史崇德、学史力行，以昂扬的姿态有力开启全面建设社会主义现代化国家新征程。历史是最好的教科书，党史和新中国史是中国近代以来最为可歌可泣的篇章。在新的历史时代，要善于运用党的历史推动党的事业发展，创新党史学习教育的方式方法，将党史学习教育列为广大党员干部的必修课，号召全党尤其是领导干部从波澜壮阔的革命历史中接受教育，知史爱党、知史爱国，使党史学习和革命精神融入党员干部的血脉之中、内心世界、灵魂深处，通过党史学习教育，弘扬优良传统，汲取智慧力量，砥砺初心使命，以昂扬姿态奋力开启全面建设社会主义现代化国家新征程。

加强革命文物保护利用和文化遗产保护传承，深化对革命精神时代价值的挖掘、宣传与研究。在实现中华民族伟大复兴中国梦的进程中，

---

① 《在德国科尔伯基金会的演讲》（2014年3月28日），《出席第三届核安全峰会并访问欧洲四国和联合国教科文组织总部、欧盟总部时的演讲》，人民出版社2014年版，第32页。

铸造了伟大的革命精神，留下了丰富的革命文化资源，革命纪念馆等爱国主义教育基地是传承红色基因、传播红色文化、弘扬革命精神的重要场所，是党和国家的红色基因库。这些革命纪念地，通过实物、文物、照片、音频、视频、讲解、体验等，构筑了一个个真实的历史场景，营造了一个个情景交融的氛围，使人犹如亲临其境，激发感想，感悟革命先辈的伟大与崇高，在潜移默化中接受革命传统教育，从而达到净化心灵、陶冶情操的目的。我们要进一步加强革命文物保护利用和文化遗产保护传承，利用红色资源优势，把革命文化资源作为党性教育、理想信念教育的生动教材，让革命文物活起来，讲好党的故事、革命的故事、根据地的故事、英雄和烈士的故事，加强革命传统教育、爱国主义教育、青少年思想道德教育，把红色基因传承好、红色文化传播好。

四　核心价值观是中国共产党文化领导力的时代表达

核心价值观承载着一个民族、一个国家的精神追求，是一个国家和民族价值体系中最本质、最具决定作用的部分，集中反映一定社会的经济、政治、文化，代表人们对现实世界的总体认识、基本理念和理想追求，在一定社会的文化中起中轴作用，支撑和影响着所有价值判断。中国共产党凝练、构建和领导人民践行社会主义核心价值观彰显了其与时俱进的文化领导力。

（一）领导确立社会主义基本制度和价值观念

社会主义核心价值观作为一种社会意识，是社会主义意识形态的本质要求，体现了社会主义制度在思想和精神层面质的规定。革命战争年代，以毛泽东为代表的中国共产党提出要建立一个独立、自由、民主和富强的新中国，通过广泛的宣传教育，让身处屈辱苦难中的劳苦大众为争取自身解放而奋起抗争，随着中华人民共和国的成立和社会主义基本制度的确立，中国共产党提出把建设"四个现代化"的社会主义强国作为宏伟目标，在社会上广泛开展社会主义思想道德建设，"社会主义"的价值观念和理想追求得以在全国范围内确立，为社会主义核心价值体系的形成和构建奠定了一定的政治前提、物质基础和文化条件。

(二) 逐步构建社会主义核心价值观

社会主义核心价值体系是中国共产党团结带领全国各族人民在开创和发展中国特色社会主义的伟大实践中形成的,凝结着社会主义先进文化的精髓,是中国特色社会主义道路、理论体系和制度的价值表达。① 进入改革开放新时期,以邓小平为主要代表的中国共产党人从提高中华民族素质的高度,提出要"使我们的各族人民都成为有理想、讲道德、有文化、守纪律的人民"的重要思想②。随着社会主义意识形态建设的不断探索和党的理论建设不断取得新成果,党的十六届六中全会明确提出建设社会主义核心价值体系的重大战略任务,强调由马克思主义指导思想、中国特色社会主义共同理想、以爱国主义为核心的民族精神和改革创新为核心的时代精神、社会主义荣辱观等内容构成社会主义核心价值体系的基本内容。

社会主义核心价值观是我们党在新时代提出的重大战略思想,是对社会主义核心价值体系的高度凝练和集中表达。党的十八大以来,中国特色社会主义进入了新时代,以习近平同志为核心的党中央从新时代坚持和发展中国特色社会主义、实现中华民族伟大复兴的中国梦出发,明确提出要倡导富强、民主、文明、和谐,倡导自由、平等、公正、法治,倡导爱国、敬业、诚信、友善,积极培育和践行社会主义核心价值观。社会主义核心价值观把涉及国家、社会、公民三个层面的价值要求融为一体,深刻回答了我们要建设什么样的国家、建设什么样的社会、培育什么样的公民的重大问题,集中体现了当代中国精神,凝结着全体中国人民共同的价值追求。

构建社会主义核心价值体系和价值认同,践行和弘扬社会主义核心价值观,成为新时代中国文化领导力建设的核心内容。围绕培育和弘扬社会主义核心价值观,习近平总书记以"培养担当民族复兴大任的时代

---

① 中共中央宣传部编:《习近平总书记系列重要讲话读本》,学习出版社、人民出版社2014年版,第93页。

② 《邓小平文选》第2卷,人民出版社1994年版,第408页。

新人"为着眼点,对社会主义核心价值观的丰富内涵和实践要求进行了深刻阐述,指出要把培育和弘扬社会主义核心价值观作为凝魂聚气、强基固本的基础工程,作为一项根本任务,切实抓紧抓好,"用社会主义核心价值观凝魂聚力,更好构筑中国精神、中国价值、中国力量,为中国特色社会主义事业提供源源不断的精神动力和道德滋养"①,通过教育引导、舆论宣传、文化熏陶、实践养成、制度保障等,增强培根铸魂的人格锻造力,使社会主义核心价值观内化于心、外化于行,真正发挥文化引领风尚、教育人民、服务社会、推动发展的作用。

(三) 践行核心价值观以增强培根铸魂的人格锻造力

有针对性地强化教育引导。加强党员教育,在全党范围内深入开展理想信念教育和思想道德教育,不断推动理想信念教育常态化、制度化建设,引导广大党员干部发挥带头和榜样作用,以自己的模范行为和高尚人格感召群众、带动群众;加强青少年教育,把社会主义核心价值观的基本内容和要求渗透到学校教育和教学之中,体现在学校日常管理之中,从小抓起、从学校抓起,做到进教材、进课堂、进头脑;加强知识分子引导,引导他们加强自身学习和理解,自觉践行社会主义核心价值观,积极向广大人民群众传播主流价值观,充分发挥他们作为党和人民群众之间的文化桥梁和纽带的作用。

大力弘扬爱国主义精神。要把爱国主义教育作为永恒主题,贯穿于国民教育和精神文明建设全过程,引导全体人民弘扬伟大的爱国主义精神,为实现中华民族伟大复兴的中国梦不懈奋斗;坚持爱国与爱党、爱社会主义有机统一,把践行社会主义核心价值观与坚持中国特色社会主义道路相结合,将弘扬以爱国主义为核心的民族精神和以改革创新为核心的时代精神相统一;维护祖国统一和民族团结,不断增强中华民族意识和国家意识,旗帜鲜明反对一切破坏国家完整和民族团结的行径;尊重和传承中华民族历史和文化,正确理解和消化吸收祖国悠久历史、深厚文化,不断增强民族归属感和荣誉感,使中华优秀传统文化成为涵养

---

① 中共中央宣传部编:《习近平总书记系列重要讲话读本》(2016年版),学习出版社、人民出版社2016年版,第190页。

社会主义核心价值观的重要源泉。

切实把社会主义核心价值观融入社会生活各方面。促进公共政策的道德影响评估，积极发挥政策导向作用，用法律来推动社会主义核心价值观建设，使经济、政治、文化、社会等方方面面的政策都有利于社会主义核心价值观的培育；把社会主义核心价值观的基本要求融入各行各业的规章制度中，完善健全市民公约、乡规民约、企业规定、学生守则等行为准则，使之转化为人们的基本情感认同和日常行为习惯；倡导好家训、好家风，动员群众广泛参与，在传播社会主流价值观的各类具体社会实践中学思践悟自觉养成科学、文明、健康的生活方式和行为习惯，从而提高人民的道德水准和文明素养。

五　文明互鉴是中国共产党跨文化领导力的必要途径

世界文明格局的形成是一个漫长的历史过程，正是不同文明的交流、交锋、交融才促进了文明的进步和人类社会的发展，形成了多姿多彩的大千世界。

（一）坚持人类文明的多样性和平等性

人类文明多样性是世界的基本特征。从文明发展史角度看，人类经历了从渔猎文明到农业文明到工业文明再到生态文明的发展，每一次文明更替都是一次社会革命，是一个从野蛮走向文明、从封闭走向开放的过程。在社会经济发展进步的漫长历史长河中，人类创造和发展了多姿多彩的文明，世界上现在共有 200 多个国家和地区、2500 多个民族、多种宗教，不同历史和国情，不同民族和习俗，孕育了不同文明，这些文明多元共生成为人类社会存在的常态，使世界变得丰富多彩、生动美好。

历史告诉我们，各种人类文明的形成都经过了长期的积淀，它们在价值上是平等的。一个国家和民族的文明是一个国家和民族的集体记忆，不论是中华文明，还是世界上存在的其他文明，都扎根于本国本民族的土壤之中，都有其独特魅力和深厚底蕴，都是人类的精神瑰宝。因此，世界文明没有高低、优劣之分，只有特色、地域之别，一切文明成果都值得尊重和珍惜。也正是因为人类文明在价值上的平等性，才使得文明有了交流的基础，有了互鉴的前提，有了交融的源泉，在平等基础上的交流互鉴才会让各国文明彼此交相辉映、相得益彰，共同为人类文明的进步做出重要贡献。

（二）交流互鉴是文明发展的本质要求

文明总是在交流中发展、在交锋中交融的。中华文明具有鲜明的包容特质，中华文明正是在同其他文明交流互鉴中不断丰富发展。纵观历史，中华文明不仅仅积淀着中华民族最深层的精神追求，以其独特的文化基因和自身发展历程，植根于中华大地，为中华民族生生不息、发展壮大提供了丰厚滋养。中华民族更是始终秉持以和为贵的和平性格、海纳百川的包容特质、天下一家的大国气度，同世界其他文明相互交流，与时代共进步，使中华文明在几千年的历史进程中，兼收并蓄历久弥新，展现出旺盛的生命力，同时也为人类文明进步做出了不可磨灭的贡献。古代中国的"四大发明"以及漆器、丝绸、瓷器、生铁和制钢技术、郡县制、科举制等，都有力推动了人类文明的发展进程。近代以来，中国共产党在领导人民进行伟大社会革命的征程中，成功开辟了中国特色社会主义道路，形成了中国特色社会主义理论体系，建立了中国特色社会主义制度。发展的中国特色社会主义文化，也向世界贡献了深刻的思想体系、丰富的科技文化艺术成果、独特的制度创造，提供了中国智慧和中国方案，深刻影响了世界文明进程。中华文明不仅是在中国大地上产生的文明，也是在同其他文明交流互鉴中不断发展的文明。

文明的活力在于交往、交流、交锋、交融。在全球化进程不断加速的今天，在世界文化多样性的发展环境下，各国文化发展早已离不开跨文化交流，习近平总书记多次以"交流""互鉴""共存"诠释人类文明发展之道，他提出的"一带一路"倡议和构建"人类命运共同体"的理念也得到了世界各国的高度认同。党的十九大报告将开放包容的中国精神融入构建人类命运共同体的伟大进程，呼吁世界各国遵循开放包容的精神创造人类美好未来。党的十九届五中全会审议通过的《中共中央关于制定国民经济和社会发展第十四个五年规划和二〇三五年远景目标的建议》，从战略和全局上对我国文化建设做了规划和设计，提出到2035

年建成文化强国的战略目标,明确要求"创新推进国际传播,加强对外文化交流和多层次文明对话"①,在与世界文明对话和交流互鉴过程中,提高国家文化软实力。

(三) 在文明互鉴中提升党的跨文化领导力

夯实国家文化根基,展示中华文化的独特魅力。提高国家文化软实力要"形于中"而"发于外",通过深化文化体制改革、构建中华文明传承体系、大力繁荣文化事业、加快发展现代文化产业、提高文化开放水平等,切实把我们自身的文化建设搞好,提升我国在世界文化格局中的定位。加强对当代中国价值观念的提炼和阐释,拓展对外传播平台和载体,把中国特色社会主义价值观念贯穿于国家交流和传播的方方面面。把中华民族最基本的文化基因和当代中国文化创新成果,以人们喜闻乐见、具有广泛参与性的方式推广开来、传播出去,以理服人、以文服人,综合运用大众传媒、群体传播、人际传播等多种方式展示中华文化的魅力。

着力讲好中国故事,做好国际舆论引导。面对国际上一些唱衰中国的论调,必须树立强烈的文化自信,努力争取国家话语权,传播好中国声音,将我国的发展优势及时转化为话语优势,建立我国的话语体系。面对质疑和误解时,我们要主动发声,让正确的声音先入为主,做好国际舆论引导工作,对别有用心的人散布的政治谣言和奇谈怪论,党员干部和更多的文化人要坚定立场,更好发挥文化的引领力和辐射力,及时加以澄清和纠正,及时反驳,让正确声音盖过它们,因时而动、顺势而为,把思想舆论工作大大向前推进一步,向世界展现一个真实、立体、全面的中国。

拓展务实合作,构建人文共同体。加强高层的战略规划和协调沟通,从战略高度和长远角度规划好中国与其他国家的关系和发展方向,深化党际交流和治国理政经验互鉴,加强各层次沟通对话和协调合作。拓展

---

① 《中共中央关于制定国民经济和社会发展第十四个五年规划和二〇三五年远景目标的建议》(二〇二〇年十月二十九日中国共产党第十九届中央委员会第五次全体会议通过),《人民日报》2020年11月4日第1版。

民间友好往来和务实合作，通过扩大各领域交流合作，增进相互理解，促进民心相通，不断夯实国家之间的友好民意支撑。坚持以我为主、兼收并蓄，加强文明对话交流，以文明交流超越文明隔阂、文明互鉴超越文明冲突、文明共存超越文明优越，夯实共建人类命运共同体的人文基础，同世界各国人民创造的丰富多彩的文明一道，在美人之美、美美与共中推动世界文明的繁荣发展，进而提升党的跨文化领导力。

略论党内法规与国家法律衔接机制的完善

胡盛仪[*]

[**摘　要**] 虽然党内法规与国家法律是两个不同的概念，二者之间亦有着明显的差别，但是都共存于中国特色社会主义法治体系，并在我国法治建设进程中各自发挥着不可相互替代的作用。中国共产党作为执政党，其内部法规制度不可避免地从各个层面影响着国家治理和社会调控，加强党内法规制度建设，实现党内法规与国家法律和谐统一，对于推进"四个全面"战略布局具有十分重要的意义。因此，党的十八届四中全会提出"注重党内法规同国家法律的衔接和协调"命题。在此时代背景之下，研究"党内法规同国家法律的衔接和协调"这一主题，旨在客观总结党内法规和国家法律衔接和协调的经验及问题，提出相应的改进措施，以期对全面提升党的执政能力及国家治理能力有所裨益。

[**关键词**] 党内法规；国家法律；衔接协调；法治完善

中国特色社会主义法治的本质特征，就是必须坚定不移地坚持中国共产党对法治的全面领导。因此，全面推进依法治国，实际上对执政党的执政能力和自身建设提出了新的更高的要求，特别是要从建章立制方面加强党对全体党员特别是党的领导干部的行为进行约束和规范，从各个方面提高党的执政能力和治国理政的能力，这说明加强党内法规建设

---

[*] 作者简介：胡盛仪，湖北省社会科学院研究员、硕士生导师。

在建设中国特色社会主义征程中有着至关重要的意义。党的十八届四中全会做出的《关于全面推进依法治国若干重大问题的决定》（以下简称《决定》），第一次将完善党内法规体系与完备的法律规范体系、高效的法治实施体系、严密的法治监督体系、有力的法治保障体系一起，共同作为中国特色社会主义法治体系的重要组成部分，并且明确提出要"注重党内法规同国家法律的衔接和协调"。

党的十八大以来中国特色社会主义进入新时代。在新时代的历史背景下，更加注重"全面从严治党"，并且将其提升到"建设伟大工程"的高度和力度方面，以"勇于直面问题，敢于刮骨疗毒"的决心和勇气，不断增强党的政治领导力、思想引领力、群众组织力、社会号召力，确保党永葆旺盛生命力和强大战斗力，提高党长期执政的能力和水平。这就对党内法规建设也提出了新的更高的要求。按照党的十九大的报告，要"加快形成覆盖党的领导和党的建设各方面的党内法规制度体系，加强和改善对国家政权机关的领导"。

由上可见，党内法规的建设不仅涉及执政党的建设，更关乎法治国家建设和中华民族伟大复兴目标的实现，因此，加强和完善党内法规与国家法律之间的衔接问题，具有十分重要的现实意义和实践价值。

一 党内法规建设的历史发展

党内法规，简称为党规，是党的中央组织以及中央纪律检查委员会、中央各部门和省、自治区、直辖市党委制定的规范党组织的工作、活动和党员行为的党内规章制度的总称。

"党内法规"的概念最早是毛泽东提出的。在1938年10月召开的党的六届六中全会上，毛泽东指出："鉴于张国焘严重破坏纪律的行为，为使党内关系走上正轨，除了重申个人服从组织、少数服从多数、下级服从上级、全党服从中央这些最重要的纪律外，还须制定一种较为详细的党内法规，以统一各级领导机关的行动。"这是中国共产党在党的全会上第一次明确提出"党内法规"这个概念。也是在这次全会上，刘少奇做了《党规党法的报告》，再次明确使用了党规党法的概念。自此之后，"党内法规"开始多次在党的会议和文件中被广泛使用，同时也开始注重党内法规的建设。

中华人民共和国成立后到改革开放,党内法规有了重要的发展,特别是改革开放以后,党在工作重心的转移和深化改革的历史背景下,非常注意党的法规建设,制定了一系列规范党的政治行为、组织建设、检查监督、纪律惩戒等方面的党内法规。党的十八大以来,党内法规的发展进入一个全新的历史发展时期,在党内法规建设的各个方面取得了重大的飞跃性发展。总之,自中国共产党执政多年来的时间里,党内法规建设取得了重要的成绩,其主要表现在以下几个方面。

1. 开展了大规模的党内法规清理工作,维护了党内法规建设的严肃性和时效性,保证党内法规契合时代发展要求,始终保持其权威性、先进性和引领作用

为了适应时代发展的要求和加强党内法规建设的需要,2012年7月开始,中共中央组织开展了党的历史上第一次大规模的党内法规清理工作,清理工作分两个阶段进行,到2014年11月全部结束。这次清理的党内法规范围涉及中华人民共和国成立以后到2012年止,全部是以中共中央名义发布的文件,数量多达2.3万多件。经过认真清理筛选,能够称得上党内法规的只有1178件。经过对这些党内法规的清理,废止了322件,宣布失效369件,二者共占党内法规总数的58.7%;继续有效的只有487件,其中还有42件需适时进行修改。通过这两年的努力,厘清了中华人民共和国成立以来中央党内法规的家底,解决了党内法规制度中长期存在的一些不适应、不协调、不衔接、不一致,以及碎片化、老化等问题,不仅更好地维护了党内法规的权威性和执行性,而且为党内法规体系建设扫清了障碍,奠定了坚实的基础。

2. 初步建立了以党章为引领、基本法规覆盖党内生活各方面的党内法规体系

党的十八大以来,在以习近平同志为核心的党中央的坚强领导下,党内法规建设有了很大的发展,已经初步形成党内法规体系。

首先,有一个不断完善管总的党章。党章是一个政党为保证全党在政治上、思想上保持一致和组织上、行动上整齐划一而制定的总章程,带有纲领性、引领性、根本性、权威性的特点,因此可以说党章是党内法规的"根本遵循"。中国共产党历来重视党章的制定和修改工作。现行

党章是党的十二大制定的,党的十三大以后每届党的代表大会都对党章进行了适时的修订。党的十八大对党章做了重大修改,党的十九大更是将习近平新时代中国特色社会主义思想载入党章,并且围绕这个方面对党章再次做出重大修改,使党章始终保持先进性和符合时代发展的要求,成为具有根本性、权威性和引领性的最重要的党规。正如习近平总书记指出的:"全面从严治党首先要尊崇党章。"其次,制定出台了涉及党的组织建设、政治生活、行为准则、纪律监督等一系列的党内法规。这些党内法规不仅涵盖了党内生活的各个方面,而且根据法规的规范性质或对象的不同又有不同的称谓,如条例、规则、规定、办法、细则等。一般而言,条例、规则、规定等都带有规范的性质,而办法、细则更多的是对条例等的具体实施的规定,操作性更强些。党的十八大以来,党内法规建设有了长足的发展,已经形成了以党章为核心、基本法规为支撑,包括实施性法规在内的党内法规体系。

3. 专门制定党内法规制定条例和法规备案的规定,为规范和完善党内法规建设提供了有力的保障

为了加强和完善党内法规的制定,2013年5月党中央出台了《中国共产党党内法规制定条例》(以下简称《制定条例》)和《中国共产党党内法规和规范性文件备案规定》(以下简称《备案规定》),这两部重要党内法规的颁布实施,第一次详细地规定了党内法规制定的主体、权限、类别、程序、备案监督等,使党内法规建设走上规范化、科学化发展的道路。特别是这两部党内法规将省级地方党委制定党内法规和规范性文件纳入党内法规适用和规范的范围,有效地防止了以往出现的地方党委闭门造车、文件相互冲突"打架"的弊端,同时也扩大了党内法规的适用范围,提高了党内法规的系统性、执行性和权威性,为建设完善的党内法规体系和提高党的执政能力及国家治理能力提供了有力的制度保障。

二 党内法规与国家法律衔接的必要性

(一)党内法规与国家法律的联系与区别

作为中国人民和中华民族先锋队的中国共产党,始终代表中国人民的根本利益和长远利益,在执政中国70多年的时间里,领导人民制定法

律，治理国家，一步一步走向辉煌；同时，党又注重加强党内法规建设，以党规从严治党，永葆党的先进性、凝聚力和战斗力。可见，在中国共产党执政新中国70多年内，党内法规与国家法律，长期共同存在并且相互联系，各自对国家政治生活和社会治理产生重要的积极作用。

但毋庸讳言，党内法规和国家法律，二者又存在很大的差别。这些差别主要表现在以下几个方面。

1. 属性不同

党内法规的含义，按照《中国共产党党内法规制定条例》第2条的规定，是指党的中央组织以及中央纪律检查委员会、中央各部门和省、自治区、直辖市党委制定的规范党组织的工作、活动和党员行为的党内规章制度的总称。

国家法律，按照权威的解释，马克思主义关于法的定义是：法是由国家制定或认可并依靠国家强制力保证实施的，反映由特定社会物质生活条件所决定的统治阶级意志，规定权利和义务，以确认、保护和发展对统治阶级有利的社会关系和社会秩序为目的的行为规范体系。

由此可见，党内法规是代表党的意志，规范党组织的工作、活动和党组织的成员行为的一系列的规章制度；而国家法律则是代表统治阶级（人民）的意志，由国家强制力保证实施的规范全体社会成员行为的规范体系。二者的性质是不同的。

2. 调整对象和调整方式不同

由于党内法规与国家法律属性的不同，使得二者在制定主体、调整对象、制裁标准、规范程度、实施主体、强制力来源等方面存在着明显的区别。

第一，在制定主体方面，国家法律是由宪法和法律确定的有权机关制定的；而党内法规则是由党的中央组织以及中央纪律检查委员会、中央各部门和省、自治区、直辖市党委制定的。

第二，在调整对象方面，国家法律调整普遍的社会关系；党内法规调整特定的党内关系，包括党的组织以及党员之间的关系。

第三，在制裁标准方面，党内法规较国家法律更加严格。这种严格来源于政党的性质。在我国，执政的中国共产党是中国工人阶级的先锋队，同时是中国人民和中华民族的先锋队。党的先进性是通过广大党员的先锋模范作用体现出来的，所以党对自己的党员要求更加严格。正如有学者指出的：法律对守法者的要求采用"公民标准"，也可以叫作"理性人标准"或"经济人标准"；而党规对党员的要求则采用"党员标准"，也可以叫作"先锋队标准"或"道德人标准"或"高尚人标准"。

第四，在规范程度方面，法律的规范性程度比党规要高，可操作性、法制化程度相对也较高。一般而言，法律是严格按照条件、处理、责任的三段论逻辑规范设计，具有一般性、公开性、非溯及力性、确定性、统一性、可行性、稳定性等特征；而党内法规的一部分规范虽具有法律规范的逻辑结构，但有更大量的党内法规涉及对党员的个人修为、职业道德、理想信念、党内纪律等的要求，以先进性、原则性、纲领性、政策性、灵活性等为其基本特征。

第五，在实施主体方面，国家法律的实施主体比党规实施主体要广泛得多，其实施主体包括国家机关、社会组织和公民个人；党内法规的实施主体只能是党的组织和党组织的成员即中共党员。

第六，在强制力来源方面，国家法律依靠的是国家强制力即国家机器保障实施；党内法规则依靠的是党自身的强制力即组织纪律的保障实施。

差别可能产生不统一或者不一致，甚至可能产生冲突。由于中国共产党的执政地位，执政党的党内法规与国家法律无疑都要在国家治理和社会治理的层面上发挥极其重要的作用。但是，由于党内法规和国家法律有着不同的属性，两者在制定主体、调整对象、作用方式、保障实施等方面都有很大的差异，党内法规体系的建设和国家法律体系的建设不可能保持完全的同步，两者之间的衔接有时候会出现不协调，甚至出现断档、滞后的现象，而且在实施的过程中有时也会存在着一些不相协调的地方，有时甚至会发生冲突。

因此，加强党内法规与国家法律的衔接与协调，使之相互配合，相互支撑，才能最大限度地减少和避免二者之间的冲突和耗损，或者在二者产生冲突之后能够以有效的方式使之及时得到化解，才能最大限度地维护中国特色社会主义法治的统一，提升党和国家治理能力和治理水平。

（二）党内法规与国家法律衔接的可能性

在中国，党内法规与国家法律不仅存在着差异性，也体现出高度的契合性。事实上，执政党的党内法规与国家法律在价值目标、核心准则、功能作用、制度根源等方面都具有高度的契合性。

第一，在价值目标层面的高度契合。中国共产党是以马克思主义理论为指导思想的无产阶级先锋队组织，始终把人民利益放在首位。"一切为了人民，是党的领导和社会主义法治建设的基础。"党内法规是约束党组织和党员的规章制度，其目的是为了规范党员的行为，更好地为人民服务；国家法律是提升国家治理能力的制度保障，其目的是保障公民权利、促进社会良性运行，最终为人民谋取最大的福祉。此外，《决定》明确指出，建设中国特色社会主义法治体系，要"形成完备的法律规范体系、高效的法治实施体系、严密的法治监督体系、有力的法治保障体系，形成完善的党内法规体系"。即将党内法规体系作为中国特色社会主义法治体系的重要组成部分。由此也可以看出，党内法规和国家法律都是国家治理体系的重要组成部分，依规治党的价值目标是为了实现依法执政，不断提高执政党依法治国的能力和水平，这无疑与社会主义法律体系所追求的价值目标是高度一致的。

第二，在核心准则层面，二者具有一致性。所谓核心准则，即坚定不移地坚持中国共产党的领导，全面推进依法治国。这意味着党领导人民制定法律，党带头遵守法律。《宪法》规定：本宪法"是国家的根本法，具有最高的法律效力"。《党章》规定："党必须在宪法和法律的范围内活动。"正如《决定》指出的："宪法是党和人民意志的集中体现，坚持依法治国首先要坚持依宪治国，坚持依法执政首先要坚持依宪执政。"可见，党内法规和国家法律的核心准则层面都是坚持宪法在依法治国中的最高权威作用。

第三，在功能作用层面，二者具有互补性。党内法规的功能体现为执政党依法执政的职能。依法执政既要求党依据宪法和法律治国理政，也要求党依据党内法规管党治党。依法治国同依法执政在内容、形式、实效等方面相互促进、相得益彰。党选拔优秀的党员干部充实到国家政权机关之中，通过发挥他们的先锋模范作用执行党的路线方针政策，将党的意志贯彻到国家治理的各个方面；同时党又要通过党内法规严肃党风党纪，使全体党员特别是各级党员领导干部始终保持风清气正、带头尊法守法，勤政为民。而且在某些方面，党还通过党内法规的运行逐步引导其上升为国家法律，为实现全面治理积累必要经验。正是通过这样的方式，党实现了依法执政和依法治国的有效结合。

第四，在制度根源方面，党内法规以国家法律为依托。《党章》规定："党必须在宪法和法律的范围内活动。"《制定条例》指出，制定党内法规应当"遵守党必须在宪法和法律的范围内活动"的原则。依法治国是全方位的，党内法规是中国特色社会主义法治体系的重要构成部分，构建完善的党内法规体系也是完善中国特色社会主义法治体系建设的内在要求。在全面从严治党的新形势下，党内法规体系建设不仅要提速，而且必然对国家法治建设起到示范带动作用。由此表明，党内法规体系建设与中国特色社会主义法治体系建设是同步的。

正是因为执政党的党内法规与国家法律在价值目标、核心准则、功能作用、制度根源等方面的这种高度契合性和相互支撑的作用，使党内法规与国家法律的衔接与协调不仅是必需的，而且也是可能的。

三 当前我国党内法规与国家法律衔接的现状

（一）党内法规与国家法律衔接的状况

中国共产党注意到要使党内法规与国家法律相衔接、相协调是从改革开放以后开始的。党的十一届三中全会的胜利召开，使党的工作重心实现了战略性转移。在总结30年执政经验的基础上，党中央提出了以经济建设为中心，"认真建立社会主义的民主制度和社会主义法制"。1982年9月召开的党的第十二次代表大会制定的新党章，第一次将"党必须在宪法和法律的范围内活动"写入党章。这可以说是党内法规与国家法律相衔接的开端。这一年的12月全国人大通过的新宪法，明确规定："一切法律、行政法规和地方性法规都不得同宪法相抵触。一切国家机关和武装力量、各政党和各社会团体、各企业事业组织都必须遵守宪法和法律。一切违反宪法和法律的行为，必须予以追究。"庄严宣示了宪法在国家生活中具有的崇高地位和绝对权威，同时也是国家法律与党内法规的一次成功衔接。

自从党的十二大以后，特别是党的十八大以来，党中央非常注重党内法规与国家法律的衔接问题，2013年出台的《备案规定》第1条明确指出：党内法规要"同宪法和法律相一致"；第 14 条规定：要"建立党内法规和规范性文件备案审查与国家法规、规章和规范性文件备案审查衔接联动机制"。党的十八届四中全会通过的《决定》也明确提出：要"注重党内法规同国家法律的衔接和协调"。

实践中，党中央也在注重党内法规与国家法律之间的衔接与协调。2018 年 3 月第十三届全国人民代表大会第一次全体会议表决通过颁布的《中华人民共和国监察法》（以下简称《监察法》），可以说是一个党内法规与国家法律衔接的重要典范。

首先，《监察法》是反腐败的国家立法，通过监察委员会的设置形成一个集中统一领导下的反腐败机构；其次，对国家公职人员的反腐败实现了监察全覆盖；再次，克服了以往多部门反腐败导致的不衔接、不协调、机构重叠、职能交叉等带来的弊端，整合了反腐败力量；最后，在处理的手段和程序方面有了统一的法律依据，使反腐败完全纳入依法治理之中。

在党内法规与国家法律的衔接方面，也是高度契合形成合力。一是机构设置方面体现了中国共产党领导下的党纪、政纪机构合署，加强了反腐败的领导力和执行力。二是监察对象的广泛性。《监察法》第 15 条规定的监察范围是采取广义的公职人员的概念，不仅包括各政党机关、行政机关、授权组织的工作人员等，还包括国企、公办的教科文卫体等组织的管理人员和基层自治组织的管理人员，实现了对履行公职人员或准公职人员的全覆盖监察，也就实现了反腐败要"老虎苍蝇一起打"的目标，反腐败不留死角，也较好地解决了党内法规与国家法律对监察监督对象的衔接协调问题。三是监察方式上依法治理。如《监察法》则以留置的法律方式取代了"双规"措施，实现了以法治思维和法治方式开展反腐败。

（二）党内法规与国家法律衔接存在的不足

自从改革开放以后，特别是党的十八大以来，党内法规与国家法律的衔接取得了长足的进步。但是，与中国特色社会主义法治体系建设的要求相比，仍然存在不小的差距。综合而言，主要存在以下几个方面的问题。

1. 党内法规与国家法律制定过程尚存在不衔接不协调

《制定条例》的出台，无疑为党内法规的规范化、体系化、科学化及与国家法律的衔接提供了有力的保证。但是，从建设中国特色社会主义法治体系的高度来看，《制定条例》的有些方面还有些值得探讨的地方。在制定过程方面，党内法规与国家法律之间的衔接方面，在制定规划、起草、审批与发布等几个主要环节上，与国家法律衔接、协调方面还存在一定的瑕疵。在党内法规与国家法律的衔接方面，笔者认为当前还存在以下几个方面的问题。

一是党内法规与国家法律在规划制定方面的衔接不足。

2013年《制定条例》的出台，较好地克服了党内法规制定主体各自为政，分别就自己领域事务制定法规或规范性文件、文件打架问题突出等矛盾，开始注意党内法规制定的五年规划和年度计划的编制，以保证党内法规制定的系统性、协调性和前瞻性。但是，对如何制定五年规划和年度计划，《制定条例》的相关规定比较笼统，程序性的规定也比较粗略，使党内法规制定规划缺乏加强组织协调和督促指导，也缺乏鼓励和吸引广大党员关心和参与规划制定的机制。此外，对中央部门及省级党委党内法规制定规划和年度计划的报备、审查等也未做出明确要求。由此看来，党内法规在编制规划和计划上，与国家立法要求相比还有较大的差距，加之党内法规规划与国家立法规划之间的对接机制尚未有效建立，这些都难免影响党内法规与国家法律的衔接、协调。

二是党内法规起草环节的协调规定尚不严密。

党内法规起草环节的协调规定有待进一步完善。例如，对起草部门和单位就涉及其他部门和单位工作范围的事项不能取得一致意见时，《制定条例》只是要求"在报送党内法规草案时对有关情况做出说明"，至于做出说明之后如何处理则未予以明确，显然是不利于保持党内法规内部的和谐统一。其次，党内法规草案征求或听取意见的情形也规定得不明确。如《制定条例》规定对党内法规草案"必要时在全党范围内征求意见"，如若与"群众切身利益密切相关"，应当充分听取群众意见，但如何界定"必要时"，哪些党内法规是"与群众切身利益密切相关"，无论是《制定条例》还是其他党内法规，都没有做出相应规定，这无疑为具体实践操作增添了不确定性。

三是党内法规审批与发布要求不够严格。

在党内法规草案审批环节，首先表现在对党内法规草案的审批规定不严格。《制定条例》第21条将党内法规"是否与宪法和法律不一致"作为主要审议内容之一，但从规定的内容来看，审核机构如果发现有不一致问题存在时，缺乏足够的强制效力的规定，同时对于起草部门和单位拒不执行意见和建议的责任也没有予以明确，这显然不利于审查机构开展"合法性"审查工作，更不利于党内法规在制定阶段避免与国家法律相冲突。其次就是审议批准的权限与党章不衔接。《党章》第20条明确规定党的全国代表大会的职权中，涉及党内法规的职权是享有"修改党的章程"；而《制定条例》第22条规定："涉及党的中央组织、中央纪律检查委员会产生、组成和职权的党内法规，以及涉及党的重大问题的党内法规，由党的全国代表大会审议批准"。即使将前述法规审批权看成是党的全国代表大会的"讨论并决定党的重大问题"职权的延伸，那么也在一定程度上说明《党章》对党的全国代表大会职权规定还不够细化，二者存在衔接不足的问题。最后是对于党内法规的发布也规定得比较模糊。如《制定条例》规定，党内法规经批准后一般应当公开发布，但是发布形式只要求以"文件的形式发布"。同时，对党内法规在经批准后多长时间内予以公布，《制定条例》亦未明确时限，显然这与现代法治要求不衔接。

2. 党内法规与国家法律在一些内容方面出现不衔接不协调

党内法规与国家法律不仅数量庞大，而且内容繁多，要想从内容上一一枚举两者间不衔接不协调之处确实很难，但是有些涉及执政党与国家政权机关职权方面的内容出现不衔接，是不利于社会主义法治国家建设的。

当前，对某些事项或某些社会关系党内法规和国家法律都做出了规范、调整，两种规范之间有何差别、如何协调等并没明确或者说难以界分。

四　完善党内法规和国家法律衔接机制的几点思考

中国特色社会主义最本质的特征是中国共产党领导，中国特色社会主义制度的最大优势是中国共产党领导。正如习近平总书记在党的十九大报告中指出的："党政军民学，东西南北中，党是领导一切的。"由于中国共产党在中国政治生活中所起的无可替代的地位和作用，使党内法规在国家政治生活中也必然产生十分重要的影响。因此，完善党内法规与国家法律的衔接与协调，正是坚持党对中国特色社会主义法治体系建设的根本要求，是坚持"依法治国和依规治党有机统一"的内涵所在。而要建立和完善"党内法规同国家法律的衔接和协调"体制机制，首先要完善党内法规的相关制度，进一步提高党内法规制定的科学性、系统性。为此，有必要从以下几个方面做一些改进和完善。

（一）进一步完善党内法规的制定与衔接工作

1. 科学编制党内法规制定规划与计划

制定立法规划的目的，就是要使立法工作有组织、有计划、有步骤地进行，增强立法工作的主动性、计划性和科学性。立法规划和计划是立法工作的起点，对于避免法律之间相互重复、分散、遗漏，保证立法质量，使法律体系臻于系统化、科学化，具有十分重要的意义。加强党内法规与国家法律的衔接和协调，首先要从立法规划和计划的编制上做起。

首先，在编制国家立法规划和计划时，不仅在指导思想上要自觉以中国特色社会主义理论为指导，而且在制定规划和计划的具体内容上，也要根据党的路线、方针、政策、法规，进行适时修订和完善，对具备转化形成国家法律条件的党内法规，要及时纳入国家立法计划，以促使尽快制定形成国家法律，确保党的重大改革或决策"于法有据""有法可依"。此外，对重大事项的立法规划，还要按规定程序报请党中央（党委）审定，以防止在政治方向问题上出现偏差。

其次，针对党内法规制定规划和计划存在的问题，在具体编制工作中，应当充分征求党内各方面的意见和建议，并根据经济社会发展和民主法治建设需要，认真进行科学评估与论证，有针对性地制定党内法规规划项目。同时，为加强对规划与计划落实情况的监督，建议进一步明确党内法规规划和计划制定后的发布规则，特别是涉及党内法规五年规划，应该向全社会发布或者向全体党员发布，充分听取各方面意见和建议，并加强组织协调和督促指导，及时跟踪了解党内法规规划或计划的贯彻落实情况。建立中央各部门及省级党委制定党内法规制定规划和计划的备案制度，避免不同层级党内法规相互冲突、交叉或重复。

2. 进一步规范党内法规起草工作的衔接与协调

法律起草是立法的基础性工作。在形成法律草案过程中，广泛征求各方意见，既有利于充分发扬民主，还有益于提高立法质量和科学性。国家法律和党内法规容易产生不衔接不协调问题之处主要在于两者共同调整的事项。要解决这个问题，除需要厘清国家立法机关和党内法规制定主体之间的权力界限外，同样也需要搭建好二者间的沟通协调平台，规范立法必要性论证，既要注意征求社会团体、国家机关、法学专家意见，又要注意征求各级党组织和党员的意见建议，然后再根据实际情况，综合权衡各方意见和建议，择优选择一种方案。

党内法规要实现与国家法律的衔接协调，不仅要加强和规范党内法规制定主体的沟通协作，更重要的是要规范党内法规起草时的征求意见环节，有利于听取各方意见，进而从法规起草阶段能够有效防止党内法规与国家法律的不衔接不协调的状况发生。首先，对党内法规起草中不能取得一致意见的事项，笔者认为可以分两种情况来处理：一是如果迫切需要规定的事项，起草部门和单位、涉及的部门和单位分别提出意见，报告共同上级综合各方面情况来确定；二是如果是非迫切需要规定的事项，可以暂缓就该事项做出规定，等待实践探索或条件成熟后或者充分协商取得一致后再作草案并提交审批。其次，党章规定着政党最基本的政治主张和组织规程，是政党组织党员开展各项政治活动的法理基础。《中国共产党章程》是中国共产党的"根本法"，党内法规制定必须以党章作为基本遵循。基于此，笔者认为涉及修改党的章程、组织机构、党员义务和权利等根本规定的法规草案，应当纳入"必要时在全党范围内征求意见"的范畴。最后，对于有些笼统提法应该细化，避免产生歧义。例如，"与群众切身利益密切相关"就比较抽象，但是可以基于某些直接原则来确定或把握，也就是说如果法规草案通过实施后，会直接影响群众相关权利和利益的，或者所起草的法规可能影响到党外组织，即可认定属于"与群众切身利益密切相关"事项。从《中央党内法规制定工作五年规划纲要（2013—2017年）》来看，涉及意识形态、统一战线、作风建设、反腐倡廉等方面法规草案，也宜认定为"与群众切身利益密切相关"，笔者建议可以采用"列举＋概括"方式对"与群众切身利益密切相关"事项予以明确。

(二) 加强党内法规与国家法律内容方面的衔接和协调

1. 及时将某些涉及国家管理的党内法规上升为国家法律

当前我国经济社会正处于转型期，在各种新问题、新情况不断涌现的情况下，凡事都欲求通过国家立法来加以调整和规范，既耗时又耗力，而且因条件不成熟难以成为现实。在遵循宪法和法律基本原则、基本精神的前提下，及时在这些亟须规范的领域，制定相对灵活的党内法规，为国家立法提供重要实践参考依据。

党内立法机构还要探索建立与各级人大及其常委会、政府法制部门的联席会议机制，定期对党内法规和国家法律双重调整重大问题开展调研、论证、评估，解决双方在立法工作中协作和配合问题。对那些虽党内法规已规定，但更宜由法律法规调整的，或者在通过党内"先行先试"，已经比较成熟，具备制定成国家法律法规条件的，应当通过法定程序向全国人大及其常委会或政府提出立法建议，及时将成熟的党内法规上升为体现国家意志的法律，做到党内法规和国家法律的有效衔接。

2. 加强党内法规的立改废工作

任何立法都不可能一劳永逸，必须根据情势发展做出相应的调整。要加强党内法规与国家法律衔接协调，除在国家法治建设中要顺应时代发展制定新法、修订滞后时代要求的法律，建立"完备的法律规范体系"外，同样需要在党内法规建设中注重"立、改、废"。首先，要进一步大力推进党内法规建设，完善党领导人大、政府、政法、群团等方面工作的基础和主干党内法规的制定，及时做出与国家法律法规相适应的配套规定，搞好与国家法律的承接。其次，要建立党内法规出台后的评估制度，为党内法规的立、改、废提供实践依据。建议党内法规制定机关应当"每5年对党内法规和规范性文件开展一次集中清理"，进一步健全党内法规定期清理机制。同时，还应建立即时清理机制，也就是"在制定或修改党内法规和规范性文件时，对与之不协调、不衔接、不一致的相关党内法规和规范性文件同步进行清理"，以此确保能及时发现、修改、废止同宪法和法律不一致甚至有冲突的党内法规，有效维护党内法规和国家法律制度协调统一。

(三) 加强党内法规与国家法律实施方面的衔接和协调

1. 加强和规范党内法规的解释工作

当前我国正处于转型发展关键时期，执政党治国理政面临许多新情况和新问题。针对新问题制定新的法规对其予以调整规范，确实具有相当的必要性和合理性。但是，国家立法时间周期长、成本高，难以为有关问题的及时处理提供依据，同时频繁立法极易导致"过度法律化"，反而使执行者在纷繁的法律规范中无所适从。因此，在加强法制建设的同时，还需加强对现行法律法规解释力度，协调党内法规与国家法律在实施中的矛盾冲突。在国家法治建设中，首先要进一步增强立法机关对法律解释的主动性，规范司法解释、部门解释以及地方立法机关解释，建立高效、权威、统一的法律解释体系，防止因多头解释造成冲突或矛盾。对党内法规和国家法律双重调整的事项，立法机关在做出有关解释时，要注意在标准和尺度把握上同现行党内法规尽量保持一致，避免给社会造成执法不平等的误解。相对而言，目前党内法规的解释力度是比较薄弱的，故而党的十八届四中全会强调指出要"加大党内法规解释力度"。因此，笔者建议要加大党内法规的解释工作，及时细化有关要求和程序，使党内法规在实施中更具有可操作性。同时，要充分考虑有关国家法律规定，出台与之相适应的党内法规配套规定，有效弥合党内法规与国家法律二者在适用标准上的"缝隙"。

2. 建立党内法规与国家法律实施的协调配合机制

法律实施需要全社会的重视和支持。党内法规是我国社会主义法治体系组成部分之一，对国家法律的实施具有重要保障和支撑作用。党的组织在实施党内法规中，如果不能与国家法律实施部门之间保持良好协同关系，相互各行其是，可能会因对法律法规的不同理解，对同一行为有不同处理，违背公平、公正的法治原则，产生不良社会效果，损害国家法律的权威和统一。因此，必须在实施过程中，加强建立党内法规与国家法律的衔接和协调机制。

具体来说，一是要搭建协调平台。党内法规实施部门和国家法律实施部门可根据权限、行业等因素，以设立联席会议、协调领导小组等多种形式，建立沟通协调平台，同时必须要明确专人负责，确保工作有人抓有人管，才能使协调机制有效运作起来。二是要实现信息共享。党内法规实施部门和国家法律实施部门要充分利用协作平台，定期召开联席会或协调会，通报有关工作情况，集中协调解决工作中的疑难问题。如在违纪违法人员处理上，党内执纪部门若发现管辖对象涉嫌违法犯罪的，应当及时移送执法机关、司法机关进行处理，不得隐瞒、拖延。同样，行政执法机关、司法机关在工作中，发现涉嫌违法犯罪人员属党员的或者虽不构成违法犯罪，但可能违反党纪党规的，也要及时函告执纪部门处理。三是要规范协调程序。从前面的分析不难看出，实施中党内法规和国家法律衔接和协调效果不理想，除协作渠道不通畅、信息不共享之外，一个很重要的原因就是程序不够完善，可操作性不强、协调机制缺乏刚性。针对这些问题，笔者建议在建立协调平台的同时，要认真制定协作配合办法，明确协作配合的条件、主体、时限、责任等，进一步增强协作配合机制的操作性、执行力，真正使协调配合机制发挥应有作用。

（四）加快建立和完善党内法规审查制度

加强党内法规与国家法律之间的衔接，必须尽快建立和完善党内法规审查制度。从我国特殊的党政体制实际出发，笔者认为，这一制度应当包括两种机制：一是党内违章审查机制；二是党内法规与国家法律的备案审查联动机制。在实践中，部分党内法规或规范性文件往往具有党规和国法的双重性质。针对此种情形，应当实施备案审查联动机制；对于其他类型的党内法规，则只需要实施党内违章审查机制。首先，针对党内违章审查机制，笔者认为，可以参照全国人大法工委法规备案审查机制的做法，在党的中央机构和省一级党组织中设立是否违反《中国共产党章程》的审查机构，对制定出台的党内法规进行合章性审查，以确保党内法规的统一性。其次，建立党内法规与国家法律的备案审查联动机制。事实上，早在2013年出台的《备案规定》中，就首次明确规定了要建立"备案审查衔接联动机制"，但对如何建立与国家法律备案审查之间的衔接联动机制没有做具体规定。笔者认为，备案审查联动机制事实上为党内法规与国家法律的协调提供了"双保险"。备案审查联动机制应当建立在违章审查的基础上。具体而言，具有"双重性质"的党内法规应当首先由党内相关机构对其是否违反党章进行审查，如若通过了违章审查，再交由相关的联合审查机构进行合法性审查，审查内容应当包括是否违宪、违法、是否超越权限、是否与国家大政方针相冲突等方面。对党内法规备案审查无法通过的，应当通过组织召开联合工作会议等方式，向有关党的起草组织提出修改意见，待修改完善后再次进行审查。之所以做出如此设想，原因在于：一方面考虑了党的执政地位，即作为中国社会主义事业的领导核心，党的意志与国家意志在根本上具有一致性，因此党内法规首先在党内进行备案审查；另一方面相关组织通过联合工作会议等方式对党内法规草案提出意见，为双方提供了沟通交流的平台，能够保障党规的合宪性和合法性，进而确保党内法规与国家法律的衔接和协调。

（五）建立中国共产党中央机关和全国人大常委会联合组成的党内法规与国家法律衔接协调机构

加强党内法规与国家法律之间的衔接与协调，必须有一个权威的机构进行统筹安排，否则当二者之间出现矛盾冲突时是难以有效处理的。上面提出要建立联席会议制度，但是，联席会议制度同样需要一个召集者或仲裁者，诚如恩格斯指出的，革命是需要权威的。当前中国，中国共产党是中国社会主义革命和社会主义建设事业的领导核心，无疑是最有权威的。党领导人民制定法律，集中最广大人民的最大意志通过法定程序将党集中广大人民意志上升为国家意志；同时，党又要通过党内法规"管党治党"，使党永葆先进性、凝聚力和领导力。而且，党始终代表广大人民的根本利益，发展社会主义民主，全面推进中国特色社会主义法治建设。党的中央机关则是执政党的核心与中枢，是中国共产党的最高组织机构；而全国人民代表大会是由全体人民选举产生、代表全体人民行使国家权力的最高国家权力机关，是国家最高立法机关，是国家权威的象征。全国人民代表大会常务委员会则是全国人民代表大会的常设机构，是在全国人大闭会期间代行全国人大部分职权的最高权力机关。建立一个由中国共产党中央机关与全国人民代表大会常务委员会联合组成的党内法规与国家法律衔接协调机构，充分体现了党的领导、依法治国、人民当家作主三者高度统一，对于加强党内法规与国家法律的衔接与协调具有重要的促进和保障作用。

三

社区治理与服务创新研讨论文

城市社区治理和服务创新的"西湖经验"

张艳国　陈文江　唐　鸣　唐忠新　韩瑞波　刘小钧*

[摘　要] 2019年，经民政部批复，南昌市西湖区入选全国第四批社区治理和服务创新实验区，其主题为"推进社区分类治理，实现服务精准施策"。在社区治理和服务创新方面，西湖区取得了优异的成绩，形成了重要的"西湖经验"。"西湖经验"旨在推进分类治理，实现精准施策，通过协商民主打造新的"治理空间"，把健全城市社区治理机制放在首位，以治理技术变革提升社区治理效能，从而形成了以反映新时代社区治理新经验、体现"三治"融合、提升居民幸福感为基本内容的"西湖经验"。

[关键词] 城市社区治理；协商民主；分类治理；治理机制；"西湖经验"

一　"西湖经验"的内涵和意义

党的十八大以来，中央关于社区治理道路的基本要求，可以用两个关键词来理解：一是党的领导；二是彰显特色。坚持党的领导是基本原

---

* 作者简介：张艳国，江西师范大学省重点建设学科政治学首席专家、江西师范大学中国社会转型研究省级协同创新中心首席专家、教授、博士生导师、博士后合作导师；陈文江，兰州大学哲学社会学院教授、博士生导师、博士后合作导师；唐鸣，华中师范大学政治与国际关系学院教授、博士生导师、博士后合作导师；唐忠新，南京大学周恩来政府管理学院教授、博士生导师；韩瑞波，华中师范大学政治与国际关系学院讲师；刘小钧，江西师范大学马克思主义学院讲师。

则，是社区治理中国道路的政治底色和本质特征；在这个原则基础上，深化社区治理探索，必须立足地方实际，尊重居民创新，发展社区个性，维护城市治理的多样性。2019年，南昌市西湖区入选民政部确认的第四批全国社区治理和服务创新实验区，这充分体现了民政部对西湖区社区治理工作的肯定和期许。经过近三年的探索与实践，我们认为西湖区在社区治理和服务创新中形成了立足江西的独特区域经验，在优化党的领导和彰显地方特色等方面，贯彻和体现了中央关于社区治理创新的基本精神，可以称之为"西湖经验"。西湖区社区治理在新时代中央全面深化社会建设和社区治理的背景下开展，反映了新时代中国社区治理的新动向，值得我们倍加重视。那么，"西湖经验"好在哪里？

一是贡献了新时代社区治理的新经验。"西湖经验"紧扣新时代的历史主题和历史方位，准确把握中央关于社区治理中国道路的最新精神，贯彻习近平总书记关于社区治理的一系列指示和要求，在回答社区治理的时代之问中彰显价值之维，丰富了社区治理中国道路的地方实践。具体来说，"西湖经验"的独特贡献体现为以小区治理探索社区治理重心下移，以科学分类推进社区精细治理，以幸福微实事实现社区精准服务等方面。

二是体现了德治、法治、自治"三治融合"的有效性。西湖区在推进社区治理共同体建设过程中，强调法治在社区治理中的规则功能和底线作用，政府治理、社会参与和居民自治都必须在法治的轨道上进行，将优化政府社区治理职能同培育社区自治结合起来，规范社区治理中政府责任与居民责任，培养居民的公共精神和协商能力，尊重社区生态环境，在法治与德治、自治之间探索组织化的平衡关系。

三是为破解老旧小区治理难题提供了难得的"西湖方案"。老旧社区治理普遍面临基础设施陈旧、居民收入偏低、物业服务不健全以及由此导致的各类社区纠纷等问题。西湖区采取三种方式来破题，即公益性社会组织的方式、"幸福微实事"政府购买社会服务的方式、社区物业自治的方式，较好地解决了老旧社区面临的治理资源有限性与居民对更高品质生活需求之间的矛盾。这三种方式都来自西湖区社区治理实践，是社区居民创新精神和能力的体现，对破解西湖区老旧小区治理发挥了重要作用。

四是通过治理服务创新使社区居民的幸福感、获得感和认同感得到极大提升。在推进社区治理与服务过程中，西湖区上下形成社区常态化治理的共识，不搞大拆大建，不追求形式统一，而是尊重社区生态系统，注重社区系统功能提升，坚持放手而不甩手，引导而不包办，确立居民在社区治理中的主体地位，发挥蕴藏在群众中的创新活力，降低社区治理成本，提升社区治理综合效应，为社区可持续发展提供动力支持，构建充满人际互动的温馨社区，让群众享受到高品质社区生活，这是西湖区社区治理的显著特点。

二　通过协商民主打造新的"治理空间"

南昌市西湖区在社区治理过程中紧紧抓住不同社区特殊的发展历史及其面对的特殊性问题，通过"精准施策"的方法实现对社区的"分类治理"，创造出了令人耳目一新的"西湖经验"。

考察西湖区社区治理的实践成果，给我留下深刻印象的是社区治理中的"协商民主"。在南站街道铁路二村社区，原本脏、乱、差的老旧小区经过改造后换了新颜。这里道路清洁、楼面色彩鲜艳清爽，绿色植物点缀空间，徽派风格装饰和铁路文化元素美化了小区的生活空间，社区居民心情愉悦，充满了温馨祥和的景象。走进社区服务中心，这个用职工浴室改造的三层建筑中不仅有"老铁"社区浓浓的历史记忆，而且职工书屋、社区调解室、职工活动室和社区博物馆等应有尽有，就连服务职工的缝纫铺和家政服务都有自己的独立空间。谁能想到，这个充满现代城市文明气息的社区两年以前还是以"违章建筑"远近闻名的"老大难"小区。西湖区利用全国社区治理与服务创新实验区建设的契机，广泛动员各种社会力量，紧紧围绕群众反映强烈的乱搭乱建、违章建筑严重威胁社区居民安全、干扰居民生活的问题，认真研究，周密计划，果断出手，一举从根本上解决了长期困扰基层政府和社区居民的违章建筑问题。

在铁路二村"拆违改造"的过程中，一个最突出的经验就是通过"多层级"的"民主协商"实现"多方共识"，在统一思想意识的前提下实现社区的"多元共治"。首先，由于体制的原因，铁路社区从所有权关系来说属于国有大中型企业，涉及"铁老大"的资产和管辖权范围的事情一直是地方政府最感头痛的"大难题"。西湖区党委政府能够"放下身段"主动上门协商，说服企业配合基层政府开展社区治理，并且从地方财政中拿出巨资投入社区改造之中，铁路主管部门也能够积极配合，主动拿出资金和房产资源投入社区改造之中，显示出地企之间民主协商的充分性和有效性，其中的曲折和艰难也是可想而知的。其次，小区中乱搭乱建是由来已久、历史形成的问题，其中必然涉及许多单位、家庭和个人的本位利益。西湖区党委政府针对这种复杂的局面，既没有被困难吓倒，也没有直接采取简单粗暴的方法强行处置，而是在取得上级党委政府和物业所属单位积极支持的前提下，通过协商民主的方法在社区内部开展不同层次的协商，在争取到大多数社区居民的认可和同意后，再分头针对不同的违建户开展协商，并根据这些违建户的实际损失情况给予一定的经济补偿。社区居民的共识为社区"拆违"和社区治理打造了一个现实的"场域"，也为社区居民参与社区治理提供了一个有效的舆论空间。真诚的态度和认真细致的工作终于打动了违建户，在他们的意见充分表达和被尊重的前提下，绝大多数违建户愉快地接受了"拆违"方案，为社区治理目标实现奠定了坚实的基础。围绕"拆违治理"的协商过程凝聚了基层政府、国有企业、社区自治组织和社区居民的力量，西湖区的"协商民主"经验为城市基层社区治理提供了"多元共治"的典型案例，也把"共建、共治、共享"的治理理念拓展到了一个新的治理空间。

三 从技术治理到技术赋能

技术治理作为社会治理的一种方式，其基本主张是将技术工具运用到社会变革和改造活动中来，实现社会运行的理性化特别是政治运作的科学化。技术治理驱动下的社会治理实践旨在打通技术进步同社会生活之间的联系，通过技术性方式来提升社会治理效能。项目制是技术治理的工具和方式之一，现如今被广泛应用于社区治理创新的实践当中。以项目制为依托，基层组织将社区治理中的整体性问题分解为单个的特定事务，在此基础上通过设定和实施多元化的项目，不断提升治理的可操作性，进而达成治理目标。

在南昌市西湖区朝阳洲街道朝阳小区老旧小区的改造中，街道和社区以项目制的形式推进"幸福微实事"改造工程的落实，将工作步骤细化为项目搜集、项目合并、项目推选、项目配额、项目选举、项目施工与反馈。具体而言，在项目搜集阶段，社区利用宣传栏、意见箱、微信群、QQ群等互动平台进行宣传发动和项目意见征集，参与提议的居民2000余人，搜集意见书2000多份，征集到3350条项目建议，参与率达到50%以上。在项目合并阶段，社区干部和居民代表依据"七不准"标准，最终合并整理出贴近百姓生活、符合居民需求的推选项目48项。在项目推选阶段，举行项目推选大会（邻里圆桌会），最终确定了屋顶改造等39个项目。在项目配额阶段，对各类项目特别是优先项目由建设方、社区进行预算审核。在项目选举阶段，居民们认真浏览候选项目信息，街坊邻居聚在一起讨论项目优劣并参与投票，自主决定实施哪个旧改项目。在项目实施与反馈意见阶段，有序推进当选项目，针对落选项目，社区采取多种形式向提议人进行说明和解释，维系居民持续参与小区公共事务的积极性。

从这套项目运作的流程不难看出，以"幸福微实事"为代表的居民自治项目的有效运行，其驱动力源于社区内部而非行政压力。项目运作的各个环节都赋予了社区居民必要的协商权和决策权，以此保障居民个体在社区公共事务治理中的自主性和主体地位。以居民自治项目为载体，社区居民能够在充分发挥其自主性的前提下准确识别自身需求和社区公共问题、合理制定自治项目的内容与方案，并共同推进自治项目的有序实施，这无疑大大增强了社区治理的效能。居民自治项目在很大程度上为社区与居民之间的合作与互动搭建了有效平台。

居民自治项目的运作实质上是基层技术治理的一种变体。因为传统的技术治理在将技术性的治理方式引入基层社会治理场域的同时，也强化了基层治理的"事本主义"逻辑。这种技术治理多以各类改革名目或创新项目来应对复杂的治理事务，普遍将这些事务进行数量化分解或指标化评分，这无疑增加了社区工作的繁重程度，无法有效解决社区行政化和居民自治乏力的问题，难以使社区治理改革和创新活动取得实质性增益的效果。与技术治理逻辑不同的是，居民自治项目的运作体现出技术赋能的逻辑，立足于激活社会主体性的目标取向，不断创新"技术性"方式，提升以社区居民自治项目为代表的技术工具的应用效能，真正发挥社会内生动力，因而取得了更好的治理成效。

四 推进社区分类治理的西湖区经验值得借鉴

社区治理事关党和国家大政方针贯彻落实，事关居民群众切身利益，事关基层社会稳定，是社会治理乃至国家治理体系和治理能力现代化的基础性工作。因此，进入新时代以来，全国各地以习近平新时代中国特色社会主义思想为指导，把上级党委政府的要求和自身实际紧密结合，推进社区治理创新，取得了显著成果。其中，南昌市西湖区作为民政部确认的"第四批全国社区治理和服务创新实验区"，把"推进社区分类治理，实现服务精准施策"作为实验主题，抓住了社区治理的核心性问题。这一实验主题把精准化、精细化服务居民群众作为社区治理的落脚点，是"以人民为中心"的指导思想在社区治理领域的具体体现，符合习近平总书记关于及时为社区居民提供精准化、精细化服务的社区工作要求；这一实验主题强调推进社区分类治理，不失为社区治理精准化、实效化的路径选择。因为，现实中的社区具有不同的人口、社会、文化结构和历史传承，面临不同的治理服务重点需求，只有区分不同类型精准施策才能取得显著实效。

紧紧围绕上述实验主题，西湖区探索形成的推进社区分类治理的一些经验做法具有借鉴意义。例如，该区依据各个小区的突出特点具体划分为单位型小区、老街坊小区、保障型小区、安置型小区、商品房小区等，针对不同类型的小区探索推进差别化社区治理服务，取得了显著成效。其中，针对商品房小区，重在完善市场化物业管理服务。针对保障型小区低保户、低收入家庭等弱势群体较为集中的实际情况，重在组织各类服务力量为居民提供关爱帮扶，并且运用"助人自助"理念着力改变部分居民的"福利依赖"观念。针对安置型小区失地农民较多，精神生活相对贫乏，文明水平亟待提升的突出问题，着力开展"文化润家"等治理服务活动，通过制定实施文明公约，设立家规家训展示区，评选表彰"好媳妇""孝子孝女"等，培育优良的社区精神，提升社区精神文明水平。这些思路和做法不仅促进了西湖区社区治理现代化进程,而且也为其他城区提供了有益启发和借鉴,具有一定的普遍意义。

尤其值得一提的是,西湖区在推进社区分类治理的过程中,从自身实际出发,把老旧小区作为社区构成的重要类型,把老旧小区改造和长效化管理作为推进社区分类治理的攻坚任务。近几年来,该区整合政府和社会多方面资源,因地制宜地实施了58个老旧小区改造,显著改善了2.87万户居民的生活条件和居住环境。在此基础上,该区针对老旧小区的不同情况探索形成了居民自治管理、准物业管理和物业公司市场化管理等各具特色的老旧小区长效管理机制,不仅有效解决了本地老旧小区管理服务难题,而且也为全国提供了先进经验。因为,如何改造和长效化管理量大面广的老旧小区,是新时代全国城市建设和社会治理面临的共同任务,关系到城市现代化和全体居民共享美好生活。在解决这一问题的过程中,西湖区探索形成的改造经验和长效管理机制,体现了共建共治共享原则,初步实现了基层党组织领导下的政府公共服务、市场化经营管理、社会协同参与、居民自治管理的有机结合,值得其他城区借鉴学习。

五 把健全城市社区治理机制放在首位

社区治理关系到基层社会秩序稳定和广大居民的生活品质,是一项常态化而不是阶段性的工作,要把健全社区治理长效机制放在首位。当前,不可持续现象是基层治理中一个突出问题。有调查显示:"在一些地方,基层改革创新试点一度轰轰烈烈,没过几年又偃旗息鼓。"多年来,南昌市西湖区以增强利益相关性为纽带,优化社区治理结构,着力探索社区长效治理机制,为破解社区治理中忽冷忽热"打摆子"问题,贡献了精细治理到门栋、精准服务到居民的有益经验。

一是增强社区居民利益相关性。利益相关是社区治理的基本动力。没有利益相关性,利益相关性不强,是导致当前社区治理难以持续和难以落地的重要原因。西湖区抓住利益相关这个社区治理的关键点,对不同社区的不同居民进行科学分类,精准识别社区居民多样化、多层面和多类型的相关利益,在此基础上实施"幸福微实事"项目,让社区群众根据自身利益需求，决定社区公共资金使用和项目选择，以相关利益为纽带，构建充满活力、联系紧密、互动有效社区治理共同体，让居民自治落地走实。

二是激活社区内生动力。居民的积极参与是社区治理可持续发展的主体承载。可持续的社区治理要害在激活社区内生动力，激发社区居民潜在活力，厚植社区社会资本。善于发现和培育社区居民中的积极分子，培养社区居民的群众领袖，这是当前基层党委和政府在推进社区治理中的重要工作。西湖区从老旧社区治理的实际情况出发，及时发现居民中的能人和热心人，将其吸纳到业务会或楼管会中，保障其权益，落实其待遇，支持其工作，以这些社区积极分子为骨干去做居民工作，通过他们的示范、引领和带动作用，营造"人人参与、人人尽责、人人享有"良好社区氛围，带动更多居民参与社区治理各项工作。

三是不断优化完善社区治理结构。社区治理结构决定社区治理功能。在当前利益分化的社会背景下，多元化治理结构具有表达利益、协调各方、分担责任、整合行动的多重优势，必然优于传统的单向度社区治理结构。西湖区牢牢抓住优化社区结构这个牛鼻子，形成"社区居委会＋社区业委会（楼院管委会）＋物业服务公司"的微观治理结构，并不断调整社区治理的结构性关系：通过实行社区清单治理，为社区居委会减负增效；在老旧小区推进以业委会或楼院管委会为中心的物业自治，通过物业服务建立联结居民的利益纽带，激发社区内在活力；不断规范物业公司的服务行为，平衡资本盈利与服务社区之间的关系，让资本和市场为社区居民和社区治理服务。

城市社区治理创新的时代价值、实践展开与经验推广

——以南昌"西湖经验"为例

张艳国*

[摘　要] 社区既是人们安身立命的生活场域和社会空间，也是社会治理的最小单元，因而更是国家治理的重要基石和力量来源。社区治理效能与治理质量，直接影响人们的归宿感、安全感和幸福感，也牵引人们对美好生活向往的实际走向。新世纪以来，特别是党的十八大以来，全国各地积极探索社区治理新模式新经验，形成了各具特色，具有治理内涵特点，可推广、可借鉴、可复制的城市社区治理创新经验和实践样本。江西省南昌市西湖区在社区治理与创新中发动社区居民、组织依靠社区居民，积极探索新时代城市社区治理的基层群众自治机制，形成了与提高市域治理效能相契合的"西湖经验"，具有重要的时代意义和实践价值，值得进行理论总结。

[关键词] 社区治理；社会治理体系；"西湖经验"

社区既是人们安身立命的生活场域和社会空间，也是社会治理的最

---

* 作者简介：张艳国，南昌师范学院校长，江西师范大学省重点建设学科政治学首席专家，江西师范大学中国社会转型研究省级协同创新中心首席专家、教授、博士生导师、博士后合作导师。

支持项目：国家民政部"社会治理动态检测平台及深度观察点网络建设"项目（202205021）。

小单元，因而更是国家治理的重要基石和力量来源。社区治理效能与治理质量，直接影响人们的归宿感、安全感和幸福感，也牵引人们对美好生活向往的实际走向。新世纪以来，特别是党的十八大以来，全国各地积极探索社区治理新模式新经验，形成了各具特色，具有治理内涵特点，可推广、可借鉴、可复制的城市社区治理创新经验和实践样本，如以行政为主导推进的上海模式（政府主导模式），以居民自治、共建共享为特征的武汉模式（市场主导模式），以专家深度嵌入为特点的清河治理北京模式（专家参与模式），以社会自治为内涵的深圳盐田模式，等等。① 这些探索，不仅提升了城市社区治理体系和治理能力现代化，也为保社区平安、利居民生活，提升人民群众生活品质、促进社会和谐幸福提供了切实保障。"社区治，天下安"，这是执政党、政府和社区居民的共识。② 其中，如何进一步完善社区治理制度体系、提升公共服务能力、夯实基础设施内涵、优化队伍结构，进一步"健全基层党组织领导的基层群众自治机制"③"健全共建共治共享的社会治理制度，提升社会治理效能""加快推进市域社会治理现代化，提高市域社会治理能力""建设人人有责、人人尽责、人人享有的社会治理共同体"④，这既是新时代必须聚焦的社会建设与治理的重大问题，也是关心服务群众实际生活的重点问题必须分类型、分层次、有针对地解决在社区治理中存在的资源匮乏、信息化技术应用滞后、法律制度规范不健全、社区治理服务供给能力不足、居民自治能力有待提升等问题，打通严重制约社区建设发展和居民对美好生活向往的治理效能提升"最后一公里"。近年来，在国家政策支持鼓励引导下，不同城市根据自身资源禀赋积极对社区治理予以创新性推进，如2019年，江西省南昌市西湖区入选民政部确认的第四批全国社区治理与服务创新实验区。南昌市西湖区以此为契机，开展以"推进社区分类

---

① 张艳国、朱士涛：《社区治理：理论、模式与研究方法的发展及反思》，《社会科学动态》2020年第3期。
② 张艳国：《论我国社区治理的原则、理念取向》，《西部学刊》2015年第1期。
③ 习近平：《高举中国特色社会主义伟大旗帜　为全面建设社会主义现代化国家而团结奋斗——在中国共产党第二十次全国代表大会上的报告》，人民出版社2022年版，第39页。
④ 习近平：《高举中国特色社会主义伟大旗帜　为全面建设社会主义现代化国家而团结奋斗——在中国共产党第二十次全国代表大会上的报告》，人民出版社2022年版，第54页。

治理，实现服务精准施策"为主题的社区治理创新工作，成为新时代城市社区治理创新的典型代表。

南昌市西湖区是南昌市的中心城区，也是老城区，区域面积35.3平方公里，常住人口51.4万人，下辖1个镇和11个街道，共设13个行政村、124个社区居委会，9个家委会。从社区治理类型看，南昌市西湖区社区具有老城区的老旧社区治理的典型特征。在全区124个社区中，老旧社区占到70%以上，商品房社区占比不到20%，其中开放式老旧社区占到45%。这些老旧社区普遍存在基础设施落后、物业服务缺失、居民集体行动能力弱等问题，面临着社区硬件升级、满足社区基本服务、提升社区服务功能的多重任务。南昌市西湖区充分利用全国社区治理与服务创新实验区的宝贵契机，开展以"推进社区分类治理，实现服务精准施策"为主题的社区治理创新工作，通过实施"幸福微实事"，建设"1+5+X"社区邻里中心①，推动小区"三驾马车"②治理，加强社区工作者队伍建设等工作，在老旧小区改造、优化小区人居环境、规范小区治理秩序、提升小区服务品质等方面取得了显著成效，解决了一系列多年想解决而没有解决的问题，不少老旧社区在居民参与中实现旧貌换新颜，居民幸福感大大增强。《人民日报》《经济日报》、中央人民广播电台、人民网、光明网、新华网等权威媒体都对西湖区社区治理经验成果予以报道宣传，产生积极的社会反响，为学术研究提供了新视角和鲜活的问题意识。

一 经验样本在社区治理创新中具有重要价值

西湖区社区治理是在新时代背景下继续推进和深化的，体现了党中央关于社区治理中国道路的最新精神，揭示老旧社区改造与治理的基本规律，在回答社区治理的时代之问、人民之问中彰显价值之维。党的十八大以来，尤其是进入中国特色社会主义新时代，随着社会主要矛盾转

---

① 即建设1套适合保障服务体系，建设幼儿园、居家养老服务中心、医疗卫生服务站、便利店、文化服务中心等5类便民利民服务设施，建设X个便民服务功能拓展区。
② 所谓三驾马车，指社区居委会、业委会和物业公司。

化，中央要求准确理解新发展理念，把握经济社会发展新常态新趋势，化解改革发展新矛盾新挑战，更加注重经济社会全方位、立体式整体性协调发展，破除唯 GDP 论英雄的狭隘政绩观，社会建设被纳入到治国理政"五位一体"总体布局的政治高度。在区域发展层面，社会建设和社区治理在地方政绩考核的权重占比越来越大，它成为衡量城市综合竞争力的重要评价指标。在国家层面，民政部先后开展四批全国社区治理创新实验区，培育出一批各具特点的社区治理单位。从 20 世纪 90 年代以来，从沈阳模式、百步亭模式、厦门模式开始，各个地方积极开展新一轮社区治理探索，为丰富社区治理实践提供了宝贵的地方案例。西湖区社区治理经验的独特性在于，它优化社区治理单元，推动治理重心下沉小区，分类治理实现精准施策，以小区物业自治带动社区治理回归居民自治本身。

（一）坚持党的领导、彰显社区治理特色是践行社区治理中国道路的根本要求

党的十八大以来，中央关于社区治理道路的基本要求，可以用两个关键词来理解：一个是党的领导；另一个是彰显特色。坚持党的领导是基本原则，是社区治理中国道路的政治底色和本质特征[①]；坚持党的领导政治原则，不断深化社区治理，尊重地方实际，立足地方差异，支持草根创新，发展社区个性，维护城市治理多样性。江西省南昌市西湖区持续开展社区治理探索，正是在这样的时代背景下展开并深化的。

在社区治理中，坚持党的领导，体现为党委的掌舵作用，即掌握社区治理政策，提供人才支持，引导社区治理发展方向，发挥党委的社会整合作用[②]。党领导社区治理创新，是社区治理中国道路的显著特征。《中共中央、国务院关于加强和完善城乡社区治理的意见》明确指出："切实发挥基层党组织领导核心作用""确保城乡社区治理始终保持正确

[①] 习近平指出："必须坚定不移走中国特色社会主义政治发展道路，坚持党的领导、人民当家作主、依法治国有机统一，坚持人民主体地位，充分体现人民意志、保障人民权益、激发人民创造力。"习近平：《高举中国特色社会主义伟大旗帜 为全面建设社会主义现代化国家而团结奋斗——在中国共产党第二十次全国代表大会上的报告》，人民出版社 2022 年版，第 37 页。

[②] 徐嘉：《推进"基层党建+社会治理"深度融合》，《人民论坛》2019 年第 11 期。

政治方向"。① 坚持党委领导社区共建共治共享的基本格局，这是由中国社区治理内在规律决定的，也是党的领导从国家宏观治理到微观治理的全过程、立体式呈现。在当前利益分化和社会多元化的背景下，在社区微观治理领域，包含众多利益取向各不相同的参与者，利益上的差异决定了社区治理中各参与主体行动逻辑具有差异性特点特征。社区治理共同体如何成为可能？在社区治理参与者中，只有党的基层组织，才有足够的政治权威和合法性，才能起到担负整合各方不同利益和意见的"磨心"作用，通过长期合作共赢来弥补短期利益让步，从而促成交往合作，避免社区被短期利益和局部利益撕扯，以至造成零和博弈局面。

在西湖区治理实践中，明确区分党委掌舵与社区划船的角色定位。党委掌稳舵，坚持放手而不甩手；社区划好船，做到添力而不添乱。基层党委扮演掌舵者的重要角色，在政治引导和规划发展上不甩手，在具体事务上善于群策群力，以共建共治实现共享共赢。在西湖区老旧小区改造上，西湖区委区政府的掌舵角色主要体现在做好科学规划和整体指导、组织协调上。小区整体规划改造，制定合理的路线图和时间表，科学规划小区的路面硬化、景观绿化、立面美化、管网优化、平安智能化等关键内容，为小区治理提供"定星盘"。在项目具体实施过程中，以社区改造"恳谈会"、改造项目"听评会"等一系列民主协商机制，突出居民主体地位，激发社区参与活力，向居民说明改造背景、改造内容以及改造面临的问题，答疑解惑，凝聚共识；同时，还就改造内容广泛听取居民意见，进一步完善细化施工方案，使改造工作充分体现居民意愿。

应该看到，每个社区都有独特的社情民情，在基础设施和文化特色、居民性格上都存在差异。因此，必须以社区的资源禀赋为依据，着力推进社区精细化治理，改变以往粗放的治理方式。《中共中央、国务院关于加强和完善城乡社区治理的意见》明确提出，"推动各地立足自身资源禀赋、基础条件、人文特色等实际""加快形成既有共性又有特色的城乡社区治理模式"。我国社区治理差异化现象根源于经济社会发展不均衡性不充分性的总特点，深化社区治理探索与实践，就是要尊重地域差异、文

---

① 《关于加强和完善城乡社区治理的意见》，《人民日报》2017年6月13日第1版。

化差异，彰显社区治理的地域特色和文化特色，不能将内涵丰富、形式多样的社区治理简化为单一固化的教条模式，不能用共性替代个性，而是积极鼓励地方根据自身资源禀赋进行社区治理创新，使社区治理更加符合当地实际情况，更好地满足人民群众对社区高品质生活的美好需求。

西湖区在兴柴北苑社区改造过程中，充分尊重该社区的工业历史，注重传承工业记忆。兴柴北苑始建于20世纪50年代，是原南昌柴油机厂的职工宿舍。同曾经强劲有力的南柴动力一样，兴柴北苑经历过历史的高光时刻；也同动力不再的南柴一样，兴柴北苑的治理曾经失去活力，陷入停滞。面对这些问题，兴柴北苑着力发掘"南柴"厚重的工业文化底蕴，以厚重的工业风彰显小区特色，通过南柴工业历史微展及柴油发动机等实物做旧艺术处理，以现代艺术审美拜访老工业文明，重现老厂区绿篱红墙的建筑风格和历史造型，唤醒人们共同的历史记忆，以南柴工业精神为纽带实现居民同情共感。在这样一种文化熏陶下，老"南柴人"激发出极大的积极性和热情，精心刻画老南柴历史发展墙，撰写"兴柴北苑友爱三字经"，建立南昌柴油机厂博物馆，成立"老南柴艺术粮仓"等等，小区居民草根文化活动兴起，熏陶和滋养着居民的精神气质。现在，兴柴北苑的南昌柴油机厂博物馆、"老南柴艺术粮仓""孺子牛"工业风雕塑等都已经成为年轻人必去的网红打卡点。

（二）立足实际，因事而化，社区治理体现老旧社区治理基本规律

从社区类型上看，老旧社区具有基础设施老化、居民年龄大、收入较低、居住分散等特点，相当部分社区没有市场化的物业服务。推进老旧社区治理，必须尊重老城区的居民特点和社区禀赋，充分考虑居民主体特点和需求，降低社会服务成本，提高社会服务质量，以适合老年群体实际需要的方式提供社会基本公共服务。具体来说：一是满足居民基本生活需要。西湖区合理规范居民周边菜市场和小商品市场，不是一拆了之。在铁路二村、铁路四村、老福山社区等地方，人们能够看到充满生活气息的菜市场和各种商贩。铁路二村还办成了辐射周边社区居民的"老铁食堂"，以解决老年群体因身体不便造成的买菜难和做饭难、吃饭难的生活问题。二是注重精神交流和文化活动。西湖区铁路二村建成一百多平米的现代居民文化活动室，内有投影、音响、舞台等各种设备，十多支居民文化活动队伍活跃在社区,每天都有各种文体活动,以至于使用居民活动室必须提前预约。三是提升社区养老服务功能。养老服务在老旧小区显得尤为迫切。从2019年起,西湖区开始推进"1+5+X"社区邻里中心建设,其中就包括养老服务站点建设,这已在31个社区全面展开。在这个过程中,西湖区把充分发挥党委领导作用同全面释放市场机制作用、激发群众参与主体精神结合起来,使社区公共服务可持续发展,避免政府包揽带来的各种弊端。

在治理机制上,完善党委领导下社会各方参与的协商民主机制。在基层社会治理体系中,党不是控制者,而是开拓者、引领者。[1] 习近平总书记指出:"坚持党建工作和中心工作一起谋划、一起部署、一起考核。"[2] 从中央政策来看,党的十八大以来,中央一方面从基层民主政治和基层政权建设的角度,强调要健全基层党组织领导的充满活力的基层群众自治机制;另一方面,从社会建设的角度,提出要完善党委领导下的全民共建共享的社会治理格局,发挥社区服务在构建基本公共服务体系中的基础性作用。[3] 基层党组织如何发挥核心作用,让群众信得过、靠得住、想得起?最为关键的一点,是将党的建设各项工作融入群众生产生活实际,在组织群众解决困难、建设美好家园中树立党组织的威信,巩固党的群众基础[4]。从资源整合的角度,西湖区力图将社会资源、治理主体、制度规范等诸要素有效地整合起来,在"党的领导—社会参与""正式制度—日常习惯""政府—社会—居民""社区参与—回应反馈"等关系上下足功夫,为社区治理长远稳健发展打好基础。

在治理方式上,西湖区社区治理最大的特点,是立足于既有社区生态系统,不搞大拆大建,不片面追求形式统一和外观好看,而是注重社区系统功能提升,保持社区微观生态系统健康。在老福山社区、铁路七

---

[1] 刘建军:《社区中国》,天津人民出版社2020年版,第116页。
[2] 中共中央宣传部编:《习近平总书记系列重要讲话读本》(2016年版),学习出版社、人民出版社2016年版,第106页。
[3] 《〈中央中央关于制定国民经济和社会发展第十三个五年规划的建议〉辅导读本》,人民出版社2015年版,第106页。
[4] 张艳国、李非:《"党建+":化解城市社区治理多元主体间的矛盾的新路径》,《江西师范大学学报》(哲学社会科学版)2022年第5期。

村、建设桥社区、凉山树社区、井冈山大道社区这些老旧社区内部，我们能够观察到良好舒适的社区生态系统，感受到生气勃勃的社区生活图景。这些案例说明，社区生长在城市内部，是生活生产系统的一部分，生生不息的社区生态系统才是形成茂密城市森林的基础。

（三）面向社区居民做实社会治理，体现"人民中心"价值导向

良好舒适的社区生态系统从来都不是由谁单方面构建的产物，它必须注重自下而上的生活网络构建，从威权式治理向参与式治理体制转型，赋予居民参与社区公共事务的权力，让居民自己决定关系切身利益的社区公共事务，形成以社区自治为中心的权利和资源分配体制，发展社区居民自我治理的理念和能力，让社区居民成为主体，有效介入社区建设的决策和管理过程之中。在深入西湖区社区调查过程中，我们广泛接触居民群体所潜藏的各路能人，他们表现出可贵的奉献精神、合作热忱和解决问题的实际能力；在众多小区物业自治中，人们能够看到社区微观生态强大的修复能力。

随着社会发展进步，群众的需求也在发生结构性变化。一方面，社区治理要解决基本的民生问题，完善基本公共服务，完成社区治理 1.0 版本，通过社区治理——社会建设途径，解决社会贫困问题，消除两极分化；另一方面，社区治理要实现功能提升，打造社区治理 2.0 版本，加强社区居住体验，提升社区生活品质。为此，深化社区治理，必须大力推进社会治理创新，回应社会需求的内涵式变化，重新赋予人们一个有价值有意义、充满生机活力的社会生活共同体。在社区微观生活区域里，人们才可以更切实地看清自己的另外一面，人与人是相互影响、相互需要的，社区治理的共同体意义在于，只有重建公共生活，人们才能更好地发现自己，这是影响社区治理的新变量。值得注意的是，我们当前构建社会生活共同体，是在逐步进入丰裕社会①的背景下产生的，最为显著的时代特征是，人们随着社会主要矛盾的转化，他们对社会生活品质和生存环境提出更高要求。客观地看，理性地看，这种社会需求必然地传导并体现在社区治理上。新时代社区治理必须满足群众对优质生活环境的需求，

---

① 何帆：《变量——看见中国社会小趋势》，中信出版集团 2019 年版，第 216 页。

使居民能够充分切身体会现代城市生活的美好，让社会进步全面充分地体现在对人的细致关怀上，精准落实在社会治理细节上。

二　经验样本立足于实践探索、来源于群众智慧

基层治理创新的"小探索"，往往是社会治理变革大趋势的先导。南昌市西湖区在社区治理与创新中的新思考新举措，与新时代全面深化社会建设和社区治理的背景、要求相契合，反映了新时代中国社区治理的新动向，它值得我们倍加重视，并进行学术研究和理论总结。

（一）立足自身资源禀赋，借助国家级平台，科学谋划西湖区社区治理路径

俗话说，"看菜吃饭""量体裁衣"。治理路径选择，必须立足现实基础；社区资源禀赋决定社区治理方案可行性，决定社区治理路径差异。

以科学分类实现精准治理。南昌市西湖区社区治理的基本特点是，立足于老旧社区基础上，有效实施分类治理。2019年，南昌市西湖区以"推进社区分类治理，实现服务精准施策"为主题，成功入选第四批全国社区治理和服务创新实验区。西湖区政府以此为契机，根据自身"一河两岸、一区两城"实际，结合社区房屋性质、人口密度、环境设施以及居民结构等要素，对社区进行细化分类，分别划分为超高密度开放式老旧社区、高密度封闭式单位房社区、中高密度混合式多元社区、中低密度回迁式安置社区、低密度封闭式商品房社区。西湖区政府根据不同类型社区的优势、短板和特征，充分考虑不同类型社区居民特点及需求差异，制定针对性治理方案和措施，配套个性化治理方式和方法，尤其在社区治理资源配置、社区服务供给、社区居民自治等方面实施共性差异化相结合的治理方法，提高社区治理精细化程度和水平。

以项目制推动居民自治。马克思认为，"人们奋斗所争取的一切，都同他们的利益有关"。[①] 深化社区治理，提升社区现代治理能力和水平，满足群众对社区美好生活品质要求，需要凝聚各方智慧和力量，有效整

---

① 《马克思恩格斯全集》（第2卷），人民出版社2014年版，第510页。

合社会资源，支持社区可持续性治理。当前，社区居民自治普遍面临"空转"的困境，居民参与动力不足，社区居民犹如一盘散沙，相当多的居民扮演"看客"角色，甚至认为社区治理是党政部门的事情，与自己无关。造成这种情况的原因，既是因为社区治理同群众切身利益相关性不足，也是由于社区治理缺乏有效整合手段和机制，同时还与我国社区治理的传统路径依赖有关①。为破除社区自治不足的治理困境，西湖区政府以项目制为突破口，从2017年起实施"幸福微实事"工作方案，让社区群众参与到社区治理决策中来，群众投票决定社区治理项目及其资金使用，实现"要办什么，不办什么，先办什么，后办什么，都由群众依法决定"②，将社区治理决定权由党政部门交到社区群众手里。西湖区"幸福微实事"项目制实施以来，取得了较好的经济和社会效益：2017年开展试点工作，在21个试点社区完成115个项目，2019年项目试点单位扩大到53个社区，完成283个民生项目，受益群众达20万人，2020年在辖区全面铺开，由居民决定3.5亿元旧改资金的适用方向和具体项目。

（二）注重整体谋划，坚持系统治理思维，推动社区治理体系建设

推进物业服务体系建设。南昌市西湖区老旧社区的特点决定小区物业自治的路径选择。南昌市西湖区社区治理的基本特点是：构成一个社区的各个小区大多数都属于老旧小区；这些小区以老年低收入群体为主，基础设施老化，居住分散，这就导致市场化的物业服务难以实现，老旧小区物业自治的可行可靠有效路径，必须对接"老"和"旧"这个实际。根据我们课题组在南昌市西湖区25个社区调查所掌握的情况进行摸排分析：在居民最关心和最需要解决的问题中，物业服务或社区公共服务被排在首位。如何有针对性有效地解决社区物业服务问题，回应群众需求，满足新时代社区居民对更好社区生活的体验，这是社区居民普遍关心的问题。经过多年努力，西湖区形成了多层面全覆盖的物业服务体系。在社区基本公共服务层面，西湖区采取政府购买和平台建设两种方式，即

---

① 李友梅、肖瑛、黄晓春：《当代中国社会建设的公共性困境及其超越》，《中国社会科学》2012年第4期。

② 《彭真文选》，人民出版社1991年版，第608页。

实施"幸福微实事"政府购买社会服务和建设"1+5+X"社区邻里中心,加强基本公共服务供给;在社区微观层面,从2019年开始,西湖区全面推进业委会建设,以业委会建设推进社区物业自治,使社区居民在积极分子的带领下行动起来,满足社区个性化需求;在社会服务组织上,西湖区南站街道建立公益性社区服务中心,负责为辖区内若干街道提供公共服务,"每个人都是服务对象,服务惠及每个人;人人都能平等地享有公共服务,不让任何一个人在公共服务中被疏忽被遗漏"。

加强社区工作者队伍建设。伴随城市社区治理资源下沉、重心下移,社区工作者队伍的能力、水平以及情感倾向等越来越成为影响社区治理效能的重要因素。[①] 形成一支专业的社区工作者队伍,是提升社区治理能力的重要人才支撑。提升社区工作者队伍的能力和素质,是当前加强社区治理的当务之急。2020年南昌市印发《关于加强城市社区工作者职业体系建设的实施意见》。根据该"意见",西湖区着力优化城市社区工作者队伍建设,从"进、管、考、出"等各个环节优化社区工作者队伍建设工作机制,全面推进社区两委班子交叉任职,实现社区党支部和居委会主任"一肩挑";要求现有社区工作者中40周岁以下的,3年内取得《社会工作者职业资格证书》;41周岁以上的,在5年内取得《社会工作者职业资格证书》。建立"基本工资+绩效工资+年度奖励"社会工作者薪酬体系,将薪酬标准与工作年限、工作成效等挂钩衔接,形成动态调整和正常增长机制。

优化组织结构体系建设。西湖区以社区治理"大党委"为核心,构建街道党委—社区党委—网格党支部—党小组"四位一体"的纵向组织网络,完善社区党委—驻社区单位—社会组织—社区居民等共同参与的横向组织架构,实现社区组织体系"横向到边、纵向到底"全覆盖。在社区协商机制上,以社区"微治理"为单元,创建社区居委会—小区业委会—物业服务公司"三驾马车"协商治理机制,协调社区公共利益、居民利益与物业服务之间的关系。在社区服务体系上,不断优化社区居民生活环境,将原来137个社区优化整合为124个社区,采取以奖代补、

---

① 郭根、吴杨:《超大城市社区工作者群体的职业困境及其调适路径——以上海市P区Z街道为例》,《城市问题》2022年第8期。

市场运作的办法，在社区建设"1+5+X"邻里中心，确保社区居民能够在15分钟内到达生活服务站点。在服务体系上，西湖区组织组建社区工作者、物业服务人员、业委会、社会工作者、党员和居民积极分子等6支队伍，不断完善"党群服务365"城市社区党建服务体系，建设党群服务中心160个，开展各类公益讲座1500余场。

（三）坚持社区治理群众路线，创新新时代群众工作方法，激发社会参与积极性

坚持走社区治理的群众路线，就是要充分尊重群众首创精神，深入发掘蕴藏在群众之中的治理能量，让社区治理回归居民自治本身。在西湖区建设西社区、壹号嘉苑小区、凉伞树小区等小区，社区治理的驱动力越来越多地来源于群众自下而上的自治行动，呈现出与传统社区治理截然不同的生动局面。这些小区通过小区业委会自治，协调并整合居民意见和行动，达成普遍的群众共识，实现社会动员，提升自我管理、自我教育、自我监督的能力和水平。不少社区，比如东方花园、新田绿洲等社区，它们在业委会物业自治基础上，已经从满足基本服务逐步向社区功能提升进步，开启了小区治理从1.0版本向2.0版本升级换代。当然，促成这种转变，还需要恰当的工作方式方法予以跟进。这就要求基层政府和社区居委会善于发现和培养社区群众领袖，在情感上密切，思想上引导，行动上鼓励，舆论上宣传，政策上支持，条件上保障，尤其是在业委会等社区组织遇到问题、遭遇困境时，基层党政部门能够"第一时间"介入，并提供"最强有力"帮助，这样就建构了社区群众同党组织和基层政权的"水乳交融"关系[1]。我们在调研过程中，深切体会、充分认识到这些主心骨对核心团队和一般居民的重要影响，高度评价他们对社区治理产生的积极作用。因此我们认为，培养社区群众领袖，应当选拔那些被群众公认的、有威信的、善于做群众工作的人。

在新时代，加强社区治理，仍然必须坚持群众路线，按照居民意愿

---

[1] 张艳国、朱士涛：《大数据融入智慧社区建设：时代价值与现实路径》，《江汉论坛》2021年第11期；《新华文摘》2022年第4期全文转载；《中国社会科学文摘》2022年第2期全文转载。

办事，但也要讲究工作策略和方法。在利益分化和社会多元化的背景下，社区群众不是铁板一块的平面化整体，而是分属不同阶层和群体，有着不同利益诉求和行为逻辑的活生生的人。坚持新时代社区治理的群众路线，必须立足于社会分化的现实，尊重不同群体的利益诉求和价值取向，改进工作方式，创新工作方法，将为民服务的崇高宗旨落实到治理具体实践中。社区党委和居委会越是讲究群众工作的方法策略，就越能团结带动社区居民，成为居民的"主心骨"和"领头羊"；反之，他们如果不顾现实条件而硬干硬上，蛮干胡为，就会在治理实践中"碰一鼻子灰"，甚至会让许多群众因不理解而起到相反的作用，阻滞社区治理。

三 契合治理共同体建设复制推广经验样本

在相当长的一段时间里，社区治理表现为国家主导下的宏大叙事，但随着社会分化、市民阶层的兴起和公共文化多元化，社区治理小众化和个性化趋势开始出现。新时代社区治理必须适应这种转变，充分满足个体需求，发展社区个性，从社区居民出发，尊重社区人的社会属性。从这个角度看，西湖社区治理经验好就好在准确把握新时代社区治理的新形势新要求，顺应了新时代社区治理发展新趋势新诉求，丰富了社区治理中国道路的新内涵新要素，贡献了中国特色社会治理的地方新实践新样本。

（一）善于将新时代社区治理新要求新任务转化为地方治理新样态

以党建为引领，全面坚持党对社区治理的领导，实现社区治理重心下移。坚持和优化党委领导是我国社区治理的内在规定性和本质特征，是我国基层治理必须贯彻的首要政治要求。它既是社区治理的基本要素，也是推进社区治理的内在驱动力。在此过程中，西湖区委区政府形成合力，而又各有侧重，采取"放权而不揽权、放手而不甩手、指导而不包办"方式，不断调整政府行为边界和职能作用，放权给社会，促进社会发育，通过实施社区项目、构建社区协商平台、完善居民参与机制，将更好发挥党的领导、政府指导的作用与激发社区的内生活力有机结合起来。

围绕社会治理重心下移这个时代课题，我国各地都在不断进行探索和实践，首先在特大城市形成了一些比较有代表性的做法和经验①。北京市采取"社区吹哨，政府报到"的做法，强调政府职能部门对社区需求及时回应，强化政府对社区事务负责任，这属于政社互动机制创新。这虽有可取之处，但我们认为，这种解题思路在本质上仍然属于传统型政府主导下的社区治理路径②。而西湖区对社区治理重心下移的贡献则在于，通过调整治理层级和划分新的治理单元，将治理重心下移同治理单元、组织平台调整有机结合起来，丰富了治理重心下移的实践路径，有助于克服治理的传统路径依赖，从而有效克服社区治理内卷化倾向③。

西湖区在推进共建共治共享的社会治理格局中，将优化政府社区治理职能同培育社区自治结合起来，规范社区治理的政府责任与居民义务，培养负责任的政府与有义务的居民，尊重社区生态环境，在法治与德治、自治之间探索组织化的平衡关系。在西湖区社区治理实践中，党委的作用主要是政策指导和发现参与积极分子，从制度和人才方面大力推动社区治理，而不是大包大揽、统包统管；发挥业委会和楼苑管理委员会的组织平台作用，从利益相关性着手建立联系纽带，为社区治理注入持久动力，形成社区治理共同体。比如在新田绿洲小区，小区业委会带领居民在实现物业自治的基础上，规划了小区停车位，建设了居民议事大厅，还准备在小区建运动场地，进一步提升居民的居住体验。再如，在建设西社区，从2016年开展物业自治以来，业委会主持小区物业服务和基础设施建设工作，目前正在准备盘活社区闲置空房，建立小区养老服务中心。

（二）主动解放思想，转变观念，形成了一套有效的社区治理工作方法

南昌市西湖区地处经济社会发展相对落后的中西部地区，社会组织

---

① 参见李威利《党建引领的城市社区治理体系：上海经验》，《重庆社会科学》2017年第10期；徐珣《社会组织嵌入社会治理的协商联动机制研究——以杭州市上城区社区"金点子"行动为契机的观察》，《公共管理学报》2018年第1期。
② 张艳国、刘小钧：《我国社区建设的困境与出路》，《当代世界社会主义》2013年第3期；《新华文摘》2014年第1期全文转载。
③ 张艳国、刘小钧：《我国社区建设的困境与出路》，《当代世界社会主义》2013年第3期；《新华文摘》2014年第1期全文转载。

和居民草根活动的活跃度相对较低，影响力也有限，这在客观上需要政府部门来牵头推动社会治理，以政府支持和引导来提升社会自我治理能力。从这个角度来说，政府支持是当前西湖区在深化社区治理中不可缺少的重要一环。党委领导，政府职能部门牵头，街道和社区积极响应，社区居民广泛参与，坚持政策稳定性，这是西湖区在有效开展社区治理中形成的一个重要特点。

"思想有多远，行动就有多远""思想解放的地方，就有实践创造的辉煌""思路决定出路"，从西湖区委区政府，到业务主管部门，再到基层政府和社区，都将推进社区治理作为社会建设的重要平台，围绕社区治理的重要性达成共识，将治理共识转化为实践的力量。西湖区高度重视社会建设和社区治理工作，适应新时代对地方党委政府工作的新要求新目标，不再唯GDP论英雄，将社会治理和社区治理有机结合起来，并作为社会建设的重要工作，保障和改善群众生活品质，提升群众对美好生活的体验。根据这一思路，西湖区不断加大对民生事业的投入力度，高度重视社区治理在加强社会建设中的平台作用，收到社区居民满意的成效。

西湖区政府在推进社区治理过程中，既注重顶层设计和全盘规划，也强调路线图和实施过程，稳步有序推进社区治理各项工作。近三年来，围绕"1+5+X"社区邻里中心建设工作，西湖区每年都召开7次以上的现场推进会，针对社区邻里中心包含的养老服务、幼儿园、卫生服务站、商业服务站点、文体中心等建设项目，报告工作进度、分析存在问题、研究解决方案、设定完成时间，始终保持工作有序推进。

当前，不少地方都在不同程度上存在社会治理政策随着主管领导变化而不断改变的问题。这正应了老百姓的感受，"不怕人打摆子，就怕干部频繁调整位子、帽子和单子"。西湖区社区治理工作的一个突出优点是，多年保持治理政策的延续性，没有因为主要领导和分管领导的变化而造成工作重心的变化，这是社区治理可持续发展的重要政治条件。在西湖区社区治理中，几个主要项目有效开展、顺利实施，如"幸福微实事"项目、社区邻里中心、网格化治理、365党群活动中心等都体现了政策的稳定性、延续性和保障性。

（三）老问题新思路，为破解老旧小区治理难题提供了"西湖方案"和实践样本

提供优质的社区公共服务，是满足人们对高品质现代社区生活需要的重要保障。如何提供更新更多更好的社会公共服务？长期以来，各地结合自身实际情况进行了探索，提供了答案。深圳市南山区采取培育社会组织和政府购买社会服务的方式①，武汉市百步亭社区采取企业办社区的方式②，成都市武侯区采取政府购买和社区自治相结合的办法③。南昌市西湖区社区类型以老旧社区为主，同时包括少量商品房小区和一定数量的保障房小区、单位房改房小区、安置回迁小区等多种异质化小区。由此构成了社区类型与社区服务之间的供需张力：从社区异质化的角度看，不同社区有不同特点，不同群众有不同的需求；从社区公共服务的角度看，既要有统一的基本公共服务，也要有针对不同社区、不同群体的精细化、个性化公共服务。为此，西湖区呈现了三种社区服务方式：

一是由政府部门成立公益性社会组织提供社区物业服务。南站街道成立"南站街道社区公共服务中心"，主要为铁路二村和铁路三村提供公共服务。铁路二村和铁路三村原来都是属于南昌铁路局的职工宿舍区，居住在这里的居民年纪普遍较大且收入偏低，加上此前物业服务都是由相关单位担负，因此，居民普遍不愿意负担物业费。同时，专业物业公司也因为收费标准和盈利问题而不愿进入。这就导致社区物业服务难以落实。为此，西湖区南站街道党工委在广泛征求居民意见的基础上，成立"南站街道社区公共服务中心"，为居民提供低成本、高效率的公共服务，相比于市场化的物业公司所收取的费用，该中心为居民节省了近一半的费用，这一举措受到居民普遍欢迎；随后，物业公司收取物业费的收缴率达到90%。

二是通过政府购买社会服务提升社区治理的有效性。在实施政府购买社会服务的过程中，西湖区通过实施"幸福微实事"方式，改变了以

---

① 周庆智：《党建"全覆盖"助推南山基层治理创新》，《人民论坛》2018年第1期。
② 张艳国等：《百步亭和谐社区有"四好"》，《光明日报》2007年6月9日第6版。
③ 吴晓林、谢伊云：《国家主导下的社会创制：城市基层治理转型的"凭借机制"——以成都市武侯区社区治理改革为例》，《中国行政管理》2020年第5期。

往由党政部门决定社区项目的做法，由居民参与具体项目和资金使用的决策，将老旧小区改造、社区美化、管网建设和基础设施建设等都通过项目化形式，交由居民来选择决定，社区治理同居民利益结合起来，不仅增强了居民参与积极性，而且还提高了资金使用和项目建设的有效性和精准性。通过实施"幸福微实事"项目，2020年，西湖区对全区25个老旧社区进行改造，使社区面貌焕然一新，居民的居住体验感、社区归宿感、生活幸福感也随之得到极大提升。

三是通过社区物业自治持续解决小区治理难题是城乡社区自治范畴的颠覆。这种深刻而全新的变革模式对于未经过训练和洗礼的居民小区自治组织及业主带来了前所未有的挑战。[①] 西湖区通过渐进式积累，使"老大难"问题变成日常性生活问题，有人问，有人管，能化解，能落地。从2019年开始，西湖区在全区通过业委会建设来推动社区物业自治。西湖区实施物业自治的小区分为两类：第一类是单位房改房小区，西湖区有相当部分社区都由以前单位宿舍改制而来，比如老福山社区的公安小区和长运小区、西书院社区的壹号嘉苑小区、兴材北苑社区等都是以前的单位职工宿舍，单位原先负担职工宿舍的物业服务，后来随着企事业单位改制，原单位不再负责这些职工宿舍的物业服务，但居民习惯性地认为物业服务费用不应当由自己负担，由此导致这些单位型小区面临无物业服务的问题；第二类是原先有市场化物业的小区，由于居民与物业公司之间的矛盾，原物业公司主动或被迫撤出小区，造成物业服务空白。这两类小区的物业服务都面临一个共同问题，那就是市场化的物业服务方式基本被排除在外，需要探索新的物业服务方式。在这种情况下，以业委会为中心的小区物业自治应运而生，在西湖区的许多社区开展起来，取得了成效。

四 简短结语

随着社会治理重心下移，作为社会最底层的社区，承载着社会安定、

---

① 王栋：《从有效到长效：居民物业自主治理发展的逻辑转换》，《兰州学刊》2019年第3期。

国家安全、执政稳定的重负。由新时代社会主要矛盾所决定，社会治理不平衡性、不充分性也会在不同地方的社区上有所体现。我们研究社区治理经验样本，一方面是为了积累个案，丰富理论总结和治理方法；另一方面，更为主要的，则是为了构建以社会基层治理为视点的中国之治话语体系理论体系，回答从中国社区建设治理到中国社会建设治理的中国之治，揭示蕴含中国之治其中的治理之理。个案分析、样本展示，具有从特殊到一般，从形而下到形而上的理论学术意义与实践价值。从江西暨南昌的区位来看，从个案、样本的空间布局来看，它不能缺席，也不应该缺席。从发达的东部，到具有后发优势的中西部，江西暨南昌的社区治理形态与方法，就具有由东到西观察、分析的载点性独特价值意义。

　　本文所聚焦的南昌社区治理"西湖经验"，从历史与时代的维度讲，它所创新的城市老旧社区治理经验，正是与新时代关于社会建设、社会治理、国家安全、社会稳定、社会和谐等人们普遍关心的"人民之问"解证的前进步伐相契合的，是同步协调的。从治理主体与治理实践的维度来看，它既立足于江西南昌改革开放以来几代社区人的接续努力、不懈探索，贡献"自己的社区自己管，大家的事情大家办"的智慧和方案；又聚焦新实践新问题，"把难管的事管好，把难办的事情一起办好"，体现了新时代围绕创新社会治理体系、构建共建共治共享的城乡基层治理新格局，紧紧抓住人民群众最关心最直接最现实的利益问题，着力解决人民群众急难愁盼问题，紧紧抓住社会生活共同体建设的关键性基础性长期性要害问题。从党的执政基础与在社会基层践行群众路线与工作方法的维度来看，围绕"居民对美好生活的向往"的具体节点、具体内容，在社区治理中把党的执政基础、社会主义制度优越性与居民关切的民生福祉有机结合起来，体现了基层党委和政府的政治敏锐性、破解问题的时代性、工作理念的先进性和经验集成的引领性。

　　总之，社区治理的"西湖经验"既立足于江西本土特别是南昌市基层治理的实际实践，紧紧围绕安居宜居、居民认同感归宿感幸福感出台政策措施，把治理当做暖心工程来做，实践展开以民心民意为基础，具有本土特点和地方优势；又按照党和政府总的决策部署，不乱调、不走样、不变形，把社区治理同政治建设、社会建设与党的建设有机结合起来，充分体现了中国特色社会主义的政治优势、社会合力和实践力量，具有实践的推广价值和运用的借鉴价值。

按照治理转型的内在要求创新社区工作者队伍建设

——以南昌市西湖区南站街道为例

张艳国　陈　敏*

[摘　要] 在推进社区治理过程中，社区工作者发挥着回应公众需求、促进资源整合、解决社会矛盾、维护社会稳定、实现助人自助、传播正能量等不可替代的重要作用。通过以江西省南昌市西湖区南站街道为案例进行研究，按照治理转型的内在要求，聚焦社区工作者队伍建设的重点重要问题，比如在推进社区工作者队伍建设过程中，以党委统合为纽带加强社区工作者联动机制建设，基层党委统筹协调社会组织、驻社区单位与社区自治组织、社区志愿者的关系，在社区工作者参与形式和载体以及社区工作者的联动整合上进行创新；解决社区工作者队伍建设主要体现在制度建设不完善、队伍不稳定、部分工作人员积极性不高等卡口瓶颈性问题；既要上下联动，为基层赋权赋能、减轻压力，也要从队伍本身出发，健全社工队伍"选、留、育、用、退"机制，加快培养造就一支有质有量、结构合理、稳定高效、群众满意的专业化、职业化社区工作者队伍。举一反三，从个别到一般，在学理与行业、理论与

---

* 作者简介：张艳国，江西师范大学省重点建设学科政治学首席专家、江西师范大学中国社会转型研究省级协同创新中心首席专家、教授、博士生导师、博士后合作导师；陈敏，达州中医药职业学院讲师。

[基金项目] 国家民政部"社会治理动态检测平台及深度观察点网络建设"项目（202205021）。

实践、个别与全局的结合部上，进行理论总结和学术研究。

[**关键词**] 社区治理；南昌市南站街道；社区工作者队伍建设

要把中国的事情办好，关键在人①；体现在社区治理上，关键是建立一支高素质的社区工作者队伍。习近平总书记强调指出，"各级都要重视基层、关心基层、支持基层，加大投入力度，加强带头人队伍建设"②"逐步建立一支素质优良的专业化社区工作者队伍"。③ 在推进社区治理过程中，社区工作者具有回应公众需求、促进资源整合、解决社会矛盾、维护社会稳定、实现助人自助、传播正能量等不可替代的重要作用。在社区治理实践中，进一步壮大社区工作者队伍规模，完善社区工作者队伍的运行机制、管理机制和报酬激励机制，提升社区工作者的专业能力、服务意识和综合素质，对于提升社区现代治理能力，更好满足群众对高品质生活需求，维护社区有序和谐运转具有关键性意义。

在研究对象选取上，我们按照治理转型的新时代内在要求，"健全共建共治共享的社会治理制度，提升社会治理效能"④，选择江西省南昌市南站街道为观测点。南站街道的主要特点，一是在类型学意义上，南站街道反映了中西部欠发达地区社区工作者队伍建设的一般状况，这主要表现为社区工作者队伍建设整体上仍然处于传统的政府依赖路径⑤，南站街道社区工作者队伍建设中存在的问题具有代表性；二是从发展趋势看，南站街道社区工作者队伍建设工作正在逐渐摆脱传统政府依赖路径，以居民志愿者、业委会为代表的社区内生动力正在被激发，在社区治理中发挥着越来越重要的主体作用；三是从工作创新性看，南站街道在加强社区工作队伍建设过程中，所采取的措施有效解决了相关问题，具有开创性和启发性。

---

① 《邓小平文选》第3卷，人民出版社1993年版，第190页。
② 习近平：《在全国组织工作会议上的讲话》（2013年6月28日），《十八大以来重要文献选编》（上），中央文献出版社2014年版，第352页。
③ 《关于加强和完善城乡社区治理的意见》，《人民日报》2017年6月13日第1版。
④ 习近平：《高举中国特色社会主义伟大旗帜 为全面建设社会主义现代化国家而团结奋斗——在中国共产党第二十次全国代表大会上的报告》，人民出版社2022年版，第54页。
⑤ 张艳国、刘小钧：《我国社区建设的困境与出路》，《当代世界社会主义》2013年第3期；《新华文摘》2014年第1期全文转载。

在研究过程中，我们调查走访铁路二村、铁路三村、铁路七村、广场南路社区、井冈山大道社区以及南站街道社区公共服务中心等多个社区和组织，同区民政局、街道办、社会组织、社区居委会、社区业委会、社区楼管会、社区志愿者、居民代表等各个层面广泛交流意见，并采取座谈会、深度访谈、调查问卷等形式，广泛收集相关信息和资料，共召开7场座谈会，开展10余次深度访谈，采用电子问卷与纸质问卷相结合的方式，回收181份有效问卷，在此基础上形成了研究报告。我们的研究主要由三部分构成：一是提炼南站街道社区工作者队伍建设的运行方式；二是分析南站街道社区工作者队伍建设当前存在的主要问题；三是提升社区工作者队伍建设水平的基本思路。我们在实证研究的基础上，进行必要的理论总结。

一 社区工作者队伍结构性特征描述

南站街道位于南昌市西湖区东南部，因南昌火车站位于辖区而得名，总面积为1.21平方公里，下辖11个社区，可谓是老城区中的"老城区"。2016年以来，南站街道在中共西湖区委、区政府的坚强领导下，紧紧围绕建设幸福西湖的总体目标，强党建、促发展、惠民生、保稳定，街道经济社会各项事业得到稳步发展。2016年以来，南站街道进行了一系列民生改造工作，并且在已改造的9个老旧小区推行居民自治，惠及辖区近2000户家庭。在社区自治成功经验的基础上，南站街道还以"幸福微实事"项目为支点，以"小区圆桌会"为载体，以"楼院管委会"为途径，持续推进"文明楼道"等项目，在辖区全面铺开居民自治。所有成果的取得，都依赖于拥有一支服务意识强、服务本领高的社区工作者队伍。因此，我们认为，探索社区工作者队伍建设的成功经验及其发展趋势，在推进社区建设和治理中显得尤为必要。

南站街道社区工作者队伍结构性特征主要表现为如下方面：

（一）社区居委会干部群体

南站街道社区居委会干部共有100人，其中男性8人，其余均为女性。在年龄结构上，40周岁到55周岁的人数占到32%。在学历结构上，拥有大专和本科学历的人数占到55%，其余为高中及以下学历。在专业资格证书方面，拥有初级和中级社会工作师资格证的人数占到60%。社区居委会干部的身份，在居民眼里是双重的、可以转换的：一方面，居民认为居委会代表政府，要执行党委政府的政策和决定，因而在心里会划分"我们"与"他们"的界限；另一方面，在争取居委会支持、维护自身权益的时候，居民会要求居委会坚定居民自治组织的身份和定位，为社区发声，为自己谋利益。同时，我们发现，相比较商品房社区居委会同居民的关系，在以老旧社区为主的南站街道，社区居委会同居民的互动和联系更为密切。

究其原因，一是老旧小区因为基础设施老化陈旧，居民需要社区居委会帮助协调，比如南站街道所在的西湖区以"幸福微实事"的方式开展老旧小区改造，社区居委会在意见征集、方案执行、关系协调等方面为居民做了许多工作，成为党政部门与居民连接的纽带。二是因为老旧小区自身的特点，比如有的社区本身就是由单位房改制而来，居民都是以前的老同事，是一个以业缘关系为纽带的熟人社会。比如有的社区属于老街坊社区，居民们长期居住于此，因地缘关系而彼此熟悉，由此形成城市小区里的"熟人生活圈"。

城市的"熟人生活圈"，它是社区共识乃至社会生活共同体建设的坚实基础。

（二）参与社区事务的积极分子

我们根据走访调查发现，每个社区都有人数不等的积极分子和骨干分子。这类群体的范围和数量具有一定模糊性和弹性。我们综合分析几个社区居民积极分子群体，大致可以认为，每个社区都有1到2位群众骨干分子，或称为"群众领袖"，他们是参与社区活动的重要支持者，其他经常参与社区活动的积极分子数量，每个社区大致有10到20人不等。根据我们的观察，经常参与社区事务的这部分积极分子如下几个特点：

一是以老党员或者老干部居多。比如在井冈山大道社区，经常性参与社区活动的积极分子约有25人，平均年龄为65岁。在铁路二村天佑小区，经常性参与社区活动的积极分子约有18人，平均年龄为62岁。在其他社区的情况，也大体上相类似。因此，就南站街道社区的情况来看，社区居民参与呈现出低龄老龄化特征。这是一个值得注意的现象。

二是在积极分子群体里，总有 1 位"群众领袖"。"群众领袖"与积极分子之间关系密切，他是这些人的主心骨。他们之间相互支持，互为依靠，关系亲密融洽。

三是积极分子都有共同气质特征，可以用志同道合来形容。比如在价值观上，他们都认同主流价值观，大多都比较公正；人生观都比较积极向上，他们愿意站出来为社区服务。可以说，这些低龄老年群体，尤其是老党员老干部，是当前社区参与和治理的主要群体，发挥着不可替代的重要作用，他们在社会治理中应当受到重视。

（三）社区业委会和楼管会的成员

社区业委会和楼管会的成员这部分人群，同上述第二类群体有重叠之处。在南站街道各个群体中，这部分群体可以被视为居民积极分子中的骨干分子。

在南站街道，共有 11 个小区①成立了业委会，没有成立业委会或者条件不成熟的小区都成立了楼管会。相比较，成立业委会必经的法定程序要严格一些；而楼管会成立的条件和程序则相对宽松一些。成立楼管会，基本上是只要居民选举同意，经过社区和街道认可，就可以建立这个社会组织了。现在共有 35 个小区成立楼管会，成员约有 210 人。在南站街道的小区治理结构中，业委会和楼管会发挥了很大作用。凡是楼管会和业委会真正发挥作用的小区，都是那些居民自治搞得比较好的地方，这也反映出社区内生动力和社区社会资本方面的优势。这样的小区治理有序，居民的服务需求能够得到满足，社区矛盾较少，邻里关系比较和谐。由此，社区居委会的工作压力就比较小，居民需要找街道办出面协调和介入的工作事项也不多。

可以说，在当前社区居委会普遍面临行政化困境的情况下，以业委

---

① 南站街道现有 11 个行政规划社区，每个社区下面又划分为若干小区。在这些老城区社区，往往一个社区包含棚户区、老街坊小区、单位宿舍型小区、商品房小区、安置房小区等各类社区，而且构成一个社区的若干小区普遍不相邻，分布在不同地点。现在南站街道共计有 46 个各类型的居民小区。

会和楼管会为组织形式的居民物业自治，从某种程度上集中表达和反映了基层群众自治的要义精髓，具有推广、借鉴价值。

（四）社区社会组织的工作人员

目前，南站街道成立了1个社会组织，即"南站街道社区公共服务中心"，它于2020年4月在民政局登记成立，现有工作人员5名，目前为3个小区提供物业服务。这个社会组织的创新之处在于，由街道办注册成立，负责小区物业服务，从而破解老旧小区物业服务难题。这是探索老旧小区如何实现物业服务的一次有益尝试。在该组织成立之前，南站街道老旧小区物业服务面临两个难题：一是由于许多老旧小区规模小、基础设施陈旧老化、物业收费标准偏低等因素，许多物业公司出于盈利考虑而不愿进驻；二是老旧小区居民由于各种原因此前大多没有缴纳过物业费，形成了不交物业费的习惯，造成物业费收缴难、小区缺乏物业服务的问题。在南昌市西湖区老旧小区治理实践中，通常采用的办法是以业委会或楼管会来代管物业，实现居民物业自治，如南站街道井冈山大道社区的1109号小区和桃源街道的新田绿洲小区、十字街道的莱茵半岛小区、南浦街道的壹号嘉苑小区等，都采取这种方式。

相较于居民物业自治方式，由社区公益组织来负责小区物业的优势在于：一是在选人用人上有更大的空间，比如南站街道社区公共服务中心，南站街道办可以在社会上挑选有意愿、有能力、有经验的人来负责组织的运作，而业委会或楼管会的人员则只能在小区内部产生，人员选择余地不大；二是在工作回报与激励方面，社区公共服务中心的工作人员工作心态更好，由于平衡了工作报酬与付出之间的关系，更有利于组织的良性运作。

我们在走访中，居民和业委会的人反映比较多的一个问题，集中体现在小区业委会和楼管会工作人员的工作态度欠佳与报酬不高上。有多个业委会主任向我们反映，最开始业委会委员们宣誓就职时，都是热情满满，干劲十足，但是从第二年开始，他们就松懈起来，甚至有的委员直接不履行相关职能，这是一个比较普遍的现象。造成这种现象的主要原因在于，社区业委会工作存在结构性问题：一方面，社区事务存在复杂性和矛盾性是不争的事实；另一方面，业委会成员的工作是基于自觉自愿的义务付出，没有获得工资报酬和物质奖励的依据，事实上存在工作付出与回报之间不匹配的情形。这种不匹配的特殊性在于，其奉献付出不是短期的，而是长期的①。基于个体自觉的义务奉献精神，在当选业委会成员后，他们的工作就具有强制性和约束性，这就造成了一种奉献悖论：自愿的、自主的、短期的尚可承受，而对于强制性、服从性、长期性工作就难以坚持下去了。这些因素决定了当前实行业委会或楼管会物业自治的小区，必然面临可持续治理问题的严峻考验。

相比之下，南站街道成立的社区公共服务中心在制度建设、工作管理、人员选用上，都可以避开上述问题造成的短板弱项。从当前运行的实际效果来看，该社会组织解决了两个问题：一是如何以低成本、高效率的方式，为没有物业服务的老旧小区居民提供基本公共服务；二是如何实现收入与支出之间的资金平衡，实现组织自身存在和可持续发展问题。南站街道社区公共服务中心自成立运行以来，既满足了服务居民的需要，规范了社区秩序，还实现了收支平衡，并略有结余。这就为我们实现社会治理中心下沉，不断推出社会基层治理新举措新经验提供了宝贵样本。

二 社区工作者队伍运行机制分析

社区治理机制是保证社区运行有序、治理有效、长期运转的重要保障，也是衡量社区治理的重要指标。南站街道在加强社区工作者队伍建设方面有两大亮点：一是社区工作者参与形式和载体；二是社区工作者联动整合协调配合。围绕这两项工作，南站街道创新社区工作者队伍运行两大机制，靠机制保运行。具体来说：

（一）小区物业自治机制

南站街道小区物业自治的承载主体是小区业委会或楼管会，他们是社区工作者队伍的中坚力量。小区物业自治具有十分突出的问题导向，其直接目标是解决老旧小区物业服务问题。如前文所述，如何以居民能

---

① 业委会委员的任期是3年。

够接受的价格（物价承受力）和方式实现小区物业服务？这是一个在老旧小区中普遍存在的突出问题。其关键在于，居民习惯性认为，政府应当为小区提供物业服务，小区物业应当由政府出面解决，而不应该由自己掏钱支付物业费用。问题总是一分为二的：从居民方面来看，部分居民缺乏主体意识，没有认识到社区是自己的社区，他们寄希望于政府部门来替自己解决问题，明显具有"等、靠、要"依赖心理。他们认为，小区垃圾无人清理，基础设施出了问题，安全受到威胁等等，这些事情都应当由社区居委会或政府部门来负责。但是，对基层政府来说，有限的财政资金却无法担负起所有社区的物业服务开支，政府的社会性支出主要用于基本公共服务项目。

解决老旧小区物业服务难题具有一定的普遍性，有地方已经进行了相关有益探索。比如，在2011年由国家民政部批复确认的第一批全国社区治理与服务创新试验区项目中，四川省成都市锦江区五福桥社区的江东民居小区以小区为单位探索院落自治，内容就包括物业自管[1]。但是，该小区开展的院落自治和南昌市南站街道开展的物业自治却具有明显差异。首先，成都市江东民居小区的物业自管是院落自治的一项内容，江东民居小区的主要创新点在于，如何在一个治理单元内，从更微观层面实现居民自治，使社区治理回归基层群众自治本身，而南昌市南站街道的物业自治则立足于社区业委会或楼管会，以这些社区居民中的骨干分子为整体，担负社区物业服务任务，具有十分明确的问题导向。其次，物业自管探索只局限在成都市江东民居小区范围内，是其创新院落自治的一部分，没有在更大层面上开展，而南站街道物业自治则是把它作为一项独立工作在整个街道层面展开，着眼于以物业自治的形式实现社区参与，提升社区治理水平。

当前，南站街道的小区物业自治形成了比较完善的机制。具体来说，这套机制包括业主大会议事规则、小区业主管理公约、财务公开制度、保洁和保安工资标准、物管部门工作奖惩规则、业委会议事规则等一系列操作细则，有效指导和规范了小区物业自治。以铁路二村天佑小区业

---

[1] 民政部基层政权和社区建设司编：《社区治理现代化视野下的创新实践：第一批全国社区治理和服务创新实验区成果汇编》，中国社会出版社2017年版，第194页。

委会议事规则为例，根据该议事规则，每次业委会的会议，一是要做到"四有"，即有准备、有议题、有程序、有落实；二是要做到"四不"，即不务虚、不跑题、不抱怨、不搞"一言堂"；三是要做到"四明确"，即明确好的方面、明确存在的问题、明确改进措施、明确工作重点。通过这套有效的议事机制，同时也在业委会成员的自觉执行下，确保业委会议事、决策、执行做到务实高效而不拖沓。尽管南站街道小区物业自治开展的初衷是解决小区物业服务的现实问题，却在实践中起到了深化基层群众自治的作用，这是实现基层群众自治的一种重要形式，它有利于促进基层群众自治多样化。考虑到当前社区居委会突出存在的行政化问题，我们更有理由认为，物业自治是对基层群众自治实践的有益探索。从本质上说，小区物业自治是在社区工作者带领下以物业服务为标的而开展的治理活动，是社区内生动力的集中体现，以业委会和楼管会为组织平台的社会工作者们则发挥了主体承载作用。

（二）社区工作者联动机制

社区活力在居民；居民群体蕴含着庞大的生活、生产、治理和发展能量，居民是社区治理承担者和享有者。如何激发隐藏在社区内部的资源，转化为推动社区治理的动能、效能？这需要有切实可行的方法和途径予以支持和促进。

通过社区联动机制，将党员志愿者、居民积极分子发动组织起来，发挥其示范带头作用，以业委会和楼管会为组织平台，可以有效解决社区公共事务无人管的一盘散沙状态，让社区有人管事、有地方议事、有钱办事，从而营造良好社区氛围。在南站街道，最重要的社区工作者联动机制是在"党委政治统合—社区群众自治"的张力中逐步实现的。一方面，社区工作者要行动和组织起来，必须依赖一定的先决条件。在南站街道的小区治理实践中，这种原初动力是由基层政府和社区党委来提供的。这是因为，中国共产党的执政地位赋予基层党组织以合法的、权威的领导统合能力，基层党组织成为连接沟通方方面面，实现利益整合、凝练和表达的核心。另一方面，党委的统合作用是建立在尊重群众主体性、尊重群众利益、尊重治理规律的基础上，当小区居民和小区自治组织的合法利益受损时，党委政府首先站出来，以法律为依据，为群众发声，争取和保障群众的合法利益。正如南站街道铁路二村居委会主任武荃所说的：" 疫情当前，危急关头，只有党员干部站出来，挺在前面，群众的心才能放下来。" 具体来说，以党委统合为纽带的社区工作者联动机制，在实践上主要表现为：

1. 基层党委领导下的社会组织建设

比如说，在南站街道党工委组织下，铁路三村东社区与南昌市西湖区静心社心理健康中心达成长期合作，定期面向居民提供以心理帮扶为基础的专业化综合性社会服务。铁路二村社区引进北京"积善之家"养老服务中心，积极推进社区居家养老服务，这既让社区老人能够享受到优质放心的服务，也在一定程度上缓解了社区"助老"工作压力。除南站街道指导成立或引进的正式社会组织之外，南站辖区内还活跃着许多"草根社会组织"，如各社区自发成立的老年人舞蹈队、活力球队等兴趣类群体组织，在协助社区进行疫情防控、政策传达、上门服务、维持小区卫生、安全和秩序、组织居民开展集体活动等方面，都发挥了重要作用。南站街道社区"党建＋"所起到的关键作用在于，推进开放式党建，在提升自身服务意识和服务能力的同时，充分利用社会资源，发挥整合资源的纽带作用，成为支配社区运转的神经中枢，形成一核引领、多方发力的组织运转结构[①]。

2. 基层党委协调驻社区单位与社区自治组织关系

驻社区单位与社区组织之间的关系协调，需要强有力的政治组织介入，这是一个规律性的基层治理现象。比如，南站街道井冈山大道社区与南昌水业集团幼儿园、江西洪城水业服务有限公司城南营业处、南昌水业集团二次供水有限责任公司展开紧密合作，实施共建共驻。社区从政策咨询、培训课程、文化活动、医疗服务、便民服务、社会实践等方面分类制定合作清单，收集群众意见，列出居民需求，由各驻区单位在其力所能及范围内认领居民需求，如遇大型会议、活动时提供场地、技术、人员支持和其他便利。各驻区单位党支部也会不定期进社区、入小区，开展党组织活动。再比如，百树小区与百树小学更是共建共驻的典

---

① 张艳国、李非：《"党建＋"：化解城市社区治理多元主体间的矛盾的新路径》，《江西师范大学学报》（哲学社会科学版）2022 年第 5 期。

范，小区旁边即为百树小学，二者之前多有矛盾，相互牵扯，甚至闹到上访的地步，后在南站街道党工委与社区居委积极介入下，双方求同存异，最后达成共识，化解矛盾，形成共建共治共享的友好互助关系。一方面，百树小学帮助小区承担保安及部分保洁费用；出资完善小区绿化；建立儿童公共娱乐设施及场地；建立"和谐坊"，为双方提供议事场地及小区日常工作平台；提供小区居民电动车集中充电场所。另一方面，小区为学校提供免费停车位，解决校内教师停车难的问题；允许学校从小区内部开设出行通道，缓解拥堵，方便师生出行；小区内老年综合志愿队在放学高峰期协助学校维持出行秩序。

总之，社区与驻区单位之间有商有量，和谐互助，实现了社区治理压力"1+1＜2"和治理效能"1+1＞2"的良好配比。

3. 基层党委组织开展社区志愿活动

社区志愿活动是一种常态性的居民参与行动，具有即时性和特殊性特点。就拿正在开展的社区抗击新冠肺炎疫情工作中，社区党员和居民积极分子的自觉参与和无私奉献，不仅帮助克服了社区干部人手不足、精力不足的难题，而且还在收集信息、发动居民、反映情况、巡逻宣传等方面发挥了支柱性作用。居民自己的事情自己办；难办的事情，大家组织起来一起商量办；人多力量大，再难办的事情，也能办成办好。社区志愿者广泛参与，是此番社区疫情防控一条不可替代的重要经验。

为发扬志愿者精神，促进和谐互助小区建设，南站街道推行党群服务"365"志愿者项目，"3"即三种服务对象：普通居民、特殊群体、贫困群众；"6"是指六个服务团队：社区工作者服务队、物业服务队、业委会服务队、社会工作者服务队、党员服务队、志愿者服务队；"5"则是五种服务类型：便民服务、助老服务、医疗服务、文娱服务、应急服务。南站街道铁路二村社区在开展党群服务"365"过程中，组织各社会组织、驻区单位、非公有制经济组织、社区居民等群体中的积极分子，按照地域、专业、特长、兴趣等标准建立统一的志愿者信息数据库，依托微信平台，制作"党群服务365"小程序，搭建起结构稳健、覆盖面广、秩序分明、行之有效的志愿服务供需平台。居民点单，诉求有序，志愿服务队按需接单，完成任务后以积分的形式到社区兑换小礼品。基层党组织积极协调，起到了主心骨作用；志愿者踊跃参与，起到了社区服务骨干作用；两者互动融合，收到了凝心聚力、构建和谐社区关系的良好效果。

三 围绕队伍建设聚焦重点问题

社区服务是我国公共服务的重要组成部分，社区工作者是承担基层公共服务的重要主体。随着我国各级党委和政府日益重视社区治理的重要作用，不断加大社区建设的投入力度，提升社区工作者的福利待遇，优化年龄结构，加强教育培训，社区工作队伍整体素质明显提高，为提供更好更优的社区公共服务提供了基本保障。当然，不可否认，社区工作者队伍建设仍存在许多问题，我们以南站街道社区工作者队伍建设为例，聚焦主要体现在制度建设不完善、队伍不稳定、部分工作人员积极性不高等方面的重点问题，举一反三，由特殊性到一般性类推，有利于提高认识，找到良方善举。

（一）制度建设不完善，权责划分不明确

1. 在制度层面上仍然存在不少空白

这主要体现为：一是社区居委会与物业公司之间的法律关系过于笼统宽泛，导致在实践中社区缺乏有效手段维护自身合法权益。在社区治理实践中，部分小区业主与物业之间矛盾比较尖锐，有的甚至到了白热化阶段，发展为肢体暴力冲突。而社区由于缺乏法律手段，在协调业主与物业之间的矛盾上面临政策空白和机制梗阻，话语权有限，行动上无力。同时，社区在组织小区物业公司参与社区治理时，其影响力和号召力也十分有限。二是社区与业委会等自治组织之间的法律关系也比较笼统宽泛。在南站街道的无物业小区里，一般由业委会、楼管会等自治组织收取物业费，为居民提供物业服务，部分小区业委会由此掌握庞大资金，比如有的小区业委会掌握的物业费结余高达300多万元。社区居委会以什么形式和方式介入对业委会的监督管理？如何实现有效监管？这些问题都有待进一步明确。再比如，社区居委会如何组织引导居民选举业委会，这也需要进一步明确，既要充分体现程序民主和民主精神，也要

防止业委会选举被人为操纵，跑偏脱轨，保证业委会为民谋利，而不是追逐私利。三是社区自治组织缺乏有效手段制约少数违反社区规则的居民。如部分居民拒缴物业费，社区自治组织往往没有有效的制约办法。一些社区采用各种方法来提高物业费的收缴率，如通过居民形成倒逼压力、公示住户信息、断水断电等，但这些方法是否合法合规，本身也是一个问题，应当从制度层面予以规范。

2. 社区居委会权小责大导致"事难办"

一是社区居委会职能划分不明确。哪些事情该由居委会负责？哪些不属于居委会的工作范围？对此，尚无明确的制度规定。我们通过调研发现，社区工作职责范围和事项划分不明，许多工作实行"属地管理"，一味压给基层，职能部门反而变成督导部门，"不干又不行，年终要考核打分"，事情全部堆积到基层，导致基层工作"堆如山"。社区工作人员和群众普遍反映："社区上管天、下管地、中间管人，只要这一块儿有事，就都来找社区。"

二是社区权小责大。一方面，社区无权执法；另一方面，社区责任重大。上级部门往往只下放任务，责任落到社区，却不给基层赋予相应的财权。

三是上级部门往往事权下放，财权不下放，导致社区有责无钱。调研结果显示，32.6%的工作人员认为在开展活动时项目资金匮乏。针对这种情况，有基层干部认为："各层级各部门多实行属地责任制，部门'本位'优先，经费首先必须保证本部门开支，其次才会考虑下拨资金。'钱不随事转'导致基层办事没经费，工作很难开展。"

3. 社区工作中的形式主义问题

为了应付上级交办的各项工作任务，导致社区工作形式大于内容，社区干部疲于应付做材料、迎考核和被检查。比如，关于社区工作中常见的统计报表和数据，由于各个职能部门各自为政，没有建立统一的数据库，导致社区被要求反复填报各种表格。这些表格内容相似，重复上报耗费了社区工作人员许多精力。2016年以来，从中央到地方开始推行社区减负工作，不少工作人员表示"越减越多"。督查、检查少了，但调研指导却又多了；"文山会海"少了，但电子文件和通知要求却又多了；"痕迹负担"也衍生出"走过场"等新的形式主义、"表面文章"，上级领导下基层，基层干部要陪同。有基层干部表示："时间紧材料急，迎接检查不休假，数据材料加报表，加班加点是日常，群众还骂不给力，不为居民做实事。"

（二）队伍结构不稳定

1. 性别、年龄结构失衡

当前，南站街道100名社区工作者中，仅有8名男性，部分社区全部是女性，性别结构严重失衡。从工作事项上看，社区基层经常要承担抢险救灾、治安联防、拆迁改造、群众纠纷调解等工作，客观上需要一定数量的男性社区工作者。从整体上看，南站街道社会工作者队伍年龄结构逐步向中青年过渡，但中年工作者比重远超青年工作者，占比达到50%以上，青年社区工作者数量仍然不够，各年龄段的社区工作者比例失衡，出现"青黄不接"的现象，这就会导致社区后备人才缺乏，不利于社区长远发展的结果。

2. 学历结构、专业素质偏低

一是学历层次较低。专科及以下学历者占整体队伍的86.19%，构成社区工作者队伍主体，本科及以上学历者较少。受教育程度偏低制约社区工作者的学习能力和工作能力，难以适应日益复杂的社区治理形势，不能更好地满足居民日益多元化的需求，从而制约社区工作者队伍的战斗力。二是专业能力不足，专业化水平有待提升。调研对象中非社工专业毕业者占67.4%，社工专业毕业者（包括学习或培训过社会学、心理学等相关专业）占32.6%，98.2%的人表示身边同事都是非社工专业毕业。整个队伍中持社工证者占13.25%，其中有初级或助理社工师证的占9.94%，有中级社工师证的占3.31%，绝大部分社区工作者处于无证状态。社区工作者是社区管理、社区服务、社区建设的主要力量，其学历、素质偏低严重制约着社工队伍专业化、职业化水平的提升。

3. 社区工作队伍缺乏稳定性

社工队伍结构不稳定。首先，在人员变动率上，在当前社区干满三年及以上者不足50%，工作人员流动频繁。其次，人才储备不足是社区工作者队伍建设普遍存在的问题。而造成这种结构不稳定和流动频繁的主要原因，在于缺乏有效的激励机制。从薪酬待遇上看，社区工作者薪酬结构普遍偏低，是典型的"钱少事多压力大"。我们调查统计，有76.8%的社工人员月收入集中在2000—3000元区间，有88.03%的人觉得自己收入水平一般，不太满意目前的收入。多数人表示，基层工作劳累繁杂，老百姓工作难做，微薄工资难以养家糊口，他们还要面临各种考核问责，工作压力大。有65.74%的人对当前工作的情感态度偏于消极，有77.35%的人表示如果有更好的机会，就会选择换工作。缺乏有效的激励机制，是导致当前社工队伍招不进人，留不住高学历、高素质专业人才的主要原因。最后，这种不稳定性还表现为，社区参与不足。一方面，居民参与不足，现实中往往是上级部门推进社区治理"如火如荼"，而基层群众则"走马看戏""事不关己"；另一方面，专业社工组织参与不足。社工组织在社区治理中处于缺位和失语状态，其参与的深度和广度有限，覆盖面和影响力不够，没有发挥其应有的专业作用。

（三）部分社区工作者积极性不高

1. 地位低，缺乏社会认同

不少社区工作者认为，自己和其他行政、事业编制人员一样，都是在从事社区服务工作，但连基本的"名分"都没有，属于没有编制的合同工，社会地位偏低。在走访中，多位受访者表示不知道社工是干什么的、有什么条件要求，或简单认为社区居委会工作人员就是社区干部，其他社工组织成员才是服务人员，社会地位较低。社区工作者在实际工作中还很容易被误解，容易成为居民的"出气筒"，很多居民不理解、不支持他们，这不仅导致社区工作者工作开展困难，还会处于受气挨骂的弱势地位，甚至面临人身威胁，"费力不讨好，反惹一身骚"，这种状况导致很多工作人员不愿从事或想放弃社区工作。

2. 发展难，晋升渠道狭窄

据我们了解，社区工作者现有上升渠道主要有两种，一是省级层面公务人员招聘考试，每两年考一次，每个区有一个名额。二是市级层面的事业单位招聘考试，一年考一次，每个区有两个到四个名额。以上两种考试，均需在社区正职（社区党组织书记、主任）岗位上工作年限达到五年及以上才能报考。这些考试的基本特点是，名额少，条件高，竞

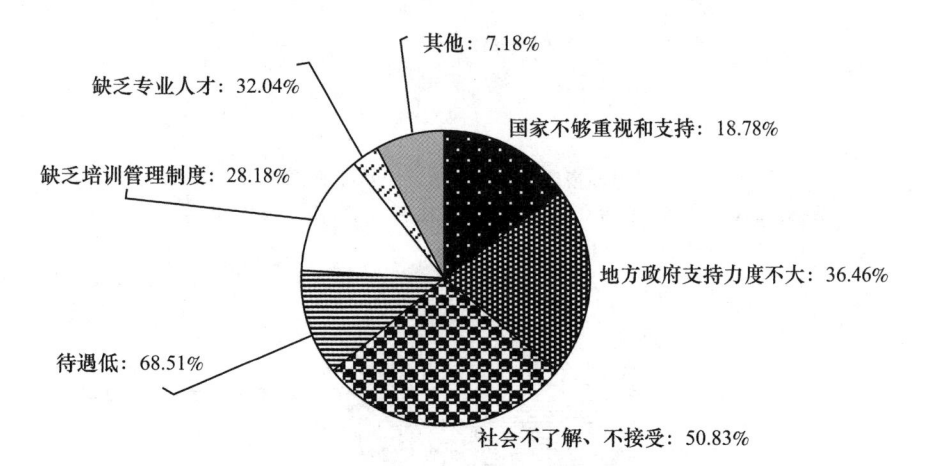

饼图标注：
- 其他：7.18%
- 缺乏专业人才：32.04%
- 缺乏培训管理制度：28.18%
- 待遇低：68.51%
- 国家不够重视和支持：18.78%
- 地方政府支持力度不大：36.46%
- 社会不了解、不接受：50.83%

图1　当前社会工作发展的主要障碍

争压力大。另外，政府一些政策存在简单粗暴和"一刀切"倾向。比如，今年（2022）南昌市全面推行社区主任和书记"一肩挑"，并且要求在今年年底实现全覆盖。这导致现实中担任社区主任职务的非党员工作者只能辞职，或者担任副主任等职务。这无疑为社区工作者的发展制造了障碍。

3. 压力大，权轻责重

基层群众工作本就千头万绪，任务繁重，而前文中所谈到的行政体系内存在官僚主义或形式主义问题，以及各种评比、绩效考核、考试考证负担等，也进一步增加了基层工作人员的压力。

4. 待遇低，收入水平较低

我们在调查中发现，待遇问题是社区工作者最为关心的问题。多数人表示，为居民服务是精神信仰，但薪酬待遇则是现实需要，生活光靠热情和信仰难以维持，必须解决好"柴米油盐酱醋茶"的现实问题。有社区工作者表示："基层工作多、任务重、责任大，但待遇却一直提不上去，这是典型的'又想马儿跑，又不给马吃草'。"薪酬待遇是导致社区难以招聘和留住人才的重要原因。

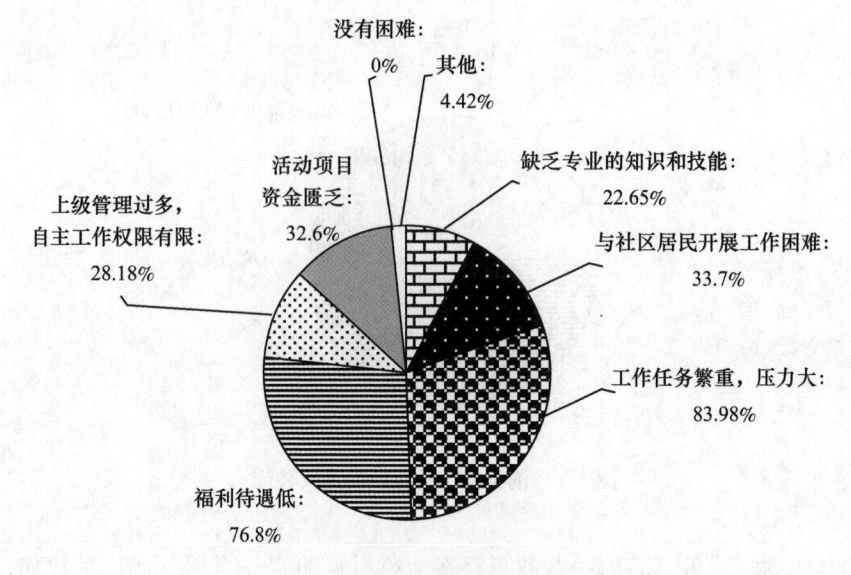

没有困难: 0%
其他: 4.42%
活动项目资金匮乏: 32.6%
缺乏专业的知识和技能: 22.65%
上级管理过多，自主工作权限有限: 28.18%
与社区居民开展工作困难: 33.7%
工作任务繁重，压力大: 83.98%
福利待遇低: 76.8%

图2　个人在工作中遇到的主要困难

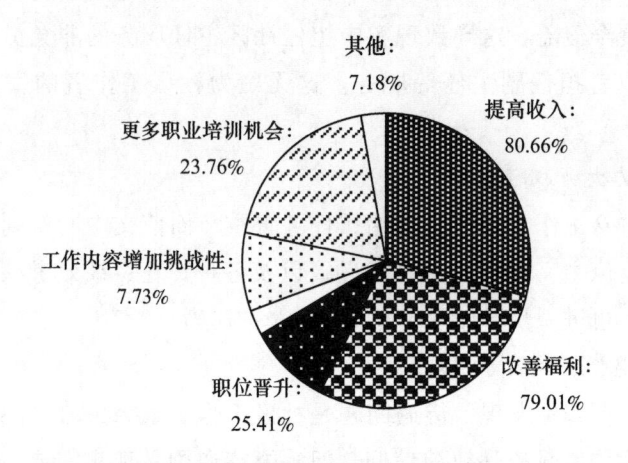

其他: 7.18%
更多职业培训机会: 23.76%
提高收入: 80.66%
工作内容增加挑战性: 7.73%
职位晋升: 25.41%
改善福利: 79.01%

图3　更好地提高职业满意度的因素

四　加强社区工作者队伍建设的认识与思考

近年来，党中央和国家日益重视社会基层治理，如习近平总书记强调："各级都要重视基层、关心基层、支持基层，加强带头人队伍建设。"① 各地纷纷开展加强社区工作者队伍建设的探索。在总结这些经验做法的基础上,我们结合调查的实际情况认为,更好地开展这项工作,既要上下联动为基层赋权赋能、减轻压力,也要从队伍本身出发,健全社工队伍"选、留、育、用、退"机制,加快培养造就一支有质有量、结构合理、稳定高效、群众满意的专业化、职业化社区工作者队伍。

(一)依法赋权,强化组织引领

1. 加强组织建设,引领社区发展治理

首先,加强党对社区工作者的政治引领。社区工作者身处一线,是党和政府联系人民群众的桥梁和纽带,加强对社区工作的教育引导,强化政治认同,使社区工作者始终围绕党组织开展活动,符合国家关于社区治理的政策和要求②。其次,要提升社区党组织的能力和水平。"以其昏昏"是不能"使人昭昭"的。因此,必须强调"打铁必须自身硬"的道理。强化社区党组织的引领作用,必须全面加强城市社区党组织建设,提高城市社区党组织建设的科学化水平,以适应新形势下的新发展、新要求,与时俱进,纵深推进城市社区党组织建设工作,不断提高城市社区党组织的创造力、凝聚力和战斗力,夯实党的基层执政基础,以党建引领社区治理,把握社区发展方向③。

2. 构建一核引领、多方发力的组织领导体系

以党建工作为引领,着力构建以社区党组织为核心,不断融合驻区单位、非公有制经济组织和社会组织的城市党建新格局,将现有"大党委"的制度势能转换为治理的动能效能,让社区能够切实调动、整合辖区内社会组织、驻区单位、共建单位以及志愿者队伍的资源和力量,群策群力,共建共享,探索"党委领导、政府负责、社会协同、公众参与、法治保障"的全方位基层社会治理模式④。

---

① 习近平:《建设一支宏大高素质干部队伍 确保党始终成为坚强领导核心》,《人民日报》2013年6月30日第1版。
② 徐嘉:《推进"基层党建+社会治理"深度融合》,《人民论坛》2019年第11期。
③ 张超:《从"社区党建"到"城市基层党建":概念变迁与实践逻辑》,《理论视野》2020年第11期。
④ 张紧跟:《党建引领:地方治理的本土经验与理论贡献》,《探索》2021年第2期。

3. 依法明确社区自治组织的权责边界

应该要求,在一些资源密集型社区,掌握丰富资源的业委会、楼管会等组织,必须健全社区党组织监管机制,维护社区公共利益,防止某些组织成员以权谋私,避免从为民谋利走向与民争利,使之真真正正做到为民服务。

(二)以制明责,为社区减负增效

1. 明确层级体系,理顺工作职责

科学分析政府层级间权力与职责的内在结构关系,优化完善政府间层级管理体制。只有形成职责法定、运行高效、成本经济、搭配合理的内在结构,才能保证基层治理能力同责任相适应。在街道治理层面,引入清单治理理论,结合街道体制改革,推行街道清单管理制度。通过制定"权力清单""责任清单""服务清单"等清单管理制度,明确街道职责,给街道配置与职责相适应的管理资源和队伍,才能切实强化街道协调能力和权威,提升基层处理公共事务的效能。在社区治理层面,落实社区工作清单制度,清单之外的行政任务一律不得下派到社区,充分保证社区自治组织的自治权,使社区工作以组织和服务居民为重心,做到"向下看"而不是"向上看"。

2. 遏制不良作风,为社区松绑减负

激发社区活力,首先是为社区松绑。官僚主义、形式主义问题是困扰基层的难点、痛点、堵点。一是要减轻社区各种迎检压力。比如社区的同一项目,各级部门可联合巡察、巡视,社区针对检查的问题作统一回复,把时间和精力重点放在整改和落实上,力戒形式主义"走过场",避免给社区徒增压力。二是要把社区从文山会海中解放出来。文件要避免形式化的穿靴戴帽,会议要力求精简高效;工作报告要实行公开和共享制度,运用信息化数字化技术,取消反复申报材料、多头报材料、多角度报同类或近似材料,坚决杜绝隐形、变异增加基层负担的做法[①]。只

[①] 张艳国、朱士涛:《大数据融入智慧社区建设:时代价值与现实路径》,《江汉论坛》2021年第11期;《新华文摘》2022年第4期全文转载;《中国社会科学文摘》2022年第2期全文转载。

有坚决喝止形式主义、官僚主义，让基层的日常工作重心从无休止的会议、文件、活动、迎检等转到社区治理当中，让社区工作者轻装上阵，社区工作者才能有更多精力深入群众，为民做实事。

3. 创新工作方法，为社区赋能增效

在社区日常工作中，除了前文所述的迎检、会议、材料等行政性工作，主要是调解邻里纠纷、化解居民矛盾、回应居民诉求等社区居民事务。创新工作方法，能够提高社区工作效率。具体来说，社区可借鉴采用"三事分流"模式，对社区事务进行梳理，列出三事分流清单，一是大事，包括国家的公共事务和公共服务，比如政府的政策推行等，必须找居委会，由社区出面与相关政府部门协商解决；二是小事，包括居民小区的公共事务，比如小区的基础设施损坏、停车位不足、环境问题、文体活动等，则由社区、楼管会、业委会等自治组织与居民一起协同办理；三是私事，包括居民个人的事情，比如赡养老人、家庭纠纷、邻里矛盾等，则由社区牵头引导居民自行解决。在整个模式中，通过发挥社区工作者的引领带动作用，引导群众参与社区治理，做到每件事都有责可明，有地方可以解决，逐级消化矛盾，而不是"推诿扯皮踢皮球"，这样既减轻基层工作压力，也能进一步促进基层活力，让基层事情解决在基层，提升居民满意度和幸福感。

(三) 以技赋能，提升队伍专业化水平

1. 科技赋能，用好专业化治理手段

面对日益复杂的社区治理问题，需要引入"互联网+"治理技术，通过人工智能、大数据、云计算等数字技术，提高社区工作成效，推动社区"智治"。比如搭建社区门户网站、社区微信公众号、微博公众号等信息汇集平台。通过信息管理系统提高办公效率，打通社区"信息公开之窗"，让居民通过更加便捷的方式随时随地获取信息、解决问题、反映诉求。不止于此，作为治理手段、服务工具和交流平台，信息技术还能发挥出更大的作用，补齐智慧城市建设中存在的一些短板，如打破各个部门的信息壁垒，共享数据信息，解决信息孤岛和信息碎片化问题，实现互联互通。同时，不断优化"智慧社区"平台建设，构建协调多部门社区治理事务的数据库，实现信息下沉，解决社区服务"最后一公里"

和"群众少跑腿"问题①。

2. 教培提能，提升队伍专业化能力

社区工作者队伍向专业化、职业化方向发展，是升级和完善社区治理体系、提升社区治理能力的必由之路。调研数据显示，当前社区工作者队伍三分之二以上者都是非社工专业的，仅有13.25%的工作者考取了社会工作师证，专业能力不足是当前社区工作者队伍普遍存在的突出问题。必须以教育培训为智力保障，提升社区工作者队伍专业能力。第一，加强学历教育，提升社工队伍科学文化水平。鼓励现有工作者通过成人自考、定点培养等方式继续学习科学文化知识，与时俱进。第二，加强职业培训。将社区工作者纳入市区级人才培训计划，制定社区工作者队伍建设总体规划，针对不同社区实际需求、不同岗位需求，实行梯队建设、分类培养，大力提升社区工作者队伍能力和素质；鼓励在职人员积极参加社会工作师资格考试，持证上岗，持证加薪，扩大有证上岗者覆盖面积，提升队伍职业化、专业化水平。

3. 系统思维，整合多方专业资源

当前，社区居民的社会需求正在发生结构性变化，社区服务需求不再是有没有、有多少量的问题，而是功能上、细节上、服务上质的问题，居民的社会需求将以更加多元化、多样化、个性化的方式出现。单靠社区，无法满足居民需求，因此，必须以社区为主体，整合多方专业资源，共同发力，为居民提供更加专业化、精细化和个性化的服务。首先，以党建为核心有机联结社区各个治理主体，搭建社区党建工作新格局；其次，吸引社会组织、企事业单位、高校、科研院所等力量参与，建立互培合作，对口指导，在重大决策上向专家、行家借智借脑；最后，引导专业社工组织进社区，在社区综合治理、文化服务、婚姻家庭、养老服务、社区环保、青少年服务等各个方面吸纳专业社工组织参与社区治理，提高社区治理精细化、精准化水平。

---

① 张艳国、朱士涛：《互联网＋社区服务：智慧社区服务新趋势》，《江汉论坛》2017年第11期；《新华文摘》2018年第6期全文转载。

(四) 健全发展机制，优化队伍结构

1. 选优配强，严把社区"入口关"

打造精良社工队伍，必须从入口处严格把控质量、优化结构。一是要优化选人用人机制。坚持党的领导，坚持政治第一标准，依法依规选任"两委"成员和群众自治组织领头人员，确保当选者品行端正、素质优良、群众满意，坚决把不合格人员"挡在门外"；规范社工选聘招聘程序，公开招聘、竞争上岗、择优录用；提高门槛，推行职业资格准入制，逐步推行从社会工作师中选聘社区工作者；拓宽优秀人才选培渠道，鼓励青壮年人才进社区，打造队伍后备人才库，增强队伍"造血"功能。二是要明确人员配置。譬如，当前南昌市社区干部职数配备普遍为8人，但大多数社区人数都在3000多人到7000多人不等，社区干部配置比例严重失调。应综合考虑社区规模、人口数量、管理难度等因素，科学核定社区工作者数量，适当扩充社区干部队伍。

2. 规范管理，畅通队伍"出口关"

首先，完善考核评价制度。据了解，南站街道目前只有针对社区整体的工作考核评价而没有对社会工作者的直接考核，也无居民对社区干部的评议考核。应当建立健全上下联动的社区工作者考核评价机制，既要有自上而下的工作成绩考核，也要有自下而上的群众满意度考核，考核结果也将作为社区工作人员岗位调整、升职加薪和聘请存续的重要依据。其次，建立退出机制，畅通队伍"出口关"。对于违法犯罪者、德行有失者、能不配位者、尸位素餐者，以及长期考核不合格、严重损害居民利益、破坏社工队伍形象，引发党群、干群矛盾者要及时清退出去，保持社工队伍的先进性和纯洁性。

(五) 落实待遇保障，增强队伍稳定性

1. 保障应有的"名"

我们根据调查统计，有50.83%的社区工作者认为社会不了解、不接受是当前社区工作者队伍建设的阻碍之一，也有不少受访者表示自愿做群众工作反被质疑拿高薪、恶意针对，招来嘲讽谩骂，典型"费力不讨好"，感到很委屈，降低了工作主动性和积极性。面对此类问题，主流媒

体应充分利用微博、微信、电视、报纸、网站等融媒体平台，宣传典型，传播优秀案例，增加对社区工作者的正向曝光度，营造良好的舆论氛围，改变社会各界对社工的认知定位，让社会更多地了解社会工作者的职责定位、价值意义和现实重要性，在日常工作生活中自觉支持并尊重社工工作者，提高社工的职业认同和社会地位，增强从业者的职业自豪感和工作信心，降低社工流失率。还要利用舆论引导力量，鼓励更多年轻人加入社工队伍，鼓励更多社会力量进驻社区，扩大社会工作的号召力、影响力。

2. 保障应有的"利"

目前，在薪酬体系上，南昌市政府按照职务级别、工作年限制定社区工作者等级工资标准，建立基本工资＋绩效工资＋年度奖励的薪酬体系，实行"三岗十八级"，并将工资标准与工作实绩相衔接形成动态调整机制。这项政策于2020年11月出台，随着这项政策的实施，社区工作者的薪酬待遇有望逐步提高。我们调查统计，有76.8%的社区工作者对自己的收入表示不满意。提高待遇、落实保障是提升社区工作者满意度的首要因素，也是影响当前社工队伍结构稳定性、阻碍社会工作发展的重要原因。要进一步落实待遇保障，提高工作人员的工资，切实解决他们的生活问题；按照实际工作量支付其应得的加班费，让办公室少点抱怨，多点干劲，激发工作人员的工作积极性，提高工作效率；落实社会保障，解决工作人员的后顾之忧。

3. 保障应有的"升"

社工队伍良性发展，既要涨薪减负，也要让更多人实现职业心愿。要多渠道打通社工职业上升通道，拓展社工成长发展空间，提高社工工作者主动性积极性。如完善合理的职务晋升机制，不论年龄、资历、学历，都应当依据社区工作者的能力择优选择；依据工作实绩选拔优秀社会工作者进入街道领导班子；增加优秀社会工作者进入行政事业编制的名额或通道；推荐符合条件的优秀社工担任各级党代表、人大代表等。在社区治理创新中，我们只有拓宽社区工作者发展渠道，让他们觉得工作有期盼，才能超越职业范畴，把社区工作当成人生事业去奋斗，为社区建设发展贡献自己的聪明才智。

中国城乡社区协商治理：要素嵌入、运行机理与实践成效

——以南昌市西湖区"幸福微实事"为例

尤 琳 罗志强*

[摘 要] 中国城乡社区协商治理既是理论问题，又是实践问题。把组织、制度、文化、技术四大要素嵌入城乡社区协商治理中，可以构建一个符合理论和实践的分析框架。"幸福微实事"是协商治理在城乡社区场域的具体实践形态，其运行机理可以分为三个主要环节，即注重开放性输入的共建环节、强调协商性转化的共治环节、实现精准性输出的共享环节。"幸福微实事"实践过程中，通过组织赋权、制度赋制、文化赋能、技术赋智，使得社区治理问题化驱动导向更加鲜明、社区治理规范化运作程序更加完善、社区治理理性化审议过程更加凸显、社区治理高效化推动渠道更加畅通，取得了城乡社区协商治理的良好成效。但也要指出，以"幸福微实事"为实践形态的城乡社区协商治理仍面临不少问题，需要不断深化实践探索、总结规律、解决难题。

[关键词] 城乡社区；协商治理；幸福微实事；要素

---

* 作者简介：尤琳，江西师范大学马克思主义学院教授、博士生导师；罗志强，江西师范大学马克思主义学院2020级马克思主义理论专业博士研究生、中共江西省委党校公共管理学教研部讲师。

[基金项目] 国家社会科学基金一般项目"农村基层精准治理研究"（17BKS060）。

一 引言

当前,中国城乡社区已成为居民日常生活的主要场域,"也成为社会治理的基本单元和社会治理创新的微观基础"①。无论从理论还是实践来看,中国城乡社区治理都呈现出顶层设计不断加强、民主协商迅速扩散、创新举措多点开花的发展态势。通过对近年来全国社区治理和服务创新案例分析发现,"协商民主与社区治理具有内在的理论契合"②,协商民主已经作为一种机制、程序或手段嵌构于社区治理结构之中,形成了城乡社区协商治理的典型样态。国内学者对城乡社区协商治理的研究渐次深入,主要集中于如下三个方面。

一是关于城乡社区协商治理实践样态的研究。张等文等学者从协商目的和功能角度考察,得出决策型协商民主、议事型协商民主、调解型协商民主是当前我国城乡社区协商民主的实践形态。③ 唐娟、谢靖阳以成员结构和议题范围为衡量维度,将城市社区议事会分为高代表性—宽议题范围、高代表性—窄议题范围、低代表性—宽议题范围和低代表性—窄议题范围四种类型。④ 张君从整体性视角出发,把协商化解方式分为道德性调解、道德性协商、法律性调解和法律性协商四种基本类型。⑤ 郎友兴、万莼研究了"众人的事由众人商量"的实践个案,指出议什么、谁来议、怎么议、议的效力构成了协商民主的系统性制度,这为国家治理和全球治理提供了一种新方案。⑥ 此外,一些学者深入研究了浙江温岭的"民主恳谈会"、北京朝阳区的"党政群共商共治"、四川彭州的"社会

---

① 方亚琴、夏建中:《社区治理中的社会资本培育》,《中国社会科学》2019 年第 7 期。
② 黄建宏:《协商民主与社区治理的理论契合及实践形态》,《广东行政学院学报》2017 年第 2 期。
③ 张等文等:《中国城乡社区协商民主发展的现实形态与推进理路》,《理论探讨》2016 年第 3 期。
④ 唐娟、谢靖阳:《城市社区协商政治:发展历程与实践样态素描——以社区议事会为观察对象》,《河南社会科学》2020 年第 8 期。
⑤ 张君:《基层矛盾协商化解的基本类型与实践样态》,《理论月刊》2020 年第 10 期。
⑥ 郎友兴、万莼:《基层协商民主的系统构建与有效运行——小古城村"众人的事由众人商量"的经验与扩散》,《探索》2019 年第 4 期。

协商对话会"、吉林安图的"民意裁决团"等多种多样的社区治理实践形式,这些实践发挥了议事、决策、调解等多种功能,体现了鲜明的协商特质,为基层治理现代化提供了探索性的生动样本。

二是关于城乡社区协商治理分析框架的研究。张平等学者关注协商主体、协商形式、协商内容、协商程序等要素,并以此构成完整的社区协商议事决策机制,为审视现实社区协商实践提供了理论分析的基础。① 徐建宇、纪晓岚基于结构—过程意义上的规则、制度和程序,提出了社区规制治理,并把"要义、行动框架和基本原则"视为社区规制治理的分析框架。② 唐鸣、李梦兰对所选取的37个第三批全国社区治理和服务创新实验区样本进行深入分析,将主体、制度、资源和技术等多种社会性要素嵌入社区治理全过程,构建了社区治理社会化要素嵌入的分析框架。③ 王庆华、宋晓娟通过共生理念价值分解与网络治理结构设置双向度,构建出共生型网络化治理的分析框架。④ 王佃利、孙妍认为政治嵌入与社会嵌入的双重嵌入方式实现了行政末梢和治理枢纽互嵌,成为探析基层社会治理共同体的分析框架。⑤ 郑永君着重研究了社区社会组织与社区治理创新的关联逻辑,并提出了"组织公共性—社区嵌入性"理论分析框架。⑥ 吴晓林等人引入"利益论"的分析框架,摆脱了从"功能论"层面解读协商民主优势的常规视角,总结出基层协商结构和过程展现出"领导—服从关系"和全程把控的特征。⑦

---

① 张平等:《城市社区协商议事的推进难题分析——基于35名社区书记的深度访谈调查》,《东北大学学报》(社会科学版)2018年第2期。

② 徐建宇、纪晓岚:《迈向社区规制治理:一个分析框架》,《新疆大学学报》(人文社会科学版)2019年第2期。

③ 唐鸣、李梦兰:《城市社区治理社会化的要素嵌入与整体性建构——基于"第三批全国社区治理和服务创新实验区"的案例分析》,《社会主义研究》2019年第4期。

④ 王庆华、宋晓娟:《共生型网络化治理:社区治理的新框架与推进策略》,《社会科学战线》2019年第9期。

⑤ 王佃利、孙妍:《基层社会治理共同体与城市街道的"嵌入式"改革——以青岛市街道办改革为例》,《公共管理与政策评论》2020年第5期。

⑥ 郑永君:《社会组织建设与社区治理创新——厦门市"共同缔造"试点社区案例分析》,《中国行政管理》2018年第2期。

⑦ 吴晓林等:《重合利益中的工具性:城市基层协商民主的导向研究》,《学海》2016年第2期。

三是关于城乡社区协商治理推进路径的研究。陈荣卓等主张把"共建"的治理过程与"共享"的治理目标结合起来,进一步优化社区治理主体规范机制、治理运行机制及治理保障机制。① 韩福国等学者提出"社区共营"模式,并把结构性互嵌、参与式共建、协商式共治、整体性共享视为其四个支撑路径。② 陈家喜认为当前社区合作治理的重心任务是构建社区主体间的合作机制。③ 唐亚林、钱坤提出要通过专家学者的介入和撬动,帮助基层党委和政府在基层治理中"找回居民",推动基层治理知识体系的重构、基层运作机制的重塑以及行动者参与动力的再造。④ 蒲新微、衡元元指出社区治理过程中群众在制度化参与方面存在"权""能""位"先天不足问题,强调要通过"还权、赋能、归位",达到共治共享社区愿景实现。⑤ 袁方成、侯亚丽注重居民的议决权和行动权,认为需要进一步从事务项目化、主体组织化和机制制度化的角度推动单一赋权向双重赋权的转变,以提升协商民主的制度绩效。⑥ 燕继荣等从组织学角度提出了"构建党组织为主体责任者的基层协商民主制度化体系"的必要性和可行性。⑦ 陶传进、张丛丛分析了基层党组织在社区协商制度中的融入与角色再造。⑧ 张锋提出"可从体制机制、结构体系、能力方式等方面入手,建构农村社会组织参与农村社区治理的保障性制度、支撑性制度

---

① 陈荣卓、刘亚楠:《共建共享:十八大以来农村社区治理机制的优化路径》,《社会主义研究》2016年第4期。

② 韩福国等:《协商式共治:"社区共营"的中轴性程序及其创新价值》,《新视野》2020年第3期。

③ 陈家喜:《反思中国城市社区治理结构——基于合作治理的理论视角》,《武汉大学学报》(哲学社会科学版)2015年第1期。

④ 唐亚林、钱坤:《"找回居民":专家介入与城市基层治理模式创新的内生动力再造》,《学术月刊》2020年第1期。

⑤ 蒲新微、衡元元:《还权、赋能、归位:群众制度化参与社区治理之路》,《南京社会科学》2021年第2期。

⑥ 袁方成、侯亚丽:《赋权的协商民主:绩效及其差异性——来自社区的经验分析》,《江汉论坛》2018年第11期。

⑦ 燕继荣、彭莹莹:《构建党组织为主体责任者的基层协商民主制度化体系》,《新视野》2020年第3期。

⑧ 陶传进、张丛丛:《基层党组织:在社区协商制度中的融入与角色再造》,《南通大学学报》(社会科学版)2018年第5期。

和参与性制度"①。闵学勤强调"规模化、常态化的试验"的重要性,提出要通过社区协商让基层治理积极高效地运转起来。②

由以上论述可知,城乡社区协商治理已成为基层治理创新的重要形式和显著趋势。既有研究为推进社区治理体系和治理能力现代化提供了有益探索,但城乡社区协商治理在实践中仍然面临"弱参与"困境,需要进一步探索其运行机理和实践成效。南昌市西湖区推广的"幸福微实事"是城乡社区协商治理的生动实践,它通过社区居民民主提议、投票、监督的方式决定资金如何使用、投入哪些项目,很大程度上解决了群众关注度高、受益面广的社会生活难题。这种"政府埋单、百姓点菜"的协商治理实践形式受到社区居民的普遍欢迎和热情参与。以"幸福微实事"为案例来分析城乡社区协商治理的运行机理和实践成效,既能剖析个案的特殊形态,又能总结实践的一般规律,对于进一步推进城乡社区协商治理具有重要意义。

二 要素嵌入:中国城乡社区协商治理的分析框架

城乡社区协商治理是一项复杂的系统工程,涉及县区、街道、社区等多级层面组织,覆盖经济、社会、文化等多个领域事务,"成为政党、国家、社会、公民相互联系的重要政治纽带"③。城乡社区协商治理既是热点理论问题,又是具体实践问题,要通过建构一个清晰的分析框架,以正确把握其理论及实践逻辑。埃莉诺指出:"一个一般框架的发展和使用可以帮助研究者去发现在进行制度分析时需要考虑的要素,以及这些要素之间可能关系。框架可以帮助进行诊断和规范研究。"④ 本文尝试把

---

① 张锋:《农村社会组织参与农村社区治理的利益机制与制度建构》,《学习与实践》2020年第8期。
② 闵学勤:《社区协商:让基层治理运转起来》,《南京社会科学》2015年第6期。
③ 唐皇凤:《协商治理的中国实践:经验、问题与展望》,《中共中央党校(国家行政学院)学报》2020年第1期。
④ Ostrom Elinor, "Institutional Rational Choice: An Assessment of the Institutional Analysis and Development Framework", in Theories of the Policy Process, 2nd (ed.), Paul Sabatier Boulder (ed.), Westview Press, 2007, p. 25.

组织、制度、文化、技术四大要素嵌入城乡社区协商治理中,试图构建一个符合理论和实践的分析框架(见图1)。

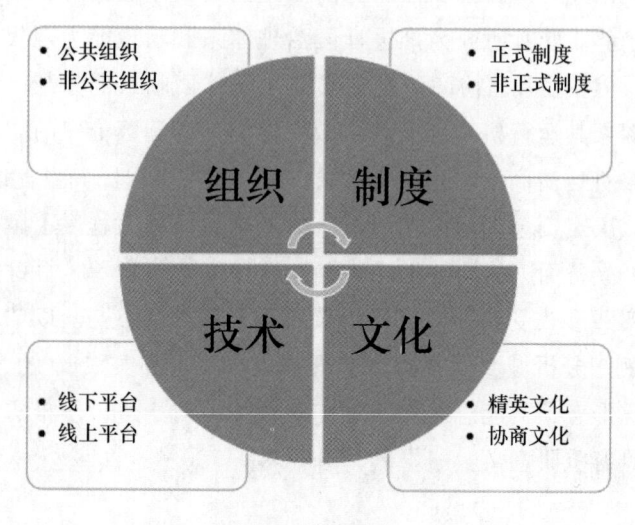

图1 嵌入要素

（一）组织要素嵌入：公共组织与非公共组织有机结合

城乡社区协商治理是一项由组织介入参与而非个人孤军奋战的活动。虽然我国实行社区居民自治制度，但这并不意味着在社区治理中社区居民是单个个体存在，更不排斥社区居民之外的组织"入场"。"社区协商的制度设计、筹备实施以及结果落实都需要有组织的推动。"① 有效的社区治理应是基于协商基础上的集体行动，本质上是一种合作治理。合作治理需要在城乡社区协商治理中嵌入组织要素，包括政党、政府、社区居委会、社会组织、物业公司、业主委员会、社区居民等，不同组织扮演不同角色，发挥不同作用，以实现公共组织与非公共组织有机结合。具体来看，社区治理是中国共产党治国理政的重要组成部分，党组织是社区协商治理的核心领导力量，"自治不是脱离党的领导，党组织也不能

---

① 黄徐强、张勇杰：《技术治理驱动的社区协商：效果及其限度——以第一批"全国社区治理和服务创新实验区"为例》，《中国行政管理》2020年第8期。

因为社区要自治就放手不管"①，反而要充分发挥党建引领作用，解决好基层党组织弱化、虚化、边缘化问题；政府组织是社区协商治理的实施主体，扮演着方案制订者、组织者、实施者、服务者角色，要认识到"放权"不代表"离场"，必须掌握好"有限政府"的限度，发挥好"有为政府"的功能；社区居委会是社区协商治理的具体执行者，广大社区干部要做好群众的贴心人，及时关注并回应社区居民需求，引导社区居民自愿主动积极参与社区治理；社会组织作为非官方的社会力量，在社区协商治理中扮演着动员者、协调者、咨询者、参与者等角色，可以充分利用其公益性、独立性、专业性等优势，促进社区居民平等参与协商、讨论和对话；物业公司、业主委员会则因具体小区而有差异，有些小区的相关组织积极作为，合作解决了居民的急事难事，部分还没有成立相关组织的老旧小区，也在认真筹划，或组建家委会等类似组织；社区居民是社区协商治理的参与者，更是剧中人，要增强协商意识，提升协商能力，真正开展实质性协商，巩固协商治理的成果。总之，城乡社区协商治理必须充分发挥党组织的核心作用，引领政府部门、社区居委会、社会组织、物业公司、业委会、社区居民等各方力量形成社区治理共同体，为合作治理打下良好组织基础。

（二）制度要素嵌入：正式制度与非正式制度有效衔接

制度具有长期性、全局性、根本性。制度是否完善，关系到城乡社区协商治理能否从理念性力量转化为现实性能力。有学者指出："城乡社区的协商民主，是一个有机的、协调的、动态的和整体的制度系统及其实践过程。"② 这说明城乡社区协商治理需要嵌入制度要素，"形成系统完备、科学规范、运行有效的制度体系"③，以保障城乡社区协商治理有序发育、良性成长、开花结果，实现制度化、规范化、可持续化发展。一般而言，制度可分为正式制度与非正式制度，正式制度主要包括法律法

---

① 张艳国、李非：《"党建+"在城市社区治理中的独特功能和实现形式》，《江汉论坛》2018 年第 12 期。
② 陈家刚：《城乡社区协商民主重在制度实践》，《国家治理》2015 年第 33 期。
③ 《中共中央关于全面深化改革若干重大问题的决定》，人民出版社 2013 年版，第 7 页。

规和国家政策,起硬约束作用;非正式制度主要包括乡规民约和伦理道德,起软约束作用。正式制度与非正式制度相互补充,共同构成完整的制度体系,促进城乡社区协商治理规范发展。近年来,我国各地积极探索多种城乡社区协商治理形式,部分地方的协商实践从无到有、逐步推广,部分地方的协商实践却从有到无、昙花一现,究其原因,根本在于社区协商治理能否有制可依、有规可守、有章可循、有序可遵。有制度作为依托,城乡社区协商治理才能在协商主体选择、议题确定、议程设置、程序设计、方式选取、结果运用等各环节抓细抓实,按照既定方向稳步推进,逐步实现成熟定型;反之,城乡社区协商治理极可能陷入"领导重视才协商""遇到问题才协商""想协商就协商""有时间就协商"等困境,使协商流于形式,最终破产。显然,城乡社区协商治理要实现其价值,就需要通过加强制度供给,强化制度执行,使之在制度化轨道上健康运行。只有融合现有制度、统筹制度安排、完善和修订基层协商民主相关法律、夯实制度责任、完善和明确协商议事规则[1],使得正式制度与非正式制度有效衔接,才能确保城乡社区协商治理规范有效运转起来。

(三) 文化要素嵌入:精英文化与协商文化相互融合

"在民主建设方面,文化建设比制度建设更复杂,如果说制度让人产生真切、确实的感受;那么,文化建设更长远、更深刻。"[2] 从功能角度讲,文化具有调节规约个体行为和引导社会运行的积极作用,影响着协商主体行为、协商进程中的博弈与均衡,因此,探索城乡社区协商治理不能脱离文化这一要素。反观当下,我国不少社区还未发育成熟,社区文化的供给和扩散也未达到与治理的时代需求相匹配的程度,不同利益主体在以文化为支撑的协商意识和协商能力方面存在显著差异。但是,城乡社区协商治理各方面、各环节都需要文化纽带得以维系,二者相互影响、互为因果、良性互动,这就为文化要素嵌入留下了广阔空间。一

---

[1] 秦国民、秦舒展:《论激发基层协商民主有效运行的"三维"动力》,《中州学刊》2020年第9期。

[2] 刁康:《论作为文化的民主》,《求实》2006年第1期。

方面，社区协商治理需要精英文化的引领来破解群体参与冷漠。这里表述的精英而是指在社区治理中拥有公共精神、具备公共理性、能够主动有效表达意见建议的强势群体，某种程度上也可称为"意见领袖"。他们在经济、政治、教育、网络资源等方面相对优越，对于权利认识比较充分，敢于和善于表达自己的利益诉求，在他们的引领和带动下，其他社区居民会潜移默化地增强对于组织、团体、其他个体的责任感，在一定程度上缓解参与冷漠的现实困境。另一方面，为防止协商治理过程被精英俘获，以吸纳公众参与为特征的协商文化的输入显得尤为必要。城乡社区协商治理离不开协商文化所提供的文化氛围和文化支撑，否则，协商治理将失去根基和可持续发展的动力。培育协商文化旨在涵养各主体的协商素养，引导不同协商主体加强沟通与理解，节制个人诉求和意愿，尊重他人需求和利益，消解多元分歧，营造居民之间的团结、信任与合作氛围，为构建社区治理共同体奠定良好基础。协商文化在社区治理实践中主要表现为"和合"文化、平等文化、秩序和法治文化、包容和妥协文化，这些文化基因孵化下的协商意识、公共理性、协商技巧是其重要表征。协商文化一旦形成并内化于人们的日常生活，便以其强大的惯性动力影响和制约着社区协商，从而很大程度上决定协商治理的成效。因此，应弘扬公平性、平等性、包容性和公共理性等理念，从协商意识的培育、协商习惯的养成、协商技巧的锻炼、协商共识的达成各方面来推进城乡社区协商文化建设。

（四）技术要素嵌入：线下平台与线上平台有益互动

城乡社区协商治理不仅要注意"协商"的形式创新，还要高度关注"治理"的实质效果。据以往经验看，城乡社区协商治理既是"体力活"，也是"技术活"。参与协商治理需要确保充足的时间和精力，同时，还要提供畅通的渠道和平台。实际上，不同主体都会从自身出发，考量成本—收益问题，研判参与协商是否值当。对于社区干部而言，如果要提高居民参与信度和效度，仅仅依靠传统上门入户手段显然是不能满足工作需求的，不仅工作量大，而且容易出错；对于社区居民而言，因忙于生计而无暇顾及公共事务的大有人在，如果依然只提供单一的参与方式和渠道，他们很可能选择"事不关己，高高挂起"的冷漠消极态度，不乐于把社区协商与日常生活联系起来。就目前来看，城乡社区协商治理很大程度上没有改变传统手段和方式的路径依赖，更多集中于通过线下平台。在协商之前，发布信息的渠道往往限定于通过固定宣传栏或者人流量密集的地方设立流动宣传点，搜集民意往往只依靠社区干部挨家挨户上门走访、发放纸质意见征集表或者设置意见箱；在协商之时，表达意见的场所除了议事厅、议事会等平台，没有其他方式作为补充，社区居民需要到达指定现场参与商议；在协商之后，居民监督反馈的渠道也比较单一，不能有效吸纳执行中形成的建设性意见。这些制约呼唤新技术、新平台及时纳入城乡社区协商治理。随着互联网、物联网、大数据等高速发展，应将现代信息网络技术应用于城乡社区协商治理，通过社区网站或公众号、QQ群、微信群等互动交流平台，不断加快智慧社区、掌上社区、共享社区、数字公民等建设进程，打造社区网络协商平台，弥补社区组织化程度低、人员流动性大、公共生活时间分散的社区协商局限[1]，"为有参与热情、参与意愿和参与能力但缺乏参与时间的中青年工作群体提供更便利、顺畅、快捷的渠道"[2]。通过线下平台与线上平台的有益互动，才能使参与渠道更符合不同年龄段群体的各自特点，从而弥补协商参与热情不高、协商结果执行不力的困境。

三　要素联动：中国城乡社区协商治理的运行机理

城乡社区协商治理的健康持续运行取决于组织、制度、文化、技术等要素嵌入程度及其联动格局。近年来，南昌市西湖区为了建设人人有责、人人尽责、人人享有的社会治理共同体，牢牢坚持"民事民提、民事民议、民事民决"原则，将协商民主与社区治理两者有效结合，探索出一条以"幸福微实事"为典型做法的城乡社区协商治理新路径。

---

[1] 呼连焦、刘彤：《社区协商民主：新时代社会治理的发展路径》，《哈尔滨工业大学学报》（社会科学版）2018年第4期。

[2] 孙照红：《城市社区治理的主体困境和协商进路——基于"党政群共商共治"的案例分析》，《中国延安干部学院学报》2019年第2期。

"幸福微实事"是南昌市西湖区推进的一项撬动社区共治的试点工作，是协商治理在社区场域的具体实践形态。这项工作将社区治理与协商民主相结合，依托社区居民提议和民主投票决定实施一批民生小项目，借以解决社区群众关注度高、受益面广的交通、社区公共建设、社会服务有关问题。2017年以来，西湖区先后投入1730万元，高质量完成民生票选项目398个，覆盖53个社区、惠及数千户家庭。

"幸福微实事"的运行过程可以分为三个主要环节：第一个环节是共建，注重开放性输入；第二个环节是共治，强调协商性转化；第三个环节是共享，实现精准性输出。共建共治共享构成了逻辑起点到逻辑终点的闭环流程，形成了开放性输入—协商性转化—精准性输出的整体运行系统（见图2）。

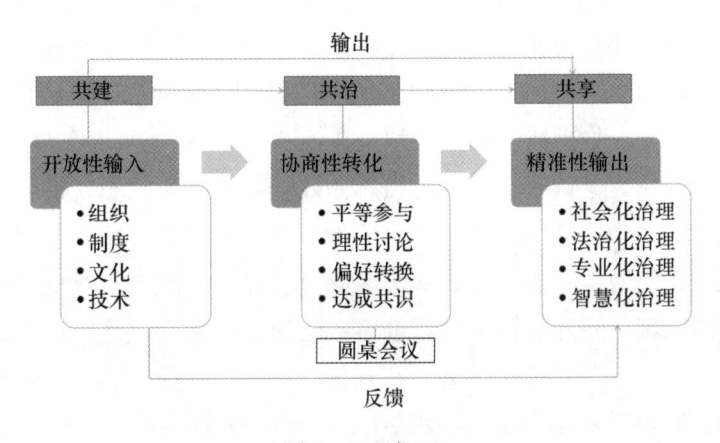

图2 运行机理

（一）共建：开放性输入

共建是城乡社区协商治理的基础，回答社区治理依靠什么的问题。在共建环节，"幸福微实事"注重开放性输入，组织、制度、文化、技术等要素悉数登场，形成动态而非静态、联动而非割裂的发展动力。"幸福微实事"离不开组织要素输入。虽然协商治理的主角是社区公民，他们投票决定需要什么项目、先上什么项目，但实际上，政党组织、政府组织、社会组织等都扮演着不同角色、发挥着不同作用，它们构成了"幸福微实事"的协商治理共同体。实践中,为强化对"幸福微实事"工作的组织领导,西湖区政府专门成立了由区长任组长的领导小组,相关职能部门按照分工积极协作。社会组织也被吸纳进来,比如校友之家和志愿者,21位在南昌工作或生活的校友以及135名志愿者被安排在21个社区,从事指导、咨询和协助服务工作。除了组织要素输入,"幸福微实事"还通过制度要素输入,保证其有序性、稳定性、可持续性。一方面,正式制度指导实践,确立城乡社区协商治理的目标、步骤和方法,以保障按照规则规范实施,如西湖区颁布的相关文件、推出的相关政策;另一方面,非正式制度引导实践,如"积极发挥乡规民约等社会自治规则的指引作用"[①],使之内化为居民行动。也要充分认识到,"任何一项制度的确立都需要与社会主体的心理、观念以及其他行动规则相互调适、相互修正"[②],城乡社区协商治理的有效运转,不仅需要培育主体、完善制度规范,而且要输入文化要素。社区作为培育居民现代公共素质的天然场所[③],文化的支撑能逐步改变大部分社区居民不信协商、不愿协商、不会协商的现状,推动社区居民在协商中不失声、不失语,不撒泼、不要横。西湖区作为老城区,社区居民总体处于熟人社会状态,街坊邻里的密切互动关系为社区协商提供了包容性环境。而且,居民在全面依法治国进程中已然增强了法治意识和法治能力,为协商治理的规范化运行提供了深厚土壤。此外,技术创新也为共建创造了条件,社区工作人员采用"线上+线下"相结合方式,在宣传、议事、监督各环节融入现代信息技术,突破了人力不足、空间狭窄、时间有限等制约。

(二)共治:协商性转化

共治是城乡社区协商治理的路径,回答社区治理怎么开展的问题。在共治环节,"幸福微实事"关注协商性转化,有学者指出"协商包括对

---

① 张艳国、尤琳:《农村基层治理能力现代化的构成要件及其实现路径》,《当代世界社会主义问题》2014年第2期。
② 张保伟:《影响中国协商民主制度化发展的几个问题》,《南开学报》(哲学社会科学版)2020年第2期。
③ 张艳国、刘小钧:《十八大以来我国社区治理的新常态》,《社会主义研究》2015年第5期。

话、磋商、讨论、听证、交流、沟通、审议、辩论、争论等多种形式"①，这些形式反映了社区协商治理的程序和步骤。2017年南昌市西湖区"幸福微实事"试点工作开展以来，基本按项目启动、项目征集、项目配额、项目认捐、项目推选、项目投票、项目公示、落选项目提议集中回复、项目实施、项目评价10个步骤实施。"圆桌会议"成为连接这些步骤的支点，也成为嵌入协商要素的平台。通过"圆桌会议"，各主体有了集中表达利益的渠道，能够在平等参与、理性讨论的基础上实现偏好转换，最终达成共识。

第一，平等参与。从准入条件看，"圆桌会议"的参与者只要符合"15周岁以上的社区居民以及租住在社区的人员"这一条件，而并非通常意义上选出的民意代表；从圆桌人员构成看，为了使"圆桌会议"成为真正的协商讨论平台，每张"圆桌"都配备了记录员、技术顾问和桌长各1名，外加10名左右居民。在协商过程中，记录员主要负责记录居民的建议；技术顾问主要负责引导和帮助居民提炼建议并辅助桌长调动居民发言；桌长主要负责维持协商秩序，使小组成员能够平等、自由地发言与讨论；居民是协商讨论的主体，也是项目提议的主要发言人。

第二，理性讨论。公共协商结果的政治合法性不仅基于考虑所有人的需求和利益，而且还建立在利用公开审视过的理性指导协商这一事实基础之上。②"圆桌会议"是利益表达的平台，各圆桌小组成员就该小组的项目进行充分讨论，然后采取"依次发言""举手发言"或"志愿发言"等方式，按照优先排序推选出排名前3的项目，由每个小组派代表上台进行5分钟汇报。居民通过不断对话讨论，经由理性思考达成最终投票结果。

第三，偏好转换。"圆桌会议"不仅是利益表达的平台，而且是利益博弈的战场。社区居民因性别、年龄、工作、身份等不同，造成大家可能站在不同立场，关注的重点会有差异。在项目推选和项目投票时，社区居民

---

① [美]詹姆斯·菲什金、[英]彼得·拉斯莱特：《协商民主论争》，张晓敏译，中央编译出版社2009年版，第3页。

② Seyla Benhabib ed., *Democracy and Difference*: *Contesting the Boundaries of the Political*, Princeton, NJ: Princeton University Press, 1995, pp.120-135.

既要为自己支持的项目提供说服他人的理由，争取更多支持者，又要倾听他人意见，适度修正自己的观点，经由说服他人、回应他人观点、修正自己观点三个步骤，形成良性互动，最终妥协让步，实现偏好转换。

第四，达成共识。"协商民主是以话语为中心的信息交互过程，话语信息包含了丰富的内涵，有利于形成共识性决策，趋近于公意的目标。"①可以看出，城乡社区协商治理不但要重视过程，让大家有足够时间和空间进行话语表达，还要高度重视结果，防止协商议而不决走过场。"圆桌会议"的项目推选环节，由主持人说明投票目的及规则后，居民对备选项目进行投票，并当场公布投票结果。此举，既保证居民意见的真实性，又利于减少协商结果执行梗阻。

（三）共享：精准性输出

共享是城乡社区协商治理的目标，回答社区治理实现什么的问题。在共享环节，"幸福微实事"追求精准性输出，旨在不断满足人民日益增长的美好生活需要，让人民群众共同享有协商治理成果。"幸福微实事"项目正是通过嵌入组织、制度、文化、技术等要素，依托"圆桌会议"平台，促进不同利益群体之间平等参与、理性讨论、偏好转换、达成共识的过程。精准性输出体现在四个方面：一是社会化治理。王大维认为"包容性协商既是对西方相关民主模式的超越，也是对中国协商系统经验模式的概括"②。"幸福微实事"内蕴着包容性协商精神内核，它吸纳了多元组织参与其中，契合了从单一治理主体向多元治理主体转变的现实要求，改变了政府部门主导的线性治理结构，转而形成了多元合作共治的网状模式。政府犹如"无形的手"，一改"为民做主"为"由民做主"，除了在政策制定、制度设计、资金安排等方面发挥重要作用外，其余过程均由社区居民、社会组织等主体充分发挥自主性，体现了社区自治的包容性。二是法治化治理。"幸福微实事"遵循国家法律规范的"硬

---

① 韩志明：《选举民主与协商民主的比较——以民意信息处理为中心的技术分析》，《清华大学学报》（哲学社会科学版）2019年第1期。

② 张大维：《包容性协商：中国社区的协商系统模式与有效治理趋向——以天长市"11355"社区协商共治机制为例》，《行政论坛》2021年第1期。

法"约束,也尊重社会伦理道德的"软法"约束,形成"硬法"与"软法"功能互补、刚柔相济、协调融贯的格局。政府部门及其工作人员改变了管理者的思维定式,扮演起服务者角色,运用法治思维和法治方式参与社区治理,克服了全能型政府弊病,体现了社区法治的约束性。三是专业化治理。"幸福微实事"的良好效果得益于专业化人才的助推作用。这一项目的设计和实施得到专家顾问组(由北京大学、清华大学、南昌大学等30余所省内外高校的校友组成)及志愿者团队(主要由南昌大学学生组成)的大力支持,他们负责培训了政府干部、社区工作人员、社区居民等主体,增强了不同主体的协商意识、公共理性、责任意识,弥补了社区协商文化薄弱的短板,使协商工作更加有序更加高效开展,体现了社区德治的指引性。四是智慧化治理。"幸福微实事"适应信息时代要求,除了利用传统手段做好社区各项工作,还及时注入信息技术,依托网站、公众号、微信群等平台创新社区协商治理,提升了政府对人民需求的响应性和公共服务的针对性,也是"智慧社区"建设的现实要求和未来走向,体现了社区智治的时代性。

四 要素生效:中国城乡社区协商治理的实践成效

中国城乡社区协商治理涌现出多种形式,有些生根发芽,走上了制度化轨道;有些昙花一现,不具有可持续性。产生这种分野很重要的一个原因就是嵌入的要素是否真正生效。"幸福微实事"实践过程中,通过组织赋权、制度赋制、文化赋能、技术赋智,使得社区治理问题化驱动导向更加鲜明、社区治理规范化运作程序更加完善、社区治理理性化审议过程更加凸显、社区治理高效化推动渠道更加畅通,取得了城乡社区协商治理的良好成效。

(一)组织赋权:社区治理问题化驱动导向更加鲜明

组织赋权是指上级组织把权力下放给下级组织,对具体事务不过多控制和干预,使下级组织拥有更大自主权的行为活动。组织赋权是自上而下与自下而上双向互动的过程,一方面自上而下做"减法",通过"减法"使自己"瘦身",把下级组织能够做好的事交给下级组织去做,而自己腾出更多精力做好顶层设计,更加精准管好该管的事;另一方面自下而上做"加法",下级组织要做好上级组织放权的承接工作,通过"加法"使自己"增肥",在拥有更大自主权后,要坚持目标导向、问题导向、结果导向,从解决实际问题入手,把社区治理工作做实做好。"幸福微实事"体现了组织赋权的鲜明特征,为彰显社区治理问题化驱动导向创造了条件。西湖区政府在制订协商治理方案后,把"幸福微实事"项目的提议权、讨论权、决策权等交给街道、社区,自己当起了甩手掌柜,打破了协商由政府组织控制的传统,实现了"政府定实事政府做"向"百姓定实事政府做"的巨大转变。赋权后,哪些项目能被推选、每个项目多少资金、每笔资金如何使用,区政府组织都不依靠行政权力进行过问和干涉,这些问题都按照民事民提、民事民议、民事民决要求完全交给社区居民自行决定,社会组织则在其中起动员、咨询、引导等作用。这样一来,"幸福微实事"项目定位就更加精准,居民需求会更好得到回应,政府公共资源配置就更有效率,有利于打通服务群众的"最后一公里",进一步增强社区居民的获得感、归属感和幸福感。

(二) 制度赋制:社区治理规范化运作程序更加完善

制度赋制是指依据国家正式制度与非正式制度,制订出台科学合理方案,使社区治理有法可依、有章可循的行为活动。制度赋制符合社会主义协商民主多层、广泛、制度化发展方向,也符合社会治理法治化发展要求。"我国当前协商民主的非制度化问题体现为不够健全、不够规范、不够严密等制度性障碍"[①],城乡社区协商治理具有较大随意性,"想协商才协商""想协商就协商""想怎么协商就怎么协商"等现象比较突出,这既说明政府没有高度重视协商治理的价值,又反映出政府没有从制度化角度规范自身行为。实际上,这种不确定性、不连续性的协商活动会削弱政府公信力,也无助于提高社区居民参与协商的能力和水平,甚至会打击社区居民参与协商的主动性和积极性。"幸福微实事"的制度

---

① 李翔、许昌敏:《协商民主与国家治理的内在关联与互动建构》,《江汉论坛》2015 年第 6 期。

赋制体现在顶层制度设计和基层政策制定两个方面：一方面，中办国办相继出台了《关于加强城乡社区协商的意见》（2015）《关于加强和完善城乡社区治理的意见》（2017）《关于实施乡村振兴战略的意见》（2018）和《关于加强和改进乡村治理的指导意见》（2019）等文件；另一方面，南昌市西湖区相继出台了《西湖区推进社区治理和服务创新试点工作实施意见》《西湖区关于开展"幸福微实事"试点工作实施方案》《西湖区第二批"幸福微实事"试点工作实施方案》《西湖区第三批"幸福微实事"试点工作实施方案》《关于加强居民自治推进平安西湖建设的实施意见（试行）》《西湖区开展全国社区治理和服务创新实验区工作实施方案》《西湖区关于加快推进"1+5+X"社区邻里中心建设的实施方案》《西湖区推进"幸福圆桌会"基层协商民主建设试点工作方案》等系列文件。这些文件既包括顶层设计的宏观制度，又涵盖基层探索的微观方案，清晰地表明了城乡社区协商治理的指导思想、基本原则、重要抓手，也清楚地规定了协商主体、协商议题、协商条件、协商程序、协商方式等要素，为城乡社区协商治理规范化运作提供了有力的政策支撑和制度保障，改变了以往协商治理形式化、无序化的状况。

（三）文化赋能：社区治理理性化审议过程更加凸显

文化赋能是指通过文化理念强化认知重构、文化认同和价值重塑的行为活动。城乡社区协商治理中的文化赋能就是通过文化宣传、文化教育等方式，使社区居民树立协商治理意识、涵养协商治理素养，从而实现其"想商量""能商量""商量好"的行为活动。与选举相比，城乡社区协商治理对居民文化素养要求更高。因为协商是一个充分讨论、相互妥协、遵循规则和程序的过程，居民不仅要积极参与审议，还要求具备理性表达、集体合作和民主监督等能力。长期以来，大部分社区居民协商意识不足、协商意愿不强、协商能力欠缺是现实状况。他们普遍认为社区事务是公共事务，历来由政府承担或干部解决，这种思维惯性造成社区居民很少产生参与的想法，由此产生"弱参与"的结果；部分社区居民有过参与社区协商治理经历，但自认为势单力薄、人微言轻，参与没有起到实质性作用，反而留下"费力不讨好"印象，不愿再成为社区协商治理的"回头客"。"幸福微实事"为居民锻炼协商治理能力提供了实践载体,但项目启动之初,社区居民普遍没有认同感和积极性,有些参与进来的居民也是为了不驳社区工作人员面子而应付了事。为了扭转唱独角戏的尴尬局面,全国各高校在南昌的校友会成了协商文化的培育者、传播者、践行者,他们围绕《参与式预算的基本概念、方法和中国的参与式预算发展》《参与式预算与地方治理》《参与式预算与社区治理创新》《参与式预算与基层民主》《参与式预算中的社会组织作用》《参与式预算中的街道组织工作》等专题多次组织培训会,为社区协商治理实践提供技术指导;南昌大学等成立的志愿者团队通过上门入户等方式宣传协商民主文化和知识,为后续协商实践营造了良好文化氛围。通过此举,居民的民主意识、公共精神和责任意识得到提升,广润门街道、南浦街道、桃花镇、朝阳洲街道等地社区居民建言献策热情高涨,推选项目投票率保持在70%以上,社区治理的原动力和内聚力进一步增强。

(四)技术赋智:社区治理高效化推动渠道更加畅通

技术赋智是指利用现代信息技术,为社区协商的信息搜集、渠道拓宽、平台开发、监督反馈等环节提供支撑,弥补传统社区治理方式中的信息梗阻、效率短板的行为活动。建设人人有责、人人尽责、人人享有的社区治理共同体,必须突破特定时间、固定地点、单一渠道的参与限制。以5G、物联网、云计算、区块链、人工智能等为代表的新一代信息技术正在推动整个经济社会的数字化转型,"将物理空间中人、事、物等资源数字化,将人与社会关系和交往模式信息化、数据化"[①],为积极构建"智慧社区"提供了前所未有的机遇。社会治理视角下的"智慧社区"建设强调网络技术介入,映照着技术、社会与组织在时空场域中的交织与互动,为推动社区治理实现精准分析、精准服务、精准治理、精准监督、精准反馈提供了可能。"幸福微实事"在一定程度上迎合了智能时代的要求,成为"智慧社区"建设的有力推手。在宣传环节,不仅运用传统小广播、小文艺、小传单等方式发布信息,还在区政府门户网站、街道微信公众号、全区134个社区建立的公众微信群及时发布相关信息;在民意搜集环节,不仅挨家挨户上门入户、发放纸质意见表、设置固定的

---

① 吴海琳:《找回"社会"赋能的智慧社区建设》,《社会科学战线》2020年第8期。

意见箱、开设流动意见点,还通过社区微信群尽可能搜集到真实、全面的信息,"通过微信群,科技支撑、公民参与、民主协商三者建立起联结,民众通过微信群对某些议题进行讨论,讨论的结果形成公众舆论,对党和政府的决策议程施加影响"①;在项目推选环节和投票环节,除了利用"圆桌会议"进行协商讨论,也利用网络平台吸收没到现场的居民的诉求或者建议;在监督反馈阶段,对剔除和落选的项目,所在社区须通过微信、打电话、发短信等方式,告知项目提议人落选原因,保护提议人参与积极性。南浦街道作为最早试点的两个街道之一,为了广泛宣传,吸纳更多居民参与,特开通了"南浦街道社区治理服务平台"微信公众号,下设"民情采集""信息处理""效能监督"栏目,"民情采集"中有专门的"微实事"事项,居民可以在线上参与社区协商治理。

五 结论与讨论

城乡社区协商治理是基层治理现代化的重要内容。"幸福微实事"作为城乡社区协商治理的生动实践,是通过"微服务"推进"大民生"的惠民工程。该项目自2017年实施以来,积极嵌入组织、制度、文化、技术等要素,并驱动这些要素构成了开放性输入—协商性转化—精准性输出的共建共治共享联动格局,在组织赋权、制度赋制、文化赋能、技术赋智的条件下,满足了政府供给与百姓需求有机对接,实现了中国共产党领导下的政府治理和社会调节、居民自治的良性互动,为基层治理现代化积累了宝贵经验。

但是,以"幸福微实事"为代表的城乡社区协商治理仍然暴露出一些短板和不足,急需进一步深入探索,在深化实践中加以解决。第一,从组织要素而言,社区协商治理的组织结构并不合理。"当前,社区干部绝大部分是女性,社区工作人员普遍地、经常地纠结于去留问题,不能

---

① 季乃礼、阴玥:《微信群、理性与社区治理——以T市A小区道路维权为例》,《学习与探索》2020年第12期。

安心工作，往往说走就走。"① 这给社区协商治理的持续发展留下了隐患，必须想办法加以解决。另外，尽管以校友会、志愿者组织为代表的社会组织发挥了很好作用，但社会组织依然数量有限、发育不足，老城区不少社区没有成立业委会，还没形成足够力量满足社区协商发展需要。第二，从制度要素而言，社区协商治理的制度体系并不完善。比如，在项目预算和报价环节，社区工作人员与相关部门对接不太容易，有时为了省事，仅凭主观想象对项目随意定价，有时又带着主观偏好报价，给暗箱操作带来很大空间。第三，从文化要素而言，社区协商治理的文化因子并不强大。老城区居民具有明显老龄化特征，他们的协商意识、协商能力不能完全契合社区协商要求，有些居民受制于惯性思维影响，缺乏公共精神和公共理性。第四，从技术要素而言，社区协商治理的技术支撑并不到位。线上平台的开发应用还处于初级阶段，持续运营管理不能得到保证，协商更多限定在面对面场所、小众主体、微观具体的正式协商，还需要突破技术，发展超越时空、大众主体、宏观广泛的非正式协商。

总之，把组织、制度、文化、技术嵌入城乡社区协商治理，既有理论张力，又有实践活力。推动城乡社区协商治理既需要组织的培育、制度的完善、文化的塑造，也需要技术的支持和保障，构建这四大要素组成的联动格局，才能在良性互动中推动社区治理走向善治。

（原载《江汉论坛》2022 年第 3 期）

---

① 刘小钧、张艳国：《城市社区建设与治理"党建+"实现路径研究——以江西省南昌市社区为例》，《江西师范大学学报》（哲学社会科学版）2020 年第 1 期。

从社区到小区：城市社区治理单元的重构
——基于南昌市西湖区"治理精细到小区"的观察

王小军[*]

[摘　要] "单位制"解体后所构建的城市基层社会治理"社区制"在推动基层社会发展、促进居民参与、构建和谐社会等方面取得重要的成绩，但是也存在着严重的内卷化倾向，如社区治理行政化倾向明显、社区自治过程居民参与严重不足和社会自组织发展空心化等。为了改变这种局面，南昌市西湖区在创新城市社区治理和服务过程中，提出了"治理精细到小区"的改革路径，不仅以小区为主构建社区治理单元格，而且以小区为基础培育社区自治组织，同时以小区参与推动社区参与，实现了社区治理单元从社区到小区的重构。调研发现，该区的社区治理单元重构能够有效促进市域社会治理现代化，既提升了社区自治水平，又深化了社区治理体系，还推动了社区自组织发展，使得社区治理效能得到有效提升。

[关键词] 社区治理单元；重构；西湖区

一　问题：治理精细到小区

作为我国基层治理中的重要组成部分，城市社区一直是国家与社会共同行动的治理场域，因此，城市社区的发展备受瞩目。在单位化社会

---

[*] 作者简介：王小军，江西师范大学政法学院教授、硕士研究生导师。

体制瓦解之前，国家对于城市基层的治理模式是"单位制"为主"街居制"为辅，"单位制"主要面对体制内的干部职工，体制外的民众则以"街居制"即街道办事处和居民委员会作为城市基层行政组织来实施管理。无论是"单位制"还是"街居制"，管理方式是自上而下的行政指令式，而作为社会主体的居民更多处于被动员状态。"单位制"社会解体后，政府为了更有效管理城市基层社会，开始了社区民主自治的探索。1989年，《中华人民共和国城市居民委员会组织法》的正式通过，使得国家对于城市社区的治理模式由以往的街居制转变为社区制，即将居民委员会从以往的行政组织角色转变为社区自治组织角色，城市基层社区事务更多交予社区自治组织社区居委会来进行操作。2000年，政府进一步明确社区居民委员会是群众性自治组织，并在全国范围内推进城市社区建设。此后，城市社区发展迅速，在推动基层社会发展，促进居民参与，构建和谐社会等方面都做出了重要贡献。但是，需要注意到的是，随着经济的发展和社会事务的增加，城市社区治理仍面临着一些困境，最典型的就是社区居委会的"行政化"和"边缘化"。所谓"行政化"，从某种意义上说，国家在城市社区的治理理念是逐步收缩自我，给予社会更大自主空间，完整地实现社区自治。然而现实是，城市社区在实现自治方面并不显著，大多数社区仍旧沿袭了"街居制"时期的工作方法和工作内容，成为行政体系的末端，填表格、报材料、建台账、应付各种形式化考核、验收，成为城市社区的中心工作。城市社区"行政化"的结果必然是让其"边缘化"。社区的主要功能是实现自治，即要成为居民身边的"江湖"，然而"行政化"却让其成为"庙堂"，这就导致一个结果，即社区虽然是居民自治的组织，但却和居民的接轨不是特别突出，在居民生活中，其逐渐被边缘，成为最熟悉的陌生人。

面对社区治理存在的困境，无论是国家层面还是地方层面，都提出了一系列的创新理念，并展开了各种创新活动。在党的十九届四中全会上通过的《中共中央关于坚持和完善中国特色社会主义制度、推进国家治理体系和治理能力现代化若干重大问题的决定》就提出"健全社区管理和服务机制，推行网格化管理和服务，发挥群团组织、社会组织作用，发挥行业协会商会自律功能，实现政府治理和社会调节、居民自治良性互动，夯实基层社会治理基础"和"推动社会治理和服务重心向基层下移，把更多资源下沉到基层，更好提供精准化、精细化服务"。① 而不少城市在推进社区治理创新实验过程中也积极开展治理单元调整创新工作。如湖北省武汉市在 21 世纪初就实施了"院落自治"和"门栋自治"实验，通过在范围相对较小的居民小组、院落、门栋等有形的社区社会空间以及各种志愿文体娱乐组织等无形的社区社会空间，有效地实现了居民的社区认同更容易使居民形成集体行动，从而提高城市基层治理绩效，也有效地证明了社区并非一定是有效的城市初级治理单元。② 江苏省南通市也在城市社区里通过邻里和谐促进会、邻里志愿组织等社区组织的建设，实现城市基层治理单元从"社区"走向"邻里"。③ 四川省成都市则是于 2013 年起在全市范围内推广院落自治，将居民自治单元下沉到院落，构建了院委会、院落党支部和院落议事会等"三驾马车"，完善了社区居民自治机制，实现了政府和社区职能的归位，推动了城市基层社会治理转型升级。④ 浙江省宁波市镇海区则在社区里建立"小区居民自治互助站"，通过党建工作，引领多元主体协同参与小区治理、社区治理力量下沉、整合社会资源等方式，实现了治理单元从社区到小区的转变，有效提升了城市社区治理效能和居民自治水平。⑤

作为第四批全国社区治理和服务创新实验区的江西省南昌市西湖区，也积极探索城市社区治理各个层面的改革和创新，提出了"治理精细到小区，服务精准到群体"的基本路径。其中"治理精细到小区"强调的正是城市社区治理单元的变革，即从"社区"到"小区"的重构。在西湖区"治理精细到小区"过程中，是如何推进城市社区治理单元从"社区"到"小区"的？这种方法具有什么样的经验和启示？这些无疑是值

---

① 《〈中共中央关于坚持和完善中国特色社会主义制度、推进国家治理体系和治理能力现代化若干重大问题的决定〉辅导读本》，人民出版社 2019 年版，第 31 页。

② 张大维等：《中国城市社区治理单元的重构与创生——以武汉市"院落自治"和"门栋自治"为例》，《城市问题》2006 年第 4 期。

③ 张扬金：《从"社区"走向"邻里"：城市社区治理单元重构——基于江苏省南通市邻里建设的调查》，《湖北行政学院学报》2015 年第 4 期。

④ 王星星：《居民自治单元下沉视角的城市社区治理改革研究——以城市院落自治为例》，硕士学位论文，华中师范大学，2018 年。

⑤ 戴珺、张叶科：《陌生人社会中城市社区治理单元的重构——基于镇海区"小区居民自治互助站"研究》，《三江论坛》2020 年第 8 期。

得探讨的。因此，本文深入西湖区的部分社区和小区，对该区"治理精细到小区"工作展开调查，以期对以上问题做些尝试性的解释和总结。

二 内卷：城市社区治理单元重构的背景

根据以往学者的研究，所谓"内卷"，指的是一个系统发展到一定阶段后，由于向外扩张状态受到制约，进而转向通过内部复杂化、精细化来维持原有运作机制，既没有突变式的发展，也没有渐进式的增长，逐渐丧失活力，缺乏创新、扩张与再生的原动力和执行机制的一种没有实质增长的状态。在我国当前的城市社区治理中，也正呈现出这种内卷的状态，以至于不得不推进城市社区治理单元的变革。在"社区制"实施之前，我国城市基层治理的主要制度为"单位制"和"街居制"，其中"单位制"管理有工作单位的职工，"街居制"管理没有工作的居民，因此构成了"单位制"为主和"街居制"为辅的格局。"街居制"开始于1954年，当年全国人大一届四次会议上通过的《城市街道办事处组织条例》和《城市居委会组织条例》正式确立这一制度，从而形成了由街道办事处和居委会构成的行政性极强的"街居制"。改革开放之后，随着经济和社会各项改革的推进，"单位制"瓦解，所有民众都转向居住地实施在地化管理，传统的街道办事处和居委会的职能开始产生重要变化，"街居制"也受到严重挑战，并越来越不适应形势的发展需要，重建适应新的社会状况的城市社会管理和控制模式就变成了一项刻不容缓的工作，而社区服务和社区建设等创新城市基层社会管理的制度也相继提出和推进。2000年，中共中央办公厅、国务院办公厅联合下发了《中共中央办公厅、国务院办公厅关于转发〈民政部关于在全国推进社区建设的意见〉的通知》，"社区制"正式全面替代传统的"街居制"，城市基层治理正式进入社区自治时代。然而，在社区自治推进过程中，城市社区虽然开展了一系列的组织改革和制度创新，但是整体而言，由于受外部环境的影响，城市社区治理机制并未得到实质性改变，所谓国家对基层社会的强大控制能力实则被赋予了形式化意味，并没有带来实际控制效益的提高，即社区治理正在呈现出强烈的"内卷化"趋向。

(一) 社区治理行政化倾向明显

"社区制"的构建，其实就是为了根除"街居制"强烈的行政化倾向，以实现"国家收缩、社会回归"，促使城市基层治理的变革。然而，就现实而言，"社区制"建立之后，虽然在管理理念和手段上都有了较大变化，但其核心变化还是不大，尤其是社区治理的行政化倾向还是非常明显。正如有研究者指出的那样，社区居委会的变革并没有实现"自治"，反而陷入了"内卷化"的困境，"复制了政府的科层特征"，成为政府的"一条腿"。

首先，组织结构方面，社区居委会的设立，虽然在组织方面有所创新，并没有显著改变原来的"街居制"时期居委会组织的内部格局，其设立的各种核心组织主要还是为了应对上级政府工作的，呈现出一种换汤不换药的内部固化形式。在西湖区的调研过程中发现，很多居民都表示以前对社区居委会的机构组织不太了解。而社区居委会工作人员也公开承认，在过去的社区组织结构方面，无论是公开成立的社区组织，还是社区工作人员的岗位职责，其对应的都是上级工作部门，主要以完成上面的政务为主要任务，在社区居委会里面，鲜有对应社区自治工作内容的组织，即使是社区居委会干部进入小区，也主要是为了完成某项政务。同时，在组织结构方面还有一个特别值得注意的现象，那就是笔者在西湖区的调研发现，社区居委会的成员很多不是社区中的人，他们都是街道甚至是区里统一调配过来的。这种现象产生了一个非常严重的问题，即社区居委会从法理上来说应该是社区居民的自治组织，如果构成人员不是来自本社区，其自治功能该如何发挥呢？

其次，在治理过程中，由于制度路径依赖与体制惯性，现实层面的居委会角色与法理上的居委会性质反差较大，居委会并没有脱离"行政人"的角色。在城市社区民主自治制度实施之前，居民委员会是基层行政组织，一直承载自上而下的行政"任务"。城市社区民主自治制度实施之后，居民委员会的这种行政任务仍在延续，许多来自区、街道的行政事务不断往下挤压，造成居民委员会自治职责的缺失，使得基层管理工作往往呈现组织结构与组织日常运作之间的分离现象。有很多的社区居委会，其工作都集中在信息采集、协助上级检查、制作工作台账等行政事务，政府与社区之间俨然已经成为领导与被领导关系，以至于无论是社区工作者还是社区居民心中都将社区当成了一级行政机构。即使有的地区为了改变这种局面而设立了社区工作站或社区服务站来代替社区居委会承接公共服务，但现实的操作依旧是几块牌子，一套人马，共同办公，"形变而质不变"。居民委员会在运作过程中的浓厚行政化色彩，俨然成了国家政权在城市基层治理中的代理人，城市社区的基层治理也自然陷入了严重的内卷化。在调查中发现，不少社区干部都表示在过去西湖区大力推进棚户区改造时，他们作为社区自治方面的干部，都参与了根本不属于自己社区的征地拆迁工作，并且工作成绩与工资奖金直接挂钩。

（二）社区治理过程居民参与严重不足

"社区制"的本质就是实现社区居民自治，即社区组织根据社区居民意愿形成集体选择依法管理社区事务，既包含对国家和地方政策法规与标准的贯彻落实、社区管理与城市管理的对接、社区代表的履职监督等，也包括社区内部的各项管理、服务和教育。然而，由于社区治理过程中的行政色彩保持甚至得到了强化，进而导致了基层自治等社区公共政治生活停滞不前，而居民的社区参与也严重不足。

在当前阶段，社区组织的社会服务供给均严重依赖于上级基层政府。因此，在工作开展过程中，社区组织首攻的毫无疑问是上级摊派的各项任务，而与社区居民切身利益相关的各种活动和社区自治等工作则放在次要位置，甚至根本就不会得到重视。由此可见，所谓国家对基层社会的强大控制能力实则被赋予了形式化意味，并没有带来实际控制效益的提高，即是说基层治理正在"内卷化"。

同时，社区不同于过去的"单位"，它是有限、开放、流动的，不是可终身依附的。随着社会转型的加剧，社区居民的异质性不断强化，虽然居住于同一地域空间内，但个体所关注和追求的都不尽相同，鲜有公共精神和公共议题产生，继而也难有所谓的"地缘共同体"真正形成。加上居民从社区中可以获取的资源非常少，对社区缺乏归属感，参与社区生活的动力和精力都在减弱，而通信技术的发展使得居民社会关系网络延伸到社区之外更广阔的时空范围，地域性的社区已经变成"脱域共同体"。大部分居民对社区则持冷漠的态度，除非涉及切身利益，否则就对社区事务不闻不问。这也给社区管理工作带来了很多困难，使得基层组织与居民之间的利益责任连带制衡关系发生了断裂，从而导致了城市社区治理内卷化的加剧。

而社区治理过程居民参与的不足带来了一个非常严重的问题，那就是社区认同的缺失。在西湖区的调研过程中，笔者发现多数居民表示在相当长时间里不知道社区居委会主任是谁，社区居委会主要成员有哪些，哪怕他们的岗位职责公示栏在社区里每个楼栋都张贴了。在所有社区居委会干部中，居民较为熟悉的都是担任副主任的社区片警，而这也是有背后原因的，即西湖区是警界英模邱娥国的工作地，在他的影响下，所有社区片警都有上门走访的传统，因此居民认可度较高。在调查中还发现，有半数居民表示在疫情发生之前不太了解自己社区的办公地点，同时有相当的居民表示在疫情发生前不知道自己属于哪个社区。如此的社区认知，显然与社区参与严重不足存在必然的联系。

（三）社区自组织的空心化

作为非国家、非市场领域的"社区自组织"，它表达的核心思想是：在非国家、非市场领域，实际存在一种"自组织"，它是一种有效的、内生的协调机制，不需要外部具体行政指令的强制，社区成员通过面对面协商，取得共识，消除分歧，解决冲突，增进信任，合作治理社区公共事务的过程，并使社区逐步进入"自我维系"状态。在这种设定下，社区自组织主要包含三个层面：第一层为社区自治组织。《中华人民共和国城市居民委员会组织法》第二条规定，居民委员会是居民自我管理、自我教育、自我服务的基层群众性自治组织。社区居委会既然是社区的基层群众性自治组织，那毫无疑问是社区自组织。第二层为社区居民自发组成的社区民间组织，包括业主委员会、居民小社团和社区协助性质的组织。业主委员会是由物业管理区域内业主代表组成，代表业主的利益，向社会各方反映业主意愿和要求，并监督物业管理公司管理运作的一个民间组织，它是业主大会的执行机构，虽然不是社区自治组织，但是却是一个对社区治理效能影响非常大的社区自组织。其他民间组织既包括为满足个性化需求而成立的会员俱乐部组织，如腰鼓队、晨练队、交谊舞队等，也包括为他人和社区公共事务提供服务的具有公益性质的志愿者服务队、互助性组织，如楼道互助小组、门栋委员会、自管小组等。第三层为解决社区利益冲突和进行重大问题决策的协调机制——民主协商机制，这是社区自组织的关键。

对于社区居委会，从前文的讨论可以得知，其主要工作还是集中于各种街道层面派遣的各种政务，对于社区自治工作涉及较少，存在着较大的空心化问题。而社区居委会这种组织，尽管在现如今的城市社区中，拥有如业主委员会等形式的居民自治组织，但由于居民之间职业、身份等区隔显著，加之缺乏公共议题，很多基层自治组织并未能真正发挥其功能，也存在较大的空心化问题。

三　重构：社区治理单元的变革

面对城市社区治理的日益内卷化，对其治理体系进行系统性整改和变革成了一个迫在眉睫的任务。党的十九届四中全会提出："加快推进市域社会治理现代化。推动社会治理和服务重心向基层下移，把更多资源下沉到基层，更好提供精准化、精细化服务。"① 因此，城市社区治理需要向纵深推进，就必须要重构城市社区治理单元，缩小治理场域，将社区自治的任务下沉到更小的治理单元，如小区、庭院、楼栋等。南昌市西湖区便是在这种思路下提出了"精细治理到小区"的社区治理创新和改革方案，有效地实现了社区治理单元的重构。

（一）以小区为主构建社区治理单元格

社区是社会的基本细胞，但却是由若干个小区组成。小区是居民在利益和情感整合的基础上构建的生活共同体，同时又是社区的有机细胞。居民生活主要集中在小区，社区治理下沉到小区，能够在一定场域内实现从陌生人社会回归熟人社会，从而提升城市社区治理的有效性。

因此，西湖区将社区治理从微细胞、微单元的小区和楼院着手，将

---

① 《中国共产党第十九届中央委员会第四次全体会议文件汇编》，人民出版社 2019 年版，第 51 页。

全区130个社区细分为629个治理单元格,这些治理单元格主要以小区为主,同时辅以一些楼院。单元格以推行社区居委会、小区和楼院业委会、物业服务公司"三驾马车""三位一体"方式进行管理。其中,业委会由各小区、楼院业主选出,代表居民与社区居委会、物业公司协商解决居民提出的合理化建议,防止意见分散、自行其是引起的矛盾纠纷,既维护了居民合法权益,又维护了社区正常秩序,也保护了物业服务公司的合法利益,避免了小事拖大、易事拖难。通过社区居委会、业务会、物业"三驾马车"良性互动,实现了每个小区有人管事、有钱办事、有场所议事,小区运行呈现良好态势,社区治理成效也得到显著提升。

同时,为了有效地推动城市社区治理单元格的精准服务,南昌市西湖区对区域内所有小区进行了系统调查,根据小区的不同需求和不同问题进行分类,将全区629个社区治理单位分成了单位型小区、老街坊小区、保障型小区、安置型小区和商品房小区五种类型,通过分类治理,在小区治理中确保切中要点、抓住重点和培育亮点,从而提升社区治理的现代化水平。比如单位型小区,这些小区都是单位制时期的产物,小区居民有共同的工作背景,相互熟悉程度高,但是这类小区又都属于老旧小区,小区公共空间不足,居住环境差,设施设备老化,同时由于单位的撤出,社区在承接过程中又主要集中于行政事务,导致小区物业缺失、管理混乱,居民普遍对生活环境不满意。西湖区便根据这类小区以原有工作关系为纽带的特性,积极探索居民自治物业模式。如南铁生活区是南昌铁路局职工住宅区,属于典型的开放式单位小区,在单位退出社区进入后,小区涉及4个社区,按照传统的社区治理模式很容易使得小区出现分割局面,导致小区事务不统一且无人管的局面。为了有效解决这个问题,从街道层面联合4个社区和小区业主委员会成立了一个不以营利为目的的公益性社会组织即社区公共服务中心,来承接保安、保洁等小区基本公共服务,建立了"两委(居委会和业委会)—社(社会组织)"的准物业管理模式,有效解决了市场化物业太贵、居民自治难以持续的问题。

(二) 以小区为基础培育社区自组织

随着计划经济向市场经济的转轨,从单位化到非组织化,是我国社区治理进程中呈现的最显著特征，也是社会分化的主要体现。在"单位人"向"社区人"的转变过程中，原来由单位制承担的大部分社会职能转移到社区，弱势群体及许多新兴群体的管理和服务工作也直接落到社区层面。同时，社区类型多样化、生活世界网络化导致了城乡居民日常生活的碎片化，进一步产生了社会的非组织化，从而导致了各种问题的滋生，也给社区治理带来了严重的挑战。因此，以小区为基础培育社区自组织实现社会再组织化就成为一项迫切任务，其中业主委员会的成立又是重中之重。

西湖区是南昌市的老城区，老旧小区众多，成为社区治理的一大难点问题。对于老旧小区来说，在单位化社会体制逐渐瓦解的背景下，旧式的单位化体制日趋丧失了其组织社会以及提供社会支持和社会服务的功能，而承接其职能的社区居委会则在行政任务负担过重的情况无暇顾及小区自治事务，导致小区的组织化程度正在不断走低，"弱组织化"或"去组织化"问题愈益突出，小区居民也由"单位人"已经逐步转变为缺乏社会组织支持和关怀的"原子化的个人"。因此，在推进社区治理过程中，如何实现老旧小区的社会再组织问题就是西湖区抓的一项重要工作。位于南浦街道的壹号佳苑小区是原工商银行的住宅小区，共有3栋9单元102户居民，现有居民大部分是工行退休职工，另有一部分为租户及购置二手房的新业主。在基层治理由单位制走向社区制过程中，小区治理主体更迭，原来由工商银行设立的家属委员会撤销，西书院社区接管该小区社区治理事宜。社区在接管该小区后，指导该小区成立了楼管会进行自治活动。2019年1月，小区门卫因工资待遇低而辞职，楼管会一直找不到合适的人员进行管理，门卫人员一直空缺，因此小区出现了多起车辆被盗、陌生人随意进出、外来车辆随意停放、消防通道堵塞等现象。同时，因为楼管会参与治理不足，小区私拉电线、抢占公共空间等事情也屡有发生。整个小区陷入生活环境恶化、安全隐患频发的状态中。为了提升小区治理效能，增强居民幸福感，将居民自治落到实处，社区进一步推进了小区自组织的建设。2019年，由社区牵头，召集党小组成员、楼栋长、单元长等居民领袖，广泛开展多层次多形式的民主协商活动，成立了壹号佳苑业主委员会，并在业委会的牵头下成立了壹号嘉苑党支部，打造小区自治"红色业委会"。以"三驾马车"推动小区自治，全面实施"红色引擎工程",充分发挥基层"红色细胞"的示范引领作用,打造楼栋"微自治"平台,通过小区自组织为主着力解决在老旧小区自治管理中的痛点、难点和重点问题,并构建小区管理的协商平台,吸引小区精英参与,发动每个居民从身边的点滴做起,调动居民对小区治理的参与积极性,有效实现了居民的再组织化,也提升了小区的治理效能,推动了社区治理的良性运行。

对于新建商品房小区来说,社区居民职业、文化背景、生活习惯差异化显著,更没有原来单位型小区的共同心理背景,其居民的原子化倾向更为严重,甚至出现邻居间老死不相往来的现象,完全呈现出碎片化的状态,致使社区治理难如人意。正如有学者指出的那样:"社区内部的碎片化,斩断了人们的交往,社区失去了共同体的意义。"[①] 因此,推进新建商品房小区居民的再组织化也是提升社区治理的必由之路。在南昌市西湖推进"社区治理精细到小区"的过程中,也特别注重以商品房小区为基础构建社区自组织,其中首要也是推进小区业主委员会的成立。恒茂国际华城小区是西湖区早期开发的高品质楼盘,2004年开始业主陆续入住,但是本来应该自下而上成立的小区业主委员会却由于广大的沉默多数和激进的少数谋利群体的影响,导致迟迟不能建立。而小区则随着使用年限的增长,开始出现电梯故障、设施损坏及小区环境恶化等问题,同时部分业主与物业的矛盾也日益加深,急需成立业主委员会来应对。然而,十多年来,居民自发组织的业委会筹备组却迟迟没有完成业委会成立事宜。究其原因,主要有两个:一是小区户数多,业委会选举需要过半业主同意,给选举带来难度;二是居民意见杂,小区虽然为高品质楼盘,但业主分层明显,对业委会的期望和要求不尽相同,尤其是部分业主纠葛利益,导致小区分裂严重。业委会的迟迟难以成立导致小区治理在低水平徘徊,与高品质的楼盘设定形成了鲜明对比。于是,小区居民有的求助于街办、社区,要求提供协助,有的大骂街道、社区不作为,而更多的沉默的多数派则选择用脚投票,搬离了该小区。面对小区业委会在居民自主无法成立的窘境,街道和社区积极采取基层党组织

---

① 李强、葛天任:《社区的碎片化——Y市社区建设与城市社会治理的实证研究》,《学术界》2013年第12期。

领导下的"听、评、议"工作法，畅通议事协商对话机制，激活基层协商民主，秉持公平正义、依法依规的原则，通过广泛动员宣传，并组织大量社区干部作为第三方力量参与业委会选举工作，最终使得十多年难以成立的小区业委会难题得以破解，使得小区善治得以实现。

除了推进小区业委会等小区治理必备的社区自组织外，西湖区还积极推进提升小区治理的小区自治组织、居民小社团和社区协助组织等。在西湖区各个小区积极创建业委会的背景下，有小区也开始探索成立小区自治组织进行业委会自治实践活动，并取得良好效应。十字街道的莱茵半岛花园小区，有居民楼41栋，住户2000余户，居民近7000人，该小区属于封闭式商品房小区，但却一度因物业管理工作缺位，小区环境脏乱差现象普遍，治安隐患突出。居民对原物管不作为、原业委会监管不到位反应激烈、怨声载道。2016年，社区党支部根据小区居民要求意愿，在政府部门的协助下，组建了新的业委会，并在业委会下设小区自治服务中心履行物管职能，负责为居民提供日常服务和开展安全防范等工作，取得了非常好的效果。在小区治理进入现代化后，也特别注重居民小社团的建设，这些社团从趣缘、业缘出发，建设运营后不仅能够促使小区认同，也能够提升小区文化建设，从而提升社区治理效能。南站街道铁路二村小区是南昌铁路局生活区的中心区域，在整体移交地方管理后，铁路的业缘关系变淡了，小区铁路文化特色逐渐失色，许多老铁路人失去了原有归属感。于是，小区就在社区的协助下，利用铁路职工素质高、兴趣爱好广泛这一特点，组建小区文艺团队。经过努力，很快便组建了9支队伍，其中以小区里的原铁路干部职工为主体建设的江西海之韵艺术团不仅专业性较高，而且具有较高的铁路基因，获得社会各界的好评。

前文提到社区自组织的关键是构建解决社区利益冲突和进行重大问题决策的协调机制，即民主协商机制。在西湖区的社区自组织建设过程中，特别注重社区居委会和业主委员会这两类居民自治组织的协调与合作，推动居民自治和业主自治的融合，扩大和增加小区居民的议事范围和参与途径，通过构建各种民主协商机制推动居民的社区参与，提高社区居委会的自治能力，以获得居民的社区认同。如桃花镇的幸福之苑小区，小区所属社区充分发挥社区党支部的凝心聚力作用，深入挖掘小区党员和热心居民，带动社区、小区各类组织和社会力量构建各种协调机制。首先以"党居议事会"为平台，组建民主协商议事小组，共商小区的"民生微实事"项目；其次组建了由"社区党组织＋居委会＋物业管理处＋小区自管小组"组成的综合性调解队伍，主要负责调解居民日常矛盾纠纷；再次组建了"党员＋居民＋社会组织"的邻里互助会，开展关爱老人、帮扶困难家庭等各类服务居民群众的活动；最后是发展组织志愿者队伍，积极开展小区志愿活动。

（三）以小区参与推动社区参与

当前我国公民参与公共事务的意识呈现逐年增长的趋势，政府职能转型也越来越重视公众参与。然而在城市基层社会治理方面，由于组织建设的乏力、议事平台的缺乏，居民的社区参与极为薄弱，无论是对于社区的发展还是小区的发展，居民鲜有机会发表意见。同时，还有一个不可否认的问题是，由于缺乏赋权和增能，小区居民的社区参与意识也非常淡薄，老年人因能力的不足及身体的限制等导致社区参与心有余而力不足，年轻人忙于工作和社区外社交，对于社区参与没有兴趣。这样一来，整个社区居民的参与动力就严重不足，而社区共同体也就在居民参与不足的情况下逐渐解体和消散，社区治理也就在发展过程中沦落。

为了推动社区居民的参与，西湖区也是首先立足于小区参与。小区是居民的生活场所，居民可以不知社区，但却无法绕开小区，而自己居住的小区事务也正是居民最为关心的社区治理内容。因此，在推进社区参与的过程中，西湖区便以小区为单位，推动居民积极参与小区事务。其中最为典型的就是利用参与式预算方式推进小区建设所构建的"幸福微实事"活动。

西湖区的"幸福微实事"始于2017年，当时该区选择了两个具有典型老城区特征的广润门街道和南浦街道共21个社区开展试点工作，由区财政下拨一批专款利用参与式预算方式进行社区服务提升，经费投入项目及经费分配全部由居民做主决定，构建了完整的民意征集、民主协商、民主表决和民主监督的"全过程民主"的社区参与机制。在民意征集阶段，由社区干部和志愿者通过各种方式深入各小区进行项目征集活动，小区居民起初并不积极，但在志愿者持续的赋权和增能推进下，居民参与热情被调动起来，提出了大量诸如"疏通下水道""定期清掏化粪池""增加路灯""增加垃圾桶"等各种与自己小区环境整治密切相关的项目，两个街道当时共征集到1.5万条居民意见，小区居民的社区参与热情得到大幅度提升。在意见搜集后，街道和参与活动的志愿者组织进行了分类整理，将不属于公益范畴、不具备技术可行性和重复的意见进行了必要剔除，整理出供居民民主协商的项目清单。在民主协商阶段，社区组织召开"协商圆桌会"对所征集的项目进行推选。"协商圆桌会"面向社区所有年满15周岁的居民开放，以"桌"为单位分组审议，每桌8—10人，设桌长和记录员，桌长由第三方专家担任，负责各组的协商讨论，记录员由志愿者担任，负责记录组员的意见和协商结果，街道和社区干部不直接参与"协商圆桌会"讨论。第三方专家利用增能赋权技巧，组织参会居民就所征集的项目意见展开讨论、辩论和协商，最终形成在预算总额2倍左右的项目，这些候选项目经过社区公示后便进入民主表决环节。在表决环节中，直接由全体15周岁以上居民投票产生最终实施项目。项目确定后的建设过程，由于居民对项目有着充分的了解，因此鼓励居民全程参与监督工作。由于"幸福微实事"主要实施项目为小微设施改造，因此整个过程中居民的参与形式主要还是以小区参与为主，而整个过程中，由于第三方专家的参与，他们对小区居民进行了赋权和增能工作，不仅极大地提升了居民参与的热情，也提高了他们参与的技巧。以至于在2020年，在西湖区全面推进老旧小区改造时，面对每个小区几百元甚至几千万元的改造资金，都采取"幸福微实事"的方式进行并圆满成功。由此可见，居民的小区参与无论是从意识上还是技术上都已经非常成熟。

"幸福微实事"的运作对于推动西湖区的社区参与起到了非常重要的作用，并衍生出了极具"西湖经验"特征的"幸福圆桌会"的社区参与制度。"幸福圆桌会"是按照"从群众中来，到群众中去，为群众服务"的要求，秉承"我为群众办实事"的理念，聚焦居民群众"急难愁盼"，以社区（村）党组织为核心，依托在职党员进社区，充分调动挂点领导和干部、驻地人大代表、政协委员、单位代表、物业代表、居民代表等多方力量参与，围绕"公共、社会、志愿"三大服务，通过组织召开"幸福圆桌会"，引导群众在村（社区）治理、公共事务和公益事业中依法自我管理、自我服务、自我教育、自我监督的一种坚持党建引领基层协商民主的新机制。"幸福圆桌会"目前在西湖区各社区及主要小区每月召开一次，本着"民事由民提、民议、民决、民评"的方式，解决了一个个社区内纠纷与难题，取得良好的社会效应。

四 余论：社区治理单元重构提升了城市基层社会治理水平

在城市基层治理由"单位制""街居制"向"社区制"转型过程中，"单位共同体"转向"社区共同体"，即国家自上而下构建的"社区"被社会寄予厚望，希望能承接从企业和政府中剥离出来的社会和服务职能。城市社区治理体系重构成为治理现代化的关键点。"单位制"解体后，而现实情况是，随着城市化进程推进，人口流动性增强，社区规模不断扩张，远远超出了便于自治的规模。于是，社区治理出现了行政化、寡头化和非专业化等的困境，居民自治始终没办法真正落地。南昌市西湖区实施的"精细治理到小区"，以小区为单位构建社区治理单元格，实现了社区治理单元的重构，为有效解决社区治理规模过大导致的自治悬浮化提供了一条有效的路径，并有效实现了社区治理效能的提升。

（一）提升了社区自治水平

城市社区治理单位从社区到小区的重构，其实是自下而上给社区减负。社区在多数情况下作为多个小区的共同体，在目前情况下又承接太多的政务工作，导致由其主导实施的社区自治工作难以有效开展。而将自治单元下沉到小区，不仅可以使得自治规模更加适度，方便开展各种社区自治工作，而且社区组织可以依托小区的社区骨干力量开展工作，而不需要由社区组织完全投入。同时，不同于社区的陌生人社会，小区是一个熟人社会或者是半熟人社会，从而使得以小区为载体的社区自治组织更加活跃，强化了居民的参与意识。而在专业社会组织的支持下，以小区为自治单位的社区治理必将日益专业化，自治属性也能够进一步强化。在西湖区"精细治理到小区"的过程中，就充分发掘了小区居民的参与热情，推进了小区治理工作，并有效提升了社区自治水平。

就拿前文提到的"幸福圆桌会议"来说，这个肇始于"幸福微实事"活动的一个环节因其主张多方民主协商且居民参与踊跃，被区党委政府发掘，将其发展成为居民自治基层民主协商制度，成为各小区一月一次的例行会议。在 2021 年 6 月，恒茂华城小区召开的"幸福圆桌会"上，共讨论了 5 个议题，分别是：围绕小区治理，协商解决小区存在电梯安全隐患问题；协商解决小区加装电动车棚事宜；推进建党 100 周年文艺会演活动；业主委员会成立后工作进展及遇到的困难；协商解决小区自来水管网漏水问题。在这次"幸福圆桌会"上，居民代表、物业代表、社区代表、小区人大代表和政协委员及相关议题涉及的职能部门都充分表达了自己的意愿和看法，尤其是面对居民代表的各项小区建设诉求和建议，物业、消防及供水部门等代表都进行了详细解答，并采取了相关措施，有效解决了问题。从这次会议就可以发现，以小区为主体构建的"幸福圆桌会"，能够有效引导群众在小区治理、公共事务和公益事业中依法进行自我管理和自我服务工作，这比在整个社区层面推进要有效得多，也方便得多。

（二）深化了社区治理体系

社区治理单元由社区下沉到小区，标志着小区治理成为社区治理重要一环，而城市基层社会治理也由社区治理延伸到了小区治理，带动了社区治理体系的调整。

在西湖区"精细治理到小区"过程中，将社区治理从微细胞、微单元的小区入手，将全区 130 个社区细分为 629 个以小区为单位的治理单元格，这些单元格以推行社区居委会、小区业委会、物业服务公司"三驾马车""三位一体"方式进行管理，社区居委会在其中起着指导和监督作用，小区业委会和小区物业公司在互动过程中都具备决策和日常管理的功能，同时，小区业委会也承担一定的监督工作。这样一来，社区治理体系的层级由原来的"街道—社区"两级变为"街道（行政单元）—社区（协调服务单元）—小区（自治基本单元）"三级，而小区在这个过程中也有效承接了社区层面无暇顾及的自治活动，从而提升了社区自治的效能。

（三）推动了社区自组织发展

随着社会转型的加剧，社区治理越来越依赖于社区自组织的发展。正如罗家德指出的那样："进入复杂社会后，社会已经复杂到不再是由上而下的层级制就能把事情想清楚，于是就产生了政府引导、民间自发、NGO 帮扶，从而能够使社区自我组织、自我治理、自我发展，并在实际上解决目前我们称为最难解决的 N 座大山问题，包括社区环保、社区医疗、社区金融、社区市场、社区养老、社区育幼等，在此过程中逐渐让社区自组织来解决社区问题。"① 然而，在目前阶段，我国的城市社区并未成为一个有效的社会生活共同体，其取向主要还是基层政府机构即街道办的职能延伸，而社区下的小区由于具备居民较多的共性问题和需求已然成了一个社会生活共同体，于是就有了"社区治理目前中国城市里只有小区，但没有真正有联结的社区"的说法。②

西湖区的"精细治理到小区"的过程中，小区就有效替补社区成了一个自组织的培育场所。小区其实就是一个普通的空间，开发商和政府之外，居住于此的居民也有充分的发言权。在社区治理中，小区是一个物质载体，它提供了一种公共决策，居民可以商量小区空地种花还是种草。通过大家商量，居民可以找到一个抓手，这个时候它就越来越有力量，之后讨论到小区物业费用收缴问题、停车问题等，这些人愿意主动出来说话，因为他们有了社区感，个人成为公共空间的主人，成为公共精神的生产者。在这个过程中，小区的能人得以发掘，通过能人的动员，小区能够形成小团体的凝聚，进而形成良好的社会认同、社区认同、社区规范，最终形成所谓自治理的信任机制、互惠机制、监督机制，以及各式各样正式的法规和非正式的规范，从而达到自我治理，使得社区治理得到可持续的发展。

---

① 罗家德：《信息时代复杂社会的社会治理探索》，载李强等《协商自治·社区治理：学者参与社区实验的案例》，社会科学文献出版社 2017 年版，第 3 页。
② 贾冬婷：《从物的城市到人的城市：空间生产之变》，《三联生活周刊》2021 年第 20 期。

转向日常生活的社区治理：基于南昌市西湖区社区治理调查分析

平欲晓　程激清[*]

[摘　要] 社区是人们生活的基本场域，满足居民日常需求是社区的根本性特征。然而，长期的社会实践却使得社区治理陷入工具性治理泥淖，即呈现出行政主导、领导意志而违背居民现实需要的治理现象层出不穷。借助日常生活的理论视角分析江西省南昌市西湖区社区治理实践可以发现，西湖区社区治理实践主要遵循如下实践逻辑：以群众日常生活为导向，将社区居委会、政府力量、社会力量相融合，鼓励社区居民积极参与，充分发挥主体性。在以日常生活为导向的共同实践中，实现社区认同感、归属感的双提升，并在实践行动的基础上，逐渐改善原有居民关系、社区氛围等。

[关键词] 社区治理；日常生活；江西省

一　问题提出

自改革开放以后，市场经济对日常生活最为直接的影响是瓦解了原有以单位、宗族为纽带的单位社会和宗族社会，并呈现出新的原子化、松散化的状态，工业化、城镇化、信息化、农业现代化等也直接影响到

---

* 作者简介：平欲晓，江西省社会科学院社会学研究所副研究员；程激清，江西省社会科学院社会学研究所助理研究员。

基层社会治理的结构转变。呈现出的"原子化"①状态愈发严重，这不仅对原有的社区治理模式提出了新的挑战，同时也扭转了群众原有的生活互动模式。这样的互动模式虽然给予个体以自由空间，同样因社区内居民异质性的提升而导致社区内社会资本、社会信任、社会情感逐步消退。在原有治理中，社区基层治理大多围绕着领导意志，呈现出科层化的自上而下的状态，导致各部门在社区治理过程中呈现出政绩导向。而政绩的评判标准大多以可视、可量化的工程进行衡量，而那些难以"实实在在"呈现出来的工作却被忽视，甚至被认为是无用功。

而且，可视化治理工程主要是"政绩导向"，往往体现的是政府主观意志，并非群众急需、能够改善群众日常生活的有效工程，更难以解决社区治理根本性的问题。这样一来，就要求政府从现有治理模式和思维中转变过来，转向以居民日常生活为靶向的社区治理。那么，这种转向究竟如何对应居民的需求满足，进而实现治理效果呢？在以日常生活为治理导向的过程中，如何实现从社区日常生活治理的行动中超越社区松散模式，形成共同体，并建立社区内社会网络、社区社会资本及官民之间的信任？本文尝试通过南昌市西湖区社区治理创新实践回答上述议题。

二 文献综述

日常生活是个人与社会关系的微观呈现，是社会行动与社会结构的微观视域，是个体得以存在与延续的领域，也是个体问题与困扰的直接来源领域②。社区是当今社会组织的基本单元，其基本的特征是关注民众的日常生活领域——衣食住行等微观文化领域。日常生活反映的是个体在生活、生存过程中的行动结构，甚至是整个社会结构的样态，因为其无时无刻不受到社会结构影响③。我们可以把这种影响简单理解为经济结构和政治结构对这种微观社会的影响。在现实的社区共同体中，我们不

---

① 田毅鹏：《单位制度变迁与集体认同的重构》，《江海学刊》2007年第1期。
② 田丰韶：《改造与救赎：日常生活理论视野下的微观社会工作理念与方法》，《社会工作》2013年第2期。
③ ［法］亨利·列斐伏尔：《日常生活批判》，叶齐茂盛、倪晓晖译，社会科学文献出版社2018年版。

难看出这种日常生活被结构所影响,即市场经济结构性不平衡及政治注意力不均等都会对微观社会结构产生影响。

具体到城市社区的日常生活中,我们可以看到其中的变化。首先市场思维深入人心,个体与社区的关系不再是从前的个体与单位的关系和个体与宗族的关系,而是形成"共同体"松散的状态。即个体不再依附于"共同体",并可实现个体基本上生活的持续。这固然是对人的一种解放,但同样,这种工业化、市场化是系统世界对生活世界的一种殖民和削弱。胡塞尔认为,在工业革命之后,"科学"持续扩张,造成了生活世界的丧失。并陷入追逐财富而忘却生活的陷阱之中,人与人之间的亲情、友情、爱情等情感逐渐被殖民,导致人的关系变得"人情味"寡淡[1]。这种日常生活世界的研究,舒茨则更为具体地从生活世界的角度来探讨日常生活的意义。舒茨关于"生活世界"的论述批判式继承了弗格森的现象学社会学和韦伯的解释社会学传统,他认为,社会科学研究不能理所当然将"日常生活"看作是不可怀疑的,避免在分析实践中抽离出文化和历史结构,使得行动者的角色成为学者分析中的"木偶"[2]。对行动者角色的假定应当参照韦伯对行动者赋予"内心决断"功能及其他者对行动者的复杂影响[3],从群体内主体间性的意义沟通结合个人行动目的意志思考行动者的行动与话语文本。关于日常生活,郑震认为它是人们在社会活动中所形成的具有高度重复性与习惯性实践的载体,它是形塑社会生活、塑造社会文化的历史性基础。日常生活是具有历史性的,是形塑社会生活与社会文化、展开人与人社会关系、承载个人重复性实践与习惯的时空载体。[4]

哈贝马斯认为,生活世界由文化、社会与个体三部分组成。生活世界的文化再生产"肯定了传统的连续性和一种满足于日常实践的知识的连贯性";生活世界的社会整合"存在于社会空间之维中",合法促成了

---

[1] [德]埃德蒙德·胡塞尔:《经验与判断》,邓晓芒等译,生活·读书·新知三联书店1999年版。

[2] 孙飞宇:《方法论与生活世界——舒茨主体间性理论再讨论》,《社会》2013年第1期。

[3] 李芳英:《赋予行动以意义——舒茨的意义理论述评》,《重庆社会科学》2004年第2期。

[4] 郑震:《论日常生活》,《社会学研究》2013年第1期。

行动的合作化，并且"巩固群体的同一性"；而个体的社会化"在历史时间之维中……它为后代巩固了行动能力的获得，并导致个人生活历史和集体生活形式的相互协调"。生活世界是交往行动的前提和基础。① 互动的双方从生活世界出发就客观的、社会的和主观的世界中的某物达成相互理解，进而在交往行动过程中建立了客观世界与社会世界的双重关联。②

基于上述假设，本文尝试从生活世界的角度，分析南昌市西湖区社区治理如何在"生活世界"与"系统世界"构成了一种张力场，促进城市社区内部治理中的交流场域发展。这种场域的构建，主要涵盖政府、居委会、居民、社会力量等多方要素，在这种以日常生活为导向的沟通与实践中，逐渐形成以"生活世界"为主体的城市社区共同体，而非纯粹以科层理性为导向的治理主体体系，从而达到城市社会的善治良治。

三 以日常生活为导向社区治理实践

城市社区走向原子化，最为直接的是城市社区共同体被瓦解，原有社区社会网络被瓦解，社会资本亦被消退。一方面，社会资本的消退导致原本相互信任的共同体变得陌生，增加个体之间的交往成本，亦容易增加各群体之间的信任成本；另一方面，社会资本消减亦增加社会治理成本，如增加社会治安成本、增加接触居民特别是组织居民的成本。除此之外，现有社区居民的社会属性消退之后，不仅增加这些治理成本，同时亦容易产生更多社会化的问题，比如社区居民的心理问题、社会交往问题等。

（一）发挥居民主体性，增强共同体黏性

社区治理并非政府或者居委会承担大包大揽的责任，扮演社区居民的保姆角色，而是充当能够调动和引领社区内部解决社区内部的问题和需求。从南昌市西湖区的实践汇总可看到，社区治理的过程是发挥居民

---

① Habermas, *The Theory of Communication on Action*, Polity Press, 1989.
② 刘锐笛：《论哈贝马斯"生活世界"的意蕴》，《河北学刊》2005年第3期。

主体性，增加社区共同体黏性的过程。也就是说，社区治理的成效，并非简单看社区的环境卫生、社区设施等硬件，而应该更加注重社区内在人文要素。社区治理的成效好坏，直接影响群众生活的"幸福感"。①

南昌市西湖区在做好退出部分职能的同时，还以居民自治为突破口，推进社区治理和服务创新工作，推行"民事民决民办"。"社区自治程度的提升、自治制度的形成与完善，将在无形中增加很多'社区工作者'，有利于社区与居民之间、居民与居民之间的互动。"西湖区委书记黄小燕说，很多老社区居民主要是老年人，以居民领袖为核心，在他们的带领下，老年人参与治理积极性很高，且具有较强的凝聚力。

位于十字街街道建设西路社区的莱茵半岛小区，过去由于安保设施落后、安保人员配备不足，偷盗案件量曾高踞南昌市小区前三名。社区居委会面对管理矛盾，探索实行完全自治，组建了党员牵头的新一届业委会。充分利用线上社区"微信公众平台"和线下"圆桌会议"搜集居民意见，上报"居民议事厅"讨论，列出清单并制订解决方案。在运行两年之后，该小区由原来的偷盗猖獗转变为公安部门表彰的安全小区，由原来的卫生脏乱差转变为环境优美小区。广润门街道下塘塍上87号楼是一个开放式小区，一直以来没有物业管理。社区居委会召集该小区的党小组成员、楼栋长和单元长成立楼院自治委员会，设立议事平台，依靠居民力量解决难题。居民积极参与，使很多问题迎刃而解。

"居民参与社区治理，是实现群众当家作主的重要体现。下一步，西湖区将在全区探索社区自治与共治。"黄小燕书记说，通过社区自治，社区实现了从"坐等靠要"到"自治共享"，变"为民做主"为"让民做主"，通过广聚民智、广借民力，带动社区治理呈现新气象。②

针对社区居民提出的合理化建议难以落实的问题，西湖区贯彻党的十九大提出的"社会治理重心下移"的理念，将全区130个社区细分为629个治理单元格，通过"幸福圆桌会"等平台，创建了社区居委会、小

---

① 项继权、张瑞瑞：《幸福社区的内涵及其测评指标体系的构建》，《河南大学学报》（社会科学版）2015年第1期。

② 刘兴：《南昌市西湖区探索社区自治新模式 减负增效 走出"万能居委会"困局》，《经济日报》2018年7月18日。

区和楼院业委会、物业服务公司"三驾马车"社区治理协商机制；业委会由各小区、楼院业主选举德高望重、公道正派、办事能力较强的党员干部组成，代表居民与社区居委会、物业服务公司协商解决居民提出的合理化建议，防止意见分散、各行其是引起的矛盾纠纷，既维护了居民合法权益，又维护了社区正常秩序，也保护了物业服务公司的合法利益，避免了小事拖大、易事拖难。截至目前，全区成立业委会（楼管会、自治会）624个，占社区治理单元的99%，每个治理单元都建立了"三驾马车"协商机制。实现了社区治理从"不愿管"向大家"一起管"的转变。

如上所述，社区事务的解决不仅仅要依靠政府、居委会，更要有社区居民的积极参与。这个过程一方面锻炼了居民基层民主的能力，也发挥了他们的主体性；另一方面在互动的过程中，居民相互熟知，建立原先没有的社会网络。这种社会网络会成为他们未来邻里互助的信任基石，为积累社会资本奠定基础。

(二)"幸福微实事"迈向日常生活治理

南昌市西湖区推广的"幸福微实事"是指群众关注度高、受益面广，贴近居民、贴近生活，群众热切希望解决的环境、社区公共建设、社会服务有关的工程和服务项目等。"幸福微实事"项目主要包括：完善社区安全防护、增强居民安全保障，消除安全隐患的项目；提升社区绿化品质、改善社区居住环境的社区环境整治项目；健全社区文体设施、丰富居民娱乐生活的文化体育娱乐项目；增强居民自助互助、提升居民综合素养的居民生活关爱项目；增进社区邻里关系、推动公共服务发展的普惠型公益项目。这些微实事主要从居民日常生活出发，而非依靠传统的自上而下的项目运行模式。在传统项目化运行模式中，往往凸显的是政府主观意志或注意力，即在政府或政府主观注意力范围内认为要改进，或者要投入。此次转换从居民的日常生活出发，就是避免因自上而下的"安排"反而造成居民不满意的现象发生。西湖区采用政府出资实施、居民民主投票的方式，决定实施哪些民生小项目，最终达到提高百姓幸福感的目的。

为推动"幸福微实事"项目工作中有序开展，桃花镇大桥社区党支部进一步了解和掌握辖区居民真正的所需所思，联系社会爱心企业、爱心人士积极参与桃花镇"幸福微实事"项目建设，确保"幸福微实事"项目落到了实处。社区相关工作人员说，"幸福微实事"项目将进一步实现为民、惠民、利民、便民的工作理念，由"为民做主"到"由民做主"，推动社区治理服务和服务创新工作，帮助辖区居民解决急难事，同时又提高了居民参与社区公共事务的积极性，着力提升了辖区居民幸福感和获得感。（摘自西湖区材料汇编）

从上述实践过程中可以看到，政府、社区居委已经超越原有"为民做主"的主导角色，而是在问计于民，转变为"由民做主"。政府从原有的管理型转变为服务型，这不仅仅是政治思想理念上的转变，同时也是在具体行动上以日常生活为导向的治理实践转向。

（三）从生活认同上升到文化认同

南昌市西湖区是南昌市的老城区，拥有大批量的"原住民"，甚至是"土著"，他们不仅具有较长的居住年限，且形成了新城区难有的社会交往网络和社区认同感。社区内不仅具有浓厚的生活气息，还承载城市的文化传统，具有浓厚的地域特色。然而，生活化气息浓厚往往因大多数居民贪图一时便利，造成"公地悲剧"，比如，生活垃圾在公共区域堆放，造成老旧小区的脏乱差等问题。加上原有的配套措施未能跟进时代变化，如物业、基础设施等不完善，导致这些问题成为西湖区内老旧小区的"老大难"。

为此，西湖区借助从日常生活到文化传承的脉络，对社区内进行改造，提升原有社区的品质。西湖区以"幸福微实事"赋能老街坊小区，延续历史文脉，完善社区治理，提升功能品质。近年来，共投入 4.91 亿元，改造老旧小区 58 个，惠及居民 2.87 万户，实现了老旧小区"旧貌换新颜"。

系马桩街道东书院社区是江西书院文化的发祥地，红色教育基地——新四军军部旧址、中共东南分局旧址也坐落于此。2019 年，按照"一拆、二修、三改、四完善"的思路实施老旧小区改造，在改善小区环境"脏乱差"的同时，推进生态修复及城市修补。如今，该社区路平灯亮、设施完善、环境整洁、秩序井然，并形成以书院文化为主题的社区

文化品牌。(摘自西湖区人民政府工作总结)

南站街道铁路二村社区是典型的开放型单位小区,原属南昌铁路局第一家委会,是铁路生活区的中心区域。街道在邻里中心建设之初就规划设立铁路文化记忆馆,用老照片展示近几十年来南昌火车站的变迁,并通过张贴倡议书、借助微信公众平台,面向铁路居民征集了一批铁路老物件,用玻璃展柜对外展示。恢复社区铁路文化特色,增强老铁路人的文化认同和归属感。(摘自西湖区材料汇编)

伴随生活小区环境整洁一新,蕴含的文化被重新打造之后,不论是社区干部还是附近居民,都对居住区域有了新的认识。至少在自我认同上,不再直接消极地认为自己在"老破小"里工作和生活,而是开始认同社区内所拥有的文化和历史传承。加上老社区具备以人情关系为底色的社会交往网络,使得他们自然而然地对生活气息和文化传承具有了共同的集体记忆,并能够在这种网络中流传。

四 社区治理主要反思

习近平总书记指出:"中国共产党人的初心和使命,就是为中国人民谋幸福,为中华民族谋复兴。"[①] 社区治理就是要从接地气的角度为人民群众谋幸福的大事,更是基层政权建设的大事,关乎政府在治理中的合法性。社区治理的日常生活转向,正是贴合基层社会组织在服务过程中的切入点和落脚点。正如习近平总书记在民政部工作会议中提到:"各级民政部门要加强党的建设,坚持改革创新,聚焦脱贫攻坚,聚焦特殊群体,聚焦群众关切,更好履行基本民生保障、基层社会治理、基本社会服务等职责,为全面建成小康社会、全面建设社会主义现代化国家作出新的贡献。"[②] 日常生活正是群众关切重点,基本民生保障、社会治理、社会服务等都是落脚于普通群众的日常生活。因此,基层社会治理、基

[①] 习近平:《决胜全面建成小康社会 夺取新时代中国特色社会主义伟大胜利——在中国共产党第十九次全国代表大会上的报告》,人民出版社 2017 年版,第 1 页。

[②] 《习近平对民政工作作出重要指示 强调聚集脱贫攻坚聚集特殊群体聚集群众关切,更好履行基本民生保障基层社会治理基本社会服务等职责 李克强会见全国民政会议代表》,《人民日报》2019 年 4 月 3 日第 1 版。

层政权建设的重点是居民的日常生活。

（一）共同日常生活是共同体的基础

社区治理并非政府部门的单打独斗，而应该看到居民日常生活的基本生活需求、情感需求、文化需求的整体性，这种整体性的来源是共同的生活实践。正如马克思所说，人的本质不是单个人所固有的抽象物，在其现实性上，它是一切社会关系的总和。① 而这种社会关系源自生产劳作的实践。为此，在西湖区的社区治理中，不仅仅是简单的物质提供，更多的是营造出让个体具有凝聚力的社会关系，这种社会关系则需要基层党政部门发动群众共同参与进来，从而在实践中提升社区共同体的质量。

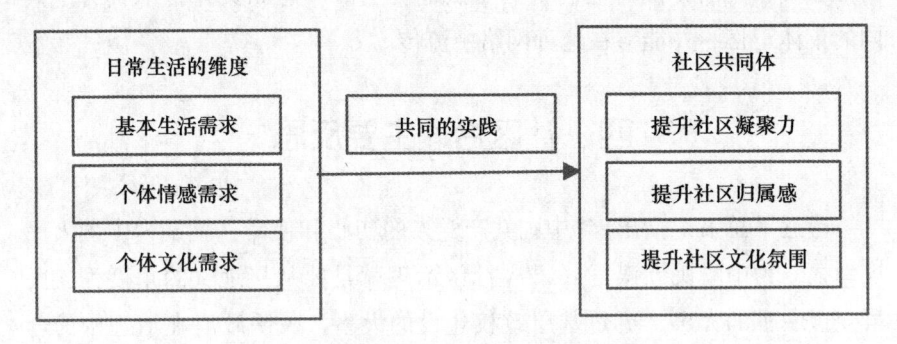

图1　日常生活到社区凝聚的逻辑演变

从民政系统来看，这种共同参与、共同实践的形成，是一个系统的过程。因此，不仅仅是需要民政部门及政府部门发挥管理者的职能，更重要的是发动居民自身以及社会力量的参与，在共同实践的情境下实现"共同体"的凝聚力、归属感等。

（二）经济基础条件制约社区治理模式的推广

在基层政权建设过程中，我们也发现，社区治理能否有成效的关键往往是政府的资源投入，其次是居民参与、社区活跃度和居民素质等。

---

① 《马克思恩格斯选集》（第一卷），人民出版社2012年版，第135页。

西湖区举全区之力整体推动社区治理，在县域政治充分重视的情况下，社区的建设容易形成规模，且形成效果。但在经济落后地区和偏远地区，在社区建设方面仍然存在不少短板，各地的经济社会条件也存在差异。比如，在建设过程中，由于建设资金不足，江西省仍有一些社区办公服务用房不达标、设施不完善，直接影响了社区服务中心的建设。有些地区除财政转移支付外，没有集体经济收入，政府财政也无力支付社区建设的专项资金，给社区的长效运行带来了一定困难。诸如此类，可能使"西湖模式"的推广受到一定程度的制约。

（三）思想认识短板制约社区建设

现有的绩效考核中，经济建设方面仍然是地方政府的重点，关乎具体服务中的民政口，成为花钱又难出业绩的弱点工作。于是就造成了有的地方党政领导对社区建设不够重视，工作摆不上应有的位置。往往重视看得见的"硬业绩"，难以看到社区建设中的"软工程"，最终导致社区建设仅仅成了硬件的建设，而忽视社区内社会关系，甚至关切民众日常生活的服务。加上部分基层干部对社区建设的意义和作用理解不深，导致行动上出现了不主动作为的现象，最终导致部分社区治理建设流于形式，未能触及居民的心理、情感层面。除了政府层面的认识之外，部分社区居民对社区建设的认识也不足，认为单纯的物质生活提升就是好生活，亦未在精神、心理层面认识到社区共同体的软文化，导致认同感和归属感较差，不能够积极主动地参与其中。

五 讨论

无论是城市社区居民道德，还是社区居民的内在凝聚力等，其皆源自日常生活的实践。因此，在治理层面上，除了从政治层面进行相关的治理，更要以日常生活为导向，将社区治理深入民众的心理、情感层面。具体要实现更为深入的社区治理，特别是在心理及社会层面的深度治理，在治理方式上，仍然要尝试添加专业治理的元素，继续深入居民的日常生活之中，实现城市社区治理的善治。当然，要做到系统科学的社区治理，不仅仅只是基层某个部门单打独斗，而应该是一项系统工程。也就是说，应该将社区视为社会生态的基础，进行系统性推进。而这种系统性推进，不仅仅需要基层政府的不懈努力，同样需要多部门联合治理，形成有效且科学的治理模式。

"全过程民主"的实践形态：结构要素与生成机制

——基于西湖区"幸福微实事"治理创新的分析

王江伟[*]

[摘 要] "全过程民主"是对人民民主的崭新诠释，为中国特色社会主义民主理论提供了新的概念与命题。作为一种具有鲜明实践属性的民主形态，已有研究对全过程民主缺乏实证分析。以西湖区"幸福微实事"治理创新为分析样本，全过程民主呈现出民意征集、民主协商、民主表决、民主监督等关键的结构性要素，党政推动、居民参与民生议题是全过程民主的内生机制。探讨"全过程民主"，对于超越西方民主理论、分析我国制度优势转化为治理效能的民主机制以及构建中国特色民主话语体系具有重要理论意义。

[关键词] 全过程民主；社区治理；"幸福微实事"

一 问题的提出

2019年11月，习近平总书记在上海长宁虹桥街道古北市民中心考察时提出："我们走的是一条中国特色社会主义政治发展道路，人民民主是一种全过程的民主，所有的重大立法决策都是依照程序、经过民主酝酿，

---

[*] 作者简介：王江伟，江西师范大学马克思主义学院副教授、硕士生导师。

通过科学决策、民主决策产生的。"① "全过程民主"是对中国特色社会主义民主的新概括和新提法，为中国特色社会主义民主理论提供了新的概念与命题。学界围绕"全过程民主"陆续展开了诸多的探讨，主要集中在以下三个方面。

一是探讨全过程民主的性质定位。鲁品越认为，全过程民主是实现党的领导、人民当家作主和依法治国有机统一的民主制度体系，人民民主体现为全过程的民主，突破了"选举民主"的神话，创造了人类民主制度新形态。②汪仕凯将在党的领导下，由人民选举，同人民协商，为人民服务，受人民监督，对人民负责，这样的过程称之为人民民主的中轴原理，也就是全过程民主。上官酒瑞认为，全过程民主是人民民主、是代表制民主、是使命型政党驱动型民主。从学界的研究来看，普遍将全过程民主与人民民主相联系，认为全过程民主属于人民民主的范畴。

二是探讨全过程民主的意义。朱亮高认为，全过程民主超越了简单的选举民主和民主选举，真切地反映了中国特色社会主义民主的本质特征。高民政认为全过程民主是对中国式民主特点和优点的概括，为形成中国式民主提供了一种新的视角和方法。桑玉成认为全过程民主为中国特色社会主义政治发展提供了思想渊源和理论支撑，为我国民主政治发展提供了广阔空间。③学界对全过程民主概念提出的意义有较为一致的看法，即认为是对西方式民主的超越以及对于中国民主政治发展提供了独特的话语支撑。

三是探讨全过程民主与国家治理的关系。孔繁斌将全过程民主理解为政策参与的创新理论，从公共政策制定的角度对全过程民主进行了理论的分析，认为全过程民主对于公共政策科学化、民主化以及提升政府能力具有重要理论价值。④张贤明从责任政治的角度探讨全过程民主，认为责任政治建设有利于提升全过程民主的质量，责任政治是民主的保障

---

① 《党的二十大精神专题十二讲》，人民出版社 2023 年版，第 155 页。
② 鲁品越：《全过程民主：人类民主政治的新形态》，《马克思主义研究》2021 年第 1 期。
③ 桑玉成：《拓展全过程民主的空间》，《探索与争鸣》2020 年第 12 期。
④ 孔繁斌：《全过程民主：政策参与过程优化的新情境》，《探索与争鸣》2020 年第 12 期。

机制。① 祝灵君认为全过程民主离不开党的领导,党的领导是实现全过程民主的根本保证。② 这些研究大大拓展了全过程民主的研究领域,使对全过程民主的探讨不仅仅局限于民主理论范畴,还将之拓展到党的领导、责任政治和公共政策等国家治理范畴。

已有对全过程民主的研究,有助于丰富中国特色民主政治话语体系。但这些研究均是理论上的探讨,对于全过程民主的实践缺乏实证分析。我们需要注意到,习近平总书记提出全过程民主概念的场域——考察虹桥街道基层治理,因而全过程民主更多地指向的是实践向度的民主,是真实发生的、有效的民主实践形态。正如程竹汝所指出的,存在着两类民主概念,一类是实践属性的民主,包括直接民主、间接民主、选举民主、协商民主、管理民主、监督民主等;另一类是意识形态属性的民主,包括社会主义民主、资本主义民主、人民民主等概念。③ 而全过程民主则是属于实践属性的民主,它是人民民主在实践领域的体现。因而对于全过程民主的研究,要立足于实践中的民主,探讨提炼全过程民主的概念话语与理论体系。有鉴于此,本文以西湖区"幸福微实事"治理创新案例为分析样本,从实证的角度探讨"全过程民主"的结构要素与生成机制,并在此基础上探讨全过程民主的理论意涵。

二 "全过程民主"的结构要素

"全过程民主"的实践形态是什么?它由哪些要素构成?结合西湖区"幸福微实事"治理创新对此进行实证探讨。西湖区是南昌市的中心城区之一,面积34.8平方公里,常住人口52.3万人,辖11个街道、1个镇,设137个城市社区、13个行政村。同时,西湖区属于老城区,80%以上的小区是建筑年代较为久远的老旧社区,社区治理面临大量难题。2018年,西湖区选择了两个具有典型老城区特征的广润门街道和南浦街道

---

① 张贤明:《全过程民主的责任政治逻辑》,《探索与争鸣》2020年第12期。
② 祝灵君:《全过程民主离不开党的领导》,《探索与争鸣》2020年第12期。
③ 耿召、上官酒瑞:《政治学"补课"有方,全过程民主发展有根——"庆祝中国政治学会成立40周年暨全过程民主理论研讨会"会议综述》,《党政论坛》2021年第3期。

(共21个社区），开展"幸福微实事"试点工作。通过进行参与式预算改革，面向全体居民广泛征集社区治理"幸福微实事"项目，并投入相应资金由民众决定钱花在哪、怎么花。目前，西湖区"幸福微实事"治理创新项目实施三年来，不仅解决了大量的社区治理难题，提升了社区居民的生活幸福感，而且探索了一条"民事民提、民事民决、民事民办、民事民评、民事民监"的"全过程民主"的实践道路。分析"幸福微实事"治理创新，这一"全过程民主"实践的结构要素包括民意征集、民主协商、民主表决、民主监督等结构性要素。

（一）民意征集

社区治理的事项诸如社区卫生整治、加装电梯、停车收费、成立业主委员会、居民矛盾纠纷调解等，均是关涉居民切身生活的小事，这些小事久拖不决就会变成百姓的烦心事甚至政府的麻烦事。社区事务千头万绪、种类繁多，过去通常是由政府来决定做哪些事，"幸福微实事"治理创新则一改传统的政府治理模式，坚持以人民为中心，面向社会和居民征集需要解决的社区事项和问题，实现了社区公共事务由"政府决定干什么"到"民众决定干什么"的转变。

"幸福微实事"的项目意见征集主要有三个来源渠道：一是直接向居民征集。在便民服务中心、小区物业管理处、超市和茶馆等人流密集的场所，设置项目提议点，安排专人辅助社区居民提议；同时利用微信公众号、社区宣传栏、宣传海报等方式，面向居民广泛征集项目意见。社区干部还会通过召开座谈会、登门入户等方面征集社区群众意见。二是向"两代表一委员"征集。街道和社区设置"两代表一委员联系点"作为联系居民的平台和纽带，充分发挥"两代表一委员"的民意代表作用，积极动员区党代表、人大代表、政协委员进社区了解社情民意并反映群众需求。三是向社会组织征集。充分发挥区志愿者联合会、高校（江西）南昌校友会的作用，统筹协调各类志愿者组织、校友会对接社区工作，动员其参与项目征集工作。社区通过举办沙龙、培训会等方式引导社会组织深入社区调研居民需求，社会组织可以通过线上线下的方式提交反映社区居民需求的项目提议。

"幸福微实事"的项目意见征集具有以下特点：一是涉及面广。通过广泛宣传和动员，几乎能够覆盖社区全体居民，因而能最大限度地代表民意。二是方式多样。既有传统的线下面对面向居民征集意见，也考虑到城市社区的人员流动性特点，采用微信等网上方式线上征集意见。三是专业力量的引入。西湖区在民意征集中，注重发挥"两代表一委员"和社会组织的意见，这些代表委员和社会组织有助于帮助居民更好地表达自己的诉求和意见。这些特点使得"幸福微实事"的项目意见征集能够具有民意的代表性、广泛性和有效性。面向居民征集社区治理项目意见，是"全过程民主"的首要环节，是尊重民意、倾听民意的体现。

（二）民主协商

广泛征集"幸福微实事"项目意见之后，所形成的项目意见非常多，例如在2018年首次开展"幸福微实事"项目意见征集时最终搜集了1.5万余条居民意见，这就需要将所搜集的意见进行分类整理，筛选出最需要优先实施的项目。如何对所征集的意见进行筛选，西湖区采用的是民主协商的办法。乡镇或街道会根据基本的标准，如不属于公共利益范畴、违反政策法规、与政府在建或拟建项目重复、超出镇街建设能力范围、不具有技术可行性，在按照这些标准剔除了不符合要求的提议项目之后，通过召开社区项目"协商圆桌会"的形式对所征集的项目意见进行推选。

"协商圆桌会"面向辖区内所有年满15周岁的居民，以桌为单位分组审议，每桌8—10人，设一名桌长和记录员。桌长负责组织各组的协商讨论，记录员负责记录组员的意见和协商结果。"协商圆桌会"的全过程有三个步骤：一是组织培训。为确保协商会的顺利进行和富有成效，乡镇和街道会事先组织圆桌小组桌长与记录员提前培训，告知协商会的流程、小组讨论流程、职责分工、讨论规则及其注意事项。二是召开"协商圆桌会"。"协商圆桌会"召开的时间通常在周末，年满15周岁的社区居民均可参与，同时邀请区职能部门代表、人大代表、政协委员、社区工作人员、业委会代表、相关专家、校友会等参与指导和观摩。圆桌会上居民就所征集的项目意见展开讨论、辩论和协商，最终形成在预算总额2倍（即总额度的200%）左右的项目数。三是协商结果公示。将居民协商形成的候选项目在社区范围内公示。公示结束后，还要召开"参与式规划"讨论会，即邀请居民参与对各候选项目的规划设计，充分保障居民的参与权和知情权。

"协商圆桌会"是一个协商平台，经由这个平台使居民自主完成了对于自我表达之诉求的汇集、遴选和排序的过程，这个过程其实也是对居民民主意识和民主能力的训练与提升。"协商圆桌会"的优势和特点在于：一是体现了民主的参与性。"协商圆桌会"提供了居民参与公共事务的渠道，社区内年满15岁的居民围绕社区公共议题展开协商与沟通，体现了民主的广泛参与性。二是体现了程序的平等性。"协商圆桌会"上每一位参与居民都可以平等地表达自己的看法和意见，在平等协商的基础上，形成共识。三是体现了结果的公开性。"协商圆桌会"整个流程是公开透明的，协商结果也及时公示。并且对于协商结果的运用，也邀请居民参与，让居民知晓他们所推选出来的项目将如何设计实施。"协商圆桌会"是全过程民主的基础环节，既是居民民主参与的体现，也是对居民民主协商能力的训练，对于民主的实现具有重要意义。

（三）民主表决

"协商圆桌会"所生成的是"幸福微实事"候选项目，而民主表决是要从这些候选项目中，由民众投票表决出由政府付诸实施的"幸福微实事"项目。之所以设置这一环节，有两个考量因素：其一是预算有限。因为政府所投入的"民生微实事"预算资金有限，难以满足所有协商推选出来的项目。其二是优中选优。由居民协商产生出来的项目，是否真正切合大多数群众需求？实施起来的效果又如何？这些问题还不确定。让居民通过参与"参与式规划"讨论会，了解各个项目的设计方案和预期效果，有助于让居民更好地选择适合他们的项目。因而，民主表决环节，是在有限民生投入资金中，最大限度地选择最需要、最合适、最有效果的实施项目的方式。

如何让居民来表决自己协商产生出来的候选项目？西湖区采取的是全民投票的办法。整个投票过程也遵循基本的程序：一是候选项目的宣传。乡镇街道在社区层面通过展板、海报、大众媒体和社交媒体等多种途径进行广泛宣传、展示各个候选项目，同时发动人大代表、政协委员、社区工作人员、业委会代表、社会组织、校友会代表、志愿者对居民进行广泛动员，组织相关讨论会和宣讲会，让居民充分了解每个项目的内容、目标和效果。二是投票的方式与规则。所有生活、工作、学习在辖区内的年满15周岁以上的公民均享有投票的权利，可以在社区设置的投票站进行投票，也可以通过公众号进行投票。对于户籍在社区的外出人员，不进行委托投票，而是鼓励其通过微信公众号参与投票。每张选票可以选择3—5个项目，超出5个则为废票。三是计票和结果公示。计票前，由村（居）民组长、人大代表、政协委员、项目提议人举手表决选出计票人和监票人。整个计票过程在"阳光"下进行，监票人全程监督，居民亦在现场观看和监督计票，各项目依据得票数高低进行排序，最终拟中选项目预算总额不得超过预算额度。计票结果当场公布并公示。对于未被选中的项目，还会以公开的方式向居民告知项目落选原因，以保护提议人参与的积极性。

由民众表决产生最终进入实施的"幸福微实事"项目，是人民当家作主的直接展现，是最直观最生动的民主实现形式。民众表决的过程体现的是三个方面的特点：一是实现了形式民主与实质民主的统一。民众投票既具有票决民主的形式特征，同时又将投票与民众公共利益相结合，是通过投票的形式完成对关涉社区民生福祉事项的权衡、考量与选择，因而实现了形式民主（投票程序）和实质民主（人民利益）的有机统一。二是完成了从多数意见到公共意志的转变。通过有民众投票选择的方式，从备选项目中根据预算金额选出付诸实施的项目，以正当程序的方式将多数意见统一为公共意志，赋予了这些实施项目的合法性。三是体现了人民当家作主的民主真谛。民众投票产生最终进入政府实施议程的民生项目，实现了公共预算资金怎么用由政府决定到居民决定的转变，真正赋予居民当家做主的权利，是人民民主的真实体现。"幸福微实事"项目的民主表决是全过程民主的关键环节，是人民真实地行使民主权利的生动展现。

（四）民主监督

由居民投票选出的"幸福微实事"实施项目，实施主体是街道办或镇政府，负责依照相关规定对项目进行立项、招标等工作。项目实施大多以一年为周期，项目实施过程全程接受民众监督。监督的方式有三种：一是居民监督。各社区成立由党员、楼栋长、骨干户组成的"幸福微实事"监督小组，项目实施全过程接受监督小组和居民群众监督。由于是与居民自身利益密切相关的实施项目，居民参与监督的积极性较高。二是人大代表监督。区人大各委办牵头，部分区人大代表和人大专家共同参与，组建民生实事票决项目监督小组，对项目的资金使用、日常管理和实施效果进行监督评估。人大代表参与"幸福微实事"项目监督是作为代表履职的重要内容，并在人大代表履职通APP中开辟民生实事监督专栏，跟踪报道人大代表监督民生实事项目活动的情况，激发人大代表履职积极性和荣誉感，营造助推项目实施的良好氛围。三是审计监督。由区领导小组办公室委托审计公司，对工程建设类项目进行结算审计。审计监督属于专业领域监督，是对居民监督和人大代表监督的有效补充。

"幸福微实事"项目的实施关系到民生问题的具体落实和解决，其实施进展和效果如何，是否与设计规划相符合、是否与民情民意相吻合，离不开民主监督。西湖区的"幸福微实事"治理创新中民主监督体现了三个方面的特点：一是监督的普遍性和代表性相结合。所有社区居民都享有对项目实施的监督权利，同时组织党员、楼栋长、骨干户等积极分子组成监督小组，专事监督职责，有助于提高监督效能。二是引入专业力量强化监督。人大代表本身具有监督预算资金使用职责，为充分发挥人大代表的监督履职作用，西湖区专门出台相关文件，保障人大代表的监督权利。三是对工程建设项目引入审计公司进行审计监督。这些举措进一步加强了对民生实施项目监督的专业化力量。正是有这些全方位的民主监督举措，才能确保"幸福微实事"真正惠及民生。因而民主监督是全过程民主的保障环节，其关涉民主绩效的顺利实现。

"幸福微实事"治理创新，真实地展现了"全过程民主"的基层实践，这一生动实践包括民意征集、民主协商、民主表决、民主监督等关键的结构性要素，民意征集是全过程民主的首要环节，民主协商是全过程民主的基础环节，民主表决是全过程民主的关键环节，民主监督是全过程民主的保障环节，这些环节构成了全过程民主的完整链条，有效地实现了民主的形式与实质的统一。

三 "全过程民主"的生成机制

全过程民主何以可能？从"幸福微实事"治理创新这一基层实践来

看，其生成机制来自党政组织的有力推动、社会的广泛参与、民生议题的动员吸引以及制度化的渠道畅通。

1. 党政推动是全过程民主的有力保障

对于老旧城区而言，基层设施薄弱、生活环境破旧、交通拥挤混乱、公共服务缺失等问题较为突出，西湖区在借鉴国内其他城市基层治理经验的基础上，高位推动"幸福微实事"治理创新的开展，是推动实现全过程民主的有力保障。体现在：一是全域联动。区委书记为社区治理工作第一责任人，区长担任社区治理和服务创新工作领导小组组长，各有关部门和街道（乡镇）主要领导为成员的工作机制，使"幸福微实事"治理创新不再局限为某一部门的工作，从而能够统筹调动全区政法、城建、发改委、民政、人大、政协等各部门共同参与，成为推动"幸福微实事"的强大合力。二是考核督导。社区治理纳入各部门和街道（乡镇）党委书记年度述职考核内容，区委、政府定期调度检查，人大代表、政协委员和社区群众参与监督社区治理工作，从而形成了大抓基层治理的良好氛围。

2. 居民参与是全过程民主的内生动力

选举民主式微的很大原因在于居民参与的下降。全过程民主的优势则是在于能够最大限度地吸纳居民有序参与公共治理。例如，在2020年西湖区"幸福微实事"项目实施中，南烟宿舍小区共有1199名居民参与投票，投票率为85.6%。高参与率源自"幸福微实事"项目整个过程的开放性与参与渠道的畅通，从民意征集、民主协商、民主表决、民主监督的各个环节，居民可以便利地参与其中。这也是全过程民主的核心要义，即民主体现在公共治理领域的全过程。"幸福微实事"项目实施中，基层组织动员、协商议事平台建设、线上线下参与渠道的设计、社会组织力量的引入等，是实现居民在公共治理中全过程参与的重要因素。

3. 民生议题是全过程民主的目标导引

"幸福微实事"项目大多涉及的是诸如小区微改造、环境治理、公共文化设施建设、公共服务供给等与居民生活密切相关的民生事务。民生议题是引导政府和民众共同参与社区治理的主要诱因。对于政府而言，无论是出于绩效的考虑，还是出于责任的考虑，都有动力投入民生事业，"幸福微实事"的开展，则是找到了一个很好的开展民生工程的方式，变政府主导为民众自主，用民主的方式解决民生问题，是民生政治的有益探索。对于民众而言，政府投入公共预算资金用于解决涉及他们切身利益的公共治理问题，并由他们提出应优先解决的议题和实施方案，无论是出于经济人的理性考虑还是出于政治人的主体性考虑，都具有极大的动员力。由此可以看出，由民生议题所导引的全过程民主也体现为治理取向的民主。

四 结论：全过程民主的理论意涵

"幸福微实事"治理创新不仅解决了长期存在的基层治理难题，更是创造了基层民主实现形式的生动样本。虽然"幸福微实事"治理创新是基层民主实践的小样本并且还有待于在实践中不断完善，但从这个小样本中却可以窥见全过程民主所蕴含着的丰富理论意涵。

1. 全过程民主是对西方民主理论的超越与创新

西方国家一直以来将选举民主奉为圭臬，并将其称之为民主的唯一形式。西方政治理论家所定义的民主，如熊彼特认为民主是"那种为作出政治决定而实行的制度安排，在这种安排中，某些人通过争取人民选票取得作决定的权力"。这样一种"票决制"民主的理论在国内也颇有市场。全过程民主的实践探索则是人民民主的真实体现和对"票决制"民主的有力回击。"票决制"民主的弊端在于人民在选举时有权，而选举后则陷于无权，民主沦为投票的形式。全过程民主则呈现的是一种全方位、全过程、全领域的民主，体现在民主提议、民主协商、民主投票、民主监督等各领域各环节，真正实现了"人民当家作主"。因而全过程民主理论将超越西方选举式民主理论，并成为对于人类政治文明的理论贡献。

2. 全过程民主是党的群众路线在新时代的创造性转化

"一切为了群众，一切依靠群众，从群众中来，到群众中去"的群众路线是党在长期斗争中形成的制胜法宝，是党的生命线和根本工作路线。"幸福微实事"的探索着眼于解决事关群众生活的民生问题，将问需于民、问计于民、问效于民贯穿始终，这一全过程民主实践是对群众路线的继承和创造性转化，打通了服务群众的"最后一公里"，密切了党和政府与人民群众的联系。全过程民主体现了党的传统工作方法与科学决策和民主决策的现代理念相融合,是新时代党治国理政在基层的丰富实践。

3. 全过程民主是我国制度优势转化为治理效能的民主机制

民主是一种制度安排,选举式民主通常围绕权力的配置而展开,而全过程民主则将以权力为中心的民主转向为以人民利益为中心的民主,是围绕更好地满足人民对美好生活的需要而展开的资源配置。"幸福微实事"项目的产生和实施,始终彰显以人民为中心的理念,而全过程民主则是保障实现以人民为中心的民主机制。这一民主机制的存在,极大地激发了公民和社会力量参与公共治理的积极性,畅通了政治参与的渠道,促进了政府公共治理理念的转变、科学决策观念的转变和民主理念的转变,也提升了居民的公共参与意识和民主意识,从而形成了基层善治的合力。

4. 全过程民主为构建中国特色民主话语体系提供有力支撑

习近平总书记在哲学社会科学工作座谈会上的讲话中指出:"在解读中国实践、构建中国理论上,我们应该最有发言权,但实际上我国哲学社会科学在国际上的声音还比较小,还处于有理说不出、说了传不开的境地。"① 全过程民主是立足中国、扎根于基层的民主实践,是真实、有效的民主实现形式,对此需要充分挖掘、分析和总结。全过程民主是人民民主的重要组成部分,是中国特色社会主义协商民主的生动实践。全过程民主的丰富实践样态,为构建中国特色民主话语体系,形成中国风格、中国气派的民主理论,能够提供有力的现实支撑。

(原载《求实》2021年第5期)

---

① 习近平:《在哲学社会科学工作座谈会上的讲话》,人民出版社2016年版,第24页。

新时代社区健康治理的行动逻辑与策略选择
——基于南昌西湖区全国健康促进区建设的"四同"实践

冯小林*

[摘　要] 在国家治理向现代化推进过程中,社区作为社会治理的最基层单位,承载着最为基础和重要的作用;特别是社区健康治理的好坏和健康维护功能的强弱,直接影响到居民的日常生活和健康状况,也直接关系到健康中国建设的成败。社区健康治理不仅要满足社区居民的健康服务需求和提供良好的健康保障,还需要对社区居民健康和社区整体健康进行综合施策。南昌西湖区的全国健康促进区建设的"四同"实践为全国社区健康治理提供了诸如统一思想、统一行动、统一服务、统一机制等许多有价值的做法,但也存在不少不足之处,比如,社区健康治理多以任务式运动式治理为主,未能充分调动居民和社会组织的积极性,治理方案难以契合百姓真实需求,忽视居民心理精神健康需求。汲取南昌西湖区健康治理的正反经验,社区健康治理要走向善治,需要创新治理模式、治理体制、治理机制,也需要培建专业队伍,改进健康治理设施技术,充实健康治理内容。

[关键词] 社区;健康治理;行动逻辑;策略选择

---

* 作者简介:冯小林,江西师范大学政法学院社会学系副教授、硕士生导师。

[基金项目] 江西省高校人文社会科学重点研究基地2018年度项目《2018中国地级市政府效率研究》(项目编号:JD18064)。

一 问题的提出

健康是人民美好生活的向往，是个人生存发展的根本，也是社会可持续发展的基础。没有健康或失去健康，个体将失去一切，而社会发展也将不可持续。在中国社会治理重心向基层下沉过程中，社区作为社会治理的最基层单位，承载着最为基础和重要的作用；特别是社区健康治理的好坏和健康维护功能的强弱，直接关系和影响到居民的日常生活和健康状况。

由此，国家卫生计生委于 2014 年印发《全民健康素养促进行动规划 （2014—2020 年）》（国卫宣传发〔2014〕15 号）。2016 年 7 月 18 日，全国爱国卫生运动委员会印发《关于开展健康城市健康村镇建设的指导意见》（全爱卫发〔2016〕5 号），提出健康城市和健康村镇的重点任务。2016 年 8 月，在全国卫生与健康会议上，习近平总书记指出："没有全面健康，就没有全面小康"，强调要"将健康融入所有政策，人民共建共享"。[①] 2016 年 10 月，中共中央、国务院联合发布《健康中国"2030"规划纲要》，提出"普及健康生活、优化健康服务、完善健康保障、建设健康环境、发展健康产业"五方面的战略任务。党的十九大报告进一步将实施健康中国战略纳入国家发展的基本方略，还提出"加强社区治理体系建设"的要求。为落实健康中国战略，2019 年 7 月 9 日，健康中国行动推进委员会特制定《健康中国行动（2019—2030 年）》（以下简称《健康中国行动》）。2019 年 10 月党的第十九届四中全会决议通过的《关于坚持和完善中国特色社会主义制度推进国家治理体系和治理能力现代化若干重大问题的决定》中再次强调："健全社区管理和服务机制，……夯实基层社会治理基础。"[②]（2019 年 12 月 28 日，十三届全国人大常委会第十五次会议表决通过的《中华人民共和国基本医疗卫生与健康促进法》中明确指出，国家建立健康教育制度，并将健康教育纳入国民教育体系，

[①] 《没有全民健康就没有全面小康》，《中国青年报》2016 年 8 月 21 日第 1 版。

[②] 《中共中央关于坚持和完善中国特色社会主义制度　推进国家治理体系和治理能力现代化若干重大问题的决定》，《人民日报》2019 年 11 月 6 日第 1 版。

以提高全民健康素养。）据此，我国基层社会治理的新格局逐渐明朗，社区健康治理的目标与方向也进一步明确。

二 社区健康治理的内涵与意义

什么是社区健康治理，甚或何为健康社区治理；以及社区健康治理意义和价值是什么，学者对此看法不一。

（一）社区健康治理的内涵

世界卫生组织认为："健康社区是一个不断提出公共政策、创造和改善物质环境和社会环境，使居住在此的人们能相互支持地完成生活中各项活动并充分发挥潜能的社区。"① 这是从健康或病态视角对社区属性的审视，强调社区是一种健康状态而非病态，重点是创造、改善社区环境而使社区居民能够完成各项活动和发挥潜能。

白波等认为健康社区作为健康城市的重点工程，可以被定义为：在社区内部或者与社区相关的外部正式组织、非正式组织、个体能够协同开展各项社会活动，提高社区所有个体的生理、心理、社会、道德和生态的健康水平，从而提高包括各种正式、非正式组织在内的社区整体健康水平。② 白波的定义强调社区内外所有组织协同开展活动，以提高社区所有居民的生理、心理、社会、道德和生态的健康水平，最终提高各种组织的整体健康水平。他把健康水平由社区个体推及社区内组织。

袁媛认为："健康社区是指所有组织（正式/非正）都能有效合作，进而提高居民生活质量和健康水平的社区；从概念内涵上看，社区健康即多维健康，包括个体、社区相关组织和社区整体的健康；……健康社区治理是一项关乎防控传染病暴发、维护社会稳定的综合性行动战略。其内容涉及范围较广，不仅包含社区软文化的培育，还包括健康社区功能的建构。"③ 袁媛不仅强调社区内所有组织合作来提高居民的生活质量

---

① 李忠阳、傅华：《健康城市理论与实践》，人民卫生出版社2007年版，第189页。
② 白波等：《健康社区的内涵研究》，《中国民康医学》2016年第20期。
③ 袁媛等：《面向突发公共卫生事件的健康社区治理》，《规划师》2020年第6期。

和健康水平，注重健康理念对社区建设的重要性，还突出健康社区治理包含采用软文化培育和健康社区功能的建构等方式来实现对传染病暴发的防控以及社会稳定的维护，健康社区治理是一项综合性的行动战略。

张屹立等主张一个健康的农村社区，应当从社区规划、建设和管理各个方面都要以人为中心，保障广大农村居民能健康生活和工作，将健康人群、健康环境和健康社会有机结合成一个发展的整体。[1] 张屹立虽然谈的是健康的农村社区特性，但也可以为健康的城市社区建设提供借鉴，一个健康的城市社区也应该是一个由健康人群、健康环境和健康社区有机结合成的整体。

刘丽杭主张健康社区主要包括健康政策、健康环境、健康人群、健康的管理体系；其策略是在多部门、多学科广泛合作的基础上，在更广泛的意义上重点解决与自然的环境、和谐的社区相适应的生活方式等城市健康问题。简而言之，健康社区是通过健康促进，使个人、家庭具备良好的生活方式和生活行为，通过创建良好的自然环境、物理环境、社会心理环境，以实现创建具有健康人群、健康环境的健康社区目标。[2] 刘丽杭不仅把健康政策纳入健康社区的内涵中，还把健康社区的范围拓展更为宏观的自然环境和生活方式上面来，因此，是一个大健康社区的理念。

陆杰华认为，在大健康时代，健康服务的新目标是促进人民身心健康，这就要求健康服务不能仅仅是传统的医疗服务，还要具有健康促进、健康保健及健康养生等相关服务，完全突破了传统医疗服务的概念与范畴，形成了范围更广、内涵更深的大健康概念，基本目标涵盖了预防、保健、医疗及康复等一系列全面保障和提升国民生理与心理健康的服务。[3] 陆杰华等强调社区健康服务的新目标是促进人民的身心健康，基本目标涵盖预防、保健、医疗和康复等一系列服务。可见，他更强调社区健康服务的健全和完善。

王琦等认为社区健康服务管理应该从国情出发，发挥中西医在社区

---

[1] 张屹立、周增桓：《治理语境下农村健康社区建设的进路分析》，《中国农村卫生事业管理》2012年第1期。

[2] 刘丽杭：《网格化管理与健康社区治理的融合发展之路》，《国家治理》2020年第29期。

[3] 陆杰华、阮韵晨：《生命周期视角下的国民健康服务内涵探究》，《人口与计划生育》2015年第12期。

健康服务中的各自优势；建立新的中医药社区健康服务管理模式，以多中心治理理论为基础，中西医药技术为手段，疾病防控与健康促进为目标，社区居民为主体，政府部门与社会团体共同参与，集预防保健与治理康复为一体，充分发挥中西医药各自的特色和特长，真正做到满足社区居民对健康服务需求，提高社区居民的健康水平，促进健康中国的实现。① 王琦等的界定注重强调发挥中西药各自优势，来满足居民健康服务需要和提高居民健康水平。

何传启提出"健康中国"有三层含义："（1）健康中国是一个发展目标，是人民健康和长寿水平达到世界先进水平的中国；（2）健康中国是一种生活方式，是人人拥有健康理念和健康生活，家家享有健康服务和健康保障的生活方式；（3）健康中国是一种发展模式，是把人民健康放在优先发展的战略地位，把健康融入所有政策，努力实现'全方位和全周期保障人民健康'的发展模式。"② 该界定对健康社区具有同样的指导价值。

此外，2014年国家卫生计生委制定的《全民健康素养促进行动规划（2014—2020年）》；2016年7月18日全国爱国卫生运动委员会印发的《关于开展健康城市健康村镇建设的指导意见》；2016年8月19日至20日习近平总书记在全国卫生与健康大会的讲话以及2019年7月9日健康中国行动推进委员会制定颁布的《健康中国行动（2019—2030年）》，都对社区健康服务管理、健康社区建设和社区健康治理提出了相应的具体要求。

为此，结合各学者的观点和国家政府相关政策、意见和规划的精神要求，我们可以对社区健康治理做出以下判定。

首先，"健康社区"具有三层内涵：健康社区是一个发展目标，是居民健康和长寿水平达到世界先进水平的中国社区；健康社区是一种生活方式，是人人拥有健康理念和健康生活，家家享有健康服务和健康保障的生活方式；健康社区也是一种发展模式，是把"人民健康放在优先发

---

① 王琦等：《基层社区健康服务的特色资源选择与治理模式创新》，《中国卫生经济》2018年第3期。

② 何传启：《健康中国2030：促进全民的健康长寿（总报告摘编）》，《科学与现代化》2017年第2期。

展的战略地位,把健康融入所有政策,努力实现全方位和全周期保障人民健康"的发展模式。

因此,健康社区或社区健康是一个由健康人群、健康组织、健康环境、健康社会有机结合的融健康政策和健康管理体系为一体的有机整体;不仅关涉社区个体的健康,也关乎社区各组织的健康,是社区所有居民和组织乃至社会的整体健康的组合。就个体的健康而言,不仅有良好的健康素养,还有健康的生理、健康的心理、健康的行为、健康的社会功能、健康的道德、健康人格等一系列的健康生态;就社区组织和社区整体健康而言,能够开展相关活动,承载相应功能,协同合作为社区居民健康和社区整体健康发挥正常作用,创建良好的自然环境、物理环境、社会心理环境。

其次,健康社区治理或社区健康治理需要在党的领导和政府的主导下,由社区各组织(正式和非正式组织)的共同协作和社区居民的共同参与来实现,因此,它是一个多中心协同、多部门合作、多学科介入、多元主体参与治理的过程,而且这个过程也是一个不断前进发展的过程,它没有终点,只有在进行中。

再次,健康社区治理或社区健康治理不仅是满足社区居民的健康服务需求和提供良好的健康保障,还要做好环境安全监测、食品安全监测,各种传染病的防控,保障社区安全和稳定,要对社区居民健康和社区整体健康进行综合施策。

最后,健康社区治理或社区健康治理不仅要发挥传统医疗服务的基础功能,还要突破传统医疗服务的范畴,树立和贯彻"大卫生、大健康"的理念,涵盖健康服务、健康管理、健康保障、突发卫生事件处置、健康促进、健康教育、健康环境建设、健康生活普及、健康产业发展等领域,涉及医疗服务、疾病预防、疾病筛查、健康体检、行为干预、心理疏导、精神抚慰、康复保健、健身养生等一系列全面保障和提升国民生理与心理健康的服务。

(二) 社区健康治理的意义

广大人民群众的健康关系到民族的昌盛和国家的富强,是社会文明进步和国家社会发展的重要标志。党和国家历来高度重视广大人民群众的健康问题，特别是党的十八大以来，党和国家在卫生健康领域实施了许多重要规划和部署，加快推进卫生健康事业的发展。近年来，中国卫生健康事业取得许多新的成就，人民群众的健康水平和身体素质得到较大改善和持续提高，2018年我国人均预期寿命由2017年的76.7岁提高到77.0岁，孕产妇死亡率从19.6/10万下降到18.3/10万，婴儿死亡率从6.8‰下降到6.1‰。[①]

整体上优于中高收入国家水平，为全面建成小康社会奠定了坚实的基础。伴随着经济社会的发展和人们生活条件的改善，广大人民群众对美好健康生活的需求愿望越来越强烈。然而，随着工业化、信息化、城镇化的不断推进深化和人口老龄化的日益加剧以及生态环境的变化，社会人群的疾病谱和生活方式发生了显著变化，给维护和促进人民群众的健康带来了一系列的挑战和风险，健康服务总供给不足与需求不断增长之间的矛盾日渐突出，卫生健康事业的发展与经济社会的发展和老百姓需求之间同步协调性有待于增强，一些关系着健康的重大和长远问题需要国家从战略规划层面着手考虑。

社区作为与每个居民日常生活密切相关的生活单位，是我国社会治理的最基层单位，也是社会健康的细胞，每个社区健康状况的好坏直接与每个家庭息息相关。每个社区健康治理好了，就健康于每个家庭；一个社区健康状况不良，就直接影响每个家庭的健康。然而，我国区域之间、城乡之间的发展不平衡，导致不同地区之社区、不同城乡之社区卫生基础设施参差不齐，环境卫生脏乱差的问题表现不一，不同社区之居民的素质也各具差异。再加上工业化、城镇化进程的加快，引发人口流动频繁和人口相对过度集中于城镇，社区居民的生产生活方式大变化，环境污染现象、食品安全问题、饮水安全问题时有发生，居民的生活工作精神压力增大，人们的不健康生活方式较为普遍，影响居民健康的因素日益增多复杂，威胁居民健康的"城市病"逐渐凸显，卫生健康工作理念和方式却相对滞后。

因此，健康中国建设应根据每个社区的差异和每个群体、家庭的差

---

① 国家卫健委.《2018年我国卫生健康事业发展统计公报》，国家卫健委，（2020-4-29）[2022-3-9]，2020年4月29日。

异来针对实施，切不可为了追求短期效应而采取"一刀切"的模式在全国推广。健康中国建设应落实到每个社区，只有千万个社区都成为健康社区，健康中国之梦才能实现。只要有一个社区未能成为健康社区，健康中国之梦就没有实现。可见，社区健康治理直接关系到健康中国建设的成败，也直接影响到中国健康行动的步伐。做好每个社区的健康治理，才能实现健康中国之目标。

三 南昌西湖区社区健康治理的"四同"创新行动逻辑与成效

南昌市西湖区为南昌市中心城区，区域面积30多万平方公里，常住人口50余万人，是南昌的历史文化名城和县域经济引领区。2018年，该区被批准为全国健康促进区试点单位。对此，该区委、区政府高度重视，在坚持"健康优先"发展理念的情况下，结合实际，把对人民健康的维护由过去传统的疾病防治拓展到环境保护、体育健身、食品安全、城市建设管理等各个领域，走出一条社区健康治理"四同"创新之路，推动健康事业高质量快速发展。

（一）以"谋健康"作为一种使命统一全区共识，做到思想上同心

该区委、区政府积极践行"将健康融入所有政策"的发展理念，将"谋健康"作为一种使命统一全区共识，成立由区长挂帅，涵盖36个部门、街道主要负责人为成员的试点工作领导小组，组建健康专家委员会；强化部门联动，制定健康公共政策审查制度，修订13项健康相关公共政策；健全健康促进工作网络和健康教育专业网络，运用专项培训、督导考核、专题调度、联席会议、信息反馈等多种手段，形成"政府主导、部门联动、专业支撑、全民参与"的健康治理新格局。

（二）用"融健康"作为一种自觉统一全区行动，做到行动上同向

全区上下自觉将健康与生态环境、城市建管、食品安全、全民健身等领域高度融合，统一全区行动。

（1）自觉将健康与生态环境高度融合。先后投入1.8亿元扎实开展

"蓝天、碧水、净土"环境整治行动,严格落实"河湖长制",使生活饮用水水质合格率100%。对辖区内重要河段、公园污水进行生态综合治理,将污染源头变成城市的"绿肺"。全面落实"禁燃禁放烟花爆竹""全面落实公共场所控烟""推广无烟烧烤"等环保措施,实现全年PM2.5比前一年下降22%,空气质量达到二级标准,优良率80.5%。

(2)自觉将健康与城市建管高度融合。为推动健康城区建设,该区累计投入19.6亿元,用于3个健康公园的整体打造,使长达16公里的自行车走廊、气模篮球馆、室外足球场、网球场成片相连,在高峰时段,健康公园内运动健身人数超2万人。投入2.9亿元,分批升级改造10余个老旧开放式社区,提升居民健康生活品质。投入1.16亿元,建设总长2万米的"百条连心路",增购环卫车辆,实现主、次干道机械化作业率100%,生活垃圾无害化处理率和生活污水集中处理率均超95%。该区更加宜居宜业。

(3)自觉将健康与食品安全高度融合。将健康元素融入该区百年商街改造中,普及健康饮食知识和习惯,使商街真正成为一条"食全食美"的健康街。实施餐饮油烟整治工程,安装油烟净化设施,打造健康餐厅。先后投入9000余万元对辖区内17家农贸市场全面改造升级,安装肉菜流通追溯系统,建立蔬菜农药检测站,每天公布检测结果,从食品源头杜绝不良产品流入百姓餐桌。该区食品监督抽检合格率达99%。

(4)自觉将健康与全民健身高度融合。聘请奥运冠军为该区体育形象大使。投资1148万元建设区全民健身中心,与省体育局合作建设"国民体质检测中心",同时兴建34个小型健身工程、1个健身辅导站。免费开放学校室内及公共体育场地。利用边角地带建设"口袋公园""邮票绿地"20余处,配备完善体育设施,逐步实现"公园体育化"。目前,该区人均公共绿地面积14.8平方米,人均体育场地面积达到1.81平方米。组织参加三届全国"万步有约"职业人群健走活动。每个街道至少建设1处示范健康步道,每年开展1次居民运动会,每个社区普遍组建1支以上群众性健身团队,从"治病"到"防病",实现观念大转变。

(三)把"促健康"当作一种担当统一全区服务,做到服务上同频

该区把"促健康"作为担当统一全区服务,全面铺开"健康细胞"

建设，打造"大健康"生活圈，形成"全龄化"健康风尚，做到服务上同频共振。

(1) 全面铺开"健康细胞"建设。全区建成健康公园3个、健康促进医院6个、健康促进学校16所、示范健康步道12条、健康小屋22个、智慧型健康农贸市场17个、标准化街道文化活动中心12家、健康促进机关19个、健康社区35个、自助式健康检测点112个、健康示范家庭680户，健康为人人和人人为健康的良性互动局面正式形成。

(2) 全力打造"大健康"生活圈。该区大力推动3岁以下婴幼儿照护服务发展试点工作，打造托幼机构先行先试样板。承接国家级新市民健康行动项目，提升新市民均等化服务水平。结合"1+5+X"社区邻里中心建设，配套完善医疗卫生、幼儿园、商业、文体中心、养老中心等服务设施，打造"大健康"生活圈。

(3) 全面形成"全龄化"健康风尚。自2018试点工作以来，该区举办独具特色的健康促进系列活动，如健康生活方式艺术节、编印健康教育读本、开展巡回演讲、趣味健身运动会、"三健三减"主题活动等。至今，全区累计组织各类健康知识讲座200余场，大型健康主题宣传活动32次，发放各类宣传折页30万份、健康支持性工具3万套。综合运用大众传媒，设置健康教育专栏，开设微信公众号，广泛传播健康科普知识，实现线上、线下互动。以学校为媒介，将健康知识融入课堂，实现健康教育课全覆盖，通过板报书画宣传、知识竞赛和"小手拉大手"活动等形式，促进健康文化深入千家万户。

(四) 将"享健康"作为一种常态统一全区工作机制，做到机制上同轨

该区把"享健康"作为一种常态落实到全区各项工作中，统一全区工作机制，实现健康治理机制上的同轨。

(1) 依托医疗公卫促进健康服务专业化。为推进全区医疗卫生资源共建共享，全区完善全员人口信息、健康档案、电子病历三大健康资源数据库；组建66个家庭医生团队，为16万名居民提供签约服务；为推动优质医疗资源和患者双"下沉"，全面铺开医联体建设，建立2个紧密型医联体、10个松散型医联体、3个医疗专科联盟。投入1000余万元，建成居家和社区养老服务站点32家；投资1.88亿元建设区康复颐养中心和七医院老年医学分院，打造全省医养事业标杆；普亲朝农老年养护中心以其"嵌入式、专业化、智能化、标准化"等特点和优势，开启社区医养新模式；积极倡导中医"治未病"理念，辖区内热敏灸医院成为国家灸疗推广基地，岐黄国医书院实现"产、学、研"一体化发展，三溪堂等民营中医门诊部快速成长，提供多元化中医药服务；基层社区卫生服务中心全部建成中医馆，实现中医适宜技术推广全覆盖。

（2）借助国家项目推进疾病防控科学化。通过承接多项国际、国家慢性病防控工作项目，包括红十字会与红新月会国际联合会援助的慢性病防控项目、城市居民五大类常见癌症综合监测、儿童口腔疾病综合干预、高血压糖尿病患者规范化管理等项目，有力推动慢性病规范化管理。2019年作为全国首批入选全国儿童青少年近视防控试点县区，积极探索有效防控模式，降低儿童青少年近视率。

（3）提升健康养成促进健康管理自主化。在全区倡导"我的健康我管理"理念，组建居民健康自我管理小组，覆盖全区100%的街道（镇）。通过开展健康教育和互动活动，使居民知晓常见疾病预防和治疗方法，掌握基本健康知识和技能。健康素养监测报告显示，全区居民健康素养水平呈持续上升态势，达到23.1%，其中基本知识和理念水平38.42%，健康生活方式与行为水平20.5%，健康技能素养水平28.9%。与2012年相比，成年居民吸烟率由30.98%降低到24.55%。经常参加体育锻炼人口比例占44.5%，自助式健康检测点社区覆盖率40%，社区15分钟健身圈覆盖率100%。

西湖区"四同"健康治理行动经两年多的努力，成效明显，先后荣获国家慢性病综合防控示范区、全国群众文化体育先进区、全国社会养老示范区、全国流动人口基本公共卫生计生服务均等化示范区、全国基层中医药工作先进单位等荣誉。

四 南昌西湖区社区健康治理的反思

西湖区在健康促进和健康治理中，虽取得不少成绩，但也存在一些需要反思的方面。

(1) 该区健康治理多以任务式治理和运动式治理为主要特征，难以形成治理的良性循环，达到善治状态。

对干部来说，是为了完成健康治理这项任务而开展这项工作，任务和目标完成，即治理就算结束；对群众而言，这是一场"运动"，运动结束了，治理也算是完成。任务式治理和运动式治理是当前地方政府社会治理的主要形式之一，是政府多部门合作的"专项行动"，起到"动员广、行动快、执行严"的效应，实现在较短时间里调集资源、投入大量的人力物力财力解决问题和完成任务的目标，较好地抑制了政府部门之间的"条块关系"所产生的"相互推诿"和"踢皮球"现象，短时间内强化政策的执行力和有效性，在一定程度上能减缩治理代价，能切实解决群众的一些实际困难和治理中的难题。但是，任务式治理和运动式治理都是自上而下的治理方式，具有时间上仓促、任务式突击、群众被动参与、成效短暂临时的特征，不能调动广大群众的主动性，缺少持续的内生动力，从而造成治理成效反复不稳定，出现"按下葫芦浮起瓢"的现象。运动式治理最大的特点之一就是力求短时间出成效，而要实现这个目标自然就会"下猛药""用猛力"，出现"用药过猛、用力过猛"的治理过度、过头现象，不仅不利于治理成效的良性积累和良性循环，还带来较大的副作用。现实生活中不少这种治理现象，最后成了"好心办坏事"。其主要根源在于"制度碎片化、制度重叠化、制度孤立化"[①] 等造成的。因此，健康治理若单纯依赖任务式治理和运动式治理是不能带来良性治理和治理的良性循环。如何在任务式治理和运动式治理结束后，通过探索长效机制来实现常态化治理的转变和维系或保持良好的治理成效，是当下社会治理乃至各地健康治理需要思考的话题。

(2) 治理中非常强调党和政府及干部的主体作用，未能调动和发挥居民和社会组织主体的积极性，导致居民和社会组织的主动性、参与性不强，治理的内生动力并没有真正发动起来。

任务式治理和运动式治理作为一种自上而下的治理非常强调党和政府及干部在治理中的主体作用，而忽视甚至不认为群众和社会组织是治

---

① 刘勇、王怀信：《全球治理制度变革的中国方案优势》，《江西师范大学学报》（哲学社会科学版）2019 年第 3 期。

理的主体，并试图通过党的领导和政府的主导以及党员干部的带头表率作用来影响居民和社会组织，从而带动居民和社会组织参与到治理中来，把居民和社会组织的主体性作用给搁置起来；但问题在于，党员干部的带头表率和示范作用是否能影响到居民和社会组织，或者能在多大程度上影响到居民和社会组织，对于这个问题人们并不十分清楚。不过大家可以从一些干部和群众的感触中有所了解。比如，一些基层干部感触道："一些工作常常是干部在干，而群众在看。"也有群众说道："政府投了不少钱来搞运动。"从中可知，无论是基层干部，还是普通民众，其实都清楚这种治理只带来短暂的效应，不可能真正激发群众和社会组织的积极性主动性参与治理中来，也不能真正产生内在的治理动力。正如基层干部坦言，暴风骤雨的运动式治理必然收到明显的短期效应，但等任务完成和运动结束，治理成效将微乎其微甚至不复存在。

（3）健康治理方案多出自政府和干部的工作意愿而非百姓的真实需求，不能充分有效吸纳广大群众的切实愿望，导致治理吸引不了群众的参与而多停留于表面，不能深入而更像履行一个形式或走一个过场，带来不了实际成效，老百姓也得不到真正的实际效益。

由于任务式治理和运动式治理大都以党和政府及党员干部为主体，广大群众和社会组织的主体性得不到体现和发挥，其治理方案或治理规划自然多是出自政府和干部的工作需要和愿望来设计和规划的，而不是从满足群众和社会组织的需求出发来设计规划的，因而未能充分有效吸纳广大群众和社会组织的实际愿望和需求。这种治理方案或规划就只是比较符合政府和干部的工作需求，而不太切合群众的真实需求，与人民群众的实际需求联系不紧密甚至是脱离群众的实际需求，自然对广大群众和社会组织缺失吸引力或吸引力弱，而难以吸引广大居民和社会组织积极投入治理中来，那只能是政府和干部唱独角戏而群众成了看戏人，使得治理工作难以真正深入实处而只能且仅仅停留在表面，更多的像是履行一个程序或走一个过场，其治理成效也只是表象的而非实际的，老百姓也得不到真正的实际益处。

（4）健康治理较注重居民躯体健康，而忽视居民心理健康和精神健康需求，因而其健康治理并不十分完善和有效，有着较大的改进和提升空间。

综观该区健康治理的方案、措施和整个实施过程，人们不难发现，该区健康治理多强调为居民的躯体或生理健康提供较多服务，对居民的心理健康和精神健康的需求不太重视。究其原因可能有多种因素的影响，有可能与该区健康治理资源和技术的有限性有关，甚或该区根本就没有意识到和关注到百姓的心理和精神健康需求。然而，现代社会快节奏的生活方式和激烈的社会竞争，特别是生活在城市中的居民，要面对着较大的生活压力、工作压力和学习压力，导致不少居民，无论是老中少，其心理和精神处于较长期的紧张、焦虑中，有的甚至还患有较严重的抑郁症和精神分裂症。这种状况表明，广大社会成员对心理和精神健康的需求服务比较大和比较急。根据世界卫生组织的统计，全球有近10亿人受到不同程度的精神健康问题影响；世卫组织总干事谭德塞也表示，2020年的新冠疫情将影响全球数百万人的精神健康，精神健康已经成为全球一个不容忽视的问题；国家卫健委统计数据显示，截至2017年，中国有近17.5%的人受不同程度精神障碍的干扰和影响，抑郁症患病率和焦虑症患病率在人群中各占到2.1%和4.98%。江西作为人口流动大省，精神心理健康问题一直以来都比较突出。江西南昌二七医院的调查统计表明，该院录入国家严重精神障碍信息系统的患者达到21万余人，而未登记在册的患者预估在该数据的10倍以上。可见，社会人群中的精神心理卫生状况并不容乐观，人们对精神心理健康服务的需求量较大且紧急，然而，该区健康治理对此并未做出很好的行动，说明该区健康治理还有较大的提升和改进空间。

总之，该区健康治理虽有明显成效，但也存在不少改进和提升的空间。这不仅是该区健康治理的特点，也是我国大部分地区健康治理行动中存在的普遍现象。

五　新时代社区健康治理的策略选择

借鉴和反思西湖区健康治理行动的得失，我们如何在新时代背景下更好地开展健康治理，早日实现健康中国建设的宏伟目标，全面提升国民身心健康素质？笔者认为，至少可从以下几方面展开思考。

（一）创新健康治理模式，由任务式治理和运动式治理为主向融合式治理为主转变

每一种治理方式都有其优劣，因而健康治理若单纯依赖单一治理方式，就容易带来弊端。在推进国家治理体系和治理能力现代化进程中的新时代，促进健康治理走向良性循环和实现善治的最佳办法之一，就是要融合各种治理方式的优势，将各种治理方式融为一体，形成融合型治理态势，依据治理情境的变化，在不同情境中发挥不同治理方式的作用，从而实现治理的最佳效能。

融合式治理融多元治理体制、多元治理主体、多样治理形式于一体，从而实现治理内容共融、治理方式协同和治理结果共享。现代社会治理要求多元治理体制兼容、多元主体共治、多样治理形式共存，而非单一治理体制的运作、非单一主体的管控和非单一治理形式的实施，否则就不是治理，而仍是传统的统治或管控。单一治理体制和单一治理形式往往多以单一治理主体为特征，如在运动式治理和任务式治理中，就多强调政府主体的作用，忽略公众和社会的治理主体地位，社会和公众往往是"客体"或"对象"，而非主体；像协商式治理或包容性治理，则较注重公众和社会组织的治理主体身份。融合式治理多主张依照治理情境的变化采用不同的治理形式，情境不同，治理方式也各异。它不是单纯依赖或始终依赖某一治理形式来实现治理，而是通过多样治理形式来开展治理，将多元治理体制、多元治理主体聚在一起，实现多元体制兼容、多元主体平等协商共治的局面，由此社区健康治理不仅同其他社区治理一同被治理，而且人人参与其中和多种治理方式协同合作，从而出现治理内容共融、治理方式协同和治理结果共享的良好状况。这种治理局面契合了党的十九届四中全会提出的"形成人人有责、人人尽责、人人享有"的社会治理共同体。

（二）创新健康治理体制机制，由常态治理体系为主向常态治理与应急治理相结合的体系转变

社区健康治理要达到善治状态，不仅需要创新的治理模式，还需要有科学的治理体制和机制。过去的社区健康治理体制机制多以常态化治理体系为主，即便是常态化治理，也多停留在传统的水平上，现代化程

度并不很高，不但难以满足广大居民的现实需求，也难以面对突发性公共卫生事件的应急处置需要，在国家治理体系和治理能力向现代化推进的过程中，社区健康治理体制和机制也需要现代化和科学化，不仅要探索常态化治理的现代化体制和机制，还需要探索处理突发公共卫生事件的应急体制和机制，建构起常态治理和应急治理相融合的现代化体系。

常态化治理体制和机制主要是保障社区居民日常医疗卫生健康服务的提供，它主要涉及社区健康服务的日常供给，具体包括医疗卫生健康信息的采集更新、医疗卫生健康政策的宣传贯彻，医疗卫生健康知识的咨询普及，医疗卫生健康资源的协调配置，医务诊断治疗服务，疾病预防与风险评估。

而应急治理体制和机制则是帮助社区应对诸如新冠疫情等突发公共卫生安全事件，保障居民安全，维护社会秩序的危机应对体系，它不仅包括监测预警、防救能力建设、物质动员、社会参与、应急救护、伤害等级评价、灾后修复等静态机制系统，也包含政策宣传、信息采集、组织动员、社区封闭、防疫消杀、物质保障、社区照护、生活安顿、疑病排查、就医安排、病例跟踪、精神抚慰、心理疏导等健全的应急防控动态流程。

常态治理和应急治理共同构建起社区健康治理的防护保障体系，两者纵横交叉，共同为保障社区居民的健康担当职责。

（三）培育健康治理专业队伍，由单一专业队伍运作为主向跨专业队伍的多元协作为主转变

社区健康治理需要专业的人员去实施操作，才能使医疗卫生健康政策得到贯彻落实，才能将健康治理的职责履行到位，才能将健康治理的功能发挥正常。离开专业人才和队伍，健康治理将无法实施和开展。因此，专业的社区健康治理队伍是社区健康治理取得成效的基础保障。此次新冠疫情的爆发，不仅对社区健康治理能力进行了一次大检验，也暴露出基层社区健康治理专业队伍建设的薄弱和专业人才短缺等问题。

加强社区健康治理专业人才队伍的培养和建设势必成为当务之急。每个社区需要配备哪些专业人才和如何在短时间内培育和组建专业人才队伍，这需要对社区健康治理人才队伍建设做好顶层设计，科学规划，分步骤实施，积极培育和发展有志于健康服务的专业人员和社会组织，并建立相应的保障机制，使之能安心于健康服务事业。从实践可知，要想为社区居民提供全人群、全过程、全周期的医疗卫生健康服务，不仅需要常规健康服务专业人员，也需要处置突发卫生健康安全事件的应急人员；不仅需要全科医生、精神疾病治疗人员、疾病预防人员、专业护理人员、行为矫正人员、危机处置人员的参与，还需要社会工作者、社区健康管理师、社区环境规划师、环保人员、安保人员、营养保健人员、体育健身指导人员、心理咨询人员以及灵性工作人员的介入。这些专业人员，有的可以借助医院等医疗机构来配备，有的可以通过专业社会组织来补齐，还有的可通过志愿者来实现。

这就需要积极培育和发展各种健康服务类社会组织，推行全科医生等专业健康服务人员家庭签约和社区签约服务模式，提高家庭医生、家庭健康管理人员的签约率和建档率，为社区健康服务中心配备健康管理师、营养保健师、健身指导师、心理咨询师等专业服务人员，为社区居民提供日常的体检、筛查、保健、健身、咨询、评估等健康服务，同时，适时对这些专业人员和组织进行形式多样的培训与考核，从而将过去单一、单类型的专业队伍的运作转变为多专业、多学科、多领域的专业人员和团队的共同协作，建立起社区多元一体的健康服务和治理体系，有效提升社区健康治理综合能力。

（四）改进健康治理设施技术，由传统治理设施技术使用为主向传统与现代相结合设施技术运用为主转变

社区健康治理也需要有良好的环境和硬件设施。这要做好两方面的工作：一是完善基础配套设施；二是先进技术的运用。

就基础配套设施而言，需要改善社区居民的健康设施和环境，包括配备小区健康室、心理咨询室、健康教育中心、社会工作室，供给安全便捷干净的健身运动场所，装配健身运动设施设备，安装环境健康监测仪器，配备食品卫生检测仪器，配置基本的医疗服务设施器械；在环境改善方面，需要扩大绿化面积，扩充公共活动空间，排查清除水、空气、废物等各种污染源，及时清理各种垃圾，清除污水污垢残留污渍，定期消毒杀菌，不留卫生硬角、死角。

就先进技术的运用来说，社区健康治理在加强传统中医技术使用，发挥中医医疗作用的基础上，应以健康智慧型社区建设为导向，积极发挥现代科技在健康治理中的重要作用，充分运用人工智能和大数据分析技术，以社区卫生健康服务中心为载体，搭建社区健康服务平台，加快社区居民健康信息化建设和信息共享推进，依托信息技术建立居民健康信息管理平台，健全社区健康资源数据库，完善居民健康信息和需求数据库，对居民的健康状况和需求进行科学评估，对居民健康数据进行科学分析，进而实施精细化的健康管理和精准的健康干预。

（五）充实健康治理内容，由传统健康治理内容为主向传统与现代相融合的内容为主转变

社区健康治理涉及社区健康和居民健康的各个方面，要实现社区健康治理的善治和让社区的健康功能得到最佳的发挥，还需要在加强传统健康治理对象的基础上，扩充新的健康治理内容，尽量覆盖社区健康和居民生活的方方面面。

首先，社区健康治理不仅要关注和重视常态治理，也要关注和重视应急治理。此次新冠疫情，对社区健康治理应急能力进行了一次较全面的大检验，进一步表明社区健康治理能力要有一个较大的提升，特别是对突发公共卫生安全事件处置能力，还需要进一步提高。因此，社区健康治理除了对常态治理的内容给予关注外，还需要加强对应急治理对象的关注和重视，只有将两者同时给予关注，方能为社区居民建立起一张健康安全防护网。

其次，社区健康治理不仅要注重肌体健康，也需要关注心理健康和精神健康。传统的社区健康治理对居民的身体健康关注较多，但对居民的心理健康和精神健康关注不够。在现代都市快节奏生活方式的带动下，广大居民的生活、工作、学习节奏明显加快，而给他们带来无形的压力，以至于不少居民长期处于紧张、焦虑中，心理和精神健康处于亚健康状态，甚至有的处于疾病状态。但受各种条件的制约，社区健康治理却对此关注并不很多。因此，在条件允许的情况下，社区健康治理在关注居民身体健康的同时，也要重视对居民心理和精神健康的呵护，要对居民的心理和精神健康进行一次全面排查，建立居民心理精神健康档案，组建心理精神健康服务室和服务团队，为居民开展常态化的心理精神健康服务。

最后，社区健康治理不仅要关注个体健康，也要关注家庭、群体和组织健康。现有的社区健康治理对居民个人健康关注较多，但对家庭、群体和组织健康关注不够。居民个人固然是社区的基本细胞，个人健康固然是社区健康的基石，但假如社区健康治理只是停留在个人层面，也是不够的，还应扩大关注对象，由个人健康扩展到家庭、群体和组织层面，特别是家庭健康不容忽视，在于家庭是每个社会成员的安居之所和避风港湾，一个家庭出了问题，对家庭成员会带来巨大的影响，维护家庭的稳定和健康，事关社区乃至社会的安全和健康。当前社会问题频发，很重要的一方面就是根源于家庭不稳定、家庭不健康，社区健康治理若能对维护家庭稳定起到明显成效，那将有助于社会健康，有助于社会的安全与稳定。

社区健康治理不仅要关注健康环境，也要关注健康政策。环境的好坏对居民的健康会带来直接的影响，新鲜含氧的空气、洁净含微量元素的饮用水、美丽整洁的区容区貌，将使人心情愉悦，神清气爽，而利于健康长寿，但仅局限于此，还不足以建立起保护公民的健康屏障，因为健康政策和制度对居民的健康维护也会带来重要的影响。因此，社区健康治理在关注环境健康的同时，也要对健康政策和制度进行审视，检查健康政策和制度的合理性、科学性和公平正义性，将不合理、不科学、欠公平的政策及时给予修改、调整，甚至废除。当然，这是在社区层面无法做到的事情，需要国家和政府的出面与努力。

总之，在健康中国建设推进的过程中，社区健康治理是实现健康中国建设目标的重要途径之一，唯有提升每个社区的健康治理能力，提升社区的健康功能，健康中国建设的目标才有可能实现。而社区健康治理又涉及社区居民的各个方面，需要上下齐心协力，共同协作，方能让广大人民群众过上美好而健康的生活。

从维权到治理：业主委员会如何做好小区"当家人"

刘小峰*

[摘　要] 业委会在城市治理重心不断下沉住宅小区的进程中究竟扮演何种社会角色，是麻烦制造者还是社区管理抓手？小区民主如何蹒跚学步？业委会作为基层直接民主的自组织生命发展轨迹如何？基于江西南昌商品房小区莱茵半岛、凡尔赛官两个案例的历时性调查，研究发现：作为物主纠纷等维权需要产生的基层民主自治组织，业委会维权短期目标成功后普遍面临治理角色的蝶变，在长期经营小区公共事务中既可以为民谋利，也滋生了为己谋利和与民争利的乱象行为。本文提出"业委会"作为小区"当家人"角色的理论建构，以此区别于城市社区治理架构中居委会作为基层政权末梢的"政府代理人"和物业公司作为小区经营的"管家"角色。业委会作为小区当家人通常是维权—治理—谋利三种身份的混合体，它们之间在特定条件和机会机构下可以发生互相转化。"当家人"生于维权、长于治理、困于谋利。本文的政策意蕴在于通过比较个案法揭示小区业委会的组织生命成长轨迹：从维权到治理。

[关键词] 业委会；业主维权；小区治理；谋利；社区自治

一　现象与问题：小区民主蹒跚学步

20世纪90年代以来，城镇居民住房体制改革和房地产行业迅速发

---

* 作者简介：刘小峰，江西师范大学政法学院副教授、硕士生导师。

展，由此诞生了当代城市社会最大的市民群体——业主群体。不管是亿万富豪还是下岗职工，无论是政府官员还是平民百姓，走到街上回到家里可能都是业主。随着《物业管理条例》（2003）、《中华人民共和国物权法》（2007）和《中华人民共和国民法典》（2021）的颁布和实施，业主的法定身份和权利逐渐获得了确认和保障。从居民、公民到业主，这种身份的改变，拉开了中国城市基层直接民主的序幕。作为小区业主的法定基层自治组织，全国各地住宅小区业主陆续成立业主委员会（以下简称业委会）及其开展的大量维权和自治活动，使得它与城市社区居委会和物业公司并称为基层治理架构的"三驾马车"[①]。与此同时，在这场住房商品化引致的社会变革运动中，中国城市社区由先前单一化的权力主体转变为多元化的治理主体，即以街道、居委会为代表的基层国家政权，以房地产公司和物业公司为代表的市场组织，以及以业主委员会为代表的社会自治组织[②]。

然而，当住房从福利变为商品，广大业主穷毕生积蓄百万巨资购买的商品房时常不能安居乐业：物主纠纷层出不穷，业主维权步履维艰，集体行动难上加难，小区自治一盘散沙[③]。诸多新闻报道揭示当前小区业委会普遍面临成立难、运作难、自治决策难的现状，更有许多业委会（成员）深陷派系纷争或遭遇违法犯纪的牢狱之灾。如"业委会不开业主大会花135万元维修费，任期内被罢免""业委会主任和物业股东'夫妻店'""花了560万元公共维修金后，武汉一小区业委会主任带头辞职""业委会主任聘请自己控制的物业，把持小区敛财，获刑20年！没收和退赔1064万元""收受开发商110万元贿赂，抚州一业委会原副主任获刑五年"。

小区业委会成为业主维权代理人背后为何暗藏一些令人瞠目结舌的隐秘角落，作为实践基层直接民主的自组织又如何参与社区治理，成为自治的领头羊？更进一步而言，业委会在城市治理重心不断下沉住宅小区的进程中究竟扮演何种社会角色，是麻烦制造者还是社区管理抓手？

[①] 李友梅：《基层社区组织的实际生活方式——对上海康健社区实地调查的初步认识》，《社会学研究》2002年第4期。

[②] 郭于华、沈原：《居住的政治：B市业主维权与社区建设的实证研究》，《开放时代》2012年第2期。

[③] 《当好业主 尊重私权》，《新民晚报》2012年3月21日第4版。

30多年的住房商品化改革促使城市社区研究逐渐呈现从"以居委会为中心"向"以业委会为中心"的格局转换①。同样是基层居民自治组织，与国家掌控日益行政化的社区居委会相比，小区业委会更有可能成为街区直接民主的引擎（桂勇，2001）②。"有房阶级（群体）"作为新兴社会力量登上时代舞台，以小区业委会为核心衍生的业主维权和自治运动被认为是中国住房体制改革的最深远政治后果。有论者认为，小区业委会的发展代表着中国城市公民社会的雏形和先声，"住宅小区中的民主"是城市基层民主政治的"启蒙学堂"③，它将带来一场"有产者的革命"④；"居住政治"促使小区业主行动从维护产权走向实现公民权⑤，过去的村落熟人社会正在被社区陌生人社会所代替。

"民主诞生在小区、居住改变中国"，小区民主蹒跚学步中自上而下为民做主式的"他治"管理开始向自下而上"自治"的治理共同体机制转变。商品房住宅小区作为一个以共同的土地使用权为基础的私有财产领域，院墙红线之内"每一个小区都是业主共同的家园，业委会是这个家园的大当家"。一位长期奔走在业委会建设一线的廖姓业委会主任说："我们说到小区是过日子的，我们觉得就是一定要把生活过起来。但我们不可能指望管家（物业公司）把小区每个角落点点滴滴考虑得这么细。那只有业委会把自己姿态放低，希望小区产生哪些变化，就要去落实。小区有2000户这么多人，虽然入住的人数不多，但还是要发挥业主的参与积极度，让大家共同参与家园建设……要靠业委会不断地用心去想办法，营造家园的氛围，大家回家的心才会留在那里，才能安得下。"

本文通过田野资料构建扎根理论提出"业委会"作为小区"当家人"

---

① 陈鹏：《城市社区治理：基本模式及其治理绩效——以四个商品房社区为例》，《社会学研究》2016年第3期。

② 桂勇：《暗论城市基层民主发展的可能及其实现途径——以上海市为例》，《华中科技大学学报》（社会科学版）2001年第1期。

③ 陈鹏：《国家—市场—社会三维视野下的业委会研究》，《公共管理学报》2013年第3期。

④ 邹树彬：《城市业主维权运动：特点及其影响》，《深圳大学学报》（人文社科版）2005年第5期。

⑤ 郭于华、沈原：《居住的政治：B市业主维权与社区建设的实证研究》，《开放时代》2012年第2期。

角色的理论建构，以此区别于城市社区治理架构中居委会作为基层政权末梢的"政府代理人"和物业公司作为小区经营的"管家"角色。同时，试图对既有文献进行理论对话和经验拓展。本文的现实问题是：小区民主如何蹒跚学步？业委会作为基层直接民主的自组织生命发展轨迹如何？为何所困？基于江西南昌大型商品房小区莱茵半岛、凡尔赛宫两个案例的历时性调查研究试图对以上问题做出回答。资料搜集和处理方式主要是参与观察、深度访谈和文献档案查阅，访谈对象包括各级街道社区干部、业委会成员、专家以及普通业主，参与观察事件包括业主上访、物主冲突、业委会选举、更换、业主大会、政府协调会等。莱茵半岛小区案例经历了改选业委会后，没有物业公司入驻，第二届业委会自己成立社区服务中心"自管"小区的过程；凡尔赛宫小区案例经历了从物主纠纷的暴力斗争、上访抗争到成立业委会依法维权的过程。它们的基层民主政治实践都先后多次得到了 CCTV－12、江西电视台都市频道等新闻媒体专题报道。

二 文献综述、理论视角和研究设计

（一）"业委会"角色的三个观察视角

2003 年《物业管理条例》第一次提出了"业主大会"这个概念，并且还确定了名称为"业主委员会"小组的"业主大会的执行机构"的法律地位。自此，有关"业委会"角色的争论就一直未曾停止，有关的观察视角和判断不仅见仁见智，也时常针锋相对。

第一，维权者。该类研究主要探索业委会在公民社会的业主维权角色，关注维权的策略、技术和成败的影响机制。业委会产生的最初原动力常常是物主冲突和博弈"合法抗争"的维权需要，法律是维权策略的核心并呈现出"维权武器"与"维权瓶颈"并存的实践悖论。同时，在中国转型社会背景下业主维权不断向社会领域进行扩展，即成立业委会协会、小区自治制度创新（如成立监事会等）以及参选居委会的身份跨越①。业主依法维护产权的抗争是走向公民权的过程（沈原，

---

① 刘子曦：《激励与扩展：B 市业主维权运动中的法律与社会关系》，《社会学研究》2010 年第 5 期。

2007），业主维权行动中也伴随着公民社会自组织的发育和成长，业委会的出现意味着一种"新公共空间的出现"。

第二，治理者。该类研究主要聚焦业委会参与城市建设的小区治理角色。业委会维权是短期目标和特殊时刻，治理则是业委会的长期工作。维权事件在业主全部的居住生活中只占很小的一部分，具有明显的阶段性①。当维权告一段落，业委会进入治理阶段。如果说早期的大量业委会研究围绕业主维权而展开，强调业委会的"维权""斗争"角色；晚近的学者则对其"治理""建设"角色日益关注。他们强调业委会参与基层社区自治实践的治理者角色，业委会、居民委员会和物业公司是一个商品房小区里的三个基本组织，构成小区治理的"三驾马车"②。小区业委会具有推动城市基层治理能力的作用。以业委会为核心建制的社区政体系统能够释放出可观的"制度红利"，并有力促进和改善商品房社区的治理境况和业主福祉（陈鹏，2016）。也有研究者不认同这种乐观的观点，他们认为这种治理组织最终会指向少数精英的寡头政治，或可能出现分裂和排外③，亦可能面临"集体行动的困境"和社区参与公共性困境④。

第三，谋利者。业委会（成员）作为基层自组织既可以是为民谋利，也可能暗藏假公济私的隐秘角落。许多案例研究揭示业委会由维权走向谋利，会导致小区自组织代理人失控，小区自治最终面临对业主委员会和物业公司的双重监管困境⑤。业委会可能成为少数既得利益业主精英排斥大众参与的寡头政治和准派系政治，进而有损于基层治理和直接民主⑥。原本倡导业主普遍参与、民主协商的社区公共事务决策体系和业委

---

① 陈鹏：《国家—市场—社会三维视野下的业委会研究——以 B 市商品房社区为例》，《公共管理学报》2013 年第 3 期。

② 李友梅：《基层社区组织的实际生活方式——对上海康健社区实地调查的初步认识》，《社会学研究》2002 年第 4 期。

③ Portes, Alejandro & Patricia Landolt 1996, "The Downside of Social Capital", The American Prospect 26.

④ Mancui Olson. (1966) The Logic of Collective Action.

⑤ 黄佳鹏：《从维权到谋利：城市小区自治的实践困境及其对策》，《湖北行政学院学报》2018 年第 6 期。

⑥ 石发勇：《业主委员会、准派系政治与基层治理——以一个上海街区为例》，《社会学研究》2010 年第 3 期。

会制度设计最后演变成为社区治理中的"强人政治"①。

(二) 本文理论视角

中国基层群众自治研究领域中，徐勇曾对于村民自治实施过程中村干部的角色进行了考察，认为村干部扮演着基层政府代理人和村民当家人的双重角色，反映的是国家与社会、行政权与自治权的冲突。这一结论十分睿智，受到学术界的广泛认同，也给予笔者以重要的理论滋养②。本文从城市社区治理"三驾马车"——居委会、业委会、物业公司，提出"业委会"作为小区"当家人"角色的理论建构，以此区别于城市社区治理架构中居委会作为基层政权末梢的"政府代理人"和物业公司作为小区经营的"管家"角色。在中国城市社区治理架构中，居委会虽然也是法定的居民自治组织，但运作中带有较强的"行政化"色彩，实际上成了国家基层政权的辅助组织和政府部门的延伸机构。而物业公司一直被公众习惯称为是小区管家，是小区服务管理提供者，"业主是主人，是老板"。文章进一步认为，业委会作为小区"当家人"通常是维权—治理—谋利三种身份的混合体，它们之间在特定条件和机会机构下可以发生互相转化，见图1。

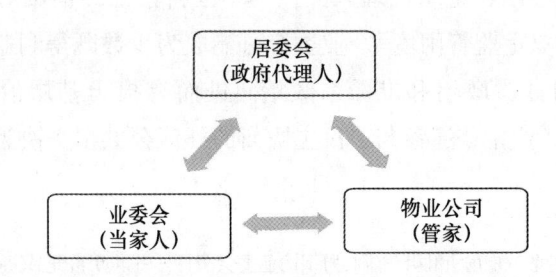

图1 社会治理"三驾马车"架构和角色

因此，本文的核心问题：一是业委会这一"当家人"的三种角色如何转换？在什么条件和机会结构下会角色转换？三种角色之间存在什么

---

① 盛智明：《城市社区治理中的"强人政治"与公共性困境》，《河北学刊》2016年第6期。

② 徐勇：《村干部的双重角色：代理人与当家人》，《二十一世纪》（香港）1997年第8期。

的关系和区别？二是业委会在社区自治实践中如何处理好"三驾马车"的互动关系？见表1。

表1　　　　　　　　小区业委会如何做好"当家人"角色

维权者	治理者	谋利者
依法维权	城市社区自治"三驾马车"之一	为民谋利、谨防与民争利

(三) 研究设计

第一，组织生命周期理论。组织生命周期理论将生物学的达尔文主义应用于组织的发展过程，它视组织为一个有生命的个体，也会经历生老病死的演化现象。其产生首先源于学者对企业组织的观察，马森·海尔瑞（Mason Haire）于20世纪50年代最早提出企业生命周期的概念。哥德纳（J. W. Gardner）进一步指出，与生物学中的生命周期相比，企业的生命周期有其特殊性，主要表现在企业的发展具有不可预期性，企业的消亡也并非不可避免的，企业完全可以通过变革实现再生，从而开始一个新的生命周期。以企业单位为核心的组织生命周期理论可以划分为三类：第一类是以阶段为特征的生命周期理论，它们把企业的发展划分为几个不同的阶段，分别研究每个阶段的特征以及实现阶段间跳跃的条件；第二类是以问题为特征的生命周期理论，它们认为企业的生命周期应该以企业管理中几个基本问题的此消彼长为特征；第三类是以文化为特征的生命周期理论，它们认为文化是企业生命周期中最为重要的标志，文化的变革是导致企业发展的重要因素[1]。

企业组织的"生命周期论"为基层社会组织的研究提供了借鉴视角。本文借助组织生命周期理论观察业委会自组织的发展历程，根据业委会运行过程中每个阶段的主要矛盾和问题特征，将业委会的组织生命周期划分为诞生、发展和蝶变三个阶段。

第二，比较个案法。与单案例研究设计相比，两个或更多案例中推导出的结论往往被认为更具说服力，整个研究更经得起推敲。虽然单案

---

[1] 徐操志等：《组织创新的生命周期观》，《科研管理》2001年第6期。

例有利于问题的深入挖掘，增强理论说服力，但由于小区业委会组织生命发展过程中影响变量繁杂，因此，多案例设计能够应用复制性实验法则，识别潜在的因果关系，并提高案例研究的外部效度，使研究结论更具普适性、稳健性和说服力①。以因果关系为目的的比较个案研究，可以看作"准实验研究"。比较个案研究所追求的并不是统计性的普遍化推断，而是分析性的普遍化外推②。在因果关系的研究上，比较个案研究法通常采取了两种不同的设计形式：最相异个案研究和最相似个案研究（吉尔林，2017）。二者分别依据穆勒所说的"求同法"（或直接求同法）和"双重求同法"（或间接求同法）。在研究设计上，本文主要是采取最相异个案设计，有意识地去寻求几个在总体上差异度比较大的个案，然后来分析，具有相同结果（因变量）的几个个案，是否都存在相同的先行条件（自变量）。

三 从维权到治理：业委会的组织生命历程

（一）莱茵小区业委会自组织自管模式

莱茵半岛小区位于江西省南昌市西湖区建设西路188号，始建于2008年，是一个半开放式花园小区，面积23000平方米，居民楼41栋，住户2153户，居民6835人。小区业主由来自全国各地13个省份的不同人口构成，因为靠近洪城大市场，近六七成业主为从商者，业主内公务员较少，仅占2%—5%。

第一，物主纠纷。小区原先由福田物业公司管理，但原物业管理不到位，门岗形同虚设，安防基础设施缺失。不仅环境脏乱差，且治安隐患突出，入室盗窃案件频发。据万主任称："小区靠近洪城大市场，交通、物流发达，人流量大，在福田物业公司管理时，偷盗事件一天高达六起，上百家业主家中曾出现过偷盗事件，案发数量长期位于南昌市小区的前

---

① ［美］罗伯特·K. 殷:《案例研究：设计与方法》，周海涛、史少杰译，重庆大学出版社2017年版，第71—78页。

② 王宁:《准实验设计与比较个案研究》，《旅游学刊》2020年第12期。

三,甚至有老人买菜时光天化日被抢。"①

生活在环境如此糟糕的小区,小区内人心惶惶。忍气吞声的业主也终难一言不发,谩骂声、抱怨声充斥着小区,不满情绪一触即发。业主纷纷拒缴物管费,物业又因管理费收缴率太低,维持不了正常运转,导致服务质量更加低劣,出现了恶性循环,问题一直没有得到解决。

"当时居民有向业委会反映的,不过他们不管事的。他们年龄都偏大,基本都是60岁以上,个别年轻点的也有自己的工作。这群老年人跟他们(福田物业)去争这些事情也力不从心。"

据万主任反映,第一届业委会是非民选的,是街道为完善基层机构而直接指定的。加之只有六成业主入住小区,且多为生意人,街道需要有空闲时间的业主来担任业委会成员时,小区内有意愿的老年业主就成为首选对象。所以,最初由政府引导产生的由老年业主组成的业委会只是形式上的存在,名不副实,在与物业公司的交涉中难以发挥实质性的作用。

第二,更换业委会。小区业主多次要求物业进行整改,物业却一直推拖,随着时间的推移,矛盾逐渐激化。恰逢业委会换届,小区与福田物业的合同也在2014年12月28日即将到期。这时,一位从商经验丰富的中年男子万氏业主,和几位有胆气的小区业主因为担忧盗窃案频频发生危及小区安全,站了出来竞选业委会成员。虽然没有经验,但他从商多年,见多识广,人脉宽广。第二届业委会成立后组织业主投票,超过2/3的业主代表同意更换物业,于是小区决定不续签,与其解除合同。

然而,福田物业这时不肯走了,称业委会不遵守规矩,以物业费没收齐为借口,还对业委会成员进行言语上的人身攻击,找各种理由不走。最终,业委会找到政府援助,政府相关部门下达通告:若福田物业在12月31日仍不撤离,将取消其在南昌接新楼盘的资质。最终,小区在政府的帮助下解除前物业。

第三,实行自管。第二届业委会由7名委员以及2名候补委员组成,委员的职业多样,包含老师、外企业务员、小科技公司负责人、单位职员、商人等。业委会换届成功,解除老物业后,新的问题又出现了——

---

① 引自与莱茵半岛小区第二届业委会万主任访谈,以下访谈内容未标注即同出于此。

谁来维持小区日常生活的秩序？起初，解除前物业的小区并没有自治的想法，而是准备招聘新的物业公司继续接管小区，且有8家物业公司前来竞聘。"没想到就在我们招聘那一天，就在现场，他们叫了很多社会上的闲杂人等冲进招聘会的现场，把我们的招聘搅黄了。当时他们在南昌楼盘特别多，名声也比较大，他是那个物业协会的副理事长单位，就通过这个影响到了其他物业，所有参加报名的物业企业，通过找人把他们拒之门外，跟他们做工作不要参与招聘，跟所有来参加应聘的物业单位做工作不准参加。"

小区招聘新物业的计划搁浅。失去物业公司管理的小区仍需维持日常生活秩序，在此情况下，业委会成员同热心业主在社区居委会的帮助下成立临时服务中心。在成立过程中，小区求助于政府及社区居委会，获得了较大帮助：政府出台相关政策协助临时服务中心的人员选配，提出"业主自己管理自己""我的地盘我做主"的说法。

小区先将福田物业的水电、保洁部分原班人马稳定下来，由热心业主暂时充当保安，并请来保安公司，将人员基本配齐。因此，在福田物业公司撤走后，小区仍能维持运转。代表全体业主维护自身权益的业主委员会，在开发商、物业公司等对业主权益不断侵害、房产纠纷频繁出现时应运而生。但是，维权并不是业委会面向的全部，从趋势来看，从维权走向治理是业主委员会发展的必由之路。维权是一个小区相对"短期"的对外行为，而治理则是小区日常生活的常态。业委会如何更好地运作社区管理是一种需要智慧创造的具体实践。

当时业委会还未出现"自治"这个概念，仅仅是临时成立一个服务中心来维持没有物业这段时间的秩序。业主还是想请物业，业委会也遵照业主想法去寻找新的物业公司，然而新物业公司以小区设施破旧为由要求物业费涨价25%，该提议遭到业主的强烈反对。此时，业委会就萌生了自治的初步设想，并准备付诸实践。这时，福田物业再度从中作梗，在业主中散布谣言，称业委会为谋私利而实行自治。

"我是做生意的人，他们（福田物业）有的人就说，老万跟老张（当时另一位业委会核心成员）就是为了自己搞这个业委会，把福田物业赶下台。"为了取得多数业主的信任与支持，业委会承诺试行为期3个月的自治。据万主任回忆，福田物业放话："老万你搞好了，就跟你姓，你搞不好，就爬出来。"怄气好胜的万主任全身心投入小区自治工作，把自己的生意都耽误了。提出自治时大家半信半疑，通过3个月试验，七成业主同意自治，物业费也交齐了。临时服务中心由此转变成为业主自治服务管理中心。从前一盘散沙、"自扫门前雪"的小区，在这种自治模式下，拧成一股绳。"路遥知马力，日久见人心"，质疑的声音在万主任等业委会成员夜以继日投身小区建设时日渐消弭，万主任他们用行动打消了业主的误解，赢得了大家的信任。这也为小区全面自治的提议减少了阻力。

"当时这个要有法律依据，当时组织业主投票，这种自治的投票超过了70%就相当高了。原来说用这种小区自治的模式，大家都不肯。通过我们3个月的努力，通过我们踏踏实实地去做一些事情，业主理解了，也有了变化。投票的时候，70%同意自治，接下来物业费交齐，交齐以后钱就来了。"业主自治服务管理中心，具备物业公司的人员架构，有主管，有保洁部门、保安部门、水电工程部、财务、客服，成了小区的准物业机构，并制定了相应的管理制度。自管中心相当于接受业委会的管辖和监督，业委会主管财权和人事权，其中具体的事务是由自管中心去做，自管中心在日常的工作当中发现需要整改的问题向业委会反映即可。第二届业委会在自管中心的配合下，在环境治理和安全保障方面取得了显著成效，并解决了小区尤为突出的偷盗问题，实现了偷盗零发案。

（二）凡尔赛宫小区成立业委会实行市场委托服务模式

凡尔赛宫小区位于江西省南昌高新开发区紫阳大道001号，建成于2014年，面积456600平方米，分公寓、高层及别墅部分，2栋公寓，8栋高层，别墅区86栋，小区规模2143户，目前已经入住1084户，然而在三年前，仅仅只有30%—40%的入住业主。凡尔赛宫小区最初凭着靠近当地学府和毗邻瑶湖的地理优势，风靡一时。当时的小区业主大多分为当地村民、各地的慕名而来者、包括附近高校教师在内的知识群体等三大类。

"第一拨业主就是这里原生地的村民，因为当时这里是城乡结合，这算是近郊。第二拨业主就包括像我这样的，慕名而来，觉得这里环境好，人文气息好，带着一个美好的梦想来到这里。我们这些外来的人口，都是从余干、上饶、景德镇等外地县市过来的，觉得这是进出城的一个要塞的地方，同时周边有很好的人文环境。第三拨就是高校教师群体，因为它紧挨着我们的人文学府，很多老师为了更加便利的教学和生活需要，举家在这边置业。"①

第一，暴力冲突。业主百万巨资购房入住的喜悦很快被小区的恶劣条件冲淡。开发商原来是委托北京的一家知名物业公司管理，第一批业主的房产购买合同上面就是写的该物业，可是收房的时候就莫名其妙地变成了后来的和泰物业公司。物业公司被换的问题还没触及业主利益，而是物业的劣质服务引发了后来的暴力冲突。电梯问题频发；地下排污系统因长期未执行有效维保，积水成常态；小区门禁瘫痪，许多空置房入户线缆被洗劫一空；消防系统报警瘫痪，消防管网无水；小区还发生几起命案……

"2016年那时候小区安防非常薄弱，外来人口都可以进来，进来之后就随便找一高楼，想不开就往下跳，正好就掉在了某一个业主家的平台上。还有一次，一个业主坐着唯一能运行的电梯下楼，刚进去，电梯就剧降，然后被关在电梯一个多小时，当天送二附院抢救。自从2015年底他们（物业）擅自更换了维保单位后，高层的电梯4部坏了3部，还有一部险些要了业主的性命，这样的维保，这样的质量，如何让业主们住得安心？"②

小区环境恶劣，忍气吞声的业主开始采取行动——他们决定"武力"引进新物业。一开始就对开发商不满的业主在不得已的情况下，同意和开发商合作，偷偷引进新物业，这家物业早就在政府部门备案过了，手续正规合法且业主也同意。一边是翘首期盼的业主为引进新物业做足了准备，做好了各种应对预案和措施；另一边是和泰物业调集全市区300多人次的安保人员来小区集训，似乎已经做好打硬仗的准备。

"我们和物业约定进场的日期到了，那天小区300名业主举着小红花、拉着横幅欢迎新物业进场，可是那天新物业根本就没有出现。那个物业的项目经理打电话给我说：'不好意思，我们来不了了，我们就在你

---

① 引自与凡尔赛宫小区第一届业委会廖主任访谈，以下访谈内容未标注即同出于此。
② 引自与凡尔赛宫小区第一届业委会廖主任访谈，以下访谈内容未标注即同出于此。

们不远处大概200米的停车场。'他说,政府已经通知他们了,说谁要动一下啊,今年就彻底把他公司给拿下。"就这样,这次暴力冲突被政府压制,打击了广大业主维权的信心,又助长了和泰物业"强管"小区的气焰。

第二,上访维权。这一次大规模的暴力冲突虽然悄无声息被扼杀,但是业主中的高校教师群体开始反思维权的行动策略。这些小区中的知识群体,是希望通过上访来维权的理想主义者,他们希望通过合法、理性的方式来维权。廖主任回忆说:"我们当时就准备去政府告状,认为政府权力大。只要政府是英明的,会帮我们把物业公司赶走的,就没有把主要的精力和信念放在业委会上。"

他们付出个人时间多次上访,面对政府官员,晓之以理,动之以情,甚至不能带有情绪去和对方博弈与之较量。因为政府是不提倡老百姓上访的,所以在一段时间内,业主一度和政府的关系非常紧张。但是作为理想主义者,当他们认为上访这一路径可以解决问题时,他们就时常光顾信访办。

"我曾经在三年前,每天不是在上课的路上,就是在上访的路上……当时一见面的时候,我们以为只要我们有这个火灾和死人的证据,小区脏乱差的照片,加上几个声泪俱下的业主们,官员一心软就帮我们搞定这个事情了。但当时他就给了四个字,我以前不理解,现在觉得很管用:依法依规。"

第三,成立业委会依法维权。多次上访都没有得到相关部门的帮助,多次失败后,得到的回复是:只能"依法依规"成立"业委会"。尽管不知道成立业委会之后会如何,但得到政府明确的答复后,理想主义者选择投入依法维权的行动。成立业委会首先需要成立筹备组,但筹备过程中,许多依然相信暴力斗争的业主纷纷表示质疑,并不同意成立业委会。十位业主签字即可成立筹备组,理想主义者聚在一起成立筹备组后,晓之以理,动之以情,纷纷劝服身边业主加入成立业委会的行动中,通过网络与现场投票的方式选出了业委会的委员。

"三年前,2018年2月的时候,业委会在全体业主的投票下正式成立。在这个过程当中,政府的指引确实发挥了很重要的作用。我想的就是既然要遵循政府指引的这条路线,就一定要想办法得到政府的支持和正确的指引。所以我们多次去走访或拜访请教南昌市房管局指导法规的专家,他说你们就走网上投票这种方式。所以我们按照他的指导采用了网上投票的方式——微信端投票从而成立了业委会。"

凡尔赛宫小区首届业委会在2017年成立。委员们来不及庆祝,开始选聘新的物业公司。这并不是一件易事,因为业委会在选聘新物业公司的同时,还要与原物业公司斗智斗勇,尽量避免干涉。一方面要考察物业公司;另一方面要请物业公司到小区进行考察,在此过程中,原物业公司因为不愿退出小区,采用了许多手段来阻止新物业的到来。"当时我们咨询有关部门后研究了选新物业的两个路径,一是公开招投标;二是内部选聘,就是向目标单位发出邀约,这两种方式都是比较被认可的,我们选了第二种路径。当时我们大概选定了六家企业,包括老物业在内。因为从策略上来讲,还是要给老物业一个机会,再不好也要给它入围的机会,否则我们说狗急都会跳墙。而且当时我们一是为了缓和关系;二也是为了更顺利地走完选聘的程序。"

物业选聘如约举行,业主们通过投票最终选定的公司为新力物业。为避免和泰物业再赖着不走,"强管"小区,业委会借助政府和媒体的力量,共同赶走原物业公司,迎接新力物业进场,进行市场委托物业公司管理服务小区模式。

(三) 从斗争到建设:业委会组织生命成长轨迹

莱茵半岛小区第一届业委会面临物业不作为、小区环境恶劣的情况,因人员构成原因而无能为力。小区部分反抗呼声极大的业主知道第一届业委会无法完成维权的使命,于是参加选举,成立新一届业委会,组织维权运动,赶走原物业,最终成立业主自管服务中心这一准物业机构。该小区最大的亮点是维权行动后没有物业公司进驻,小区决定实行自管,由此形成以业委会为服务主体的"居委会+业委会+准物业机构"治理模式。

凡尔赛宫小区从一开始面临环境极为糟糕的小区,没有业委会这一主体与之抗争,只有业主以个人名义做无谓的斗争。司空见惯的暴力斗争使物主矛盾愈发紧张,而业主中的知识分子也凭自己的努力维权,在"依法依规"的情况下成立第一届业委会,助推维权行动,赶走原物业。

最终形成以业委会委托物业公司为治理服务主体的"居委会＋业委会＋物业机构"的模式。两个小区同为上千户的大型小区，尽管两者第一届业委会成立原因不同，但其新一届业委会都诞生于维权运动。案例比较见表2。

表2　凡尔赛宫小区和莱茵半岛小区业委会维权和治理模式比较

小区	维权方式	治理模式	主要特征和应用创新
莱茵半岛	选举更换业委会、解聘前物业公司	居委会＋业委会＋准物业机构 治理服务主体是业委会	无物业公司入驻后小区实行业委会自管
凡尔赛宫	选举成立业委会、解聘前物业公司	居委会＋业委会＋物业公司 治理服务主体是业委会委托物业公司	从暴力斗争、上访抗争到成立业委会依法维权

第一，根据小区的主要矛盾冲突可以将业委会的组织成长划分为维权和自治两个阶段。"维权"和"自治"既密不可分又截然有别，从维权到自治是业委会组织发展成熟的一个重要表现，如果说前者主要任务和目标在于斗争"打倒敌人"，那么后者的任务和目标在于建设"过好日子"。在"维权"阶段，业主维权斗争的对象主要指向开发商和前期物业公司，但通常也会不可避免地牵涉基层政府。这些矛盾冲突基本上属于"外部矛盾"范畴，表现出较强的斗争性和对抗性。其中，业主与前期物业公司之间的矛盾是这一阶段的主要矛盾。在"自治"阶段，由于外部的结构性矛盾已基本解决，社区权利冲突主要表现为业主与业委会、业主与业主之间的矛盾纠纷。这些矛盾纠纷基本上属于"人民内部矛盾"范畴[1]。

实际上，维权事件在业主全部的居住生活中只占很小的一部分，具有明显的阶段性。将阶段性的"维权"行为从更常态化和更完整的居住

---

[1] 陈鹏：《国家—市场—社会三维视野下的业委会研究——以B市商品房社区为例》，《公共管理学报》2013年第3期。

生活中割裂出来，用维权事件中的产权意识和行动能力替代了业主更完整全面的居住行为和共同管理活动，存在夸大业主行动能力和行动意义的风险。更多的经验表明，居住区的共同管理活动的内涵要比维权更为丰富。从目的来看，业主维权的根本诉求是在小区内构建稳定平衡的秩序格局。

第二，解聘前期物业公司业委会从"维权"转向"自治"阶段的关键分水岭。在我国城市商品房住宅小区开发建设中，大多数小区都是建管合一，由开发商开发，由于业主暂未入住小区，管理需要，通常便由与开发商交好的物业公司管理小区，小区开发商和前期物业公司天然形成"父子关系"。业主维权的导火索也常常是与物业公司的纠纷和摩擦，成立业委会因此成为依法维权的关键性事件，通过法律手段和法定程序从前期物业夺取和确立社区主权。所以将"前期物业公司解聘"作为两个阶段的分界点，是因为它标志着以物业公司为中心的前期物业管理体制被瓦解，开始进入以业主为中心的物业管理体制，从而为业主进行彻底清产核资、掌握财务主权、从事自治制度设计提供了可能。

第三，从业主维权到参与小区治理是业委会组织成长的必然趋势。基于"维权"和"自治"两个阶段的划分，可将业委会进一步区分为两种基本类型："斗争型业委会"和"常规型业委会"。简单地讲，前者主要是指以维权斗争为基本导向的业委会，用业主自己的话来说，"革命斗争阶段就会流血"，因此这个阶段的业委会充满了戾气，可以将其比喻为一种"革命斗争者"；后者主要是指以日常建设为基本任务的业委会，用业主自己的话来说，"和平建设阶段主要是好好过日子"，因此这个阶段的业委会相对比较温顺克制，可以将其比喻为一种"执政建设者"。从这个角度来讲，"斗争型业委会"主要是指维权阶段的业委会，而"常规型业委会"主要是指进入自治阶段的业委会[①]。

对于小区维权和业主自治，地方政府既希望发挥业委会在社区治理中的作用，又对业委会保持谨慎态度，试图将业委会纳入行政管理框架中。面对这种行政吸纳，业主群体并不完全处于被动状态，很多时候会

[①] 陈鹏：《国家—市场—社会三维视野下的业委会研究——以 B 市商品房社区为例》，《公共管理学报》2013 年第 3 期。

主动寻求政府部门的帮助和支持，积极利用行政资源来拓展发展空间（张紧跟、庄文嘉，2008）。这种政府部门自上而下的"行政吸纳"和业主自下而上的"认同接纳"的双向互动导致了业主自治实践中的"体制化"现象（盛智明，2019）。

第四，业委会主导的小区物业管理模式主要有市场委托模式和自组织自管模式。物业管理模式是指业主对社区共有财产管理模式的选择和设置。委托模式和自管模式是商品房小区物业管理的两种主要模式。委托模式是指业主通过聘请物业公司进行物业服务和管理，即在本质上属于采用市场的方式来解决物业服务问题。自管模式是指业主自己成立物业企业或物业服务机构来进行服务管理，即在本质上属于采用自组织方式来解决物业服务问题（陈鹏，2016）。

四 组织蝶变：为民谋利还是与民争利

城市社区自治实践中，小区业委会的组织成长经历了从维权走向治理的转向，治理过程中扮演"当家人"角色。如何做好小区"当家人"既可以是与民谋利，也可以产生为己谋利和与民争利等发展难题。

（一）为民谋利

根据目前两个案例呈现，业委会处于成立初期或治理前期阶段，业主公心强，多为民谋利，与暴露于公众视野中的业委会谋私利行为截然不同。就莱茵半岛小区业委会而言，万主任为了做好小区治理工作，在任期间抛下自己的千万生意，每天投入十六七个小时在业委会工作上。在提出自治时，不少业主发出质疑的声音，万主任承担了作为业委会主任的使命，用行动为业主谋福利。

"人家提出这些质疑我们也要虚心接受。但是，我们用我们的行动来做出成绩让他们看到……不管谁做总要有人来做。通过社区，通过业主大会，或者通过业主代表大会，把业主提出来的质疑，给大家解释，拿证据给大家看。因为我是新一届业委会主任，我就先向大家承诺：先试行三个月自治，这三个月一样可以去找新物业，最后看看我们行不行。"①

(二) 与民争利

业委会工作无报酬，做业委会的业主都成了"活雷锋"。人们当然希望业委会成员一直具备奉献精神，但是现实总是"无利不起早"。业委会成为小区物业经营和公共营收分肉大战中的分食者，从为民谋利走到与民争利的事例不在少数。笔者团队参加江西省业委会年会的时候，万委员曾提到，"2020年7月6日，江西省资溪县检察院以涉嫌非国家工作人员受贿罪对资溪县外滩国际小区业主委员会副主任、犯罪嫌疑人邓四平批准逮捕。犯罪嫌疑人邓四平利用小区业主委员会副主任的身份收受贿赂，属于在资溪县辖区内首次受理的案件类型。目前该案件正在进一步侦查之中"②。

在笔者团队的调查过程中接触到的其他小区中，同样存在表面为小区发展实际为假公济私、中饱私囊的案例。恒茂华城小区广大沉默的多数业主与激进的少数谋利群体的零和博弈，导致小区业委会建设长期截然对立、停滞不前。其中的为己谋利群体十分强势，占据上风，他们主张西方"三权分立"，同时成立业委会、议事会、监督会，无非想借机"捞油水"。

一方面，业委会由全体业主共同选举产生，代表的是全体业主的利益，业委会理所当然为小区整体谋利。从理论和制度设置上，在业主自治阶段，业委会和物业公司之间就形成了比较微妙的关系。在有公心和有能力的业委会监督下，业委会和物业公司可以形成合法制约的互惠合作关系。另一方面，自治实践中业委会既没有受到有效的自下而上的业主监督，也没有自上而下的政府监管，唯有靠业委会成员的道德自律，这是不现实的。新的物业公司是业委会聘请的，在巨额的集体利益和资源面前，业委会和物业公司也会形成一套分利秩序③。肥水不流外人田，

---

① 引自与莱茵半岛小区第二届业委会万主任访谈。
② 引自中国物业管理协会法工委委员万吉生发言内容。
③ 李祖佩:《项目进村与乡村治理重构——一项基于村庄本位的考察》，《中国农村观察》2013年第4期。

业委会也可能成了小区物业经营和公共营收分肉大战中的分食者。

(三) 发展难题

从维权到治理是业委会的必经之路，业委会在治理过程面临各种难题，不得不思考"当家人"角色如何治理小区。

一是居民集体行动参与的"搭便车"困境。凡尔赛宫小区面临的难题是多数公共治理正在面临的——"搭便车"现象与多数人的漠视。在业委会组织的物业续聘投票中，业委会发动楼栋长及志愿者的力量，并且投票时间从8天延长至18天，但在投票第12天数量依然未能按时达到要求的一半。最后，业委会在投票最后一日请来投票系统工程师，通过电话授权投票的方法，才使得投票工作没有白费，最终物业续聘成功。但这样一次艰难的投票无疑挫伤了辛苦耕耘业委会的委员们的积极性。

二是有关业委会参与小区治理的制度有待完善。根据莱茵半岛小区的调查可知，其"居委会+业委会+准物业机构"创新模式是一次先进的试验，但自管中心这一准物业机构在业委会的治理下诞生，受到业委会的监管，这种依靠业委会成员的道德的试验能走多远，难下定论。此时，自治机构的制度配套和法规的完善是目前小区治理要解决的最大发展难题。

三是业委会生于维权、长于治理、困于谋利。业委会作为业主中选出的代表，当然代表广大业主的利益，是为业主谋福利，为小区谋发展的"当家人"角色。然而，在实际治理过程中，业委会成员不可避免地与物业、政府及相关社会组织打交道，且没有受到来自业主和政府的有效的监督监管，接触到小区的公共利益的巨额利润和资源，只靠业委会成员的道德自律维持小区治理，难以长久。

业委会"当家人"的身份使其尽心尽力管理小区，促使小区良好运作，但是没有报酬的业委会成员周旋在业主、居委会、物业服务人等各方之间，这又决定其在中谋私利、捞好处的可能性。前者为民谋利，后者为己谋利，"当家人"如何保持道德自律，是业委会治理小区过程面临的选择与挑战。从维权到治理是业委会的必经之路，从为民谋利到为己争利难道也是必经之路？（见表3）

表3　　　　　业委会作为小区"当家人"的治理难题案例比较

	发展难题	治理角色
莱茵半岛	自治机构的制度配套和法规有待完善	为民谋利还是与民争利
凡尔赛宫	居民集体行动参与的"搭便车"	

五　结论与讨论：业委会如何做好小区当家人

通过比较个案研究，本文认为快速城市化及城市社区自治实践中，小区业委会的角色经历了从维权到治理的转向，既可以是与民谋利，也可以产生与民争利的问题。如何做好小区"当家人"？运用参与式观察与深度访谈方法，得出以下结论与启示：业委会作为小区当家人通常是维权—治理—谋利三种身份的混合体，它们之间在特定条件和机会机构下可以发生互相转化。

（1）作为维权者，成立或更换一个称职的业委会有助于保护业主权益。成立合规合法的业委会，是开展维权运动的首要前提。业委会成立的筹备与审批工作少不了政府相关主管部门的参与，而且在其中发挥关键作用。面对庞大的利益集团，业主要团结可以团结的力量，要与政府为友，促使政府在业委会选举的宣传、业主代表名额的分配与确定、业委会成员的资格和条件等方面发挥权威作用，真正帮助小区组建一支高素质、有权威、有信誉、能正确发挥作用的业委会队伍。业委会既可以是业主群体维权行动的载体，也是小区治理和公共事务经营的基本组织。

（2）业委会参与小区治理，是城市社区自治的"三驾马车"之一。业委会以治理者的身份存在，在参与基层治理实践中业委会也面临许多发展瓶颈，如居民公共行动参与的"搭便车"困境、相关法律法规实践难等。业委会应密切与政府的联系，促进良性关系建立，助力小区治理。另外，业委会作为全体业主的代表，应及时将业主对物业服务的反馈告知物业公司，并使业主知晓物业的阶段工作动态。在工作上与物业公司保持友好与监督关系，从而实现双方合作的长效运行，实现小区治理良性发展。

治理者团队可以采用成员分工制。业委会内部需要明确职责，各司其职，尽量做到分权制衡，相互配合与协调，及时处理内部成员之间的利益冲突。同时信任合作与制约监督并行，协同模式才能有效长期地运行。

（3）因利而生的业委会作为谋利者，需要制度引导和规则约束。业委会要长期发展，维持"当家人"的本色，需要一种制约模式，从而防止业委会站到全体业主的对立面。业委会对于自己亲自选出的"管家"需要给予信任，维持较为友好的关系，才有利于双方的共同利益。在保持友好关系的同时，业委会也需明确自己的立场仍是小区的"当家人"，必须出于业主利益考虑对于物业管理公司进行有效的监督和督促。

监管谋利者，还需要制定完备的业委会章程。业委会章程，是业主委员会经特定的程序制定的关于组织规程和办事规则的法规文书，是一种根本性的规章制度。业委会的工作必须依法依规。虽然国家《物业管理条例》已对业委会的权力有所限制，但是一些条款的实操性并不大，主要问题是在目前成规模的社区中召开业主大会非常困难。因此，除已有条例外，每个小区还应根据本小区实际情况另外制定业委会章程、议事章程等补充规定，且制定时间最好在业委会成立前或业委会建设初期。

"每一个小区都是一个家园，业委会就是这个家园的大家长。"本文的学术创新是将业委会作为小区"当家人"角色的理论建构和应用。"当家人"生于维权、长于治理、困于谋利。

（4）当前城市小区业委会正在发生角色转向：从维权到治理。社区基层民主是中国政治民主的基础，有序发展业委会参与社区治理，不仅可以渐进性推进城市社会治理重心下沉基层小区；同时也有助于完善共建共治共享的社会治理制度、实现政府治理同社会调节、居民自治的良性互动，建设"人人有责、人人尽责、人人享有"的基层社会治理共同体。

社区情感治理:理念、价值和路径

——以南昌西湖区为例

马园园 冯小林[*]

[摘 要] 情感治理是现代社区治理中重要而不可忽视的方面。情感治理的好坏直接关系到社区现代治理能力的强弱,也直接影响"共建共治共享"社区治理模式的形成。2019年,南昌市西湖区人民政府宣布在该区启动全国社区治理与服务创新试验区,这不仅需要在治理路径上要充分发挥基层党建的作用和运用现代治理技术,还要加强治理方式的创新和拓展治理内容。通过实践发现,情感维度是现代社区治理中一个不可忽视的方面,也是一个值得挖掘的领域。通过情感动员,打造社区情感共同体,并促进社区治理的现代化,对实现共治共建共享的社区治理模式具有重要的理论和现实价值。

[关键词] 西湖区;社区治理;情感治理;情感共同体

2019年以来,南昌市西湖区在省市党委、政府的坚强领导下,强力推进老旧小区改造工作。提升南昌市西湖区社区治理能力是顺利实现西湖区改造的关键。在社区治理的过程中,一系列制度的建设是必不可少的,但若仅停留在相关治理制度的建设和完善上,似乎社区治理并无很大的创新意义和价值,也不会带来明显的治理成效。若在此基础上,通

---

[*] 作者简介:马园园,河南省项城市正泰博文高级中学教师;冯小林,江西师范大学政法学院副教授、硕士生导师。

过挖掘西湖社区治理内核中的情感维度来服务社区治理,可为社区治理创新提供更多的出路。要想更好地利用情感治理来服务社区,就需要结合中国传统文化以及社区居民的价值观、社区居民的生活习惯等,去探求西湖社区治理的走向及其实现的愿景,从而更清晰地把握西湖社区治理的现状。

一 问题的提出

20世纪以来,改革开放使中国社会发生了剧烈的变迁,社区最早作为学术热潮不断被学者发现。其次,随着城乡社会结构的不断改变,社区治理作为学术研究,从概念层向理论层发展。社会结构的变化和社区治理实践的深入,使社区治理的研究不断丰富,成果也越来越多。

社区情感作为一种主观的社会现象,在国外很早就被很多社会学者关注并进行研究。早期的社会学家罗伯特·麦基弗提到,社区就是一种精神结合体[1]。麦克·米兰和查韦斯从社会学视角与社会心理学视角研究社区情感和群体凝聚力的问题,提出"社区情感是成员的一种归属感"[2]。在社区中利用情感治理,让社区居民产生情感共鸣,可以加深社区居民对社区的依赖感和归属感,更利于社区治理能力的提高。从亚里士多德《伦理学》中的"幸福、德性、友爱"到亚当·斯密的《道德情操论》所涉及的"同情、美德、激情",有关情感的研究不断深化,现在已经扩展到治理领域[3]。他们从不同的角度阐述了社区情感的内涵,极大地诠释了情感是社区治理不可忽视的重要组成部分。

国内,关于社区情感治理的相关研究还是较少的,最早可以追溯到20世纪二三十年代,著名的社会学家费孝通所写《乡土中国》一书影响十分深远。费孝通先生在讨论中西社会差异时曾指出:"在西洋社会里争的是权利,而在我们却是攀关系、讲交情。"[4] 他进而论述道:"亲密社群

---

[1] 杨旭:《善治理论视角下社区情感治理研究》,《理论》2018年第10期。

[2] 杨旭:《善治理论视角下社区情感治理研究》,《理论》2018年第10期。

[3] 朱志伟、孙菲:《空间、结构与网络:社区情感治理的三重论域与实践路径》,《社会科学文摘》2020年第7期。

[4] 费孝通:《乡土中国》,北京大学出版社1998年版,第27页。

的团结性就依赖于各分子间都相互的拖欠着未了的人情……亲密社群中既无法不互欠人情,也最怕'算账'。'算账''清账'等于绝交之谓,因为如果相互不欠人情,也就无须往来了。"① 这也体现了人情在中国交往中的重要作用,它是维持双方交往的桥梁与润滑剂,中国是一个有"人情味"的国家,一个讲究人情世故的国家。项飙在论文《普通人的国家理论》中指出,中国的老百姓将国家视为情感与道德维系的对象,而非西方意义上立足于契约的国家想象②。近期,文军提出,在社区治理内涵中情感是不可忽视的维度,社区治理的困境在于过于依仗制度而非人本身。他认为"社区治理的核心目标是促进关系协调和积极社群的达成"③。人情世故在中国显得尤为重要,中国的很多治理包括"对口支援""送温暖"等,都强调政府与群众、地区与地区之间的联系,也是一种情感的联结,它不仅仅是一种理性的法律与制度,它包含了党与政府对群众,一方对另一方的关怀与爱。这也是老百姓愿意看到的情景,并且很好地体现了儒家的仁爱思想。

二 作为治理对象和治理策略的社区情感治理——西湖区的实践

关于情感治理的话语源远流长,在论证科层制的技术优越性时,韦伯指出,发展成熟的科层制是在"无恨亦无爱"的原则下运作,科层制发展越完美,越是"非人性化",各级官员越要从职务处理中排除爱、憎等一切纯个人的情感因素。科层制擅长处理的是"可计算性"的事务,一旦涉及人根据具体的问题所提出的实质性"公道"的时候,难免会与科层制中的形式主义、教条主义以及冷酷的"就事论事"原则发生冲突④。工具的理性有时会限制事物的发展,对人来说是一种阻碍,进而形成一定的教条主义、形式主义,使一些事情往不好的方向发展。工具的

---

① 费孝通:《乡土中国》,北京大学出版社 1998 版,第 73 页。
② 项飙:《普通人的国家理论》,《开放时代》2010 年第 10 期。
③ 张云帆:《情感治理文献综述》,《国际公关》2019 年第 3 期。
④ 田先红、张庆贺:《城市社区中的情感治理:基础、机制及限度》,《探索》2019 年第 6 期。

理性也受限于其他因素的控制，例如传统的技术、制度等。这时就需要情感因素加以调和，弥补工具理性的不足。关于社区情感治理目前主要存在于两个维度，一是社区情感治理作为治理对象之一具有一定的内敛性；二是作为一种工具可操作性更强。在西湖区社区建设治理过程中，社区中的个人、群体，他们都是实实在在的个性化、差异化存在的，每个人的感情和感受都是不同的，这就需要敏锐地发现他们特别的情感需求，及时以情化情地加以解决，这也是社区情感治理应该达到的目的之一。

首先，社区情感治理本身是作为治理对象之一的。要想使情感治理作为治理对象，社区服务人员对西湖居民的关心和尊重是基础，这样可以直击居民内心，关注社区居民情绪动向，达到"润物细无声"的作用。西湖社区在情感治理中应遵循从"回避"到"疏解"。在社区中生活的人并不像亚当·斯密所说的"经济人"，他们是有情感的，是天生具有情感的实体，受很多因素的影响。如果仅依靠正式的制度来处理西湖的拆迁问题，一定会遇到相应的困难。如果完全按照正式的程序和规则进行工作，居民通常不会全部认可，甚至会产生抵制行为。这时，西湖社区的工作人员还需要使用各种情感治理方法来解决问题。西湖区132个社区、13个村面对改造计划，出现的问题与矛盾不应持有回避的态度，而应持以积极的态度加以引导与疏解。因此，西湖社区不但要在制度与管理方面进行创新，还要对西湖社区居民的情感进行安抚及慰藉，让其更好地推进西湖社区改造计划，这也是社区治理中不可或缺的部分。西湖社区建设时期难免会出现不可回避的消极部分和舆论的消极动向。西湖社区治理中尤其要关注那些因不愿改造产生的负向情绪，社区治理要把这些群体作为社区关怀重点，避免社区成员因恋旧而产生绝望感、不满感。面对这些消极情绪，社区治理应采取情绪疏通的办法，及时疏解、指导，而不应采用回避的态度对待，这样只会让不满情绪越来越多，不利于西湖社区的有效治理。西湖社区治理在关注显性情绪的同时，更要关注情绪气氛，也就是要努力消解焦虑、怨恨、浮躁、郁闷和冷漠等消极的社会情绪氛围，营造积极的社会情绪氛围。提高社区居民的决策权和话语权，增强各社区、群体的归属感和凝聚力，逐渐形成较为稳定的积极社区情感。

其次，社区情感治理可以作为一种工具策略。情感治理作为一种工具策略，具有很强的战略性和目的性，它所针对的人群和场合也具有特殊性。南昌市旧城改造工作总任务 650 万平方米，西湖 319.2 万平方米，西湖占全市 49.1%，这次西湖区改造难度及工作量非常大，需要完成上级交代的社区治理任务，自上而下地进行。在治理中社区服务人员面对棘手事情，需要利用人际关系与面子加以调节，进而杜绝隐患、化解纠纷、拆除违章建筑等。如果仅仅依靠西湖社区硬性的工作制度治理，很难积极调动西湖社区各方面的力量，软硬兼施可使事情事半功倍。此外，情感治理也是对社区秩序、社区主体的再调整。西湖社区治理应从"单向治理"转向"多元治理"，最终的目的就是打造一个"有温度"的西湖社区。其一，在西湖社区的治理内容上，既要解决西湖社区居民所关心的具体内容，又要注重治理过程中的人文关怀，运用情感治理策略，提高西湖社区居民之间的情感黏性，使得社区正向情感最大化，发挥社区情感的团结功能，实现以社区情感为基础的社会凝聚。把社区情感作为"黏合剂"，联系西湖社区群众，增强西湖社区治理的硬实力和软效果，实现从单向治理到物质和精神的双向治理。其二，在治理主体和客体上，西湖社区治理主体，应从广泛的领导干部向西湖社区受众发展，让西湖社区居民实现主客体兼具的身份。例如，在新冠肺炎的预防和控制中，某一个社区成立了社区所有者的微信小组，而微信小组是一个小的在线治理场所。当社区居民出现不满或疑问时，在信息透明、公正和合法的情况下，除了群体中的社区负责人、管理人员之外，其他情绪稳定的社区所有者也可以成为治理的主体，身份的统一容易引起情感共鸣，达到治理的目的。这是情感治理作为治理策略之一。

最后，在西湖社区治理中情感治理无论作为治理对象，还是治理策略，不应忘记人的情感所起的正面及负面作用，用理性指引社区的情感，实现西湖社区的多元治理，增强西湖社区治理效能。

三　社区情感治理在治理中的价值

（一）它是推进社会主义和谐社区进程的重要手段

面对现在社会的高度理性化、制度化，韦伯曾表现出对"理性的牢笼"的担忧①。"理性的牢笼"间接地体现了制度与理性层"人情味"的缺乏，制度的理性化缺少情感治理的"人情味"，这也很难让人与人之间有亲密感，人与人之间缺乏感情使得社会难以和谐。将合理的西湖社区制度建设与人们丰富的情感相结合，更好地推进西湖社区建设，是推进社会主义和谐社区进程的重要措施。在社区治理中，情感治理是一种"润物无声"的日常治理，不仅可以促进社区秩序的稳定，而且可以为社区干部积累情感资源，促进社区的和谐发展。情感治理是一种间接治理。在治理过程中可以积累情感资源，增加社区工作者的关系资本，为西湖社区未来的管理奠定了情感基础。社区的和谐有序发展也会带动社会的和谐稳定。情感治理可以让西湖社区居民联系更加牢固可靠，使社会主义西湖社区建设更加和谐进行。

（二）它是推进社区治理创新的重要体现

只有以人为本，才能增加西湖社区的韧性，才能提升西湖社区的复原力和未来可持续发展的能力。带入了情感想象和情感技巧的治理实践，才能真正诠释和体现出"以人为中心"的社区治理这一要义②。要把情感治理运用到西湖社区建设，从而推动社区治理的创新。情感治理打破了原来固有的理性化制度的束缚，结合非正式与正式制度治理西湖社区，这样可以大大提高西湖社区居民的满意度和幸福感，这符合我国社会主义"以人为本"的治理理念。以往的社区治理只强调制度及其他硬性措施重要性，并没有把情感因素考虑在内，把人看成了绝对理性的个体，并没有充分考虑人作为个体的感受。如今把情感合理地应用于西湖社区治理中，创新性地改进了以往治理的不足之处，这也是推进社区治理创新中的重要体现。

（三）它是促进党的领导与基层城市的情感治理共融，加强"精神党建"

中国特色社会主义制度的最大优势就是中国共产党的领导。对于基

---

① 田先红、张庆贺:《城市社区中的情感治理：基础、机制及限度》，《探索》2019 年第 6 期。

② 何雪松:《城市文脉、市场化遭遇与情感治理》，《探索与争鸣》2017 年第 9 期。

层社会治理来说，基层社区党组织就是党在基层的小型组织单元，具有很强的引领作用。截至目前，西湖社区共建立街道（镇）综合党委 12 个、社区"大党委"124 个，参与的各领域党组织多达 339 个。西湖社区应该积极发挥这些基层在西湖社区党建中的作用，打造成"融入式"社区党建，使其成为一个以情感为联系与支撑的共同体。而"嵌入式"的社区党建并不能真正融入社区居民中，也不能使情感之间的联系更加紧密，达不到情感共同体的目标。情感共同体的倡导者美国情感史学家芭芭拉·罗森宛恩认为："情感共同体的兴起并不仅仅是因为他们拥有政治权力，而是因为他们的情感风格在某些时候糅合于某种形式的权力和生活方式。"[1] 对于南昌西湖社区的领导者和服务人员来说，要想建立与西湖社区居民情感共同体，就需要把政治权利和"精神建党"融入日常生活中。西湖社区的基层党支部要加强组织精神的统领作用，加强基层党组织的精神感召力和情感感染力。要用更加清晰有趣的方式把党的各项方针政策精神传达给西湖社区居民，使居民真正领会和吸收并作用于日常的生活。

四 推进社区情感治理的路径思考

（一）以情感为纽带柔化社区刚性的权力结构，联结社区中的人际互动关系

了解西湖社区居民实际需求、真实困难及想法，例如，对西湖社区的深度走访、入屋调查、宣讲与座谈等方式；在西湖社区公共事务处理中避免因西湖社区居民的抵触情绪和不满因素而导致的问题和困难，使治理出现危机，积极调和二者的关系；通过体谅西湖居民的困境，转变居民对西湖社区的消极情绪，引导居民养成积极的情绪。

与情感相关联的人际互动，要求每一个需要帮助的个体去探究这些个体产生心理困扰的根本原因，分析其产生心理困扰的主要原因，从而用情感来缓解社区僵化的制度。社区领导人与社区居民之间的日常沟通，

---

[1] 张宁：《社会治理中的情感治理：理念、能力与路径——基于城市基层社会治理的视角》，《大连干部学刊》2020 年第 4 期。

可以激活居民的积极情绪,满足居民的期望和信任。基于志愿服务,专业社会工作者提供个性化服务,居民自治和其他治理方法,进行社区工作时要积极建立和居民之间的情感联系,使二者相互信任、宽容和开放。在此基础上,西湖社区将会形成良好的人际关系,氛围也会更加和谐与平和。对于一些突发事件的处理要更加方便与灵活,坚持理性对待,以此发挥西湖社区的共生与共享在日益复杂的社区发展中的效能。

(二) 以发挥社区精英作用和多元主体依法参与,创新社区治理模式

实现社区主体关系的再造是情感治理的最终指向,需要找到关键力量来促进个体、群体与组织结构不断优化与整合。在实践中培养社区参与的共同体意识与公共精神,就需要开始不断加强西湖社区精英对西湖社区公共事务的关注度,通过主动向西湖社区精英介绍近期社区活动、服务安排、发展需求等方式,将社区精英的情感需求与社区发展的情感塑造结合起来。社区精英相对比较熟悉西湖社区的各种事务,一般他们都是一些有头有脸的人,更容易获得信任,从而可以扩大西湖社区居民间的联系,并适时地成立西湖社区组织及团体,实现西湖社区的再组织。社区治理要以社区精英为行动代表,围绕着社区发展,积极创建西湖社区共治服务平台,加强各方之间的联系,实现西湖社区共治。

另外,西湖社区目前在编社区管理人员数是1036人,比起庞大的社区居民人数难免会有不足。社会的转型发展要求政府主体从一元主体到多元主体地位的转变,西湖社区也应该转变其主体地位,不但要发挥精英作用,还应让多元主体参与到西湖社区治理过程中来,发挥集体的庞大力量。让多元主体参与到西湖社区治理中需要坚持党委的领导,发挥主导作用,鼓励和支持西湖社区多元参与。党委要转变西湖社区一元主体的治理观念,发挥主导作用,树立有限、责任、法治、服务西湖社区的观念,逐步培育和完善西湖社区组织及相关制度,充分发挥多元主体专业化的积极作用;全面培养西湖社区居民自治、平等、责任、自律、廉洁、法治意识,组织西湖社区居民合理有序地参与社区治理,使传统的社区管理转向时代发展要求的社区治理,努力在社区工作人员主导与西湖社区居民自治良性互动上实现成效。

（三）以提升居民社区参与的主体性来增进社区认同和归属感

对西湖区社区公共价值与社区文化的培育，是增加社区服务人员与居民对社区认可不可或缺的环节。可以通过两方面唤起西湖社区居民的情感记忆与集体认知，从而提升西湖社区居民社区参与的主体性。首先就是我国的传统文化，它蕴含了一定的风俗习惯、道德传统等；其次也要立足于西湖社区共同体探寻属于西湖社区特有的文化，比如文化标识、人文事迹等。现代西湖社区文化需要与国家治理、城市精神、社会倡导、社区发展相结合，因时制宜地塑造西湖区域文化，提升西湖社区主体对国家与区域文化的认同感，实现文化传递的社区化，促进二者在政治网络与社会网络上的相互链接，使彼此互融。

同时，西湖社区居民在享受合法权益的时候也要考虑到他人的权益，不损害他人的合法权益；加强自身的管理，为西湖社区建设建言献策，承担一份责任；西湖社区居民在学会尊重他人的基础上也要学会自我尊重。西湖社区居民要在积极参与公共事务基础，基于情感反应，精神快乐和价值满足服务于西湖社区居民的个人和团体，努力恢复"居民"作为"人"的角色在社区治理中的作用，进一步促进社区的归属感和凝聚力。

总之，加强对情感的重视，本质上与中国共产党的历史使命和初心是并行不悖的，这是因为，中国共产党自成立以来，一直充分利用情感的模式，把它打造成感召普通群众参与革命行动的重要策略①。情感治理作为社区治理中一个非常重要因素，它不但是治理的对象，更是治理策略。情感治理需要我们在治理中投入更多的包容与爱，让其在西湖社区建设中与正式制度相互结合可以发挥积极的正面作用，使得社区更加凝聚和具有人情味。目前，情感治理在社区治理研究还是不够的，至今没有形成成熟的理论框架。这就需要我们进一步探索、思考。

---

① 王凡荣、仓基武：《情感治理：城市社会治理精细化的实践与创新》，《中共合肥市委党报》2018 年第 6 期。

城市社区分类治理的实践与创新

——以南昌市西湖区为例

朱士涛[*]

[摘 要] 推动城市社区分类治理，提升社区治理精细化，是社区治理的重要内容和发展方向。西湖区在社区治理的过程中结合社区自身结构要素，对社区进行细化分类，并制定针对性治理措施，实施共性差异化相结合治理方案，提高社区治理的精细化程度和精准化水平。经过两年的实践探索，西湖区社区在居民自治、社区服务质量、社区居民的归属感等方面取得显著成效。这些成绩的取得来自理念的创新、专业队伍建立等关键要素的聚合，也为其他地区城市社区分类治理提供了"西湖经验"。

[关键词] 城市社区；社区治理；分类治理

一 问题的引出与文献回顾

社区是社会的细胞，是基层社会重要组成部分，社区治理的好坏关系社会和谐稳定和国家长治久安，所谓"社区治，天下安"。根据国家统计局统计，2019年我国城镇化率为60.60%，比2012年提高8.03个百分点，预测到2025年，中国城镇化率将达到65.5%[①]。大量农村人口进入

---

[*] 作者简介：朱士涛，江西师范大学马克思主义学院2019级马克思主义理论专业博士研究生、江西科技师范大学马克思主义学院讲师。

[①] 《【中国稳健前行】全面建成小康社会经济基础扎实》，光明网，https://politics.gmw.cn/2020-08/22/content_ 34110372.htm/2020-11-9，2022年5月12日。

城市，进入不同类型社区，不仅城市社区人口基数增大，还意味着社区服务需求量的增大。社区如何治理，怎样治理，需要什么样的治理理念、思路、机制和工具等问题，都给政府部门带来巨大挑战。

改革开放 40 多年来，中国基层社会治理发生了翻天覆地的变化。城市社区作为中国基层社会的重要组成部门，作为城市空间治理的基本单元，其在治理模式、治理方法上，都随着社会发展和社区居民的需要不断变化、不断改进。我国城市社区治理思维和模式的变革路径，基本沿着"统治—管理—治理"的轨迹进行。党的十八大首次把"城乡社区治理"写入党的纲领性文件，标志着我国社区治理进入新的发展时期。2017 年《中共中央国务院关于加强和完善城乡社区治理的意见》指出："完成党领导下的政府治理和社会调节、居民自治良性互动，全面提升城乡社区治理法治化、科学化、精细化和组织化程度，推动城乡社区治理体系和治理能力的现代化。"① 党的十九届四中全会进一步强调："推动社会治理和服务重心向基层下移，把更多资源下沉到基层，更好提供精准化、精细化服务。"② 在党和国家的发展纲领和重要文件中，专门讨论研究基层治理要求、机制、方法，充分展示出以社区作为基层治理的重要价值。特别是当前城市社区类型从单一走向多元，社区治理从传统走向现代，社区服务从基本走向专业，高度分化的社区要求实施多元化社区治理，而社区分类治理可以成为一个有益的探索和选择③。在社区治理形式上进行创新，是提升国家基层社会治理体系和治理能力现代化的重要抓手和关键突破口。在新时期推进社区分类治理，提升社区治理精准化和精细化水平，作为国家重要宏观战略，必然成为未来社区治理实践探索的重要方向。

社区分类治理作为社区治理理论的重要组成部分，很多学者对这一问题也有讨论和探索。在为什么以社区为空间进行分类的问题上，有学者认为，社区的产权结构、产品特性和社群特性等都是影响社区治理政

---

① 《关于加强和完善城乡社区治理的意见》，《人民日报》2017 年 6 月 13 日第 1 版。
② 《中共中央关于坚持和完善中国特色社会主义制度　推进国家治理体系和治理能力现代化若干重大问题的决定》，《人民日报》2019 年 11 月 6 日第 1 版。
③ 李义波：《从城市到社区：改革开放以来城市治理的空间转换与治理创新》，《南京社会科学》2018 年第 10 期。

策选择的重要变量①，所以把社区作为一个治理空间符合社区差异化的现实要求。从滕尼斯到韦伯等著名学者，对于社区分类研究给予了高度的关注，社区与社会被划立为两类有显著差异的研究对象，而组织形态和人际关系是衡量和界定的标准②。当前，对于社区划分的具体类型，主要有以下几种划分类别：关于社区分类型的具体分类上，根据城市化发展过程，把社区分为城市社区与农村社区，可以将农村社区和城市社区再次细分为城中村社区、商品房社区、老旧社区、产业型社区和外国人集中社区③；根据地理区位差异，将特大城市社区划分为单位社区、旧城社区、城中村社区和城乡接合部社区等类型④；根据社会空间特征，将特大城市社区划分为均质型社区、异质型社区、并制型社区与转制型社区⑤；根据历史发展脉络，将城市社区划分为传统街坊式社区、单一单位式社区、综合混合式社区、过渡演替式社区和现代商品房社区等类型⑥；根据"社会交往度"和"资源活跃度"，城市社区分为低社会交往度—低资源活跃度的社区、高社会交往度—低资源活跃度的社区、低社会交往度—高治理资源度的社区、高社会交往度—高资源活跃度的社区⑦。通过对社区分类问题的政体分析得出，学界对于社区分类的标准尽管有讨论，但仍然没有形成一个统一的分类标准，分类治理的理论研究仍处在初始阶段，社区分类治理的价值意蕴讨论得不深，一些地方对分类治理进行了具体实践，但在理论界没有引起广泛共识，缺少对地方实践进行一个系统深入的理论总结。社区分类治理是社区治理理论在新时期发展的一个新阶段，医生不能拿一副药方治各种类型的病，社区治理过程也需要根

---

① 陈建国：《城市社区分类治理的逻辑框架和政策选择》，《中国治理评论》2013 年第 2 期。

② 袁方成：《国家治理与社会成长——中国城市社区治理 40 年》，上海交通大学出版社 2018 年版，第 23 页。

③ 李红娟、胡杰成：《中国社区分类治理问题研究》，《宏观经济研究》2019 年第 11 期。

④ 李东泉、蓝志勇：《中国城市化进程中社区发展的思考》，《公共管理学报》2012 年第 1 期。

⑤ 朱静辉：《城市空间的社区类型及其治理机制研究》，《长白学刊》2019 年第 1 期。

⑥ 原珂：《中国特大城市社区治理：基于北上广深津的调查》，社科文献出版社 2019 年版，第 65 页。

⑦ 冯猛：《特大城市社区分类治理：理论框架与实践应用》，《福建论坛》（人文社会科学版）2020 年第 11 期。

据不同社区类型进行分类治理，实现社区治理科学化、精细化、精准化，需要学界对不同区域的社区分类治理进行总结归纳，挖掘出既体现地方特色，又有社区治理共性的措施，以供其他地方学习借鉴。

二 西湖区社区分类治理的举措与成效

从单一制大单位制社区到多类型社区，是新时代城市社区发展的重要特征。面对城市化不断提升，满足基层治理要求和居民需要，社区分类治理成为重要发展方向，南昌市西湖区在这一领域进行了积极探索，并取得了一定成效。

（一）西湖区社区分类治理具体措施

2018年南昌市西湖区入选全国社区治理和服务创新实验区。西湖区政府以全国社区治理和服务创新实验区创建为契机，根据自身"一河两岸、一区两城"的实际，结合社区房屋性质、人口密度、环境设施及居民结构要素，把治理精细到小区，分别划分为单位型小区、老街坊小区、保障性小区、安置型小区、商品房小区五种类型。西湖区政府根据不同类型小区的优势、短板和特征，充分考虑不同类型社区居民特点及需求差异，制定针对性治理方案和措施，配套个性化治理方式和方法，尤其在社区治理资源配置、社区服务供给、社区居民自治等方面实施共性差异化相结合的治理方法，提高社区治理的精细化程度和精准化水平。针对不同社区类别属性，提供差异化治理举措。

在单位型小区、老街坊小区、保障性小区，以院落为单位，利用居民熟悉程度高的优势，鼓励发动在居民中有威望的老干部、老党员牵头，组织居民推选业委会或楼院管委会推进居民自治；探索实行准物业自治管理，社区成立物业管理委员会，提供保洁、安保等基本的物业服务；实施老旧小区环境提升项目等治理措施。在安置型小区和商品房社区建立社区、业委会、物业多方联动协调机制，协商物业重大问题；开展"智慧管家"服务等。

城市社区治理强调社区治理精细到小区，主张社区治理服务精准到群里，并非只有强调差异，不关注共性。西湖区在所有社区全面推行"双向服务、全域融合"的社区"大党委";所有社区逐步实现"1+5+X"社区邻里中心全覆盖;所有社区探索"全岗通"社区公共服务模式;开展"幸福微实事"活动,居民点单,政府埋单等措施。这些措施的制定与落实则是对共性问题的关注,使每位社区居民享受到公共服务,以提升生活质量。

(二) 南昌市西湖区社区分类治理初见成效

南昌市西湖区社区分类经过两年多的实践探索,笔者通过调研发现西湖区社区分类治理对社区基础设施、居民自治能力、社区居民满意度、社区治理资源整合等方面有了明显成效,对于社区分类治理进一步探索实践打下坚实基础。

1. 社区公共服务能力与服务质量明显提高

"城市社区是城市居民生活的特定场域和公共服务供给的基本单元,提升公共服务供给水平是创新城市社区治理、增强城市治理能力的重要目标和中心任务。"[1] 随着我国经济社会的迅速发展和人民生活水平的不断提高,人们对公共服务的需求不断增加,期望和要求也越来越高,呈现出差异化、个性化和多样化的特点。社区公共服务既是社区治理的重要组成部分,又是实现人们美好生活的基本需要。所以,党和国家特别重视社区公共服务的供给质量和供给能力。习近平总书记强调"要推动社会治理重心向基层下移,把更多资源、服务、管理放到社区"。在党的十九届四中全会在提出:"推动社会治理和服务重心向基层下移,把更多的资源下沉到基层。"[2] 这给社区服务供给注入了新动能,指引了新方向。

西湖区政府在进行社区治理与服务创新的过程中,尤其把社区服务作为社区治理的重中之重,改进治理方式,强化资源下沉,提升服务质量,打造了一批社区服务精品项目,提升了社区居民的满意度和幸福感。在社区分类治理背景下,社区公共服务在以下几个方面得到显著提升:一是在服务条件上不断完善。社区通过老旧社区改造、"幸福微实事"

---

[1] 徐增阳、张磊:《公共服务精准化:城市社区治理机制创新》,《华中师范大学学报》(人文社会科学版) 2019 年第 4 期。

[2] 李严昌:《主题·问题·破题:社区精准治理机制研究——基于重庆市 L 街道的案例分析》,《重庆理工大学学报》(社会科学版) 2018 年第 5 期。

"1+5+X"社区邻里中心等项目逐渐推进,社区公共基础设施和服务场所得到极大改善,特别是老旧社区面貌焕然一新。二是在服务内容上不断丰富。西湖区政府根据不同社区情况,引进各种社会组织参与到社区服务中来,从社区食堂到社区养老服务,以及有关公益组织和志愿者队伍融入社区服务,不断丰富社区服务内容。三是服务方式上逐渐多样。社区除了传统服务方式,还增加了线上服务,以及线上线下相结合的服务方式。如西湖区针对社区高龄独居老人等弱势群体下楼难等问题,逐步建立了"365快递式服务"体系,线上线下相结合,只要老人在家摁下服务键,就会有志愿者上门服务。

2. 社区居民自治能力得到提升

社区治理得好不好,关键依靠社区居民。如何激发出社区居民的治理能量,这是社区持续健康发展的根本。居民自治作为我国基层基本政治制度,是社区居民实现自我管理、自我监督、自我发展的重要形式。社区居民自治实施以来,一直困扰基层政府的是社区居民参与度不高,积极性、主动性不强的问题,大部分人一直扮演冷漠的第三者角色。马克思认为,"人们奋斗所争取的一切,都同他们的利益有关"①。城市社区居民自治参与性不高,其主要原因是没有把社区居民的切身需求融入社区居民自治全过程。同一社区居民的共同利益、基于住房的经济利益和由公共生活秩序产生的公共利益等,这些利益构成居民自治的动机,需要通过居民自治加以激活和实现②。

西湖区政府以人民利益为导向,以满足居民需求为目的,以居民最关心、最迫切需要解决的事务为出发点,进行分类施策,最先在老旧、多元社区实施"幸福微实事"项目。社区居民列出需求清单,决定权在居民,由居民协商定夺,政府负责埋单。不同社区所列清单不同,有的是化粪池问题,有的是增加停车位问题,有的是点亮楼道灯问题。任何一个问题都与居民的生活息息相关,与每个人的利益紧密相连,居民时刻关心自己的提案是否会通过。所以,他们愿意走出家门,建言献策,每一项清单从提出到成功落地,都极大提升了居民对社区居民自治的认

---

① 《马克思恩格斯全集》第2卷,人民出版社2014年版,第510页。
② 胡雅琼:《利益相关:城市居民自治的内在动力》,《江西社会科学》2016年第3期。

识，锻炼了社区居民的自治能力。

3. 社区居民对社区的认同感、归属感显著增强

滕尼斯所理解的社区理想是基于传统意义上人们守望相助的社会生活共同体，是"包含了舒适感、识别感、安全感、交流感、成就感等精神和生活的意义"①。这不仅是过去居民所追求，也是现代社区居民所向往的。因为城市化的原因，不同地域、不同文化、不同行业的人聚集在同一个社区，造成了现代社区居民的陌生感和疏离感，甚至是人们之间的彼此冷漠，阻碍了社区居民对社区的情感认同，降低了社会治理效率和增加了社区治理成本。所以，在探寻社区治理目的时，不论是政策制定者，还是社区治理参与者都要回归社区治理初心，即创新"社区治理和社区自治，都不是社区建设的目的和根本目标，而是把社区建设成为人民生活的共同体和具有归属感、认同感的社会单位"②。只有社区居民对社区认同感和归属感不断增长，才能提升社区居民的幸福感和满意度。

在调研中发现，西湖区在分类治理的过程中，特别重视社区社会资本积累，根据不同社区的实际情况，开展不同的文化活动，制订不同的服务供给方案。在安置型小区，开展"文化润家"活动，建村史馆；在商品房小区开展邻居入门互访活动；在资源比较充足的单位小区和商品房小区，鼓励社区创办报刊等文化产品，讲社区变化，说身边故事，传居民心声。询问居民对社区最满意的地方是什么，回答最多的是"邻里关系融洽，有一群好邻居"。所以，通过各种形式的制度机制和文化活动，不但增强了社区居民的荣誉感，还促进了社区居民彼此了解，增强了互信，建立了良好的邻居关系。一种密切、和睦、融洽邻里关系的建立，是解决社区居民矛盾与社区治理问题的重要基础，是社区社会资本的重要来源。

三　城市社区分类治理实践有效性的行动逻辑

西湖区在社区治理实践探索中，将"治理精细到小区，服务精准到群里"理念融入社区治理全过程，形成既有共性又有特色的社区分类治

---

① 丁元竹：《滕尼斯的梦想与现实》，《读书》2013 年第 2 期。
② 丁元竹、江汛清：《创新社区治理面临的问题及其对策》，《社会治理》2015 年第 1 期。

理的"西湖经验"。这为中西部地区乃至全国城市社区探索实施分类治理提供有益参考和借鉴。南昌市西湖区在社区分类治理的过程中，实现了对社区居民高效精准的供给服务，有效解决了社区存在的治理复杂问题，遵循了以下几点行动逻辑。

（一）创新社区治理理念

理念是行动的先导，不同社区治理理念探寻出不同的社区治理路径，塑造了形态各异的社区治理模式。不论是社区管理还是社区治理，都体现不同时代的价值理念。从当前社区发展来看，大致存在三种社区治理理念，即行政主导模式、社会参与模式、多元共治模式，这些理念都忽视或对居民主体性凸显不足，为了进一步激发居民主体性，需要以人民为中心的治理理念①。社区分类治理强调社区之间的差异性，突出社区居民主体性，以社区居民需要为出发点，社区治理措施从"一刀切""大漫灌"，朝差异化治理演变。

城市化不断推进，人民生活水平不断提升，民众需求多样化发展，这必然与政府原有的治理理念和治理能力产生冲突。政府部门是固守原有经验还是勇于创新，考验的是政府相关部门的智慧与魄力。西湖区的社区建设取得一些成效，其中关键是区政府相关职能部门的社区治理理念不断更新。西湖区在社区实践探索中，逐渐形成了不断学习理念、服务就是最好的社区治理理念、人民主体治理理念。社区治理需要依靠理念创新，在社区治理方式上不断探索，根据当地社区实际进行社区分类治理，使社区走向良性发展轨道。

（二）社会组织融入社区分类治理

在城市社区治理过程中，"面对民生需求日益多元化，但资源提供方式相对单一；社会矛盾日趋复杂多样化，但化解方式相对单一等矛盾冲突"②，政府已无法完成所有社会需求。经过二三十年的社区建设，社会组织成

---

① 许宝君、陈伟东：《社区治理理念创新及其技术实践》，《中州学刊》2017年第7期。
② 鸣范明等：《枢纽型社会组织与社区分层、分类治理研究——以上海市枢纽型会组织为例》，《社会建设》2015年第3期。

为社区治理的重要参与主体，社会组织融进社区治理成为走出社区发展困境的重要路径选择。社区组织的"大量涌现以及对社会治理的广泛参与，是政社关系不断调整的体现，也是社会力量不断彰显自身价值的结果"[1]，特别是社会快速发展多元化，社区居民需求多样化的背景下更需要各种社区组织的参与，让专业的队伍走进社区，让专业的技术服务居民。

西湖区在增加社区服务供给，反馈社区居民需求的过程中凸显出社会组织参与的重要性，坚持专业的事情交给专业的人来做。什么样的事情交给社区组织，社区需要哪些社会组织，如何培育社会组织，给社会组织发展营造一个良好发展空间，以及对参与社区治理的社会组织予以相应的监督。西湖区对于以上问题做了认真思考和部署，对于政府培育的社区服务项目尤其是在"引""培""管"上下功夫。一是引进社区居民紧需，具有相应服务资质的社会组织；二是打造宽松的社会组织发展空间，提供相应活动场地和发展平台，逐步建立社会组织发展的系列健康机制，从制度上为其保驾护航；三是坚守管理监督职责。一方面，对社会组织进行分类管理，使其与社区分离治理相适应；另一方面，对社区组织服务项目落实具体责任，建立责任追究机制。

（三）建立专业化的社区治理队伍

再宏伟的目标都是由不同个体来完成的。新时期面对愈加复杂的社区治理环境，实现社区善治更加需要一支专业性强、素质过硬的社区队伍。社区治理队伍视野决定了社区治理的发展方向，社区治理队伍水平的高低直接影响社区治理质量和治理目标的实现。社区分类治理是一项系统工程，需要统筹社区治理各要素，区分共性与差异，然后将资源与需求予以精准对接。

西湖区主要通过以下几个方面进行社区治理队伍建设：首先，严把入门关，优化社区治理人才结构，把具有相关专业、获得相关资质、热爱社区工作、具有一定年龄优势的人才引进到社区治理队伍中。其次，对现有工作人员进行专业化培训。在培训对象上，重点培训社区主要负

---

[1] 陈平：《"吸纳型治理"：社会组织融入城市社区治理的路径选择》，《理论导刊》2019年第2期。

责人；在培训时间上，缩短培训时间，提高培训周期；在培训内容上，增加服务意识、服务技能培训，提升服务质量。最后，建立专家聘任制度，西湖区与当地高校社区治理研究团队建立长期合作关系，对于社区治理工作中的重点和难点，聘请专家学者"把脉"，提出具体建议措施。

四 城市社区分类治理的提升与优化

站在社区治理能力和治理体系现代化的角度来看待社区分类治理，那么，其在具体实践过程中仍然有很大提升空间，尤其是社区分类标准制定、社区资源匹配与精准投送、信息技术应用等方面需要进一步梳理优化。

（一）进一步完善社区分类治理信息搜集和反馈机制

社区分类治理的关键是真实准确了解不同社区实际情况，切实反映居民生产生活需求。西湖区在社区分类治理中除了日常工作走访了解，还以"幸福微实事"为平台，改变以往自上而下的社区服务供给模式，形成自下而上的社区居民点菜模式，极大地推动了社区居民参与社会治理的积极性和主动性，提升了社区服务的精准度，顺应了社区服务精准化和精细化的发展要求。尽管分类治理在有些地方取得了一些实效，但仍是前期探索阶段，需要建立规范有效的社区信息搜集、整理、反馈治理机制，要把治理经验转化为治理体系，以提升治理效能。对此，需要关注以下几个方面：首先，不断完善社区基本信息，"以大大小小的网格为单元充分采集涵盖人、事、组织、房、地、物等要素的数字信息"[①]，为社区分类治理提供完善精准的基础信息数据。其次，要制定具体的社区居民、社区干部信息搜集机制，并予以归纳分类。最后，区级、街道相关部门要定期深入社区、走访居民，对社区搜集的信息和居民反映的问题予以核对复查，提高搜集信息准确率，并针对具体问题予以反馈。

（二）需要进一步提高分析整合社区资源，优化资源配置能力

社区分类治理的关键是社区资源分析，进而进行资源精准化配置。

---

① 王雪珍：《新时代社区精准治理的行动逻辑与路径选择》，《湖湘论坛》2019年第4期。

一方面，社区进行分类治理也包含着对社区治理的整合与挖掘。在社区中，存在着各种不同的资源，这些资源主要有物质资源、精神资源、人力资源以及综合资源等①。在进行社区资源分析过程中，对于社区物质资源与人力资源比较好总结分析，但是对于社区的精神资源的分析认识不明确，或容易被忽视。另一方面，除了社区内部资源，还要进一步挖掘社区外部资源，政府还要"组织、引导和推动企业、社会资本进入社区，进行社区资源整合"②，社区尤其要注重与驻区单位的连接，多交流、多走动、多了解，形成各种资源的共享。所以，社区资源的挖掘与积累，必然需要居民之间的联通，驻区单位与社区之间联动，形成社区居民与政府部门有效互动的样态。

（三）社区资源配置精细化不足，效率有待提升

西湖区社区的分类治理过程，仍然是从宏观上予以把握社区居民的基本服务需求或供给矛盾上进行的类别划分。这种资源配置方式还是低层次、单线条模式，对于整个社区资源的了解不深入，需要对社区人、财、物进一步细化归类。另外，治理与服务的供给边界和责任划分要明确。边界不清，责任不明，则效率难以提高，最后产生一笔糊涂账，影响治理绩效。当下社区居民需求多样，矛盾产生复杂多样，很多不是一方可以解决，多部门重合交叠之处数不胜数，既要整体统筹，又要细化责任，落实到底，形成合力，方能见成效。

（四）需要进一步提升科技保障支撑力度，提升社区治理效能

互联网、大数据、人工智能等现代技术的发展进步，极大改变了人们的生活方式、思维方式和交往行为，对社会治理方式产生巨大影响。新时代实现社区治理能力现代化，必然离不开现代信息技术的使用和角色发挥。党的十九大报告指出，要"推进国家治理体系和治理能力现代化，秉持共商共建共享的全球治理观，推动互联网、大数据、人工智能

---

① 邱柏生：《论社区资源类型及其整合方式》，《探索与争鸣》2006年第6期。
② 李红娟、胡杰成：《中国社区分类治理问题研究》，《宏观经济研究》2019年第11期。

和实体经济深度融合"①。习近平总书记指出："要运用大数据促进保障和改善民生,让百姓少跑腿、数据多跑路,不断提升公共服务均等化、普惠化、便捷化水平。"② 在众多社区分类治理中,"互联网+"、大数据等现代技术工具都在社区得到应用,但是应用没有普及化,发展不均衡,科学技术在数据搜集与政策制定的作用不足。在未来社区治理与服务中,在发挥现代信息技术工具方面,以下几点值得注意:一是社区工作者要充分认识现代信息技术在社区治理中的重要作用,充分利用好现代信息技术工具作用的发挥。二是要加大资金投入,加大社区信息基础设施建设,逐渐建立社区信息服务管理平台,为社区信息搜集、信息处理、信息反馈提供技术支持。三是形成更高层次数据平台的互联互通,实现数据共享,减少不同部门、不同年龄阶段数字鸿沟的扩大,让现代信息技术服务社区居民,提升社区分类治理的治理效能。

五 小结

"结合社区发展差异以及治理主体差异,推动分类治理将是未来社区治理的发展方向。"③ 中国很多地方在社区分类治理方面进行了一些有益探索,但在分类标准、资源协调配置、资源的挖掘、寻找社区治理真正痛点等问题仍然需要进一步梳理改进。在具体的改进措施上,不但治理理念要新,而且也需要新的体制机制保障,需要充分发挥现代信息技术的作用。当然,社区分类治理关注差异,寻找社区发展短板,梳理社区发展痛点,但非忽视共性问题,忽视统一性问题。社区分类治理措施的制定都是在整体发展、全局发展的前提下进行治理措施与需求供给的精准调整。所以,如何有效协同差异与共性问题,根据实事求是的原则,认清社区自身资源禀赋,制定符合本地发展需要的制度规范才是未来社区分类治理的重要议题。

---

① 《党的十九大报告辅导读本》,人民出版社2017年版,第30页。
② 张显龙:《运用大数据保障和改善民生》,《光明日报》2017年12月15日第10版。
③ 王欣亮、任弢:《我国社区治理问题研究回顾与展望》,《理论导刊》2017年第7期。

坚持按学术规律办事，把政治学省重点学科建设得更加精彩

——江西师范大学省重点学科政治学硕士学位授权点建设十周年暨学术研讨会综述

肖 春 朱士涛[*]

2022年12月17日，江西师范大学省重点学科政治学硕士学位授权点建设十周年暨学术研讨会，由江西师范大学马克思主义学院（全国重点马院）组织主办，采取线上会议形式，成功召开。会议为期一天，应邀参加此次研讨会的专家学者来自中国社会科学院政治学研究所、中共中央党校党史教研部、山东大学当代社会主义研究所、山东大学政治学与公共管理学院、华中科技大学马克思主义学院、华中师范大学政治与国际关系学院、南昌大学公共管理学院、南昌航空大学文法学院、中共江西省委党校、南昌师范学院、上海市社会科学界联合会、湖北省社会科学院、安徽省社会科学院、重庆市社会科学院、江西省社会科学院、武汉市社会科学院等院校和科研单位，《新华文摘》《政治学研究》《思想理论教育导刊》《社会主义研究》《当代世界社会主义问题》《江汉论坛》《改革》《重庆社会科学》《江淮论坛》《江西社会科学》《学习与实践》《求实》《湖北大学学报》《湖北社会科学》《南昌大学学报》《江西

---

[*] 作者简介：肖春，江西师范大学国际教育学院助教、江西师范大学历史文化与旅游学院2022级中国史专业博士研究生；朱士涛，江西师范大学马克思主义学院2019级马克思主义理论专业博士研究生、江西科技师范大学马克思主义学院讲师。

师范大学学报》等学术期刊负责人应邀参会指导交流。江西师范大学省重点建设学科政治学首席专家、省重点建设一级学科政治学硕士点首席教授、南昌师范学院校长张艳国教授做主题报告，江西师范大学党委委员、副校长周利生教授致欢迎词，中国社会科学院政治学研究所所长、《政治学研究》主编张树华研究员，华中师范大学政治与国际关系学院原院长、《社会主义研究》主编唐鸣教授致贺词。江西师范大学马克思主义学院、研究生院、社科处有关负责人参会指导。马克思主义学院政治学导师组全体教师、历史文化与旅游学院等学院数十名博士后、博士和硕士研究生参会聆听了学术报告。

江西师范大学政治学学科带头人张艳国以《不图建设首功，但求未来可期》为题，报告江西师范大学十多年来政治学学科建设和学位点建设工作，对未来发展进行展望。张艳国教授围绕江西师范大学政治学硕士点建设的发展历程、学科发展平台、学术前沿研究、人才队伍建设、研究生人才培养、社会服务进行总体介绍，全面回顾总结了十年来江西师范大学政治学硕士点作为省级重点建设学科的办学经验、专业特色、学科成就和社会影响。他指出，经过十年努力，我们建设了一个坚实的学科发展平台，产出了一批有代表性的高层次研究成果，形成了一支由学科带头人领衔、老中青相结合的人才队伍，培养了一批高质量有用人才，不断完善了研究生培养方案，发挥了服务社会的智囊作用。他认为，正是立足科学研究的前沿性和高端性，把握人才培养的规律性和有效性，凸显社会服务的针对性和应用性，才将江西师范大学政治学硕士点办成省内第一个引领型示范性重要学科平台，才实现了立足江西、辐射全国的开放式办学格局。在回顾十年发展历程的基础上，张艳国指出，一方面要看到学校政治学学科建设在科研创新能力、研究生培养和队伍建设上取得的成绩和进步，珍惜各方面为我们发展倾注的友谊和提供的帮助，攒足干劲谋发展，聚精会神搞建设；另一方面还要找准坐标系、找对参照系，对标对表新时代政治学学科建设的新任务、新目标和新要求，补短板，强弱项，不断与先进缩短差距，积极担负学科建设、育人育才的庄严任务，在学科建设、人才培养和社会服务上争创一流业绩。他指出，把握未来十年的发展机遇，我们只有注重学术研究的导向性、人才队伍建设的基础性、学术交流的深入性、学科建设情怀的饱满性以及遵循学科发展、学术创新、育人育才规律的自觉性，建设并维护良好学术生态，遵守学术规矩、规则和规范，才能开辟未来、大展宏图，书写学科建设、人才培养的新时代壮丽篇章。最后，张艳国希望，政治学学科团队进一步增强学术自觉、教育自觉，善于认识规律、能够把握规律、科学驾驭规律，把学科发展得更好，把教育锤炼得更精，把队伍磨炼得更优更强，取得更多好成绩大成果！张艳国的主题报告引起与会专家强烈共鸣，并得到积极回应和充分肯定。大家相信，江西师范大学政治学学科建设一定能够取得更大成绩，在马克思主义理论学科群中起到积极的支撑作用。

张树华研究员以《高质量成果 构建中国政治学知识体系》为题，发表主旨演讲。他向江西师范大学省重点学科政治学硕士学位授权点建设十周年表示热烈祝贺。他提出，政治学是顶天立地之学，是研究和传授治国安邦的学问，是经世致用之学，是当代中国哲学社会科学的重要组成部分，政治学应该有大发展。新时代的中国政治学人应自立自强，通过自身高质量发展，加快构建中国特色政治学知识体系和教学研究体系，切实增强在国际学术界的话语权和影响力。构建中国政治学知识体系，需要关注以下五点：一是时不我待，加快构建中国特色政治学。我们要紧跟时代步伐，紧扣时代脉搏，回应人民呼声和社会期待，努力推进政治学创新性发展。二是自立自强，加快构建中国特色政治学知识体系，实现对西式话语的突破与超越。三是总结提炼中华优秀传统文化精华、汲取古代治国安邦政治智慧。四是珍惜和开拓当代中国政治学知识宝库，凝练思想，升华理论，提升学术。五是以高质量研究成果构建中国特色、中国风格、中国气派的政治学。

唐鸣教授在致辞中，首先向江西师范大学省重点学科政治学硕士点建设十周年表示衷心祝贺。他根据当前我国政治学科建设存在的共性问题，结合华中师范大学政治学学科建设的经验，对江西师大政治学学科发展提出三点建议：一是形成特色。有特色才会形成优势，有特色才会保持优势。既要讲好"北京话"，还要讲好"江西话"。二是要凝练团队。学科建设不是一个人单打独斗。如果没有打造一支优良团队，则无法承担重大课题的研究，难以完成重大学科问题的突破。三是要持之以恒。目前，江西师范大学政治学科在江西范围内已是鹤立鸡群、一枝独秀，但不能满足于此，还要放眼全国，对标先进，赶超一流。他认为，只要学校学院高度重视，老师同学齐心努力，大家一道持之以恒、不懈奋斗，学科必将发展壮大，江西师范大学一定能为江西乃至中国的政治学学科建设做出更大贡献。

周利生教授在致辞中代表江西师范大学对会议的召开表示热烈祝贺，向长期以来关心支持学校各项事业，特别是政治学学科建设发展的各位专家表示衷心感谢，向学科带头人张艳国教授表达敬意。他简明扼要地肯定学校政治学学科取得的成绩：一是平台建设成效显著。江西师范大学建设了江西省高校人文社科重点研究基地、江西省红色资源开发与教育研究中心等省部级研究平台。二是人才引培效果突出。学校坚持以做好人才引培推动学科建设振兴为目标，打造人才集聚新高地，高端人才培育取得新成效。特别是政治学学科带头人张艳国教授先后入选国家"万人计划"全国哲学社会科学领军人才（国家高层次人才特殊支持计划）、中宣部文化名家暨"四个一批"人才，率先实现学校国家级人才突破。三是科学研究卓有成效。该学科围绕中国特色社会主义理论研究、红色文化创新研究、社会治理创新研究等，形成有一定特色的研究方向，取得一系列研究成果。最后，他强调，要认真总结政治学学科获批江西省重点学科十年来的建设成果和经验，以"双一流"建设为目标指引，进一步构建具有中国特色、中国风格、中国气派的政治学学科、学术和话语体系。

在研讨会上，与会专家学者围绕政治学学科建设、社会服务、学术前沿领域、学科团队建设、学术话语体系构建等问题，发表创见，热烈讨论。

一是关于学科建设。这是与会学者普遍关心的问题。在政治学科发展前景判断上，有两种不同的看法。一部分学者对政治学发展前景持乐观看法。张树华认为，政治学是当代中国哲学社会科学的重要组成部分，政治学应该有大发展。王建民强调，政治学研究大有前途。罗平汉认为，中共党史党建被调整为一级学科，这表明政治学学科在不断地发展和壮大。黄岭峻认为，只要研究具有现实性和针对性，则不必纠结学科归属和学科属性问题，相关学科发展事实上扩展了政治学的影响力。还有学者立足政治学学科发展历程，认为中共党史党建、马克思主义理论、思想政治教育等学科都从政治学学科分离出去，政治学学科事实上在不断缩小，学科属性逐渐淡化，发展遇到许多困难。唐鸣认为，政治学现在是一个较小或很小的学科。尹利民认为，政治学学科遇到了招生难、就业难、研究难的问题，尤其从事政治学研究的学者纷纷转到其他研究领域，从业者人数在减少。

在政治学学科建设路径上，与会学者主要从学科建设的政治导向、学科体系、实现路径等方面展开讨论。陈娟认为，在新时代新征程上，我们应当坚持为党育人、为国育才的学科建设导向，构筑学生、学术、学科三位一体的学科综合发展体系。曾成贵提出，要从建设人才高地、彰显学科特色、加强国际教育等三个方面，加强中国特色的政治学学科建设。崔桂田从整合中国政治制度和世界政治制度、政治学研究热点与国家发展需求、政治学研究与红色资源、政治学研究与时代课题之间关系的角度，对更好推进江西师范大学政治学学科发展提出意见建议。沈跃春认为，加强新时代政治学学科建设，既要坚持以马克思主义为指导，把握学科建设的政治方向，也要突出地方特色，凝练学科研究的学术导向，还要强化服务功能，加快构建中国特色政治学"三大体系"。刘云华认为，加强政治学发展必须凝练学科方向，突出自身特色；同时，还要兼顾基础理论研究和应用研究，善于加强横向联系，争取各方支持。

二是关于政治学人才培育。学生素质是政治学学科建设的重要衡量标准。郭康松采取定量分析法，通过知网数据库，搜集整理2017—2022年江西师范大学政治学硕士学位论文，重点分析这些论文的下载量、引用量等核心关键指标，指出江西师范大学政治学硕士论文重视应用研究、注重学科交叉，具有紧扣时代脉搏、关注现实问题、兼顾地域特色、放眼国际政治的显著特点。胡元梓认为，要从内因和外因相结合的角度加强政治学人才培养，一方面青年学者和研究生一定要热爱自己的专业，要扎根政治学专业，努力成长成才；另一方面学校要完善发展机制，尤其要善于通过激励机制去引导青年学者展开学术人生。俞晖指出，社会科学研究人才的培养，要更加注重理论与实践相结合的教育方法，要引导学生去观察社会、体验生活、深入实际，不能关上门待在书屋里坐而论道。李涛从定性分析的角度，指出当前研究生培养存在学位论文质量进步不明显、学位论文学术涵养缺失、指导教师对学位论文质量把关不严等问题，并针对存在的问题提出改进措施。

三是关于现实关怀和社会服务。与会学者从不同角度强调政治学必须关心现实，服务社会的重要性。王建民认为，改革开放深入发展的过程，也是社会科学家逐步参与经济社会变革、服务国家改革发展的过程，学术界参与程度是同国家建设发展进程相辅相成、互为映照的。胡宗山从政治学的国际视角出发，指出实现中国式现代化的过程中存在治理、发展和安全等方面的巨大挑战。王建国认为，国家发展需要学术界积极参与，学术界参与的规模、形式和程度，反映了国家发展路径的科学化和理性化。政治学、政治学研究、政治学家要积极参与国家治理、政治改革、政治民主等方面理论研究和现实进展。尹利民以问题为导向，提出政治学要回应中国现实问题。他认为，政治学就是要回应中国的现实问题，这是学科的立足之本，如果说一个学科不去回答现实问题，就注定是没有生命力的。

四是在前沿研究领域。与会者就相关学术研究前沿问题提出自己的看法。陈麟辉认为，当前中外文明交流互鉴是政治学研究重要前沿领域。我们要在对话和交流互鉴过程中，提高国家软实力，提升政治学科影响力。聂平平认为，全过程人民民主是当前政治学研究重点之一。他依据知网数据，从全过程人民民主研究的时空分布、主要论域和未来图景三个方面进行相关分析。钟贞山关注中国共产党领导的多党合作与政治协商同心圆政治共同体问题，他不仅界定其科学内涵，而且还从历史逻辑、理论逻辑和实践逻辑三个方面探讨其运转逻辑。马建强以近代马克思主义史学与中国现代化道路的关系为切入点，分析现实关切与学术史发展的互动性问题。

五是关于学术团队建设。与会者认为，学术研究必须形成学术团队，构建学术共同体。唐鸣认为，学科建设在人才队伍上，要形成有学科带头人引领的学科团队，有稳定的研究队伍和鲜明的学科方向。曾成贵呼吁构建学术共同体。他认为，一方面要积极培育、全方位呵护、多方面尊重领军人才，发挥其核心引领作用；另一方面要加强学术梯队建设，培育和增强人才队伍的学术共同体意识，使他们在情怀、使命、责任和协同感上融合到一起。戴利朝认为，打造一支优秀的学术团队，要充分发挥学科团队负责人励精图治的引领作用，实现理论与实践双轮驱动，狠抓学术研究成果，推动学术团队与期刊界密切互动，实现同频共振。

六是关于学术话语体系。文丰安强调，要充分重视本土意识对推动中国特色政治学科体系和话语体系构建的积极作用，要结合中国实际，以此作为理论创造的生长点；同时他认为，既要重视本土意识，也要注重从宏观层面阐发本土案例的一般意义。刘龙伏提出，提升话语体系，要以基础理论研究为根本，要培养学术眼光，研究学术根本性问题，凝练学科研究方向。只有这样，才能打造强学术品牌，形成学术话语。俞晖认为，随着国际形势变幻莫测，中国国际地位异军崛起，中国政治学发展显得尤为迫切，亟须打造中国政治、经济、文化等各方面在国际上的话语权。胡盛仪认为，要以中国特色社会主义市场经济体制为重要背景，在进一步深化政治学基础理论研究基础上，形成有学术影响力的中国政治学话语体系。

最后，马克思主义学院党委书记王员教授主持闭幕式，执行院长尤琳教授对本次学术研讨会进行总结。他们表示，十分感谢与会专家学者长期关心和大力支持江西师范大学政治学学科及硕士点建设，学院将认真学习、借鉴、吸收与会专家提出的宝贵意见建议，抢抓机遇，聚焦发展，进一步提升政治学一级学科硕士点的学科能力和学术水平，把政治学建设得更加精彩。

附 录
江西师范大学政治学硕士点
历年省级校级优秀硕士论文

省级优秀硕士论文
胡雅婷（2016 届）：季米特洛夫与中共抗日民族统一战线的形成与发展
黄仁森（2018 届）：焦裕禄治贫思想的理论渊源、主要内容及价值意蕴

校级优秀硕士论文
何　晶（2015 届）：十八大以来中国和平外交战略中的政治伦理思想研究
唐　松（2020 届）：西方国家的伊斯兰恐惧症问题
赵灵飞（2020 届）：中央苏区时期党的基层组织建设研究
吴荣杰（2021 届）："工人万代仰施英"——赵世炎工人运动思想研究

政治学硕士点优秀论文
朱士涛（2015 届）：农村人口流动与乡村治理——基于小丁村的调查与思考
郭　俊（2015 届）：网络时代中国公民有序政治参与研究
查珩静（2015 届）：泰国民主化进程中的国王因素研究
唐伟巍（2015 届）：政治功能变迁视角下的我国信访制度改革研究
余太旺（2016 届）：诺齐克国家和个人权利思想研究
张胜涛（2016 届）：城郊乡治理研究——以河北省 M 村为例
雷龙涛（2016 届）：乡村治理视域下的农村社会组织研究——基于一个农村妇女社会组织的个案分析
罗　缤（2017 届）：习近平反贪治腐中的政治伦理思想研究
李　娜（2017 届）：英国穆斯林社区融入研究

王得力（2018 届）：城中村思想政治工作研究——以南昌市 A 村为例
魏日盛（2018 届）：农村基层党组织在全面脱贫攻坚中的功能建设研究
　　　　　　　　——以赣南地区 Z 村为例
隋艳艳（2019 届）：美好生活需要视阈下群众利益诉求表达问题研究
陈恩智（2019 届）：中国特色社会主义政党制度优越性研究
王海涛（2019 届）：农村基层党建推进社会治理创新——基于江西省地方
　　　　　　　　典型案例的分析
刘　明（2020 届）：习近平红色基因观研究
刘悦悦（2020 届）：植入与演化："苏维埃"话语的产生、演变和发展
黄文婷（2021 届）：中央苏区时期毛泽东如何指导开会？
王　伟（2021 届）：新时代大学生艰苦奋斗精神培育研究
李正林（2022 届）：现实理性——俾斯麦外交战略思想与历史启示
陈　敏（2022 届）：新时代中国特色城市社区志愿者队伍建设路径探究
李　泽（2022 届）：乡镇公共卫生治理能力提升研究——以江西省三个县
　　　　　　　　为例

后　记

南宋诗人蒋捷说："流光容易把人抛，红了樱桃，绿了芭蕉。"① 现代社会的时空观，更是容易让人生出"韶华不为少年留"② 的感叹。不觉间，江西师范大学省重点学科政治学硕士点已经经历了十年磨炼。十年征程，十年奋进，十年收获。我作为学科带头人感触尤为深切，其中滋味，可谓"真个浓如酒"！③

为了纪念江西师范大学省级重点学科政治学硕士点建设十周年，我们于2022年12月17日邀请学术界的名家大家共襄盛举，在江西南昌召开了以"让政治学更精彩"为主题的江西师范大学省重点学科政治学硕士学位授权点建设十周年学术研讨会（线上）。会上，学者们欢聚一堂，坦率交流，相互激荡，畅谈政治学学科发展的前沿领域、人才培养、社会服务、话语体系、发展方向等重大问题，发表了真知灼见，会议内容丰富饱满，体现了当前中国政治学的学术水平。会后，作为此次学术研讨会的重要成果，我们打算出版一本高质量的会议论文集。我们的想法得到中国社会科学出版社王茵副总编辑和李沫编辑的充分肯定和大力支持。正是在她们的鼓励和支持下，这本凝聚着众人智慧的论文集得以顺利出版，与读者见面。

此次研讨会是在党的二十大召开后的时代背景下举行的。积极回应和落实党的二十大对理论创新的重要精神和要求，加强新时代中国特色

---

① 蒋捷：《一剪梅》，胡云翼选编《宋词选》，中华书局2020年版，第340页。
② 秦观：《江城子》，吴中胜、黄鸣主编《唐宋词鉴赏辞典》，崇文书局2016年版，第316页。
③ 李之仪：《谢池春》，上疆村民编《宋词三百首》，中华书局2006年版，第51页。

政治学学科发展，是召开这次研讨会、出版这本论文集的神圣使命和光荣任务。党的二十大报告指出："实践没有止境，理论创新没有止境。"①要继续推进理论创新，就要坚持中国特色社会主义思想的世界观、方法论，即坚持人民至上、坚持自信自立、坚持守正创新、坚持问题导向、坚持系统观念、坚持胸怀天下。这是指导新时代中国特色政治学学科建设和政治学话语体系创新的根本遵循。

这本论文集主要由五个重要部分构成，即序言和前言部分，包括中国政治学会常务副会长，中国社会科学院政治学研究所所长、《政治学研究》主编张树华研究员和国家民政部政策研究中心王杰秀主任的两篇序言以及我的研讨会主题演讲；导师组论文部分，主要选取了导师组成员的代表作；专家特稿部分，我们特意选编了上海市社会科学界联合会党组成员、二级巡视员陈麟辉研究员和《湖北大学学报》（哲学社会科学版）常务副主编郭康松教授、湖北省社会科学院胡盛仪研究员等三位学者的重要论文，他们长期关心和支持江西师范大学政治学硕士点建设，不仅受邀参加此次学术会议，而且贡献了高质量的文稿；西湖区社区治理论文部分，主要是政治学相关导师为支持南昌市西湖区创建国家级"社区治理与服务创新"实验区而形成的研究报告和学术论文，它反映了我们学科的社会辐射力和影响力；附录的优秀硕士论文部分，我们精心选编了历年获得省级和校级优秀荣誉的硕士学位论文目录，这些论文体现了江西师范大学政治学硕士点人才培养能力和学术研究水平。

我作为政治学硕士点学科带头人和首席专家，担任这本书的主编。毫无疑问，这本书不是我一个人的功劳，两位副主编尤琳教授和刘小钧博士，他们参与政治学学科建设许多工作，包括这次学术研讨会的成功举行和这本会议论文集的出版工作，他们都发挥了学术助手的重要作用。

江西师范大学政治学硕士点建设十年来取得优异成绩和此次研讨会胜利召开及论文集顺利出版，都离不开江西师范大学和马克思主义学院的指导和帮助，都离不开学术界各位好朋友的鼎力支持，都离不开导师组全体成员兢兢业业的工作，都离不开所有政治学硕士研究生的勤勉学

---

① 习近平：《高举中国特色社会主义伟大旗帜　为全面建设社会主义现代化国家而团结奋斗——在中国共产党第二十次全国代表大会上的报告》，人民出版社2022年版，第18页。

习，更离不开同我们有着良好合作关系的中国社会科学出版社的大力支持！正是在大家齐心努力下，我们才能以学缘为纽带，以文会友、以研促学、教学相长，由此形成一个关系紧密的学术共同体，不断促进学术进步和学科发展。

　　学术之谊，源远流长！祝各位专家、老师和同学学无止境，学术精进，学术思想永远年轻向上！

2022 年 12 月 26 日